中国社会科学院
老年科研基金资助

地域文化与地域经济
高质量发展

刘光明　著

Regional Culture
and High-quality Development
of Regional Economy

经济管理出版社
ECONOMY & MANAGEMENT PUBLISHING HOUSE

图书在版编目（CIP）数据

地域文化与地域经济高质量发展/刘光明著 . —北京：经济管理出版社，2022. 12
ISBN 978-7-5096-8874-8

Ⅰ. ①地…　Ⅱ. ①刘…　Ⅲ. ①地方文化—关系—区域经济发展—研究—中国　Ⅳ. ①G127 ②F127

中国版本图书馆 CIP 数据核字（2022）第 248879 号

组稿编辑：范美琴
责任编辑：范美琴
责任印制：黄章平
责任校对：蔡晓臻

出版发行：经济管理出版社
　　　　　（北京市海淀区北蜂窝 8 号中雅大厦 A 座 11 层　100038）
网　　　址：www. E-mp. com. cn
电　　　话：(010) 51915602
印　　　刷：唐山昊达印刷有限公司
经　　　销：新华书店
开　　　本：787mm×1092mm/16
印　　　张：26. 25
字　　　数：565 千字
版　　　次：2023 年 3 月第 1 版　　　2023 年 3 月第 1 次印刷
书　　　号：ISBN 978-7-5096-8874-8
定　　　价：128. 00 元

本书编委会

主　任：刘光明

副主任：高　静　　刘圆圆　　宫宇彤　　李明巍　　华长慧

　　　　王正飞　　黄克凌　　温　良　　周艳玉　　楼明星

　　　　王学俭　　孟　伟　　庞小军　　吕　青

编委会成员：

常德传	陈　波	陈东升	陈红林	陈建成
陈荣珍	程新华	崔瑞福	丁　方	丁　亿
杜桂福	段玉贤	李洪峰	马小焱	李美霖
李庆良	李如成	李　源	李中灵	林榜昭
刘鹏凯	王秀友	鲁　生	沈　谷	施继兴
史及伟	将明方	宋晓东	孙龙德	王米成
王淑敏	王学俭	胡宝玉	徐庆平	张　帆
曾金珍	徐水连	曾光安	王晓华	黄智美
郑坚江	茅理翔	鲁伟鼎	闫　杰	邹宏伟
周献忠	朱建阳			

序 一

　　长江黄河，华夏源流，抚今追昔，文脉千秋。中国自古以来就是多民族、多地区的国家，而辉煌灿烂的五千年中华文明，也是由多民族、多地区共同缔造的。过去说起中国历史文化，总是讲黄河流域是文明的摇篮。当时流行的看法是，中华文明的起源是一元的，其中心在黄河中下游，由之向外传播，以至各地。还有不少著作，把这种看法同文明兴起于大河流域的理论联系起来。西亚的文明初起于幼发拉底和底格里斯两河流域，埃及的文明发祥于尼罗河流域，印度的文明繁盛于印度河、恒河流域，而中华文明则在黄河流域产生和兴起。这种看法忽视了中国最大的河流——长江。偏见的出现，也是有着历史原因的。虞夏商周各代王朝，建都皆在黄河一带。《史记·货殖列传》说："昔唐人都河东，殷人都河内，周人都河南。夫三河在天下之中，若鼎足，王者所更居也，建国各数百千岁。"那时的政治中心在北方。

　　地域文化既离不开从事物质生产的企业、企业家和企业员工，也离不开从事精神生产的艺术家、书画家等群体，他们从各个方面创造和丰富着地域文化。本书作者刘光明从 20 世纪 70 年代起就从事地域文化研究，他不但通过企业 CI 导入、企业转型升级等企业咨询项目与鲁冠球、常德传、孙龙德、王水福、陈东升等一大批企业家保持密切联系（见本书的案例），而且还在撰写著名书画家马一浮、沙孟海、吴冠中、叶浅予、吴昌硕、黄胄、启功、尹瘦石、靳尚谊、华君武、徐庆平、方增先、吴山明、丁方以及著名小提琴家盛中国、著名音乐家靳卯君的文章和著作（见附录）中，把企业视觉系统（VI）、听觉系统（AI）的创新成果应用到万向、中石油、青岛港、海尔、荣事达、复地、鸿雁、雅戈尔、洛钼、方太、柳工、卧龙、泰康、兖矿、东方通信、奥克斯、西子联合、黑松林等众多企业中。据《经济日报》在《和商精神》的报道中写道："中国社科院专家团队通过 CI 导入和企业转型升级，帮助这些企业取得了骄人的经济效益和社会效益，其中大量企业的投入产出之比超过了 1∶227，也极大地丰富了当地的地域文化，这些企业家、企业案例以及书画家、音乐家共同构建了新时期的地域文化。"

　　地域文化是企业发展和地域经济社会发展不可忽视的重要组成部分，一方水土养一方人，处于不同地域的企业受到当地文化的滋养，呈现出不同的文化特征和风范。它既是企业营养之根，又是地方经济社会发展的窗口和品牌，也是企业和地方政府招商引资和发展旅游等产业的基础性条件。各具特色的地域文化已经成为经济社会全面发展不可或缺的重要推动力量。地域文化一方面为地域经济发展提供精神动力、智力支持和文化氛围；另一方面通过与经济社会的相互融合，产生巨大的经济效益和社会效益，直接推动社会生产力发展。随着知识经济的兴起和经济社会一体化进程的不断加快，地域文化已经成为增强地域经济竞争力和推动社会快速发展的重要力量。本书通过深入开展地域文化与经济社会发展问题研究，探求地域文化的形成、演变轨迹和规律，把握企业文化与地域文化、经济社会发展的关系，充分发掘地域文化中的优秀因子，开发利用企业文化、地域文化资源，培育新的经济增长点，推动特定区域社会持续、快速、协调发展，包括新丝绸之路经济带的中亚国家的经济繁荣。

地域文化是国家文化在时空上的具体体现，同时也是地区社会发展的催化剂，是提升地区人文水平的重要着力点。地域学术的产生与其所处地区的自然人文环境有着密切的联系。任何时代都不存在一种共同的文化，文化也存在地域性。地域学术文化是中国文化的有机组成部分，不同地域学术文化共同构筑中国学术话语高地，进而影响一个时代的学术文化走向。不同时代的同一地域或同一时代的不同地域，受地域自然人文环境之影响，产生了拥有共同学说主旨、鲜明治学观点和方法的地域学派。梳理、考证、分析与总结地域学派发展脉络，有助于挖掘地域文化价值与内涵，深化对中华优秀传统文化基因重要性的认识，增强文化自觉和文化自信，激发中华传统文化的生机与活力。

商帮在中国经济发展史上创造了辉煌的业绩，中国古代的茶马古道和丝绸之路，都是在商帮开辟下形成的著名商业通途。伴随我国具有浓郁地域色彩的中国商帮经济的产生与发展，在漫长的历史发展进程中积淀和孕育了悠久灿烂的商业文化文明。同时，这种传统商帮经济所孕育出的地域地缘特色和商业文化文明，对我国的经济发展与社会进步都产生了深远的影响。中国的商帮兴盛于明清时期，商帮内部基于对"五缘"（亲缘、地缘、神缘、业缘和物缘）、"五同"（同学、同乡、同事、同好、同邻）关系的认同，互相支持，和衷共济。对外，商帮可以影响甚至左右市场，在上下游企业之间、企业与政府交往时寻求更大的话语权；对内，商帮则可以规避内部恶性竞争，增强内部合作。在明清300余年的中国商业史中，山东商帮、山西商帮、陕西商帮、洞庭商帮、江右商帮、龙游商帮、宁波商帮、广东商帮、福建商帮、徽州商帮这十大商帮都曾鼎盛一时。粤商、徽商、晋商、浙商、苏商一道，在历史上被合称为"五大商帮"。其中潮商与徽商、晋商，是中国历史上的"三大商帮"。中国历史上的著名商帮及其特点：山西商帮——"学而优则贾"，以诚信著称；徽州商帮——"贾而好儒"，儒商；陕西商帮——善捕商机，敢作敢为；洞庭商帮——善于更新观念，重视依托家乡；江右商帮——积极活跃，不避艰险；山东商帮——仗义，吃苦耐劳，稳重实干；广东商帮——胆大务实，精明灵活，擅长贸易；福建商帮——诚实信用，善用关系；宁波商帮——勇于冒险，以信为本；龙游商帮——诚实守信，亦贾亦儒。

本书从不同地域的文化着手，探讨了吴越文化、巴蜀文化、中原文化、东北文化、荆楚文化、岭南文化、三晋文化，又从浙、粤、苏、闽、京、鲁、豫、沪、晋、冀、港、台等商业文化角度探讨了不同地域文化下经济高质量发展和交融，以及"互联网+"新业态下的新型发展模式，展望了在国际化大环境下不同地域的未来发展，同时还探讨了"一带一路"沿线国家和地区的文化背景，以及在其推动下的经济高质量发展特征。

胡平
2020 年 3 月 5 日

本序作者胡平（1930 年 7 月 1 日至 2020 年 8 月 4 日）为原国家商业部部长。

序 二

　　地域文化不仅指特定区域源远流长、独具特色、传承至今仍发挥作用的文化传统，还包含这个地域人们对当下的发展理念、思维方式、思想观念，它从某种程度上影响着这个地域经济的发展。不同的地域文化孕育出的价值观和行为方式也会截然不同。各地域借鉴其他地域的成功经验、引入先进的文化理念、学习他地他人开拓进取的行为方式，能更好地推进本地域的经济发展。

　　我国土地辽阔，大致以长江流域为界限，形成了北方地域文化和南方地域文化，南北文化上的差异可分为南北性格差异、南北饮食差异、南北艺术差异、南北方言差异、南北建筑差异。南方如深圳、广州、珠海等地，人们的思想更加开放，思维更加活跃，想法更加新颖，创新意识更加浓烈，使得以南北划分，其地域经济发展格局、发展模式和经济效益水平有着相对的差异。长期以来，中国地域经济形成的格局就像是一副弓箭：弓的部分就是我国沿海经济带，从北京一路到深圳；箭的部分就是从成都一路到上海。沿海经济、长江经济带发展得好，这张弓才能有力，当弓松懈掉，箭就无法射向较远的地方。

　　巴克尔曾说，有四个主要的自然因素决定着人类的生活和命运，这就是：气候、食物、土壤、地形。除此之外，长期性的文化基因传承和沉淀也极大地影响了中国的南北地域文化。

　　差异既是地理现象，也是文化现象，存在文化差异十分正常，追求多元文化，也恰恰凸显了中国强大的文化包容性。文化差异的存在，必然有其不融合、相抵触的部分，可结合自身地域优势，借鉴其他地域好的发展经验，将先进的部分引入、融合、改造，形成自身的优势，促使不同地域经济的融合发展。主动学习优秀地域文化及市场经济的观念和运作模式，学习先进的理念、思维方式、行为方式和发展经验，"聚天下英才以用之"，让一些经济发展较好的区域带动经济发展相对落后的区域，将好的经济发展思维模式、发展理念运用到经济发展相对落后的地方，则能够带动整个国家的经济发展。总之，地域经济的发展，要靠文化先行。

　　中国历史上的六大古都中，西安、洛阳、开封、北京四个都在北方，南方只有南京、杭州两个，但也主要是作为中原政权的替补（被外族侵入后的迁都之地），可知，中国政治的中心从来都在北方。所以，中国北方长期属于军事、政治活动十分活跃的区域，南方的经济、文化较发达，一向被北方政权视为粮仓和鱼米之乡，视为保障政府良性发展的经济后勤所在，南北人在各自环境数千年的耳濡目染之下，各自掌握了从政当官、经商挣钱的"祖传"诀窍，自然便会循着祖宗的旧路发展，这也是传承文化积淀下来的。

文化先行战略，充分体现在中国社科院课题组帮助南疆地区库尔勒中石油塔里木油田实施企业文化和企业人文指标体系的开发和落地的过程中，此课题完成后，出版了由联合国前秘书长安南作序的《企业文化和企业人文指标体系》一书。南疆库尔勒地域的经济发展，离不开楼兰文化、丝绸之路、罗布泊文化，离不开塔里木油田公司的企业文化和人文精神，离不开中国社科院和中石油的院企合作。

孙龙德

2021 年 3 月 9 日

本序作者孙龙德为中国工程院院士，曾任大庆油田党委书记、中国石油天然气股份有限公司副总裁。

序　三

　　中国社会科学院刘光明教授近作《地域文化与地域经济高质量发展》一书即将出版，请我写序。多年来，刘教授数十次去江苏考察，与我共同探讨江苏南通的地域文化，他不仅带了中国社科院的学生、北京师范大学博士班的学生，还带了中国科学院心理所的博士生，多次到南通考察张謇大生纱厂、张謇办实业的基地。基于刘教授长期对地域文化和地域经济进行考察和研究，我相信他和他带领的硕士生、博士生对地域文化的研究一定是非常深入和具有特色的。

　　地域文化对地域经济的发展至关重要，"忆江南，最忆是杭州""水光潋滟晴方好，山色空蒙雨亦奇"这些脍炙人口的诗句留传至今，不仅孕育了江浙一带许多的文人墨客，也造就了一大批经济弄潮儿和有成就的企业家、实业家、实干家，他们为当地的经济发展做出了卓越的贡献。

　　江苏的地域文化孕育了中国轻工业之父——张謇，毛泽东主席曾说："讲到轻工业不能忘记张謇。"张謇为中国的轻工业乃至中国的工业发展做出了不可磨灭的贡献。

　　1920年，张謇请美国著名的实用主义哲学家杜威到南通讲学，在欢迎词中说："博士于哲学研究有年。哲学之作用最大，能呼吸高尚之空气，而使之附丽于实质之中。此实质之为物，使无空气以为营养，则日就陈腐而无用。故政治、教育不能与哲学宣布独立……"

　　张謇对于西方"哲学"的理解是：与政治学、教育学等学科相比，哲学的作用最大，哲学是新鲜、洁净的空气，空气的特点是看不见、摸不着，人又赖之以维持生命。

　　哲学讲的都是高尚、形而上的道理和内容，哲学概念在现实世界中难以找到一一对应的事物，但是人、国家和社会如果不能用哲学进行思考、进行哲学性的反思，就会缺氧、不能呼吸，日渐陈腐、无用。

　　从根本上说，人、国家和社会都是在一定地域环境、地域文化上生存发展起来的，对地域文化和地域经济发展，用哲学进行思考、进行哲学性的反思，显得尤为重要。

　　上述之语，与刘教授及其专家团队共勉。

张绪武

2022年3月3日

本序作者张绪武为中国国际信托投资公司首席监事，1994年后任全国工商联常务副主席。

前　言

经济高质量发展，需要文化软实力的支撑。地域文化包括的内容甚广，一个地域的历代文化名人、诗词歌赋、建筑、书法、绘画、雕塑等各种艺术门类都是该地域文化的重要组成部分。以浙江杭州为例，杭州的地域文化不可不提诗人白居易、苏东坡，他们留下了脍炙人口的"忆江南，最忆是杭州""水光潋滟晴方好，山色空蒙雨亦奇"等山水名篇，流芳百世。为了纪念这两位诗人和杭州的父母官，后人修建了白堤和苏堤，既使两位文豪名垂青史，又为杭州筑起两条通向"人间天堂"的绸带彩虹。

古希腊时期的希波克拉底说过，地域文化影响人们的性格。柏拉图认为，文化影响商人的气质和商业伦理。孟德斯鸠曾到北欧和南欧进行过实地考察，认为地域文化对于一个民族的性格、气质、风俗、道德、精神风貌、法律性质和政治制度有着决定性的影响。

到了近现代，特别是工业革命后直至信息社会和数字化时代，地域文化的内容包罗万象，既包括该地域的地理环境、风土人情，也包括企业文化、工业文化、民族性格、道德风俗和人们从事物质生产的精神气质。

在写作本书之初，写作组会同中国社科院工业经济研究所、世界经济与政治研究所、中国科学院心理所等单位的专家们进行过多次讨论，并先后到井冈山干部学院、青岛海尔、海尔大学、青岛港、北京珠江房地产开发有限公司、浙江龙泉市青瓷、宝剑工业园区、大沙工业园区、青田工业园区、宁波雅戈尔、杉杉、方太、安徽合肥荣事达、杭州萧山万向集团、杭州解百、知味观、鸿雁电器、富可达公司、万事利集团、复地集团、河南安彩、温州职业技术学校、台州飞跃缝纫机集团公司、邵武市委宣传部、中石油塔里木、莫高窟敦煌研究院、三星堆研究院、安阳殷都文化艺术研究院、云南石林研究院、山东联通、济南联通、潍坊联通、泰山联通、枣庄联通、济宁联通、滨州联通、滨州汽车轮毂制造有限公司、南京江苏电力、河南郑州金誉包装有限公司、河南洛钼集团、辽阳聚进数字管理软件公司、宁夏银川黄河文化产业园、吴忠市黄河人家文化园、江苏泰州黑松林公司、广东揭阳康氏公司、国投公司、中国建设银行、北京城建、澳门文化产业园、香港文化产业园、深圳南山区文化产业园、新疆喀什工业园区、库尔勒工业园区、哈尔滨车辆厂、长春一汽、长春中国农业银行培训学院、大连高级经理培训学院、大连市委宣传部、青岛啤酒、广东揭阳玉都市场、潮州工艺美术研究所、汕头潮汕民间工艺美术研究院等单位进行调研，获取了我国地域文化的丰富资料。

本书的插图大都是由编委会成员、上述单位提供，其中由笔者捐给浙江博物馆、宁波博物馆、沙孟海纪念馆、雅戈尔集团、三星图书馆、塔里木油田的书画，由上述单位协助拍摄。

为了开展中外地域文化比较研究，写作组历时十余载考察了捷克布拉格欧洲企业伦理协会（EBEN）、斯柯达汽车公司、波兰华沙工业设计协会、瑞典斯德哥尔摩大学、瑞典皇家科学院、德国柏林工业设计协会、巴黎工业设计协会、纽约工业设计协会、华盛顿工业设计协会、夏威夷工业设计协会、悉尼工业设计协会、巴厘岛工业设计协会、南非戴·比尔斯公司、约翰内斯堡工业设计协会、开普敦工业设计协会、伦敦工业设计协会、格拉斯哥工业设计协会、纽卡斯尔工业设计协会、牛津大学、剑桥大学、新加坡工业设计协会、日本东京工业设计协会、北海道薰衣草公司、意大利热那亚工业设计协会、西西里梅西纳工业设计协会、那不勒斯工业设计协会、突尼斯工业设计协会、巴塞罗那工业设计协会、马赛工业设计协会、阿布扎比工业设计协会、迪拜工业设计协会等机构，证明了古今中外的地域文化通过语言、文字、音乐、舞蹈、美术、书画等各种艺术形式，使人类的地域文化、历史文化实现"软联通"，它的力量可以使人们在文化的历史穿越交流中增进互识共信，从而跨越物理时空上的阻隔，克服人们对跨地域文化的心理认知上的障碍。

从古代的"丝绸之路"，到当代的"一带一路"，我们所传承的"丝路精神"：和平合作、开放包容、互学互鉴、互利共赢，亘古不变。这种"丝路精神"与世界文化一脉相承，也备受世人的尊重与认可。古丝绸之路绵亘万里，延续千年，积淀了以和平合作、开放包容、互学互鉴、互利共赢为核心的丝路精神，这是人类文明的宝贵遗产。从古至今，国际化发展带来的不仅是经济上的通商，还有东西方文明的交融，才形成了今日的千年之约——和平的约定。传承与创新中国文化是全面融入国际化发展的现实需要。文化的影响力超越时空、跨越国界，文化交流是未来工程，是最重要的民心工程。继承和弘扬"丝路精神"这一具有亲和力、感召力的文化符号，需要加快传承和创新中国文化，利用文化交流夯实我国与沿线地区合作的民意基础，推动中国文化打开国门、走向世界。

在漫长的世界文化历史长河中，民族文化不断融合发展，中国文化跨越意识形态、社会制度、发展模式，在中西方文明交流中发挥了重要作用。作为连接不同文明的精神纽带，中国文化以开放和包容的心态，接受和吸纳沿线地区优秀文化的精髓，并在此基础上创新和发展中国文化的时代内涵。同时，中国文化中的精华部分也能被沿线地区其他文化吸收、融合，从而推动沿线地区多民族文化大融合、大发展。

沿线国家和地区在"一带一路"的平台上，都意识到实现基础设施和联通工程，促进区域和次区域发展合作的升级，不仅能给商家带来新机遇，还能带动各国经济转型进而影响到全球民生。如何体会大家是个"命运共同体"，从而在国与国之间发展起多方位、多领域互动的友谊关系，并且形成交叉互信的平台，很是关键。正如《礼运》

所言"天下为公"，普惠全球就是要治理目前"全球化"产生的许多副作用以及转型阵痛，乃至兴建起许多服务于各国百姓大众的福利设施，让更多年轻人、更多妇女、更多小企业、更多的发展中国家有机会参与，目标就是让人人处在更平等的全球环境中，从互动中获得稳定和谐的生活。

《地域文化与地域经济高质量发展》的出版，顺应新时代的需求。本书从地域文化和地域经济相关性着手，论述了不同地域下的人文特征和企业文化，融合"一带一路"的"丝路精神"，探讨了不同地域下文化的融合和经济的发展。在积极参与国际化发展过程中，了解不同民族、不同国家、不同地区的人文特征，有利于高效率地迈入国际大环境，实现企业腾飞，促进国家经济高质量发展。

目　录

第一章　地域文化、企业发展与地域经济

章首案例：地域经济与企业创新文化

地域文化、企业发展与地域经济三者是树根、树枝和树叶的关系，企业发展离不开催生种子生根发芽、开花结果的沃土，地域文化就是深深植入在沃土中的树根，地域经济发展，离不开企业的发展，企业的发展离不开企业伦理和企业文化。企业家是地域经济发展中最活跃也是最稀缺、最宝贵的资源和财富。正如联合国前秘书长安南在企业社会责任和全球契约委员会颁奖大会上所说："中国金誉公司的李中灵、青岛港的常德传、西子联合控股公司的王水福向世人展示了各自企业推动地域经济、地域文化发展的生动画面，还向世人展示了各自企业创造的各具特色的企业文化和企业精神财富，企业创造的物质财富可能会被消费殆尽，物质资源可能会逐渐枯竭，但企业创造的文化会生生不息。"

企业的发展壮大，一方面吸收了地域文化中的养分；另一方面也在生产经营中创造出各具特色的企业文化、企业形象、企业精神、创新精神，丰富了地域文化，推动了地域经济的发展。

各具特色的企业文化、企业形象、企业精神、创新精神之所以如此重要，是因为它们是地域文化和地域经济的灵魂。

浙江杭州万向集团，是汽车制造业领域的著名民营企业，万向集团董事局主席鲁冠球几十年的价值追求，就是创新、敬业、诚信和友善。他说："我希望万向成为一家世界尊敬的企业。只有不断创新，才能占领国际市场，打响中国制造。"

企业"走出去"，受人尊敬是生存的前提。万向以利他共生、互利共赢的经营之道，取得"和气生财"的累累硕果。如今，万向的子公司已分布到美国、英国、德国等几十个国家和地区，给当地创造了许多就业机会。敬业，是忠于职守的工作态度，是干一行爱一行的情感，也是勤业、精业的业务素养。鲁冠球原先只有初中文化程度，但他勤于学习，倾心工作。同时，他结合自身实践，善于思考，对办好企业的各种问题都有独特的见解。中国社会科学院课题组在给万向全体员工讲课之后，帮助万向制定了万向《企业伦理宪章》和《万向文化》手册，其中融入了办好企业的核心理念。

万向集团开创开放型地域文化：收购美国 A123 电池公司

鲁冠球和袁宝华合影

"开明务实"是鲁冠球的企业治理风格，在"企业目标"中，鲁冠球提出了一个口号："奋斗十年添个零"（即奋斗 10 年，工资长 10 倍）。这个承诺激发了员工们创业创新的巨大热情。他们在各自岗位上以"一天做一件实事，一月做一件新事，一年做一件大事"为目标，实现着企业的奋斗目标，使企业充满生机与活力。

诚信，是中华民族的传统美德，也是市场经济发展的基石。2008 年，轰动全国的三鹿奶制品事件发生后，鲁冠球说："该事件再次教育我们，任何私利都不能凌驾于公众利益之上，企业经营要以德为本，损人利己即自取灭亡……社会责任是企业存在的前提，是企业价值的体现，是市场信誉的积累，更是我们创建世界名牌企业的基石。"

鲁冠球十分重视维护企业的诚信，彰显以德为本。早在 20 世纪 80 年代，他发现企业生产的产品存在质量问题后，毫不犹豫地将价值43万元不符合标准的产品送往废品收购站。此举既加强了职工对"质量是企业的生命"这一理念的认识，又得到了社会的广泛赞誉。

万向集团数十年来作为中国社科院工经所的科研基地，受到国家领导人的高度关注。

杭商西子联合控股的王水福、杭州解百的原董事长胡崇杏、原籍杭州的北京现代物权产权研究院的周献忠，都是"开明务实、敬业诚信"精神的忠实传承者。

"毕竟西湖六月中，风光不与四时同。接天莲叶无穷碧，映日荷花别样红。"无论是诗文，还是书画，杭州在中国文化史上均留下了浓墨重彩的篇章。

吴越以降，杭州诗坛巨匠迭出，从方干、林逋，到钱惟演、钱易，到毛奇龄、袁枚，及至郁达夫、戴望舒等著名诗文大家，历代文人骚客都留下了描绘西湖美景的诗篇词章。

在书画创作中，自古迄今杭州籍书画艺术家中非常著名的就有60多人，其中具有代表性的有褚遂良、刘松年、马远、金农、任熊、任薰、任颐等艺术大师。许多非杭州籍书画名家如吴昌硕、沙孟海、马一浮、弘一大师等都选择在杭州或书画创作，或隐居生活，或教书育人，还有黄公望、赵孟頫、黄宾虹、潘天寿、吴冠中等书画名家，他们的艺术活动大大地丰富了杭州地域文化追求艺术审美的人文精神。

这些文化名人及其作品也影响到万向鲁冠球、杭州解百董事长胡崇杏、杭州供销大厦董事长、天工艺苑董事长、杭州邵芝岩笔庄董事长等一大批企业家对书画收藏的热情。他们不仅仅是为了自身企业的文化品牌添砖加瓦，也是在传承文化，更是为今后的地域文化和地域经济的高质量发展提供精神的动力。

沙孟海为杭州解百题书

沙孟海、魏文伯为邵芝岩笔庄题书

第一节　山东地域文化与鲁商

孔子认为，"仁"为言行合乎"礼"。在孟子看来，"君子所性，仁义礼智根于心。其生色也，睟然见于面，盎于背，施于四体，四体不言而喻"①。

---

①　金良年.孟子译注［M］.上海：上海古籍出版社，1995.

　　从明朝到鸦片战争之前，山东商帮开始初具雏形，但是作为完整意义上的商帮，鲁商商帮正式形成当在鸦片战争以后。随着资本主义萌芽产生，与晋商、徽商到19世纪末走向衰落不同，山东商人从19世纪末开始势力相对提升，成立了各种商会组织，最后，山东各地也分为不同的商帮，鲁商帮逐渐走向兴盛。鲁商在创业过程中他们艰苦奋斗，吃苦耐劳；在商业经营过程中恪守商业伦理道德，诚信经营，科学管理；自己富裕之后，勇于承担社会责任，博施济众，造福一方百姓。这些可贵的商业精神至今仍深深影响着当地企业。

　　鲁商发展初显于资本主义萌芽，而后出现前所未有的繁荣，也就意味着鲁商文化的发展进入兴盛期。鲁商文化包括：①勤俭务实的耐苦文化——耐苦文化是山东自古的一种传统，山东人励精克己，勤俭耐劳，富于团结力，劳动者互相扶助。②义利兼顾的义利文化——义利兼顾、以义制利一直为山东商人义利观的重要内容，而当义、利出现冲突之时，山东人往往能够舍利取义。③重官本位的近官文化——在商人的生存意识里，商人们为了买卖的顺利进行，会主动和官府搞好关系，瑞蚨祥的孟洛川便注重与官方来往，这对瑞蚨祥的发展壮大起到了巨大的作用。

　　在"互联网+"时代，鲁商也善于用网络的力量打造鲁商品牌，提升鲁商企业的知名度，并积极与互联网知名平台进行合作。中华鲁商网是全国山东商会联谊会的官方网站，是全国山东商会的最新资讯和企业宣传的平台，也是专业从事互联网信息服务和软件开发的高科技企业。基于自身在商会企业和互联网市场方面的资源优势，秉承稳固与发展、求实与创新的精神，尊重人才、注重技术，致力于把国际互联网的信息服务优势和商会企业有机结合，打造企业信息化建设一站式服务。山东是一座具有深厚文化底蕴和悠久文化传统的工商业大省和旅游大省，鲁商们还充分运用互联网将山东各省市的各种产业连接起来，进行有效的品牌宣传，同时整合鲁商文化资源，打造鲁商旅游品牌。

写作组考察山东兖矿杨村煤矿地域文化

　　新一代鲁商受国营模式影响较大，国有企业的企业家比民营企业家知名度高、实力强，这大致同山东的"大象经济"密不可分，大企业、大产业、大品牌构成了鲁商文化的鲜明特色。改革开放 40 多年来，鲁商有很多功勋人物，如张瑞敏、周厚健、马纯济、孙丕如、谭旭光、宋作文、常德传、黄鸣、季湘绮和金志国。

　　山东青岛港始建于 1892 年，是中国沿黄河流域和环太平洋西岸的国际贸易口岸和中转枢纽。凭借优异的发展成绩和卓越的企业治理水平，青岛港先后荣获全国质量管理奖、国家环境友好企业、全国首批"绿色港口"、亚洲品牌 500 强等荣誉称号。

写作组考察孔孟之乡地域文化

　　青岛港（集团）有限公司原董事长常德传坚持"革命理想高于天，理直气壮讲奉献"，带领青岛港人"精忠报国、服务社会、造福职工"，仅"十五"计划以来，就为国家创造了 1961 亿元的海关入库收入，上缴各种税费 114.7 亿元，其中上缴市地税五年保持第一。常德传坚持"永远听党话、永远跟党走、永远报党恩"，忠诚践行科学发展观，把一个百年老港建设成为三个现代化新港，使青岛港从一个名不见经传的吞吐量只有 2000 万吨的小港挺进世界大港前七强。

　　青岛的地域文化孕育了制造业"五朵金花"，而在"五朵金花"基础上产生了青岛港集团这样的集大成者。20 世纪 80 年代末，工业增长遭遇"天花板"的青岛，决定走一条依托品牌产品和品牌企业振兴青岛工业的路子。20 世纪 90 年代初，海尔、海信、青啤、双星、澳柯玛五家企业脱颖而出。自此，青岛"五朵金花"声名鹊起。或许谁也未曾想到，一次破釜沉舟的尝试，造就了青岛制造自此之后最坚实的根基。时至今日，"五朵金花"不仅没有衰败，反而绽放得更加亮丽。对"五朵金花"来说，似乎没有增长的"天花板"，而是不知疲倦地攀登新高峰、开拓新版图，它们始终都在为青岛产业的发展注入源源不断的新活力。放眼全国，恐怕很难在其他城市找到类似的企业群体样本。而它们不断向上的蝶变之路，也为青岛制造业的发展树立着榜样，确定着路标。

写作组考察山东兖矿杨村煤矿地域文化

综观五家企业的成长壮大，它们对品质和技术的敬畏之心、对趋势的敏锐洞察和超前布局眼光、敢于自我颠覆和变革的魄力让人刮目相看。正所谓大道至简，它们的长期主义之道，正是源于将这些看似最简单的品质锻造到极致。"跨界造车"大潮近年来如火如荼。不久前，海信首次透露汽车产业布局，将依托智能交通、显示以及空调领域相关技术积累，发力车路协同、智能座舱和整车热管理三大领域，定位做智能汽车的一流供应商。面对纷纷争抢的智能汽车新赛道，海信积极拥抱但冷静克制，选择"有所为有所不为"，与它一以贯之的技术立企理念密不可分。在海信看来，只有用技术孵化出来的新产业，才真正具备竞争力，而这也正是过往海信在产业拓展上的成功秘诀。以制造业起家的"五朵金花"，对极致好产品的追求早已成为骨子里的"天性"。始终满足市场需求的产品，必定是兼具品质和技术的。张瑞敏砸冰箱；柴永森扎轮胎；青岛啤酒为了警醒"毛刷事件"不再发生将每年 4 月 10 日定为"提高质量纪念日"；深研制冷技术的澳柯玛被比尔·盖茨基金会选中，联合开发用于非洲等缺电地区的疫苗储存和转移的被动式疫苗保存箱……这些人们耳熟能详的故事之所以能够发生，都源于"五朵金花"对制造业品质和技术最基本的敬畏，它们早已内化为企业最基本的经营哲学，成为"五朵金花"持续发展的最重要根基。成功的企业，一定是"谋势"的。面对不断袭来的产业新浪潮，只有始终站在最前沿成为冲浪者，才是不被巨浪掀翻的最佳对策。从 20 世纪 90 年代至今，在一次次对趋势和机遇的把握中，"五朵金花"不断拓展了发展的空间。

第二节　广东地域文化与粤商

粤商不仅包括祖籍广东，但是生意不在当地的商人，也包括后来迁入广东的商人，总的来说，就是在广东经商的人们。粤商文化由客家文化、潮汕文化和广府文化三大板块构成，粤商包括广府商帮、潮汕商帮（潮商）、客家商帮（客商）、雷州商帮、海陆丰商帮以及其余广东各地的商帮，主要是由广州商人和潮州商人、客家商人所组成。粤商在他们各自的时代开创了辉煌的业绩，导致后期（近代以前）虽然粤商发展壮大，在海内外具有一定的影响，但是与徽商、晋商比较，影响力都略逊一筹。粤商的辉煌时期，还是在近现代。潮商是这个时期最突出的代表，他们被称为"中国的犹太人"，善于经营的同时还富有创业不怕苦的精神，同乡认同感极强，爱闯天下的个性使得潮商遍布五湖四海，但他们还是会会聚于同乡会中。

　　由于广东居于特殊的地理位置，毗邻东南亚、中国香港、中国台湾，国外的先进技术和设备最早由广东引入，然后辐射全国。勤劳、刻苦、务实、低调，这些品质都得以在粤商身上体现。从近现代来讲，粤商都起到了一个引导潮流的作用。自改革开放以来，粤商凭借特殊的地域和政策优势，加上聪明才智，迅速成为全国经济的领跑者。

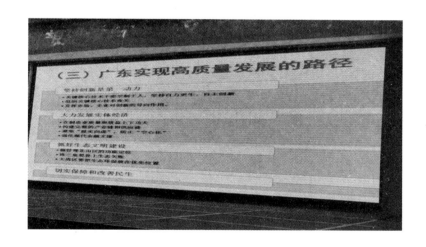

广东高质量发展路径考察

　　粤商敢为人先，富有冒险精神，在过去的经商历程中，粤商一直走在了开放的最前沿。早年，由于广东率先在全国进行改革开放，长期压抑的购买力和消费欲望一下全国性爆发，进而使广东商贸流通企业长期处于全国的优势领先地位。一方面，现代中国大多数先进的零售业态、流通技术以及组织形式，都是由广东商业企业率先引入并尝试，例如，超市、购物中心、购物广场、第三方物流等；另一方面，20 世纪 80 ~ 90 年代的近 20 年时间里，不仅"广货"销遍全国，旺盛一时，而且广州及深圳的零售企业、餐饮企业、酒店企业、批发市场、商业街等都一度领先全国，形成了"发财到广东"的印象。

写作组考察广东地域文化：参观周恩来同志革命活动旧址揭阳学宫

谈到粤商，不得不说到最著名的广州十三行，十三行是清政府特许经营对外贸易的专业商行，十三行的商人是清代中国的三大商人及集团之一，他们不仅拥有过人的精明劲和能财善贾的能力，还能获得朝廷的青睐。广东十三行的繁荣昌盛，不仅打开了中外贸易的大门，还给后来粤商的发展带来巨大的推动力。历经商业沉淀，粤商逐渐形成中华大地上的一个帮派，代表着广东商人们的独特气质。粤商自古拥有强烈的经商意识，开放包容、务实创新是粤商精神的体现。

潮汕地域文化是潮州和汕头地域文化的统称。建筑被誉为凝固的音乐，从建筑艺术看，潮汕的白墙黛瓦，嵌瓷木雕的潮州民居建筑颇具特色，不管是"四马拖车""四点金"这样的深院大宅，还是"抛狮""竹竿厝"的平民居第，无不显示出深刻的潮州民俗意蕴，体现了精美典雅的文化内涵。潮州古城的文化内涵更为深刻，依江筑建的州城略带狭长，北高南低，东西略为倾斜。城北是衙署区，城南为居住区，城东为商业区，城西为手工业区和平民区，整个布局突出体现"北贵南富东财西丁"的特点。贯穿于南北的通衢大道太平路，鳞次栉比屹立着40多座形式各异的石牌坊。这些建于明、清两代的牌坊，宛如潮州一部文明史，也成了潮州古城独特的人文景观。潮州有自己的方言、戏剧、音乐、工艺美术以及饮誉中外的潮州菜和名扬天下的潮州工夫茶，这些有着浓郁地方色彩的潮州文化对中国台湾及东南亚一带都有着深远影响。汕头市作为从开埠到经济特区再到当今具有文化品格的开放城市，汕头文化所依托的是两千多年的潮汕大文化，根源于几千年的中华文化，文化土壤深厚。汕头文化传统悠久，文化积淀深厚，宋朝时就有"海滨邹鲁"之称。潮剧、潮乐、潮菜和工夫茶等传统文化富有浓郁的地方特色。一个大企业，一方面受公司所在地的地域文化影响；另一方面，大企业的人员来自五湖四海，因此，也受到全国各地地域文化的影响，它是一个多元的、交融的文化。

写作组考察广东地域文化：参观周恩来同志革命活动旧址揭阳学宫

　　提起潮商，其实更加具有传奇色彩，因为潮汕只是广东的一个小地方，但是在这个小地方就诞生了无数的传奇企业家。如今的泰国首富谢国民就是潮汕人，泰国的另外一大企业家、世界啤酒大王苏旭明也是潮汕人。泰国的女钢铁大王吴玉音也是潮汕饶平人。另外，菲律宾巨富吴奕辉和新加坡首富立邦油漆的老板吴清亮都是潮汕人。

写作组考察广东地域文化：周恩来革命活动旧址揭阳学宫

　　广东自改革开放以来，涌现出一大批优秀的"新粤商"，是对中国改革开放影响力最大的一个"商帮"。从20世纪80年代的轻工业到90年代的家电业，再到21世纪初的汽车、石化产业，以至今天的房地产业，粤商有着惊人的商业头脑，总能够在瞬息万变的经济市场嗅到商机，一旦抓住机会，便先发制人，毫不犹豫地勇往直前。2005年4月，《财富》杂志中文版封面故事——"中国最具影响力的25位商界领袖"，其中有7位是广东企业家，这仅是粤商影响力的一个例证。在中国各省份综合经济实力的排名中，广东一直稳居第一，这些"新粤商"们功不可没。此外，"新粤商"们在世界经济舞台上扮演着重要的角色。广东有3000多家企业在海外有投资，投资额超过60亿美元。

第三节　安徽地域文化与徽商

作为古代中国商界中的一支劲旅，徽商商业资本之巨、从贾人数之众、活动区域之广、经营行业之多、经营能力之强，都是其他商帮所无法匹敌的，所以能在中国商界称雄数百年。徽人经商，源远流长，最本质的是徽人的思变精神。正是因为他们敢于打破"重农抑商"，冲破世俗偏见，才使许多徽民变为徽商，也正是这种转变才造就了徽商的鼎盛。

徽商，即徽州商人，一般指徽州府所属歙县、休宁、祁门、黟县、绩溪和婺源六县经商之人。徽商在南宋崛起之后，到明朝已经发展成为一支劲旅，全盛时期发生在明代后期和清代初期，徽商一跃成为中国十大商帮之首，所谓"两淮八总商，邑人恒占其四"，尤其是在盐茶业贸易方面，徽商独执牛耳。过去徽商都是一些贫困人户，为了生存不得不从商，康熙、乾隆年间，"钻天洞地遍地徽""无徽不成镇，无绩不成街"，徽商进入鼎盛时期。徽州望族汪姓如汪应庚、汪廷璋多在两淮从事盐业。徽商结交朝中高官政要，官商合一，以垄断市场。近代徽商之中，最著名的就是"盐商"胡雪岩，乾隆年间戴红顶又穿黄马褂者历史上仅有胡雪岩一人，成为名噪一时的"红顶商人"。

徽商地域文化传统与杭州胡庆余堂

古徽州山多田少人众，许多人必须"十三四岁，往外一丢""经营四方以就口食"。这义无反顾的"丢"，置之死地而后生，开辟了一条生存新路，是一种思维方式的转换，也是一步很了不起的迈进。有较高文化素质的徽商，号称"贾而好儒"，将儒、官、商进行了灵动和协调，交替为用，以儒饰贾，以仕护商，以商促仕，终于在长三角地区这一得天独厚的大市场上首先闯出了一片天下，赢得了"无徽不成镇"的声望。新型工商业快速发展，沿海浙商、广东粤商崛起，导致传统工商业逐渐衰竭，一落千丈。徽商主要从事盐、典当、茶木等传统的商业，随着时间的推移，清廷官盐经销制度的改变使徽商失去了盐业专利之优势，机器生产方式又占尽了徽商一类传统商人手工作坊生产之先机。但是，在近代变化的时势面前，一些在大都市和沿海的徽商迅速调整自己的经营方式和发展思路，顺应时代潮流，实现了自己近代资本主义的转变，有的则定居经营之地，成了近现代的宁波商、浙商、广商。换句话讲，徽商在清末以后衰败并不确切，其实是分化了。

徽商具有爱国精神，坚持"生财有道"的义利观，见利首先思义，认为义重于财，信奉"君子爱财，取之有道"，坚持诚信经营，讲究商业道德，做到货真价实、童叟无欺，奉行秤准尺足斗满，并且，做到薄利多销，让利于客，徽商成功的最重要一个原因就是重视诚信这一道德伦理原则，不仅将这一原理用在企业的每个环节中，纳入企业文化建设中，还在人与人交往中，也坚守这一原则。相对于商海的狂风巨浪，他们对和谐的人际关系的追求依然执着，善于处理同宗人士的关系，并且卓有成效。徽商精明的创业眼光使他们在张弛万变、风云诡谲的商界权衡利弊，击败竞争对手，这种开拓进取、矢志不渝、百折不回的勇气和经历，为徽州人树起了不朽的"徽骆驼"纪念碑。

徽州文化作为三大地域文化之一，在中华民族文化史上有其独特、重要的历史地位。徽州文化不仅充分体现了中国传统的儒家思想，同时也融合和发扬了释家和道家的思想。徽州文化的全面性、丰富性、独特性、辉煌性使之成为中国文化的典型缩影。凭借安徽独有的地理环境、自然资源和历史文化，安徽是古丝绸之路的重要供货地和要塞通道，徽商在"一带一路"建设中发挥了重要的商贸优势，积极与沿线国家和地区共享发展，不仅将本土的特色资源（丝绸、茶叶、瓷器）销往世界各地，还将我国优秀传统文化传播到其他国家，传承弘扬了徽商吃苦耐劳、诚信守法、文化融入的精神。徽商深受儒家文化影响，其整个商帮的文化素养较高，他们创造了辉煌的商业战绩，同时也树立了儒商的形象，徽商文化相互依存、相互促进、共同繁荣，给世人留下了宝贵的物质和精神财富。

徽商之所以能称雄商界数百年，成为全国十大商帮中的翘楚之一，与它的贾而好儒的本质特点是分不开的。徽商的贾而好儒首先表现在其思想观念上的崇儒重儒。植根于厚实新安文化土壤之上的徽商，作为一个整体文化素质较高的商帮，他们在商业活动中大多自觉用儒学思想来规范自己的经营活动，讲究义利之道，见利思义，以义取得利，讲究诚信商德，不欺妄奸诈，货真价实。他们善于把握商机，权衡大道，在商海竞争中技高一筹。他们大多在致富后重视文化建设，捐资兴学，刻书藏书，修方志，邀讲学，培养子弟读书入仕，谋求政治地位的提高，同时也促进了地方文化的繁荣，孕育了一大批国家的杰出人才。自明清以来，徽商以自身的开拓进取创造了辉煌业绩——商业的繁荣和文化的成就，同时形成了一种儒商精神，树立了一代儒商的形象。历史上徽商铸造的儒商精神，把实践儒学道德规范作为商业理性的自觉追求，注重自身形象的树立，对今天行商富有启迪意义。

第四节　山西地域文化与晋商

　　通常意义的晋商是指明清500年间的山西商人。晋商经营盐业、票号等商业，尤其以票号最为出名。晋商为中国留下了丰富的建筑遗产，如著名的乔家大院、常家庄园、李家大院、王家大院、渠家大院、曹家三多堂等。晋商家族不同于一般官绅家族，它是具有商业烙印特征的中国传统文化家族。晋商成功的根源在于"诚信"和团结的商帮政策。晋商的文化特征有：①重视家规与家风。晋商兴盛的大族重视家规家风，并没有躺在祖宗基业上成为纨绔子弟，而是靠着自身的奋勉，各自开辟自己的事业与前途。晋商多恪守祖训，无一人涉足政界，大多在金融界、教育界、科技界工作。②学而优则商。晋商家族重学，他们具有以学保商、"学而优则商"的特点。晋商家族虽然重商，但也不是不重学，他们是商学结合，学中有商，商中有学，因而商人中不乏有学问之士。就连举人出身、任教20余年，自命不凡的刘大鹏也承认，"余于近日（在）晋接（触）周旋了几个商人，胜余十倍，如所谓鱼盐中有大隐，货殖内有高贤，信非虚也。自今以后，愈不敢轻视天下人矣"（《退想斋日记》）。

写作组访山西大同地域文化

　　从山西历史记载中了解到，山西在古代丝绸之路发展中扮演着重要的角色，不仅承担着拥有重要地位的中转地功能，还是我国沟通东西向的物流枢纽站，是促进东西贸易和文化交融的重要地区。独特的地域条件和深厚的文化传承，使山西涌现出一批又一批精干的商人们，他们将山西特色物资转销到全国乃至世界各地，开启了各大产业的繁荣景象。山西一直拥有丰富的能源资源，在交通业、制造业和物流业也拥有良好的设施基础，能够在当前"一带一路"基础设施建设中发挥产业优势，促进商贸、文化的合作和交流。

写作组考察山西地域文化

以晋商为主体的"万里茶道"，是 17 世纪至 20 世纪初由晋商开拓并主导、沿线商民共同参与运转的一条从福建武夷山到俄罗斯恰克图、跨越亚欧大陆的万里茶路和商贸大道，这条大道和中俄油气管道并称为联通两国的"世纪动脉"。300 年的万里茶路充分体现了晋商家国一体的价值观、以义制利的诚信观和勇于开拓的发展观。

写作组考察山西壶口黄河文化

山西自古就有重商文化传统，形成了诚实守信、开拓进取、和衷共济、务实经营、经世济民的晋商精神，"晋商纵横欧亚九千里，称雄商界五百年，彰显的是开放精神"。十大商帮中最早崛起的就是山西商人。迄今还传颂着"山西人善于经商、善于理财"的说法。历史上有这样的说法"齐鲁秦赵诸大市,执商界牛耳者咸晋人"①,晋商挟资货贩四方,商路达万里之遥,款项汇通天下,利倾朝野,鼎足华夏,成为中国近现代经济史上的一个十分重要的经济现象。山西商人遍布全国各地,在最鼎盛时期,由于兰州是当时西北地区的重要商贸要塞,大多数晋商都来到兰州,将其作为经商重要之地。

宁夏城(银川)"大小商店共三百二十五家,晋商居十之六州"。晋商成功的根源在于"诚信"和"团结"的商帮政策。晋商凭借着敏锐的眼光、较强的洞察力,抓住机遇,勇往直前,一步步向前发展,获得了"汇通天下""九州利赖""富甲华夏"等称号,成为活跃于中国商界的一支最有势力的商贾。

由于地理位置的缘故,山西人经商比较便利,他们深受儒家思想的影响,以义服利,用传统的道德伦理观来处理经商中各种复杂的关系,拥有很超前的经商模式和思想观,有注重诚信这一品质。晋商重视名誉,义字当先。

写作组考察山西壶口地域文化

晋商文化是山西商人在从事一系列商业活动中所总结出来的优秀经验和精神财富,它对山西商人的从商生涯起到一个参考借鉴作用,尤其是在商业管理模式、运营技巧方面,给出很多理论依据,同样也是我国商界的一笔宝贵财富。晋商发展的鼎盛时期,积累了很多优秀的商业精神财富,前沿的管理理念、儒家的商业原则、进取的理财思想、创新的人本思想等,形成了特有的晋商精神——进取精神、敬业精神、群体精神,晋商具有不断进取的精神力量,把商业作为一项终身的崇高的事业来对待,在经营活

---

① 穆雯瑛. 晋商史料研究［M］. 太原:山西人民出版社,2001.

动中很重视发挥群体力量。晋商把这些优秀的思想和精神都融入企业的整个过程中，塑造出强劲的核心竞争力，这也是晋商在历史长河中经久不衰的秘诀。

晋商深受儒家思想的影响，树立了独有的商业观，其克勤克俭的精神品质，让山西商人在从商的道路上有着英勇的魄力和顽强的毅力。晋商坚守开拓创新、诚信义利、同舟共济的经商之道，形成独特的商业模式，打造了完善的管理制度，塑造了充满竞争力的艺术营销。晋商还供奉关公，以儒家"诚信义利"的思想来指导商业活动，他们团结一致、同舟共济，开拓出多种新型产业。晋商有着强烈的爱国情怀，心系天下，依托大好时机，拓宽商业渠道，遍布全国各地，用实业带动国家经济的发展。晋商成功的最根本原因在于坚守了"诚信"和"团结"两大商业原则。

写作组考察山西壶口黄河地域文化

在当前"一带一路"建设推进中，晋商充分抓住机遇，打开与世界对接的大门，发挥地理优势，利用通商要道，不断挖掘合作机会，将山西的特色产品、品牌和文化带出去，分析消费市场，拓宽合作业务和渠道，打开国际市场，实现贸易的互惠互通。由于过去一段时期晋商没能充分发挥自我优势，资源一直没有得到有效的整合和利用，使得山西的发展较为缓慢，现在"一带一路"的大好时机摆在眼前，也是振兴晋商文化的好契机。晋商应该拿出过去鼎盛时期的精气神，结合时代的发展，扮演重要要塞的贸易运输角色，大力将山西推到时代的前端，传承山西文化，将积极进取、务实诚信的晋商精神发扬光大。"一带一路"建设合作双方基于不同的文化背景，互相融合、互相补充，不断调整企业的发展结果和模式，充实自己的业务内容和研发技术，创新营销手段，结合高新技术，贴近市场需求，进一步完善和提高企业的核心竞争力，为晋商在"一带一路"发展中打下坚实基础。"一带一路"推动了行业的革新，带来了新的联动和机遇，晋商要摆脱旧有的资源消耗型产业，重振丝绸之路的辉煌，发挥"一带一路"中经济、文化交流的媒介作用。

第五节　浙江地域文化与浙商

形成于春秋时期的吴越文化，是隶属于长江中下游地区的地域文化。江南水乡的地理环境，塑造了江浙人开拓进取、经世致用、冷静机敏、外柔内刚的人文传统。在这一文化传统的滋养下，吴越地区自古工商业发达、经济繁荣。东晋南朝以后，受到士族文化的熏陶，吴越文化中逐渐注入了"重文轻武"的特质，将士族精神与经世致用的实干思想结合起来，成为中国传统文化中精致典雅的代表。浙江有湖州商帮、龙游商帮、宁波商帮、萧绍商帮、绍兴商帮（越商）、温州商帮、台州商帮、义乌商帮等著名浙商群体，以龙游商帮和宁波商帮为代表的浙商位列我国著名十大商帮。其中最为活跃的商人为温商，最为吃苦敢闯的商人是萧绍商人，最为活跃的商业城市为义乌市，最有代表性的商帮为宁波商帮，最低调的浙商是越商。

一、龙游商帮

隶属于浙江衢州市的龙游县，是龙游商帮的重要组成部分，龙游商帮虽以龙游命名，却不单指龙游县的商人，而是指浙江衢州市下属五个县［龙游县、常山县、西安（今衢江区）、开化和江山五县］的商人，只不过龙游县的商人居多，商业模式和经济头脑最为突出，所以就以龙游为商帮命名。龙游商帮的兴起和繁荣离不开它的地理优势，周围四个省的商业运输都得经过龙游，它是过去经商的重要要道，也是纵横向的交通中心。龙游人凭借得天独厚的地理优势，及其商业头脑，积极开发本土资源，主要以竹、木、茶、粮作为商业产品销售出去，使得龙游商帮在历史的进程中画上了重要的一笔。

龙游地域文化：文化搭台、经济唱戏

龙游商帮不像晋商手握巨资，经营票号，在金融市场上显山露水，也不像徽商垄断盐醾，声名显赫，龙游商帮的显著特点是埋头苦干、不露声色。龙游商帮之所以能在与实力雄厚的徽商、晋商等的竞争中独树一帜，除了它有开拓进取、不怕艰苦的精神和善于经营管理，还与它具有较高文化素养和诚实守信的职业道德有着密切的关联。龙游商人在营商活动中，历来看重"财自道生，利缘义取""以儒术饰贾事"。龙游商帮自觉地以儒家道德观念规范自己的商业行动，把信、诚作为待人接物的基本原则，为浙商树立了极好的榜样。

二、宁波商帮

在龙湖帮逐渐消沉之后，宁波商帮就逐渐兴起，是一支后起之秀，宁波商帮主要以上海作为一个最大的集散地，宁波商帮无论在做人还是经商方面，都展现出见识不凡和卓尔不群的一面。甬商（宁波籍商人）从古至今一直站在我国商业的前端，秉承着商人的精明，却也不失文人的道德伦理，他们极大地推进了我国近代工商业的发展，将传统的商业模式转向现代商业模式。

原先的企业家，见面谈得最多的是"缺钱"，后来谈的是"缺人"，苦恼的则是"缺文化"。说到底，浙商开始意识到，企业发展的最高境界，是文化竞争力，也是人才的竞争。浙商越来越将企业的经济发展与人的发展联系起来，开始重视员工文化素养的提升，在培养和教育人才方面花费大量的精力和时间。在"一带一路"倡议下，主张个性解放，反对等级观念，强调人的平等和民主主义等思想构成了浙商文化一个新的亮点，而这些思想是大大有利于商品经济发展的①。

与宁波商帮华茂集团董事长徐万茂共商地域文化

---

① 欧人，葛山．商人地图——中国商人的地域性格与文化精神［M］．郑州：郑州大学出版社，2005.

　　温州商人的创业精神和不怕苦、不怕累的形象几乎家喻户晓。温州商人有着敏锐的商业嗅觉、精明的头脑和过人的胆识，在追求自己的理想、发家致富的目标上顽强拼搏、坚持不懈。温州是一个离海较近的地方，渔业比较发达，起初温州商人都是通过海洋路线，将货物销往其他国家，所以我国最早去海外经商的一批人应该就是温州商人。他们是天生的生意人，在他们眼里，赚钱是最重要的目的，不太在乎文化素养，所以他们似乎永远都做着小生意，很少有庞大的商业体系。温州起初并不是一个富裕的地方，也没有很多的资源，赚钱和脱贫致富的强烈愿望是温州商人最初的动力。他们虽然是生意的能手，但是也离不开他们的勤奋，似乎没有他们吃不了的苦。温州商人善于抱团发展，整合资源，将各种资源效用发挥到最大化，一个地域造就了人们的思维模式和价值观，生意至上的价值观，一代一辈地传承下来，深深地印在了温州人们的心里。

　　浙江自古以来就是华夏富庶之地，这片灵秀的土地孕育出数不胜数的成功人士。浙商曾一度与晋商、徽商、粤商合称为"四大商帮"。主要集中在沿海地区的浙江，是中国经济发展的重要推动力量并有着卓越的贡献。表现极为亮眼的是湖州人（浙商）沈万三是元末明初的天下首富；清末镇海人（浙商）叶澄衷是中国近代五金行业的先驱；以经营辑里丝起家的（浙商）刘镛、张颂贤、庞云鏳、顾福昌这"四象"为首的湖州南浔商人是中国最早的强大商人群体；以（浙商）虞洽卿、黄楚九、刘鸿生为代表的宁波商人曾经叱咤于当时的远东第一大城市上海。浙商的第一代表人物应该是鲁冠球老先生，他虽然不是中国首富，但是他开创的万向模式，是中国经济崛起的一个代表。除了鲁冠球老先生外，浙商还有三届中国首富宗庆后。宗庆后是中国实业家的代表人物，他如今依然身家超过千亿元，虽然已经赶不上几大互联网富豪，当时他创办的娃哈哈堪称是中国民族工业的代表。宗庆后也一直信奉不上市的理念。除了三大巨头鲁冠球、马云、宗庆后，浙商还有曾经的中国首富陈天桥、宋卫平、徐冠巨等。不过其实在浙商的历史上，还有两大丰碑式的人物，就是被称为浙商中的佼佼者的宁波帮代表人物世界船王包玉刚跟娱乐大亨邵逸夫。包玉刚曾经不仅是世界船王，还是当时的华人首富。邵逸夫不仅是娱乐大亨，还是享誉海内外的大慈善家。

　　浙江是一个适合生活的地方，此外，浙江不仅出大知识分子，也出巨商。为什么一个如此安逸的地方会出现这么多创新意识强烈的企业家？杭州自古以来没有做过正式的首都，所以官气不重。杭州在南宋时期被称为行在，相当于陪都，宋朝从来没有正式说过临安这个地方是首都，所以杭州一直以来没有照着皇城那般去打造，而是自然取景。这些因素也造就了浙江的民间力量特别强大，浙江的小商品市场推动了整个浙江的经济发展。浙江企业一般都能留住人才，其原因不在于优厚的物质条件，而在于有很多不同专业的优质大学，这些学校都有着厚重的文化根基，企业能拥有丰富的人力资源，得到人才方面的支撑，培养本土的人才也才能降低企业成本。浙江的独特地域文化影响着浙江人们的商业价值观，也是整个浙江经济发展的强大推动力。文化养育着人们，使得人们形成了文化的烙印和商业基因。浙商注重"义"和"利"的取舍，经济和道德的和谐发展，凭借着独特的创新精神，打造了一批又一批的商业巨人。

笔者与中国书法家协会启功、赵朴初、米南阳参加地域文化笔会

历经岁月磨炼的浙商，早已经提炼出深入骨髓的精神文化，这些背后的精神力量帮助他们克服一个接一个的困难，闯过一个又一个的难关，他们秉承着这些精神文化不断地开创新的商业领域，一代又一代地将它们传承下去，是浙江乃至整个国家的一笔无穷财富。他们讲究时速和效率，任何行为的推进必须得到一个结果，不浪费时间和精力，注重效率。浙商还有一个最可敬的精神就是创新，也许他们离政治中心较远，思想不受禁锢，思维尤其活跃，常常无中生有，这也是浙江经济发展的一大特色。浙商善于寻求创新的发展模式，整合一切可以利用的资源，将文化与资源完美融合，打造了独具特色的浙商文化。

历史上，兼有地域学术文化特征的学派，大多与所在地域社会文化环境有着重要关系。受地域学术文化的影响，明清浙江的地域学派，治学理念呈现出严谨审慎、求实求真之朴学共性，同时又有通经致用、中西结合之特色，保持了道德与事功的和谐统一。其中，求实求真是他们的治学核心，学者以事实本源为依据，从文字训诂入手考经，打破畛畦之见，唯是而从；主张摒弃空谈，用实证说话；提倡有价值的学术批评，反对不切实际的妄断等，这些或多或少都具有调和时代学风之意义。

剖析浙江的历史传统、人文优势和文化基因，就能清晰地揭示出孕育浙江精神的文化底蕴。浙江人民在漫长岁月里的磨砺陶炼、奋勇精进，形塑了浙江文化传统的绵密深厚，令人尊崇追怀。浙江文化名人辈出，王充的"实事疾妄"精神，王羲之超迈旷达的艺术境界，沈括里程碑式的科学理性，叶适讲究功利的事功之学，陆游"位卑未敢忘忧国"的济世情怀，王阳明"知行合一"的哲学观点，黄宗羲批判自觉的空谷足音，刘英、张秋人、俞秀松、宣中华等革命烈士的舍生取义，无不展现出思想的绿树丛生，智慧如繁花盛开，精神气节凛然不朽。在地域民风上，义利双行的善谋实利，人我共生的和谐互助，尚德向善的品性修养，崇学重教的耕读传家，穷高极远的探微精研，兼容并蓄的包容开放，创造出璀璨文明业绩，厚重灿烂，气象万千。

正是在如此深厚、丰富、优良的文化沃土之中，独具特色的浙江精神得以孕育、生长。2006年，时任浙江省委书记习近平同志明确提出要与时俱进地培育和弘扬"求真务实、诚信和谐、开放图强"的浙江精神。浙江文化灿烂，人文荟萃，科技教育发达，名胜古迹众多，素享"文物之邦，旅游之地"美誉。在历史上，浙江涌现的科技教育、文化名人灿若星河。据统计，东汉以来载入史册的浙江籍文学家逾千人，约占全国的1/6。特别是"五四"以来，出现了鲁迅、茅盾等一大批浙籍文化名人。新中国成立以来的"两院"院士（学部委员）中，浙江籍人士占了近1/5。

笔者参加书画家漫画家华君武、启功、赵朴初、米南阳地域文化杭州笔会

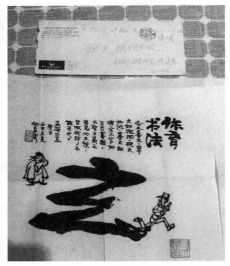

华君武有关地域文化的漫画之作

浙江的地域文化传统孕育了浙江精神，浙江精神又在历史的演进里，一以贯之引领、支撑、陪伴着浙江人民行进在建设美好家园的大道上。浙江精神以其穿越时空的生命力、感召力和价值引领，不断吸纳融合优秀文化元素，不断淬炼升华精神品质，激励着浙江人民在各个不同的历史时期超越自我、开辟新境。优秀的文化基因并不只是存在于历史的传统，也代代相续地传承于当代浙江人之中，为当代浙江发展奠定了

独特根基和道路。改革开放以来，中国特色社会主义现代化建设的伟大实践的阳光雨露全面激活了浙江精神中蕴含的"文化基因"，浙江人民抓住改革开放机遇，遵循规律、崇尚科学，真抓实干、讲求实效，诚实立身、信誉兴业，和美与共、和睦有序，海纳百川、兼容并蓄，励志奋进、奔竞不息，正是浙江精神在当代发展中的生动体现。

笔者与中国书法家协会原副主席沙孟海先生的合影

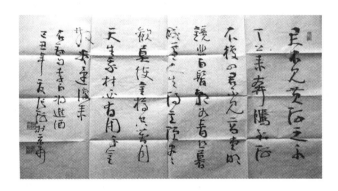

中国书法家协会名誉主席张海书地域文化条幅

笔者与画家刘海粟、陈冰心研讨马一浮与绍兴地域文化

笔者与古月、马季、米南阳探讨江米芾、吴昌硕对浙江地域文化的影响

表彰原青岛港集团总裁常德传、西子控股总裁王水福为促进地域文化做出的成就

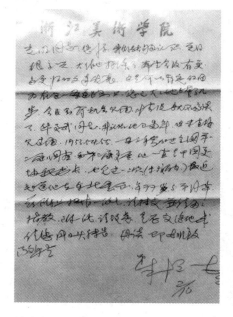

笔者与浙江美院教授朱恒共商地域文化

原中国美院教授周昌谷"两个羊羔"写藏区地域文化

写作组考察敦煌地域文化和甘肃油田

第六节　江苏地域文化与苏商

　　苏商是以苏州为中心的洞庭商帮，在逍遥隐居中积智、识势而来，有着悠久的历史，有着辉煌的过去。

　　洞庭商人活动区域集中，经营商品种类固定。洞庭商人家族以苏州为中心，以江南地区为依托，活动地域集中，经营商品固定，东山商人家族主要活跃于以山东临清为中心的华北地区，以经营布匹贸易为主；西山商人家族则主要活跃在以长沙、汉口为中心的长江中游地区，以经营米粮、绸布贸易为主。东西两山商人活跃的区域分别取决于对外交通的方式。以地缘为优势，以家族姻亲为组织形式，"把旧的宗族关系转化为新的商业组合"，卓有成效地与其他地域商人展开竞争。洞庭商人整合各家族的力量，充分利用家乡经济发展的优势和特点，以江南为起点，以商品转输中心为据点，有利于其迅速高效地组织货源，利用产地或销售优势，利用产品的质量和价格优势，获取到其他商帮所难以获得的较高额利润。余英时称"把旧的宗族关系转化为新的商业组合"是"中国从传统到现代的一种过渡方式"。这是一种有着较高效率的商业经营方式。

明清时期，苏州已经是江南重要的商业中心，明代的苏州已成为全国性的大都市，文化氛围很浓，洞庭商人中有文化背景的人较多。自古以来，苏州就是一个盛产状元、秀才、文人的雅地，他们重视知识的学习，即使是一个商人，也会严格要求自己的文学素养，而不仅仅只是言商，这是苏商与其他地方商人不同的地方，所以江苏商人的整体素养普遍较高，他们既重视人才的培养，也注重商业伦理的实践和融会贯通。他们以实业为主，以商贸为辅，强调创新务实和诚实守信精神。

张謇作为近代苏商的领军人物，言"言商仍向儒"，并声称要"捐弃人世一切之利禄"，传统文化与近代文化的交相辉映，体现了近代苏商新的价值观。张謇作为苏商著名的代表，其思想文化也是汇集了当地的地域文化特色，他一直强调"实业救国""工业为父、教育为母"的理念。在国家面临危难的时候，他奋勇而起，弃文从商，开辟了一条实业救国的道路，兴办实业是需要顽强的意志和百折不挠的精神，张謇一生具有强烈的爱国精神，努力将他的商业体系发扬光大，报效国家。然而，在创办工业资本的同时，张謇还十分重视人的素质，人的素质的高低又来自教育的好坏，所以张謇兴办和投资了很多学校，他将一生的实业发展与教育紧密地联系起来。

旧有的苏商模式是一些乡镇、城镇企业成立起来的小作坊，通过打造各种商业园区，吸引更多的投资商和消费者，促进当地的经济发展。然而，受到地域文化的限制和影响，不同区域的企业文化不同，企业家的素养和价值观也不相同。为了适应时代的发展，这些企业和企业家不得不提升自我的修养，形成了一批具有鲜明特色的群体。"一带一路"建设背景下，苏商摒弃单干的发展模式，开始转向结盟的商业合作模式，营造互相促进、合作共赢的关系，更加注重包容开放，积极汲取先进的知识理念，克服狭隘的地域眼界，摆脱地域文化羁绊，相容相通，抱团发展，这是新时代下苏商的特色。

苏商始终坚持"创业为国、追求卓越"的精神，涌现了一大批著名的企业家和成功的企业，他们在困难中不屈不挠，善于抓住时代给予的机遇，以开放创新的精神，塑造苏商文化和企业家精神，推动整个江苏经济的发展。他们有着崇高的爱国精神，与国家、与党的思想高度统一，这种精神一直规范着苏商的行为，指引着苏商的价值观形成，在集体利益和个体利益发生冲突的时候，以大局为重，维护国家的尊严和利益，将国家的发展与企业的发展紧密地联系在一起，在实现企业发展的同时，也极力促进民族的振兴和经济的发展。

"新苏商"不仅传承了优秀的商业精神，而且为了适应世界的脚步，新苏商重视合作共赢，以联盟的形式成为一个独具地域特色的经济群体。"开拓、创新、开放、包容"正是时代赋予苏商的一种文化精神，多元文化的包容和吸收正适合我国"一带一路"的发展，新苏商加快"走出去"的步伐，促进形成国内经济外向发展的新局面。

南京斯威特集团董事长严晓群是新苏商的代表之一，他具有极强的创新价值观和雄厚的实力，紧随时代的号召，他改变了苏商对于制造业传统销售模式的看法，利用资本杠杆来构建商业圈，带动企业甚至整个商业链的发展。红豆集团总裁周海江也是一支新生力量，红豆集团针对生态资源发展了红豆杉产业，这个产业不仅不污染、不排毒还吸毒，吸掉了空气中有害的东西，并形成了个很大的产业，红豆还在柬埔寨西哈努克港经济特区实现了企业的又一跨越。爱慕集团董事长张荣明曾出资支持中国各类文化遗产，一直被服装业界誉为"儒商"，作为品牌的打造者和经营者，肩负历史责任感和使命感，通过在多个国家设立销售终端展开了国际化发展。此外，还有如雨润集团祝义才倡导的"食品工业是道德工业"的经营理念，红豆集团引领的"锡商文化复兴"，苏宁电器开创的连锁商业等都是苏商文化的杰出代表。

地域文化包含的内容相对广泛，不仅包括承载地域历史文化的著名山川，典籍里对地域历史文化的记载，官员文集里对地方历史文化的记载，尤其是地方志书对地方历史文化的记载，而且文化建筑及相关遗迹、人文文化和民俗风情等都在地域文化之列。

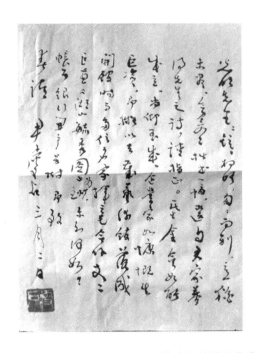

笔者与中国文联原副主席尹瘦石共商促地域文化发展

笔者与指挥家、律师曹星探讨宜兴地域文化与徐悲鸿、徐庆平

笔者与于光远探讨宜兴：地域文化中的徐悲鸿和徐庆平

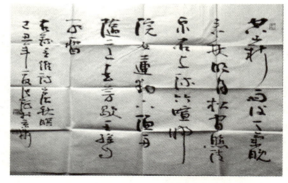

笔者与中书协原主席沈鹏共商　　　　笔者与中国书法家协会名誉主席张海共商促
促地域文化发展　　　　　　　　　地域文化发展：书《王维·山居秋暝》

　　回眸历史发展的过程，"吴文化"和"越文化""同俗并土、同气共俗"，逐渐在

相互交融、激荡、流变与集成中形成统一的文化类型。从文化的源流与发展来看，传统的吴越文化，是海派文化乃至现今长三角文化的渊薮和根基，后者则是前者的延续与新生。这些为进一步把握吴越文化的内涵、特质及其价值取向，并在长三角区域一体化进程中推进文化整合，提供了历史和现实的依据。文化的发展与传承，绝非诸种文化因子之间单纯的"传"或"递"，也不是各种传承方式和路径的简单叠加。文化传承的本质，在于各种文化基因的累积和裂变，在于诸种传承方式的相互协调、相互配合与相互作用，从而使文化具有流动性、延续性和再生性。海纳百川、兼容并蓄，一方水土涵养一方人文，溯（长）江、环（太）湖、濒海的"山水形胜"，造就了吴越文化缔造者的文化习性与人文精神，注定了这一方文化与生俱来的开放胸怀，聪慧机敏、灵动睿智。江阴文化的创生和传承，既是优越地理环境的造化，更是经济社会发展的结晶。江阴人民世代相袭的聪明才智，不仅赋予锦绣江南特有的柔和、秀美，而且熔铸出由这些精雅文化形式所体现的审美取向和价值认同，重视教化、尊重人才，蔚然成风。经世致用、务实求真，江阴之地商品经济率先起步，市民阶层形成较早，实业传统、工商精神、务实个性和平民风格等，都是江阴文化中不可或缺的内容。敢为人先、超越自我，善于创造、勇于创新是江阴文化的秉性，这也是这一区域文化充满生机与活力的内生动力。

第七节　江西地域文化与赣商

写作组考察井冈山地域文化与当地经济高质量融合发展

江西的地理位置优越，横向连接东西，纵向连接南北，是一个中心枢纽城市，不仅如此，江西还有着连接大陆和海洋的自然优势，这为"一带一路"的发展和建设提供了有利的条件。在过去，这种天然的优势已经被人们开发出来，成为海运路上的一道黄金线。魏禧在他的《日录杂说》上写道："江东称江左，江西称江右。盖自江北视之，江东在左，江西在右。"因此当时的江西商人被称为"江右商帮"，这些商人通过这条黄金线，将江西著名的瓷器和茶叶销售到其他国家和地区。江右商帮是中国古代实力最强的商帮，在中华工商业中称雄900多年。

　　江西从古至今最有名的就数瓷器和茶叶了，江西景德镇是我国最大的瓷器集散地，当地打造了一个瓷器平台，将全国各地的瓷器收集起来供人们选择，再通过有利的渠道资源（陆运和海运）销往不同的国家。考古研究表明，海外许多国家都存有我国元代的青花瓷碗和青花瓷片，而景德镇正是元代生产青花瓷的地方，因此，可以看出，江西从古至今在丝绸之路上都起到了非同一般的作用，其地理优势使它成为丝绸之路上的交通要塞。当然，江西不仅仅是丝绸之路上对外贸易的一个大门，它也是我国古代中原地区打开南下发展大门的交通要地，它是连接岭南和闽粤地区经济发展的重要区域，随着商业贸易的大兴发展，江西成为"五岭（大庾岭、骑田岭、萌渚岭、都庞岭和越城岭）之要会""闽粤湘之要冲"。江西在古代丝绸之路和海上丝绸之路上都承担着重要的责任，是文化和商品的输出地之一，为我国丝绸之路的发展起到积极的推动作用，同时，也有效地传播了我国的传统文化。

写作组考察江西吉安井冈山八角楼毛泽东同志旧居

　　无论是陆上和海上的古丝绸之路，与江西都有着很深的文化渊源。早在秦朝，江西与广东相连的大庾岭驿道即已修通。唐朝时，粮饷物资可顺赣江南运。江西商人出现的时间很早，唐宋时期就已见于各种资料之中。江西的经济发展是在历经多少个朝代更迭逐步兴起的，其独具特色的商业文化也是在这种岁月变迁中逐渐提炼出来的，不同的经济时代，其文化的特色也不尽相同。一直以来，江西都是我国经济发展的重要区域，它不仅促进了我国与其他各国、各地区地区的贸易往来，还改善了我国农业和手工业的产业结构，给江西的经济发展积累了巨大的资源和经济基础。在强大的经济资源基础上，江西商人善于利用各种资源，成就了一批踏实精明的商人，这就是人们所称的"江右商帮"。明清时期是江西商业发展的鼎盛时期，"江右商帮"享誉全国，极大地推动了江西经济和文化的扩张，同时也成就了江右商帮的辉煌。

　　同时，随着江西的经济贸易发展，吸引了更多周边的人，尤其是岭南、闽粤的人们都迁移过来，因此造就了江西文化的一个特色就是移民文化，使江西成为一个更大的集散中心。不同地域的人们迁入，就给江西文化注入了新鲜的血液，江西海纳百川的包容精神使得江西商人不得不去吸收和整合先进的文化，不断更新自身的文化体系，最终形成具有地方特色的企业文化。大规模的迁移使得江西成为湖南和湖北的经济纽带，形成了一个庞大的地域特色市场，频繁的人口流动，也使赣商具有敏锐的经济嗅觉，反而少了些政治特色，强大的吸收能力和包容能力，使得江西商人有着很强的团结和集体意识，在发展企业过程中，经常抱团前进、互帮互助，也带动了更多平民百姓参与到市场经济活动中。

写作组考察江西井冈山毛泽东旧居

江右商帮绝大多数是因家境所迫而负贩经商、弃农经商、弃儒经商者，多为"挟小本，收微货"，因此，小本经营、借贷起家成为他们的特点。江右商帮以人数众多、积极活跃、不避艰险、渗透力强著称，极具草根色彩。江西商人具有"以众帮众"抱团发展的互助精神。江右商帮在长期的经营活动中逐渐形成"忠孝、信用、和气生财、把握市场行情、白手起家从小做起、团结互助、回报家族和家乡"的共同行为准则，内在共同遵行"使予而儒，母氏劬劳；使予而商，身劬母康"的道德准则。在一些江右富商的总投资中，社会公益投资占有很大比重。江西商人吃苦耐劳，艰苦创业；物产丰富，手工业发达；讲究"贾德"，注重诚信。

无论是过去的古丝绸之路，还是现在的新丝绸之路，赣商都有着重要的地位，他们身上传承的精神文化，依然是我国商业发展的宝贵财富，也是我国"一带一路"建设和发展的大力推动者，他们能够带动"一带一路"沿线各国、各地区企业建立互利共赢的合作机制与价值观。江西国际公司积极布局"一带一路"沿线国家市场，不断拓展市场宽度，已在柬埔寨、缅甸、印度尼西亚、老挝、斯里兰卡等国家设立代表处，还参与非洲国家房地产开发，积极探讨在非洲国家投资建设经贸合作区、太阳能电站、化肥厂等，对外投资领域不断拓宽。中鼎国际建设集团、江联国际工程有限公司、江西建工集团、正邦集团、江西中煤建设集团、江西地质工程（集团）有限公司、江西久盛国际电力工程有限公司、江西有色建设集团、江西国际经济技术合作公司、晶科能源等多家企业都在"一带一路"沿线国家和地区积极开拓市场。

写作组考察井冈山地域文化：八角楼

第八节　福建地域文化与闽商

福建的文化活动丰富多彩，独具魅力。由于地缘和历史的原因，这些活动有着海洋文化的印记，更多的则是延续着中原文化特别是儒家文化的血缘基因。福建人是开放的，目光远大、襟怀宽广，善于取精用宏，博采众长。福建人又是笃定的，庄敬守正，和而不流，对民族优秀文化的价值观念和精神取向充满自信，执着坚守。这种自信与坚守，体现在古往今来众多贤达之士的卓越见识和治学实践中，更渗透在广大民众日常生活和社会风俗中。海上丝绸之路开通，数以千万计的闽籍华侨华人陆续走向世界各地，他们为当地带去中国黄金、铁器、茶叶、瓷器、丝绸、棉麻及先进工艺与农耕技术，展示了勤劳智慧和睦邻修好的良好形象，唤起沿线各国对中华文明的向往。大量不同肤色、不同语言的外国客商、学者、宗教人士纷纷来到福建，在从事互惠互利的商贸活动的同时，也带来了新鲜的异质文化信息，为当地文化的发展提供了新的参照，注入了新的活力。

闽人自古就有移民和崇商的传统，这是与福建的地理条件分不开的，福建拥有绵长曲折的海岸线以及众多的港湾岛屿。宋元时期，福建人就开辟了"海上丝绸之路"，将商品销往世界各地，开始海外贸易活动。因此大量的海外贸易和大量的海外移民就成了当地两大特色，也形成了后来闽籍商人遍布全球的局面。与古代中国占主导地位的农业文明相比，闽商属于海洋文化的蓝色文明。历经千年的演变，形成了自己特殊的闽商文化和闽商精神，闽商文化是闽文化的延伸，是接受海洋文化熏陶的结果。如果说第一代闽商是为生计而远走他乡，现代的闽商则是为了发展而向外扩张，开放、拓展等意识早已融入他们的血液，成为闽商文化的特质。"闽商"狭义上指的是福建省商人，广义指福建、浙南、粤东潮汕地区（因处广东省管辖故不具闽民系认同感）和海外闽民系的从事商业的人们。闽商是传统三大商帮中唯一一个延续至今的商帮，被誉为华商第一族，因"开放""拓展"的精神闻名。清朝中后期闽商在东南亚经商致富，富可敌国，以巨大财力供杨衢云等进行革命以建立资本主义民主中国，在民国时期华侨富豪以陈嘉庚为首，在这一带以及福建人早期的聚居地中上环，作为国民革命军北伐、中国抗日战争的资金中转站，有大量银行、企业为国民党提供资本。

与内陆文化不同的是，海洋文化是人类与海洋在互动中产生的物质财富和精神财富。如果说内陆文化是封闭性的，具有内倾的色彩，那么，海洋文化则是开放性的，具有外向的特征；如果说内陆农耕文化是稳定的、安逸的，那么，海洋文化则是迁流的、漂泊的；如果说内陆文化是求安泰的，那么，海洋文化则具有明显的冒险性质；如果说内陆文化常有自给自足的农耕色彩，那么，海洋文化则具有崇商性质。地理条件造成的生存困难，是闽人尤其是沿海而居的福建人不得不一再迁徙的现实的因素，与内陆完全从事农耕劳作的农民性格不完全相同的是，福建人自古就热衷于移民。在漫长的区域历史演进过程中，相对封闭的地理环境和历史文化传承上的多元性和随之而来的宽容性特征等，都铸就了福建兼容并蓄的文化生态环境，福建文化生态在态势上呈既开放又封闭的状态，这种状态折射为陆地农业文化与海洋商业文化二者并存且相互交融。

闽商在中国商界活跃了几百年，通过丝绸之路，他们创造了东渡日本、北达欧亚、西至南北美洲、南抵东南亚各国的辉煌历史。闽商的社会价值观，与内地明显表现出不同，其中的原因是多方面的，首先闽人主体是从中原移民的后代，如今天北部地区更大程度上保留并发展了中华文明，宗族乡土观念很重，同时还有很重的海洋文化，诚信为先且利义兼得是他们的经商基本理念。在中国各大商帮中，闽商是最具"海洋文化"背景的。闽商不及浙商互利共赢的一面，容易造成单打独斗，他们很少拉帮结伙，帮派意识很淡薄。闽商有重商主义及务实逐利的进取精神，还具有"爱拼才会赢"的精神。第一代闽商在新中国成立前跟着父辈，飘洋过海在外闯荡，在异国他乡从简单的行业做起，一步一个脚印，努力血拼地走向成功，并返回祖国投资兴业，如"华侨旗帜、民族光辉"的陈嘉庚，"银行、烟草、啤酒和航空大王"陈永栽等一大批世界级的富商。他们大都年岁较高，但其"世界华人首富"的影响力依然不减。闽商的发展历程为我国企业提供了借鉴。福建文化的形成与闽越文化的遗风、中原文化的传入、宗教文化的传播、海外文化的冲击等诸因素都有着极为密切的关系，从而使得福建文化在和外来异质文化的交往中，表现出更大的融摄力和兼容性，福建文化在整体上呈现块状状态，彼此之间呈相对独立和平行并存的状态。这种文化生态环境和历史文化传承，在福建文化这个动态系统中共同构造了多向度的文化力，引导和制约着福建区域社会的生产生活和行为方式。

第九节　陕西地域文化与秦商

西安是古丝绸之路的起点，出长安城沿丝绸之路向西北约行 150 千米后，到达彬县，这是陕西境内与甘肃平凉相交的一个县。尽管只是一个普通的县城，在当年丝绸之路繁盛的时候，这里却是丝绸之路东段北道第一站，丝绸之路的重要节点之一。三原是"古丝绸之路"的东端重镇，"连湖广而通甘凉"的通衢要地，使其成为"昏晓贸易，市况颇盛"的"渭北商业之中心"。今天的宝鸡是通往中国西北、西南铁路交通的主要咽喉通道，是欧亚大陆桥上第三个铁路大十字。正是因为有得天独厚的交通优势，宝鸡自古便是古丝绸之路沿线上的重要驿站，留下了众多的历史遗迹。2016 年 3 月 10 日，西安首次开通了直达中亚地区的航班路线，这条航线是从西安起飞，径直到达哈萨克斯坦的阿拉木图。截至 2016 年 9 月，西安已有国际（地区）航线 40 条，构建了通达全球 16 个国家，连接欧、美、澳、亚地区的 33 个主要经济城市和旅游热点城市的航线网络。

西安曾是"十三朝"古都，历史上长期占据中国政治、经济、文化中心的位置。秦汉时期，秦对国外商人采用"轻税"政策，使各地贩运更加频繁。明朝以前的秦商，位居三大商都之首，在历史上曾被称为"国商"；明清时期，陕西商人迅速崛起。鼎盛时期的陕西商帮所兴建的陕西会馆遍布全国，这一切都离不开秦商的基因：弃儒从商、商业意识——善于从各种事件、场合和机遇上发掘商机；三硬商人——人硬、货硬、脾气硬；重名轻利——把名节看得比利润要重；骄傲挺拔；敢于冒险、敢作敢为；富而思乡——回馈家乡是陕西商人的传统；厚重质直。在中国西部贸易通商领域，一个广泛会集士、农、工、商各阶层人群的陕西商帮崛起，是商业文化历史积淀的必然产物。企业家是我国市场经济改革大业的主要推动者，虽然企业家与自身的"基因"相关，但后天的影响不容低估，企业家群体的生存状况与一个国家或地区经济发展状况有关。经济发展水平高的地区往往企业家群体发育良好，而企业家的成长与当地社会、政治、文化等环境因素也密切相关。

"一带一路"倡议给陕西企业带来了很多发展的机会，一些嗅觉敏锐的企业牢牢抓住各种机遇，考察沿线各个地区和国家的发展需求，寻求更多的合作。一些电子商务企业搭建销售平台，调整业务方向，升级销售模式，借助"一带一路"互惠互通的原则，将企业自身产品销往更多的国外地区，给企业带来了可观的利润。在"一带一路"倡议的推动下，陕西企业大胆地"走出去"，寻求更多的合作机会，不仅给企业带来了实质性利益，同时也将陕西当地的特色文化传播到更多的国家，让更多的人了解了中国的传统文化。大唐西市集团依托丝绸之路丰厚的文化资源，持续释放大唐西市文化产业的良好发展势头和丝绸之路国际总商会的高端平台效应，以商贸互通带动人文交流，打造"一带一路"人文交流样本工程。秦商一直秉着传统的商人精神，有高尚的节操、吃苦耐劳，凭质量过硬的商品开拓市场、挖掘商机，是"一带一路"发展的坚实后盾。

秦商是由历代商帮杰出人士励精图治、艰苦创业、诚信经营塑造出来的秦商整体形象，秦商文化的发展离不开历代秦商的努力，秦商文化从起源到发展，从发展到传承是秦商精神的薪火相传，是商帮文化在现代商业社会历久弥新的新文明建设，是促进现代经济发展的积极因素。秦商没有山西商业文化的根深蒂固，没有汇通天下的票

写作组考察西安兵马俑世界遗产文化

号，也没有南粤商人的得风气之先、依托洋人的区位便利，也没有徽商的儒雅风流和经商传统，秦商靠的就是忠诚、厚道，还有开拓进取的精神。秦人自古以吃苦耐劳、坚忍厚重著称，秦商也是如此，秦商并不是丝绸之路的享用者，他们是丝绸之路的开拓者，2000多年前是秦商发现并逐步开辟了古代丝绸之路，是古代丝绸之路主要的经营力量，他们穷其一生奋斗在西部丝绸贸易的领域，为古丝绸之路做出了历史性的贡献。

写作组考察陕西西安古都与地域文化

经济发展离不开优秀的企业，优秀的企业离不开优秀的企业家，而优秀的企业家又离不开优秀的商业文化。当前，西安正处于抢抓历史新机遇，加速实现追赶超越目标的黄金战略期。面对"一带一路"倡议、建设国际化大都市的历史背景和要求，激活与弘扬秦商文化具有特殊意义。秦商文化是一代又一代秦商在长期创业与奋斗中所形成的思想境界和理想追求，是西安宝贵的文化财富。激活并弘扬优秀的商业文化，对于拓展秦商文化新内涵、树立丝绸之路经济带起点城市新形象，缔造重商、亲商、富商、安商的新氛围，激发海内外企业家投身西安建设的新动力，实现大西安经济建设取得新突破，谱写陕西经济追赶超越新篇章均具有重要价值。陕西地处黄土高原，又是十三朝古都，历史的沉淀和个体的努力组成了秦商特有的文化基因，这种文化基因支撑秦商在中国商业历史上创造了许多辉煌历史，商帮文化强大的地缘效应和对整个商业社会的推动作用都是巨大的。秦商文化与秦商精神相辅相成，不可分割。秦商文化凝聚出了秦商精神，即以"忠"为核心价值，以"道"为经营理念，以"勇"为特色的精神架构以及所包含的时代精神。

第十节　海南地域文化与地域经济发展

海南是全国各地乃至世界各地的移民岛或移民省，海南文化有其兼收并蓄的特征，更具多元性、多层次和包容性，兼容了中原文化、闽南文化、岭南文化、侨乡文化、黎苗族文化、海洋文化和国防文化。经过历朝历代统治者的军事征服，以及人口移入和官员流贬，到了明清之际的海岛文明，呈现以中原文化为基因链的特征。中原文化已在政治体制、社会基础、核心价值观方面，基本完成对海岛文化全覆盖的影响。与海南历史发展过程相结合而形成的海南文化有自己鲜明的特质和风格，其中不少具有唯一性和独特性，对我国文化发展历史和多元一体、多源同归与多元互补的中华文化格局的形成做出了巨大的贡献。四面环海的海南岛，在交通不便的古代乃至近现代，与外界交流较少。除沿海港口外，在大多数地区被分割、闭塞的背景下形成的海南文化，具有相对的封闭性和保守性，由此保留下来许多原生态文化残余。

海洋文化是开放包容的，海南沿海也不例外。以海为田，是为海洋农业文化；以海为商，是为海洋商业文化。海南与中国其他沿海地区一样，虽有着漫长的海岸线，人们靠海、吃海、用海、观海、耕海，海洋文化历史悠久且内涵丰富，但有着明显的农耕性质烙印。如果把西方式的岛屿文化称为竞争、扩张性质的海洋商业文化，那么海南岛文化则可称为服从、保守、内向性质的海洋农业文化。但即便同在一个海南岛上，具体情形不甚相同，临海的文昌、琼海、万宁、儋州、东方、临高等地的人们，其海洋文化中的冒险与闯荡的精神相对浓烈，而历史上受制于交通工具等因素，海南中部的屯昌、琼中、定安和五指山人，其农耕文化的色彩更为明显。

海南文化在历史发展长河中，不仅为当地社会经济发展提供了文化支持，而且对维护国家统一、领土完整，特别是南海权益和民族团结，以及对大陆文化辐射等做出了积极的贡献。海南文化在当今海南大特区建设和推进"一带一路"建设中将继续发挥重要作用。三亚文化历史悠久，说起三亚文化的起源可以追溯至秦朝，在秦朝，秦始皇就曾将三亚设为象郡。三亚也被誉为"鹿城"，因为三亚的风光秀丽，所以也有

"东方夏威夷"的别称，还有着饱含海洋风情的地方文化。三亚作为海南省南部的中心城市和交通枢纽，其地理位置的重要性不言而喻。

海南地域文化与旅游经济

海南三亚正大力发展以旅游业、现代服务业和高新技术产业为主导的产业，加快崖州科技园区、中央商务区、邮轮产业区和康养产业区"四大园区"建设，推动产业转型升级，实现高质量发展，在海南自贸区自贸港建设中打造标杆。三亚发展前景可期，将为企业投资发展提供广阔的舞台。充分利用三亚得天独厚的资源优势，进一步推进旅游业供给侧结构性改革，走出一条旅游业高质量发展的特色之路，打造生态旅游消费之城；进一步加强文化基础设施建设，推动高质量体育赛事在三亚落地，形成"文化丰富多彩，体育竞技赛事精彩纷呈"的局面，同时做大做强康养产业，打造文化体育健康之城；加快布局高新技术产业，发展互联网、大数据、人工智能等数字经济，打造科技创新智慧之城；利用金融产业在海南先行先试契机，吸引更多优质上市企业进入，拓宽金融服务领域，同时加快推动城市法治化进程，建设金融法治服务之城；不断扩大开放，广泛吸引企业和人才汇聚三亚，打造开放之城。中铁建、中国平安保险、中国太平保险、中国电子、大家保险集团等企业的相关负责人表示，三亚在海南自贸区自贸港建设中聚焦效应明显，发展机遇巨大，企业间将在金融、旅游、体育等方面进一步深化合作，共谋发展。

金融制度创新是海南自贸区自贸港建设的重要内容，海南有望在金融市场开放、跨境金融和金融创新等方面形成突出的制度优势，为金融企业在海南发展创造更加有利的制度环境和政策条件。同时，海南加快改革开放将为保险业长期发展带来更多制度红利。希望中国太平与三亚市深化合作，实现互利共赢。三亚正认真贯彻落实中央和省委、省政府各项决策部署，紧紧围绕海南"三区一中心"的战略定位，以发展旅游业、现代服务业、高新技术产业为主导，进一步推进供给侧结构性改革，以服务自贸区自贸港开放型经济为主线，推动三亚城市现代化管理和产业转型升级，进而实现经济高质量发展，努力在海南自由贸易试验区和中国特色自由贸易港建设中扛起责任和担当。三亚是一个大有可为之地，各企业可以和三亚建立长期合作机制，并在总部经济建设和综合发展等方面加强合作，实现互利共赢。在中央支持海南自贸区自贸港建设的大背景下，企业家纷纷对到三亚投资兴业充满信心，各企业愿意在三亚布局投资，同时也希望能够更多地参与到三亚的建设发展中。

本章案例：宁波地域文化与雅戈尔、华茂集团*

写作组考察宁波诺丁汉大学与地域文化

宁绍平原文化区，是江浙文化和人文精神重要的发祥地，地理上是典型的滨海水乡平原文化区，地处会稽山、四明山的北麓和钱塘江、杭州湾南岸之间，是越文化的中心地区。宁绍（今舟山，历史属宁波）系"古越文化"地，即古越国。绍兴、宁波对浙江很重要，是越文化的核心区。宁波余姚的"河姆渡文化遗址"，是我国最早发现稻作文化的史前遗址。"无宁不成市，无绍不成衙，无湘不成军，无徽不成镇"说明了宁波人的经商传统。"无宁不成市"，有胆有识的商帮文化，对宁波的地域经济产生了重大影响。"宁波帮"是指旅居海外的宁波籍商帮。宁波帮的一大特色是不仅拥有巨大的财富，还善于融入当地的主流文化，与所在国家、地区的政界、经济界和社交界保持良好的关系，具有出色的社会活动能力和政治能力。

已故"世界船王"包玉刚是当代宁波帮的杰出代表。

宁波商人高瞻远瞩的商业智慧体现在重教和培养人才方面。距包玉刚第一次回故乡不到两个月，话题就从这次回乡谈起。包玉刚表示，宁波比香港大 10 倍，香港有 4 所大学，宁波却没有一所大学，因此他打算在宁波办一所大学，为家乡做点事情。

1985 年 10 月，包玉刚捐资 5000 万元的宁波大学举行奠基仪式。1985 年，海外宁波帮人士向宁波捐赠达 5700 万元，是前一年的 37 倍。截至 2008 年，海外宁波帮已在内地捐资 72 亿元，其中 85%以上都是教育项目。

---

* 资料来源：课题组调研浙江地域文化，采访雅戈尔集团和华贸集团。

写作组考察宁波诺丁汉大学与地域文化

　　鄞州区，隶属于浙江省宁波市，是宁波市的政治与经济中心，中共宁波市委、市政府驻地，鄞州是宁波商帮的发源地，也是"红帮服装"的故乡，宁波服装博物馆位于浙江省宁波市鄞州中心区下应街道湾底村，是以保护展示省级非遗名录红帮裁缝技艺为主题内容的大型服装博物馆，也是中国第一家服装专业博物馆。宁波服装博物馆的成立与当代宁波发达的服装加工制造产业离不开，国内有很多名牌服装品牌都属于宁波制造，雅戈尔、杉杉、罗蒙等品牌都出自宁波，博物馆陈列展示以实物与图片相结合，采用历史场景复原、现场量体裁衣、电子影像、电子触摸屏等多种展示方式，全面介绍了清末民初以来中国近现代服装的演变。雅戈尔集团和华茂集团为当地地域文化起到积极贡献作用，华贸集团成立华贸艺术教育博物馆，以艺术教育为特色，以艺术教育家个案为看点，通过图文梳理、藏品陈列、视频呈现、场景模拟等，充分展现古今贯通、中西交融、内外共生的艺术教育风采，作为国内第一座以"艺术教育"为主题的专题博物馆，为当地教育文化起到积极的推动作用。

写作组考察浙江龙泉地域文化

雅戈尔集团董事长李如成经常跑香港和欧洲市场，在他看来，"要打造世界顶级品牌，单靠一家企业的力量是不够的。当今国际奢侈品市场的萎缩，让国际顶级面料商的生意也面临停滞。这时谁有强大的市场潜力和先进的管理体系，谁就会拥有对整个行业的话语权"。宁波地域文化孕育了一大批成功的企业和企业家。企业家和企业员工创造的企业文化，又丰富和发展了宁波的地域文化，促进了宁波地域经济的繁荣。宁波三江口，是宁波城市的地理坐标。三江指的是发源于古文明摇篮河姆渡的姚江、流淌自弥勒圣地溪口的奉化江和甬江。

雅戈尔集团就位于宁波三江口鄞州区内，故雅戈尔的 VI（视觉识别系统）基本要素——企业 Logo，取英文字母"Y"，即三江交叉口，就有此意。Y 是英文 Young（青年、青春）一词的首字母，导入 CI 后，把原来中文的"青年"这个词改为英文谐音——雅戈尔（雅戈尔的前身是宁波青年服装厂）。中国社会科学院工业经济研究所课题组联手中央美院设计系和清华大学美术学院的前身中央工艺美术学院的吴冠中教授设计雅戈尔的 VI 系统。"Y"除了表达公司位于宁波三江交叉口之地理位置外，还表达了雅戈尔"地缘、人缘、血缘"三缘的企业理念——处理好企业与社会、企业与地方政府、企业与其他企业，企业与企业内部员工、家族企业内部领导层的血缘关系问题。有人把"三缘"归结为一种企业伦理关系，李如成懂得如何维系各种企业伦理关系，他在扩大雅戈尔品牌知名度的操作中，除了聘请中国社科院专家团队外，还请了中国企业管理研究会、浙江大学、浙江工商大学杭州商学院、宁波大学等多个研究机构、大专院校参与其中，在吸收诸多学术机构发展战略建设的同时，也扩大了自己公司在科研院所、大专院校和学术界的知名度，是开展校企合作、实现校企双赢的典范。

雅戈尔集团董事长李如成

李如成的企业伦理传承了甬商精神——以政务助力营商环境，广纳人才、构筑生态、打通产业链，赋能地域经济发展。雅戈尔创建于1979年，经过40多年的发展，逐步确立了以品牌服装为主业，涉足地产开发、金融投资领域，多元并进、专业化发展的经营格局。说起金融投资，就不得不说李如成投资宁波银行故事，他的总成本投入不超过 2 亿元，投资宁波银行让他赚了 40 倍的收益。宁波银行只是李如成暴赚的其中一只股票，在他 22 年的投资生涯中，他通过炒股赚了 400 亿元。李如成的主业是雅戈尔，从创业至今，主业只让他赚了 180 亿元。这样看来，炒股收益远超主业，副业干得比主业好，有人就说李如成是中国最"不务正业"的老板。每当有人提起这个争议，李如成就会霸气回应，"什么主业不主业，赚钱就是我的主业"。2021 年减持宁波银行股份，是李如成回归服装主业的壮举。现在，李如成想打造百年时尚品牌。目前雅戈尔集团是拥有员工 5 万余人的大型跨国集团公司，旗下的雅戈尔集团股份有限公司为上市公司。雅戈尔在全国拥有 772 家自营专卖店，坐落在北京王府井东的雅戈尔专卖店就是它的旗舰店之一。

如同浙商万向集团董事长鲁冠球一样，李如成没有读过多少书，那么他的商业智慧是从何而来的？这就要说到宁波特有的地域文化以及他在市场经济中长期的摸爬滚打中形成的对人对事的认知，进而发展出独具个性的"三缘"企业伦理。李如成的广纳人才、广借外脑，不是一时的心血来潮，而是经过深思熟虑的，他与中国社科院和中国企业管理研究会谈合作项目时，公司高管中有很多人表示反对，但他力排众议，坚决表示非合作不可，拍板定局。

在李如成眼里，做企业 VI 系统，就要与中央美院靳尚谊、中央工艺美院吴冠中、中国书画家协会主席沙孟海这样的大师交朋友，虽然他不认识这些大师，但他懂得"六度人脉"，通过雅戈尔 CI 的导入和企业发展战略的实施，既使企业品牌得到了提升，又收藏了大师们不可多得的，甚至可以说是价值连城的珍贵作品。

曾任万向集团董事长的鲁冠球对书画收藏有极大的兴趣，马一浮、吴冠中任浙江大学教授时，鲁冠球就对两位极其仰慕，吴冠中通过笔者转给鲁冠球以下一幅水墨画：

美国著名企业家、银行家罗伊派普先生于 1975～1977 年任亚洲发展银行美国驻马尼拉董事期间与派普夫人一同开始对亚洲艺术产生了浓厚兴趣。1996 年笔者与吴冠中在中央人民广播电台做《吴冠中绘画审美思想大家谈》节目（此前的两年前，即 1994 年笔者在鲁迅学术学院发表了《论吴冠中绘画美术思想》），引起了美术界和收藏界的

极大兴趣。玛丽莲派普夫人通过她的中文翻译找到了我。她毕业于罗格斯大学德格拉斯学院，主修艺术史，返美定居后，夫妇二人开始建立自己的书画收藏，并得到包括凤凰城艺术博物馆布歌迪教授（Professor Claudia Brown）、亚利桑那州立大学 Professor-Ju-HsiChou 教授以及著名艺术商霍华德罗杰斯先生（Howard Rogers）等多位专业人士的引荐，期间结交了中国著名画家尹瘦石、黄胄及中央美院院长靳尚谊。中国古代书画以其蕴意深远的内容与内敛典雅的表现形式深受派普夫妇喜爱，无论主题是山水、花鸟还是人物，抑或形制是立轴、手卷、册页还是扇面，其收藏均有涉猎。派普夫妇热心公益，其收藏常年在亚利桑那州立大学及凤凰城艺术博物馆展出，有部分藏品会捐赠给上述机构以供研究所用及公众欣赏，与此同时，派普夫妇还大力推荐了黄胄、尹瘦石、潘天寿、徐悲鸿及其儿子徐庆平的作品，建立了企业家、书画家、收藏家艺术品鉴赏交流的平台，联合成立了"美国—马尼拉—杭州企业家书画家联谊会"，会议在杭州饭店举行，参加会议的有浙江省粮油进出口公司负责人蒋明方，浙江省法制局包文中、韩铁峰，浙江大学美学教授陈望衡等，中国书协副主席沙孟海、中央美院院长靳尚谊还写了关于成立"中国书画家协会"和"美国—马尼拉—杭州企业家书画家联谊会"的贺信，开启了企业家、书画家、收藏家艺术鉴赏和交流的先河，杭州邵芝严笔庄的书画用笔源源不断地捐赠给中央美院院长靳尚谊等著名画家。

雅戈尔、方太等都是宁波数一数二的企业，是宁波物质文化和地域文化的创造者，他们联合海内外的著名企业，发起联谊会，也是为了弘扬和再造新的地域文化。"美国—马尼拉—杭州企业家书画家联谊会"（以下简称美马杭联谊会）推举浙江大学美学教授陈望衡教授担任主席，当时在陈主席的领导下，做的几件实事是：抓紧落实国家对著名书画家沙孟海及其家人的知识分子政策，当时笔者在浙江省劳动人事厅科技干部处（二处）工作，在圆满解决沙孟海家属的干部编制、工作调动和落户杭城工作后，收到沙孟海寄来的信件，感谢笔者和科技干部处的同事圆满解决了其儿子沙匡世的干部编制问题。

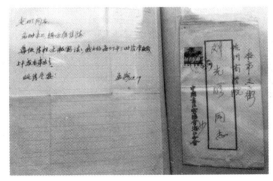

为落实沙孟海及其家人知识分子政策的来往通信

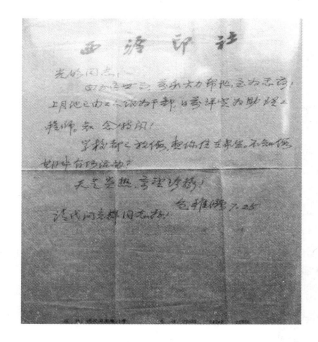

沙孟海夫人包稚颐写来的感谢信（现存宁波沙孟海纪念馆）

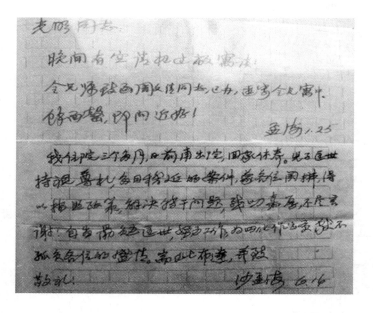

中国书协原副主席沙孟海写来的感谢信（现存宁波沙孟海纪念馆）

中国书协原副主席沙孟海写来的感谢信（现存宁波沙孟海纪念馆）

　　笔者收到沙孟海来信，信中感谢笔者和科技干部处的同事，圆满解决其外孙张硕年、毛玲玲夫妇从宁夏落户杭州，落实到杭州计量专科学校（现更名为中国计量大学）工作。

　　"美—马—杭联谊会"还联合美国通用汽车、美国通用电气、美国孟山都公司、美国 IBM 公司、美国杜邦公司和中国青岛海尔、青岛港集团、北京珠江房地产公司、宁波雅戈尔集团、宁波方太集团、杭州万向集团、富可达集团、万事利集团、复地集团、鸿雁电器、飞耀缝纫机公司、中石油塔里木油田、中原油田、青海油田、山东联通、河南洛钼集团、枣庄煤矿的企业家和书画家，开展了"书画作品走进美中企业"的巡展活动。这些活动，在《沙孟海书学研究》一书中都有详细记载。

　　书画是中华民族的文化瑰宝，千百年来一直焕发着无穷的生命力，在书画的世界中，江山代有人才出，各领风骚数百年，书法的内涵丰富，蕴含着自然与人文的性灵和妙趣，使人们在创作与欣赏中得到审美享受、哲思启迪和心灵净化。除了书画家，和书画结缘最深的，就是那些有审美、有财力的社会精英们，其中，拥有雄厚财富资源的成功商人，是对书画艺术最为热衷的一个群体，那些以文化管理企业，而本身又有较高文化审美素养的企业家，则被称为"儒商"。企业家的书画情结和审美情趣会对企业管理产生潜移默化的影响。

　　书画学习对人的修养影响是很大的，它不但可以提升人的修养和文化素质，而且对于培养人的道德素质、身心素质、智能素质及良好的学习和生活习惯，对个性塑造及审美能力都有极其重要的作用。

　　书法是以文字为载体，它承载着文明，发扬民族文化，为此，多少仁人志士浸醉其中。而在当今，书法更应成为精神文明建设的一个窗口，弘扬主流文化，以文化为，继承传统文化，传承书法艺术，增强文化软实力。书法研究基本技法，体现文化内涵，

由中国书法家协会原主席启功题书、中国人民大学出版社出版的《沙孟海书学研究》

更注重艺术品格，它考验人的修养、胆识和胸襟，体现人的审美意趣。在一定时间段，重要的是发现，而不是创造。数十年孜孜不倦挥毫铸情，磨炼了人的意志，在历练中一步步提升技艺，在技艺中发现、体味美的元素、美的格调、美的韵律以及美的表现形式。在玩味中收获愉悦，书能陶情，书亦载道、寓志。在书写中需要凝神静气，要欲书先散怀抱，既遵循艺术规律，又要注入情感，呈现艺术品位和文化含量及历史渊源。书法是心灵的律动，感情的流淌和释放。境由心造，神融笔畅，无为而治，意味无穷。书法能使人静心，更让人思考，确实是修身养性、培养情操的良药。

书画家、企业家将地域文化与地域经济发展互动与交融还体现在创办博物馆、纪念馆、书刊出版物等方面，他们通过办书画展、书画讲座、艺术论坛，积极推动地域文化的繁荣和发展。宁波是一座飘着书香的城市，也是一座具有浓郁阅读氛围的城市，因此也成为一座令人向往的美丽城市。宁波积极开展各种阅读活动，为各界人士提供了良好的读书条件，"读书点亮甬城"的口号极大地激发了广大民众的读书热情，天一阁博物馆、宁波博物馆、宁波帮博物馆、鄞州区图书馆、甬商文化园等文化设施遍布甬城。

天一阁是中国现存最早的私家藏书楼，也是亚洲现有最古老的图书馆和世界最早的三大家族图书馆之一。天一阁建于明朝中期，由当时退隐的兵部右侍郎范钦主持建造，许多的展厅都陈列着范家走遍五湖四海收集的书籍。范钦（1506～1585 年），字尧卿，号东明，浙江鄞县（今宁波市鄞州区）人。明代著名藏书家，中国现存最古老的藏书楼——天一阁的主人。宁波的地域文化熏陶着鄞州的男女老幼，人们耳闻目睹"万般皆下品，惟有读书高"的集体观念。天一阁位于宁波市海曙区，建于明嘉靖四十

写作组考察宁波地域文化：天一阁博物馆

年至四十五年（1561～1566 年），占地面积 2.6 万平方米，已有 400 多年的历史。宁波老外滩于 1844 年开埠，比上海外滩还早 20 年，唐宋以来就是最繁华的港口之一。老外滩仍保存着大量漂亮的欧式老建筑，大多改作了小资的酒吧和餐厅，哥特式建筑江北天主教堂是游客游览的重点，是宁波的地标和宁波地域文化的重要标志。宁波的国家 5A 级景区，以剡水、古刹和幽谷飞瀑闻名遐迩，早在汉代就有"海上蓬莱"之誉。这里有北宋仁宗皇帝梦中到此一游而得名"应梦名山"的雪窦山，有"天下禅宗十刹之一"的雪窦寺及世界最高的坐姿铜制露天弥勒大佛造像。东钱湖风景旅游区是浙江最大的淡水湖，由谷子湖、梅湖和外湖组成，相当于杭州西湖的四倍，被称为"华夏沿海第一湖"。东钱湖人气最旺的景点是小普陀附近的长堤，沿着长堤漫步，可观赏东钱湖风光。

在宁波人的心目中，月湖就是宁波的西湖，集大气和精致于一身，就像宁波的盆景，满是绿色，满是生机。月湖公园内以月湖为中心，沿湖错落摆放着六十余件雕塑作品，公园的设计以春夏秋冬四季为主题，将月湖沿岸分割为四季码头水岸，风光各异。1984 年，宁波被列为 14 个沿海开放城市之一。如今，这个具有特殊地理、人缘优势的港城，从计划经济时期的经济末梢，成长为中国长江黄金三角的重要一极。宁波最引以为豪的是拥有一个得天独厚的深水良港。宁波港地处我国大陆沿海中部与长江"T"字形航线的交汇口，位置适中，自然条件优越，风小港阔，不冻不淤，被誉为中国港口的"皇冠"。

绍兴，又名越州、会稽。会稽郡因会稽山得名，相传夏禹时即有会稽山之名，会稽即会计之意。现在宁绍地区经济发展迅猛，由中国企业联合会和中国企业家协会主办的"2019 年中国 500 强企业高峰论坛"，公布了 2019 年中国制造业企业 500 强名单，

写作组考察宁波港

写作组考察浙江缙云古建筑与地域文化

卧龙控股集团有限公司和浙江龙盛控股有限公司榜上有名。其中，卧龙控股排名第227位。中国社会科学院专家组在龙永枢院长的带领下多次到卧龙集团进行过考察和指导。

"尊教重教"是甬商的优良传统。徐万茂是宁波鄞县（今鄞州区）人，"2005中国大陆慈善家排行榜"排名第51位，现任华茂集团股份有限公司董事局主席、华茂教育集团董事长、宁波华茂外国语学校董事长。1980年，开始生产教学产品。1999年，他投资自有资金5亿元创办宁波华茂外国语学校。2005年，徐万茂斥资10亿元，倾情创办包括教育博物馆在内的国际教育论坛项目，2008年4月29日，在北京人民大会堂举行的颁奖大会上，徐万茂当选第三届全国民办教育十大杰出人物。

2017年11月3日，胡润百富第10届"最受尊敬企业家颁奖晚宴"在北京举行，华茂集团董事局主席、华茂教育集团董事长徐万茂获得"2017胡润终生成就奖"。2017

胡润终生成就奖（Hurun Lifetime Achievement Award 2017）旨在表彰长期以来对中国民营经济和地域文化具有深远影响和强大推动作用的企业家，该奖项由徐万茂独享。

写作组考察宁波地域文化与华茂外国语学校

第二章 地域文化与地域经济高质量互动

章首案例：龙泉地域文化与青瓷、宝剑

说起江浙吴越文化，我们能想到很多文化符号，那些带着历史厚度和印记的标志成为中华文明的瑰宝。"龙泉青瓷"有哥窑和弟窑之分。哥窑的特点是黑胎厚釉，瓷器釉面布满裂纹，呈现金丝铁线、紫口铁足的特征，由于窑温不易控制，优等青瓷极难得，往往成为帝王将相专用；弟窑的特点是白胎厚釉，外形光洁不开片。龙泉青瓷在世界各地享有很高的声誉。"人类非物质文化遗产代表作名录"（以下简称人类非遗）是与联合国教科文组织公布的世界文化遗产名录和自然遗产名录同一梯级的遗产名录，是联合国教科文组织为保护人类非物质文化遗产，从 2003 年开始实行的一项申报制度，每两年公布一次。龙泉青瓷是唯一入选联合国"人类非遗"的陶瓷类项目。

写作组考察龙泉地域和文化青瓷产业、出席李铁映青瓷宝剑作品展

龙泉市，位于浙江省的西南部，龙泉瓷而生辉。正因如此，龙泉自古人文昌盛，被称为著名的青瓷之都，是一座历史悠久、文化璀璨的瓷名城。龙泉凭瓷生辉，龙泉青瓷始于三国两晋，盛于宋元，不同的时代在青瓷上刻有不同的印记，使瓷器品种丰富多彩，工艺也越发成熟。现代龙泉青瓷逐渐继承和发展，与时俱进，有着现代化的

时代特色。很多地方都有着龙泉青瓷的踪迹，龙泉青瓷自始至终参与开拓着"古代丝绸之路"，特别是"古代海上丝绸之路"。

龙泉青瓷正在融入"一带一路"建设，龙泉已谋定打造世界历史经典文化小城，立足人类非遗和古代"海上丝绸之路"始发地这一全球独一无二的文化，从全球视角审视以青瓷为核心的历史经典文化，在世界坐标系上豪迈定位龙泉。

第一，龙泉青瓷自宋代起作为国际性商品远销亚非欧三大洲。在古代，龙泉青瓷不仅行销全国各地及供宫廷御用，还流传到东南亚、西亚、非洲、欧洲等50多个国家。

第二，龙泉青瓷在古代中国海上贸易中扮演着重要角色。龙泉青瓷是当时外贸的主要物资，从浙江港口销往世界各地。这一时期，龙泉青瓷参与开拓的海上贸易有三条航线：一是从龙泉、温州、宁波到朝鲜、日本的东洋航线；二是从苏州刘家港、泉州到占城、爪哇、暹罗、满刺加、苏门答喇、古里的西洋航线；三是以波斯湾为中转地，至北非、东非、阿拉伯半岛的波斯湾航线。

写作组考察龙泉地域文化：与青瓷大师交流

第三，龙泉青瓷是古代中国与世界交流交往的文化使者。广东"南海一号"沉船和韩国新安沉船中打捞出水的商品中绝大多数精美的瓷器为龙泉青瓷。迄今，包括伦敦博物馆在内的许多知名博物馆都收藏着龙泉的青瓷。与此同时，在相当长的一段历史时期，龙泉青瓷以其技艺精湛、釉色绝伦、造型经典引领世界陶瓷的科技进步、艺术创作和文化审美，带动浙江瓯江流域、福建闽江流域甚至广东、广西，以至越南、泰国等国家和地区瓷业的发展。

龙泉市领导一直秉着生态立市的政策，始终坚守着"绿水青山就是金山银山"这一原则，大力开发瓷文化产业，带动整个城市的经济发展。"青瓷胜美玉，宝剑出龙泉。"龙泉青瓷举世无双，距今有1700多年的历史，不仅是中国文化的瑰宝，更是龙泉百姓的经济支撑。龙泉感受到文化带来的富民效应之后，龙泉生态文化成为经济发展的强劲引擎，依托生态、文化优势，生态立市，以瓷兴市，正努力把"龙泉"打造成为国际文化品牌。按照"文化产业化、产业文化化"的发展思路，以"日用瓷艺术化、艺术瓷高端化"为发展方向，培育一批陶瓷龙头企业、规模企业和文创企业，努力打造世界级的日用青瓷、文化青瓷和科技青瓷制造基地，努力打造"世界龙泉青瓷之都"。龙泉正大力发展生态农业、生态工业、生态旅游业和养生养老、文化创意等绿色产业，把秀山丽水护得更美，金山银山做得更大，力当"两美"浙江先行区。

写作组考察龙泉地域文化与龙泉宝剑

　　龙泉青瓷和龙泉宝剑是当地的传统产业，是龙泉市文化软实力的重要内容，也是当地独具特色的文化产业，它有着得天独厚的地域性、独特性和稀缺性，给当地的旅游业发展带来了无穷的魅力。文化做强大了，整个龙泉经济就发展强大了，文化欣荣，整个龙泉就繁荣了。秉着这一思想理念，龙泉市依托当地历史悠久的剑瓷文化，打造文化创意产业，弘扬文化，培育产业，促进龙泉市共同进步的目标实现，将剑瓷文化创意产业做大做强做精，打造龙泉经济发展的新名片。剑瓷文化创意产业的支柱作用逐步显现，使得龙泉市文化创意产业逐渐规模化、集约化，影响力和竞争力逐年提升。在文化创意产业发展过程中，龙泉市积极实施"科技强剑瓷、品牌立剑瓷、文创兴剑瓷"战略，通过走"剑瓷兴市、产业强市"的绿色生态发展之路，大力推行生态经济化、经济生态化、文化经济化、经济文化化，推动文化科技创新、文化创意设计"双轮驱动"发展。

龙泉地域文化与建设生活品质之城

　　"文创兴瓷、科技强瓷、品牌立瓷"正是龙泉青瓷文化核心价值观的高度提炼和概括。龙泉青瓷是文化创意产业，其最核心的内容就是"创造力"。在"一带一路"建设的背景下，加快龙泉青瓷产业的创新和升级，既建"大师园"，又谋划建设创新产业"未来园"。龙泉青瓷亮相"一带一路"峰会，在领导人圆桌峰会上，龙泉青瓷作品《丝路金桥》《美人醉》花插、中国屏风为型的席位牌格外醒目。

文创产业。用"文化+产业"的方式带动经济的发展，其中少不了以创新为基础，这是一种新兴的产业发展模式。在经济全球化背景下要强调创新的重要性，文化产业团体的个人或团队需通过技术、创意和产业化的方式进行研发和销售。龙泉青瓷和宝剑产业是文化创意产业，这个产业的最核心价值就是其"创造力"，最大程度地发挥人的创造力，同时与剑瓷产品完美结合起来。

写作组考察龙泉地域文化与制瓷工艺

剑瓷产业要与时俱进、精益求精。创新能力必须提升，具有竞争力的产业，其资源配置的效率也更高，通过创新才能建立龙泉的产业优势，做到产业转型的文化化、文化创意的园区化、文化园区的景区化，龙泉市政府积极搭建文创平台，推动剑瓷产业全域化发展，树立了文化融合发展的理念，积极将剑瓷文化融入产业的培育、产品的制作、旅游业的发展等各个方面，提升剑瓷产品的文化内涵和文化附加值。此外，龙泉市还通过提炼青瓷宝剑文化，打造青瓷文化创意基地，建设青瓷宝剑产业园、剑村瓷谷创意园，同时还抓住向国内和国外剑瓷文化产业学习的机会，从异域文化中汲取营养；向传统学习，从本土文化中汲取精华，使得非物质文化遗产在文化创新、艺术创新、科学创新各个新领域都发挥重要作用。

强化科技。振兴之路，科研先行。龙泉市实施市校合作战略，是为了解决青瓷宝剑产业化过程中存在的技术问题。青瓷宝剑产业十分注重高科技和工艺的创新结合，通过建立青瓷、宝剑科技创新平台，开发应用高新技术，融合剑瓷产业，探索新潮的推广形式，比如3D立体打印、纳米青瓷等高端技术。技术创新是龙泉发展剑瓷的一大法宝，以龙泉宝剑省级区域科技创新服务中心、龙渊古剑研究所以及中国浙江网上技术市场——青瓷、宝剑专业技术市场为主要技术支撑，组织开展龙泉宝剑的研究，培育宝剑传统锻制技艺传承人和可持续发展的技能操作型人才，形成产学研结合的技术创新体系。

写作组考察龙泉地域文化与乡村振兴

借助龙泉的宝地，剑瓷大师的技艺是无人能比，龙泉的剑瓷要走上一条科技兴企的道路，势必要通过高科技来强大强壮青瓷产业的发展，让龙泉的剑瓷家喻户晓，使得龙泉的剑瓷走向世界。龙泉剑瓷产业牢牢把握科学技术这个第一生产力，用科学发展观来指导剑瓷产业的振兴，以科技为先导发展剑瓷，走科技兴瓷之路，已结下了累累硕果，实现了由普通剑瓷向高档剑瓷发展，由单件剑瓷向成套剑瓷和系列剑瓷发展。通过贯彻科技兴剑瓷的经营理念，在为传统剑瓷的振兴注入生机的同时，也促进了剑瓷产业的结构调整和产品的更新，使剑瓷产业初步形成了做大做强日用剑瓷、放开搞活艺术剑瓷的全新剑瓷发展格局。

也正是因为贯彻科技兴瓷的文化理念，剑瓷的传统制作工艺技术水平得到明显提升，并在国内外保持领先水平，使新兴剑瓷产业化进程加快，剑瓷产品和技术得到迅速发展，龙泉剑瓷产业真正成为规模大、水平高、市场竞争力强的支柱产业，使龙泉剑瓷产业的地位在新的历史条件和背景下，得到了进一步巩固、确立和提升，并得到国内外同行业的认可。

提升品牌竞争力。通过科技创新和技术改造，对进入市场的传统品种进行深层次的技术研发，从技术和文化上增加品牌含金量。龙泉青瓷、宝剑以家庭作坊和中小企业生产为主，充分发挥龙泉青瓷、宝剑作为世界级和国家级非物质文化遗产的品牌价值，采取保护传统技艺和知识产权等方式，鼓励创作代表龙泉"非遗"文化的艺术精品，提升产品文化影响力；鼓励剑瓷企业开发具有自有品牌和自主知识产权的中高端产品，鼓励龙头企业向高加工要求、高附加值方向发展，实现增量突破，开创龙泉青瓷宝剑产业发展的新局面。龙泉剑瓷产业为了提升自身的品牌影响力，不仅做到了对产业、企业、社会、人员负责，积极承担社会责任，勇于担当，还懂得感恩，心存感激、乐于回报。

第一节　巴蜀文化与地域特色文化

　　我国的地域文化在其形成发展过程中，吸收和兼容了许多其他外来文化的因素。而这外来的文化，以周边的地域文化为主，在文化的交流中，越是善于兼容的文化，其发展就越顺利。而文化与文化的交流，总是双向的，双方互相吸收，互相影响，这本身就说明这种文化已经有了开放的姿态。所以，不同地域文化之间的交流和互相融合体现了文化的开放与兼容性特征。国家"一带一路"倡议，为巴蜀全面开放发展搭建了巨大的合作平台，将巴蜀文化与"一带一路""连"了起来。巴蜀文化独具神韵，其文化姿态、文化形态、文化业态所经"一带一路"之处能够展现"神女应无恙，当惊世界殊"的风雅颂和精气神，巴蜀积极参与世界文化发展大格局，能够推动巴蜀文化在"民心相通"方面发挥独特的作用。

写作组考察巴蜀地域文化与三星堆

　　巴蜀文化具有很强的辐射能力，除与中原、楚、秦文化相互渗透、相互影响外，还表现在对滇黔夜郎文化和昆明夷、南诏文化的辐射。巴蜀文化与南亚文化交流主要是通过南方丝绸之路进行的，南方丝绸之路以四川为起点，经云南德宏，进越南、缅甸、泰国最后到达印度和巴基斯坦。在四川起点是成都，经雅安、芦山、泸定、石棉、西昌、攀枝花进入云南。南方丝绸之路最早的形式以民间贸易为主。当时巴蜀地区著名的蜀布等物品就是沿着这条道路被运送到东南亚和南美洲的，而印度的一些物品也是通过这条路运往巴蜀的。

战国时期，秦吞并巴蜀，以土著巴蜀为辅，以秦文化为主。秦还通过西南之路向印度输出蜀布和丝绸。印度古文献称巴蜀生产的布为秦布，称中国为秦地。巴蜀还向越南等东南亚大陆地带传播中原文化，巴蜀文化在越南北部地区有明显的遗迹。秦朝建立时，蜀地人曾向越南大规模迁移，对越南民族的经济、文化、生产、生活产生了很大影响。南亚文化与巴蜀文化有一定的渊源。印度文字虽与中国商代文字存在一定差异，但和三星堆后期刻符有着紧密联系。巴蜀文化与泛东欧文化有关：三星堆出土的文物中纯金包卷的金杖，与埃及和古罗马国家的宗教权利的象征物相似，纯金做的面罩，青铜人物雕像、人面像都是中国古代在中原从未出现的。蜀锦是经丝绸之路传到南亚及东欧各国的。

写作组考察巴蜀地域文化与三星堆

在历史上就有"巴有将、蜀有相"的说法。巴人自古"少文学""勇猛善战""质直、敦厚"，喜"巴渝舞"①，唱"竹枝歌"，进而形成了独特的"巴渝文化"，而蜀地可谓是人才济济，文化发达，呈现出另一番景象。由此观之，一个是"盆地文化"，一个是"山地文化"，巴文化的中心是重庆，蜀文化的中心是成都。蜀地"庠塾聚学者众""文学之士，彬彬辈出焉"②。"湖广填四川"对成都和重庆的文化构成有着不可磨灭的影响，移民文化影响较多，但由于受历史演进、地理环境等多方面因素的影响，成都更多地表现为原住民文化，而重庆则为码头文化。

巴蜀文化主要指住在今四川省、重庆市境内，自古至今汉族和各少数民族共同发展形成的地域文化。巴蜀文化具有开放性、兼容性等特点，运用到企业中，可以增强企业的文化软实力，对吸引外界投资有一定的积极影响，有助于促进区域经济的发展。

---

① 童恩正. 古代的巴蜀［M］. 成都：四川人民出版社，1979.

② 脱脱. 宋史［M］. 北京：中华书局，1977.

巴蜀是中国历史上一个较大的移民区域，移民文化与本土文化交融互动，使巴蜀文化具有很大的开放性、包容性、创新性和辐射性。巴蜀同源、同圃，是同中有异的复合型文化共同体，蜀人喜文好乐、精敏轻捷、诙谐幽默、富于想象力，巴人天生勤勇、敦重厚义、豁达豪爽、刻苦耐劳，所谓"巴人出将，蜀人入相"，大致道出了两地人们的文化性格。

巴蜀企业具有锐意的革新精神，为"一带一路"经济发展注入不畏艰难的创新品质。《汉书·地理志》中记载："未能笃信道德，反以好文讥刺。"这几个字完美地诠释了巴蜀人的性格特点，受到这些性格的影响，必然就造就了巴蜀的一些有名的大人物，巴蜀人独具创新的精神和勇往直前、胆大心细的性格特征，使得巴蜀企业家在经营企业的过程中，凭借顽强的毅力、不怕苦累的精神闯出一番天地，取得了非凡的成就。

写作组考察巴蜀三义庙

李白诗中曾写道："蜀国多仙山，峨眉邈难匹。"蜀地人的飘逸气质可能与仙山有关联，道家所尊崇的飘逸气质，也就是人们所说的"仙风道骨"。道家的各种精神与人们的生活融合在一起，影响着人们的行为方式，以一种特殊的艺术方式发挥着儒学的作用和影响力。巴蜀人拥有瑰丽飘逸的思想、至情至性的品格，能给"一带一路"沿线国家和地区带来"真"和"善"的情怀。在悠久的文化历史长河中，巴蜀人为了适应社会的变迁和自然的改造，沉淀出人生的真谛，充满着浓烈的英雄主义意识，造就了巴蜀企业的创新和大胆意识，完美地体现了巴蜀人感性和理性、英雄情怀和浪漫情怀相结合的性格特点。巴蜀的企业受当地各种地方文化、自然条件的影响，形成了具有创造性和多元性的巴蜀企业文化，巴蜀企业文化与当地的特殊文化浑然天成，在"一带一路"建设的大环境下，独具特色的巴蜀企业文化有望将传统文化发扬光大。

巴蜀文化开始不断地与传统的中原文化进行融会交流，最终形成了具有巴蜀气息的地域文化。从文学、戏曲到品茗、饮酒，从历史、宗教到民风、民俗，等等，巴蜀文化无不充满着迷人的气息，从而吸引来自五湖四海的朋友。

而那些川籍作家们，生于斯长于此，巴蜀文化更是在他们的文学创作中留下了深深的烙印。从司马相如到陈子昂，从李白到苏轼，巴蜀质地涌现出无数的俊贤奇才。而司马相如是奠定古代巴蜀文学第一人，是因为他深受巴蜀文化地理之影响，其身上鲜明地体现出古代巴蜀人的人格个性和行为方式。巴蜀的地理环境造就了季节的明艳分明，每个季节都有它独有的特色，使得巴蜀人对美有着独特的审美观点，造就了巴蜀人的审美机制。巴蜀人喜欢华丽和浓艳的色彩，这也是巴蜀的地理环境造就了人们的特性，是一种必然的产物，与中原的适中的美以及北方的实用美截然不同，体现了地域文化造就的独特的精神文化。

"一带一路"倡议下，巴蜀企业根据当地的特点，考虑当地的文化，尽量与周围的环境相融合，达到共生共荣。巴蜀企业重视融合发展，不断协调整合不同的文化资源，体现了人与人、文化与文化之间的高度融合，这是巴蜀企业的优秀传统，充分体现了道法自然的精神。巴蜀企业还特别注重人与自然环境的和谐发展，企业的绿化也是一个大的特色，大量保留自然环境，并且不断人工美化环境，还与山川等自然环境有机融合在一起。虽然巴蜀的这种喜艳文化与中国传统的中和思想有些不符，但是它激发和调动着人们对美好事物的追求和期盼，以及对自由生活的向往，因此，这种文化受到大多数人们的认同和追捧。"一带一路"文化融合中，巴蜀企业的这种创新精神特质和独具特色的审美文化，为不同地域企业的文化融合增添了亮丽的风采。

巴蜀企业的文化特征可以概括为——"封闭中有开放的活动力，开放中有封闭的观念"，开创性、超前性和追求完美性的结合，这就是巴蜀企业的文化特征。巴蜀企业逐步摆脱一些封闭、滞后、糟粕的企业管理模式，大胆采取变革和创新来改善企业的落后面貌，同时，企业不断地发扬光大和积聚传承积极进取、大胆心细的精神。巴蜀企业的文化特性是一个自身循环的整体，都是以客户、消费者、股东等的利益为首要考虑，凸显了巴蜀企业的文化特性。

第二节　中原文化与文化精神

写作组考察中原地域文化与中原油田

　　中原文化是中华文化之根，作为东方文明轴心时代标志的儒道墨法等诸子思想，也正是在研究总结三代文明的基础上而生成于河南的，中原文化对构建整个中华文明体系发挥了筚路蓝缕的开创作用。无论是思想元典和政治制度的建构，还是汉字和商业文明的肇造，乃至重大科技发明与中医药的产生，都烙下了中原文化的胎记。中原文化具有兼容众善、合而成体的特点。中原文化通过经济、战争、宗教、人口迁徙等方式，实现了物质文化、制度文化和思想观念的全面融合与不断升华。中原文化在中华文化系统中处于主体、主干的地位。中原文化在与其他文化不断的融合交流过程中，自身的外延也在不断扩大，并由此催生了中华文化的形成。中原文化的核心思想，如"天人合一""中庸之道"，都成为中华文化的核心思想。

写作组考察十堰武当山地域文化与太极湖

　　国家与国家间建立良好和谐的外交关系，必然需要人与人之间有着亲密信任的友谊，"一带一路"的欣荣发展需要经济和文化的相互结合，彼此成就，硬件和软件哪一个都不能缺失。为了使当地文化的影响力大大增强，让更多的人了解和认识当地文化，加快当地文化的传承，就必须加强"一带一路"沿线地区与不同地域的企业文化开展交流合作，促进文化的整合和发展，最后达到彼此融合的状态，形成共同的文化理念。主动融入"一带一路"建设，必须要以文化为载体，与中原文化融合、传承与创新，能充分体现"一带一路"的纽带作用。中原地区有很多当地的文化资源，依托当地的文化古迹、研究基地、文化圣地，整合一切有利的资源，挖掘和开发更多的社会资源、经济资源和附加资源，打造具有中原文化特色的"一带一路"发展。中原企业在与"一带一路"沿线国家或地区的合作发展中，应该不断传承和创新现有的文化，做到融合和发展并进，同时也离不开资深专家的智力支持。中原企业积极打开市场，走进"一带一路"的辐射范围，深化现有的企业文化，在坚守和传承已有的中原文化特色外，还要不断创新企业的品牌效应，做到良性循环互动，积极发挥和表现中原地区独有的资源优势，推广和融合中原的文化。

中原作为中国商人、商业和商业文化的发源地，中国的商业文化也是很有历史性意义的，在整个商业历史长河中有着强大的影响力，左右着商人的思想理念和行为方式，从世界角度来看，我国商业文化还是世界商业文明发展的源头和奠基者。孔子最得意的徒弟子贡曾说，"存鲁，乱齐，破吴，强晋而霸越"，这是他从事外交事务遵循的行事准则；关于经商方面，他曾说，"结驷连骑，束帛之币以聘享诸侯，所至，国君无不分庭与之抗礼"，体现了自贡高超的经商头脑和谋事思想。中原企业的文化特征是在历史经验中不断提炼出来的。

写作组考察十堰武当山地域文化

中原企业深谋远虑，有着敏锐的商业嗅觉和精准的眼光，不局限自身的经营范围和经济发展空间，目光长远，将企业利益放置于整个人类文明，超越眼前的经济空间，眼观八方，涉及整个人类的历史、政治、经济、文化等各个领域，纵向和横向综合考虑，考虑周全、做事谨慎，这种独有的文化一直影响着中原企业的发展，以至于中原企业自古至今涌现出许多很有名的商业人物和优秀的企业。同时，中原企业有着强烈的社会责任感。虽然在过去，中原人多数勤劳简朴，但却有着强烈的社会责任感，即使是在薄食节衣的情况下，也还表现出强烈的爱国情怀和助人为乐精神。《左传》中记载了弦高犒师的故事，充分表现了郑国商人的聪慧和爱国情操。范蠡说："三致千金，再分散与贫交疏昆弟。"子贡在从商发达后，依然竭尽全力帮助孔子弘扬儒家学说，这一行为获得了司马迁的高度赞扬，说："夫使孔子名布扬于天下者，子贡先后之也。"

不仅如此，中原企业充分体现了智慧、勇敢、仁义、坚强的精神。在"一带一路"建设发展中，企业与企业之间竞争的不仅仅是企业自身的经济力量，还有文化内涵，及整个商业文化体系中的各种精神价值。中原企业应该不断深度挖掘中原文化的资源，传承中原文化，为中原企业融入"一带一路"建设做出积极的贡献，为企业的竞争发展提供强劲的精神支撑。

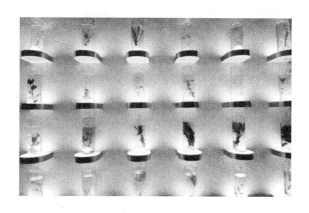

写作组考察南阳地域文化与仲景宛医药文化

中原地区在交通、资源禀赋、地理形势等方面优势显著，自古以来都是中华文明的经济、政治、社会发展中心，基于交通的发展，中原地区的手工业、商业等也随之发展起来，同时中原文化与周边文化相互碰撞、吸收、融合，实现了以中原文化为基础的民族融合。进入 21 世纪以后，在全球化发展的背景下，文化发展势必需要"走出去"。"一带一路"的建设，很好地扩大了中原文化的影响力，中原企业通过各种产品形式附加文化的内涵，通过货物的经济交往实现中原文化走出国门的愿望，中原企业不断地将这些产品再产业化，形成专业的产品链，推动整个中原企业的经济发展。在"一带一路"建设的大力推动下，更多具有中原文化内涵的产品被推广到世界各地，让更多的国人和外国人了解和认识了中原文化，同时还增加了我国的经济效益，促进了当地的经济发展。同时，"一带一路"的建设发展避免了传统的封闭式企业发展模式，引进了新型的文化交流和技术融合，不仅仅停留在当地的区域合作，而是跨地区、跨国的经济和交易往来，为当地的经济发展注入了国际化要素，打破了旧有的本土经济市场和产业结构，为当地带来更多的机遇和挑战，并引进了更多的充满活力的经济主体。

写作组考察井冈山地域文化与茅坪乡举办脱贫庆典活动

虽然从中原文化的本质方面来说，它是一种农耕文化，但是其中仍然蕴含着很多优秀的传统，面对国际环境，必须不断深入挖掘，取其精华、去其糟粕，将其中的优秀特质创造性地加以改造和提炼，并将其融入对外传播与交流的过程中，从而增强文化的感召力。同时，在传统文化的基础上，不断创新传播形式和交流模式，增强文化引导力。在现如今的全媒体发展背景下，可充分利用全媒体优势，开辟中原文化创新传播渠道，建立文化遗产保护体系和工程，积极推动文化产业自身发展，以及文化产业与农业、金融、制造、科技、体育、旅游、信息等多领域的融合发展，进而重塑中原文化品牌，从而提升文化引导力。

第三节　东北地域文化与经济发展

写作组考察黑龙江伊春伊美地域文化

中国的"一带一路"倡议，将俄罗斯和蒙古国作为重要的支点国家，在"丝绸之路经济带"中发挥着重要的支点作用，主要为了促进中国与俄罗斯、蒙古国的经济合作和贸易往来。为了大力促进这一经济往来，我国不断向北开放，将东北多个地区打造成内陆重要的经济合作窗口，互联互通，形成一个自由化的经济贸易区，进而推进"一带一路"建设发展，通过合作中心区域的辐射和连接，打造一条经济链，提升"一带一路"建设中东北地区的对外开放水平，促进当地经济、文化的融合发展。在"一带一路"建设中通过文化形式与周边国家进行交流，不仅能保护和利用现有的东北文化资源，还可以在原有的基础上积极开发新的文化资源来促进"一带一路"建设。

东北地区地域经济的发展，既要考虑到地理环境、产业结构和发展模式，同时又要关注东北传统地域文化的发展和复兴，东北地区的产业发展背负着重大的历史责任。在"一带一路"倡议的引导下，现在商品的文化、科技的含量越来越高，文化在某种意义上决定了市场的需求，决定了产业的结构。东北企业受到当地文化的影响，主要

写作组考察哈尔滨地域文化：冰雪节

体现在三个方面：一是强烈的民族文化，东北企业对传统文化充分地保护和利用，并融合在教育事业中，是东北传统文化传承和发展的基础动力；二是优秀的精英文化，东北企业强调培养优秀的员工，将员工的发展和素质教育结合发展，培养高层员工的教育文化；三是普遍的大众文化，这是一种最通俗的文化，就是提炼出东北地域文化的精神，融入产品中，在市场经济下形成文化产业，使得文化具有消费性特征。

东北文化是以松花江、辽河流域为地域依托，基于历史上人与自然及人与人之间对象性关系而形成的特定的生活结构和观念体系，即在中国东北大地上形成的物质文化、制度文化、思想观念和生活方式的总称。东北人给世人呈现出的整体形象就是豪爽粗犷、充满义气，这种性格的形成主要是由于当地的地域环境和重武精神的影响，以及外来人员的性格的融入，最终造就了东北企业的特征，这种豪爽的性格在"一带一路"合作发展中，可以提高办事效率。东北地区的地域文化塑造了东北人的性格，不仅要弘扬好的方面，比如"闯关东"中东北人坚韧乐观的精神等，也要正视在经济浪潮中，东北地区相对落后的事实。辨别地域文化的优劣，发扬文化的积极方面，对消极方面加以改进，才能促使社会不断进步。当然东北企业受到地域文化的影响，有别于其他地区的企业文化，形成自身独具特点的文化特征。

东北企业文化具有多元性和强大的包容性。东北属于国内的一个移民地区，中国汉文化虽然在东北地区占据主导地位，但是在东北周边地区，有不少的土著，如满族、蒙古族等民族，他们吸收和接受汉文化的程度大不相同，使得传统的汉文化出现了差异性，甚至周边国家人口的迁入，使得文化具有多面性和包容性，最终形成了一种多元化的文化，以至于东北的企业文化呈现多元化状态。正是由于这种多样性的文化，造就了企业文化的包容性特征，也体现了东北企业的宽大胸襟。外来人口的迁入，带来了更多的经济主体，本地人不断接受其他地区的文化习俗和习惯，进行有效的文化融合以及经济发展，这将为"一带一路"建设奠定有利的基础。

写作组考察伊春汤旺河地域文化

从地理上来说，东北地区完整地独立在中国东北方一角，周围被国界线、海岸线、山脉、大河、山海关等著名的地理标志点所区隔。东北内部是大平原，平畴万里，没有那么多山阻隔，语言相通，习俗相近，沟通密切，内向性很强。所以，东北这么完整的一大块区域，不管是从地图上看，还是从影响力上看，都很突出。东北是一个移民的区域，最初移民过来的人是来自山东和河北的农民，他们的身上保留着山东和河北地区的性格特点，豪爽、憨厚、仗义、重情等性格特点也使得他们更快地融入东北地区的生活。

清末民初，汉人大量进入东北，电视剧《闯关东》展示的就是这段时期。东北人的性格——勇毅乐观、豪侠热情，是东北特有的自然和人文社会环境塑造而成的。东北人的性格是在融入自然、聚合人情、释放天性中形成的。这种性格更接近自然的淳真朴实，生机勃勃，昂然向上，本真的生命力旺盛绽放。东北地区文化悠久，也很丰富厚重，在"一带一路"倡议下，东北地区各民族都将进一步融入经济社会的现代体系当中，多民族文化的交流、交往和合作。

在"一带一路"建设背景下，黑龙江省积极抓住机遇，推进中国与俄罗斯的战略发展，两国形成新的战略合作伙伴关系，充分发挥黑龙江的地域优势，同时结合毗邻俄罗斯的地缘优势，连接"亚欧的东部陆海丝绸之路经济带"，打造一个丰富的经济循环带，不断地完善和丰富"一带一路"内涵。除了把俄罗斯文化"请进来"，哈尔滨市还采取了一系列措施让中国文化"走出去"。在过去相当长的一段时间内，哈尔滨是俄罗斯文化进入中国的一个窗口，也是中华文化对外传播的一个驿站。融合和借鉴其他国家的优秀文化成果，哈尔滨遵循"相互促进、相互影响、平等繁荣"的合作原则，加强中国与俄罗斯各方面优秀文化的学习和沟通，最终形成一个平衡、共同发展的局面。长春市是"中蒙俄经济走廊"节点城市，同吉林市一起共同构成了长吉图开发开

放战略中起支撑作用的城市。2015 年，纵贯长春、吉林和珲春三地的高速铁路全线开
通，像一条"玉带"连通了东北亚六国。东北地区拥有坚实的制造业基础，长春号称
"汽车城"，它在轨道交通、汽车制造业、智能机器人制造、光学仪器制造等领域，在
国内和国际上都是领先的，对东北亚的经济也可以起到一个良好的带动作用。

第四节　荆楚文化与文化多样性

中国《编钟乐舞》在埃及卢克索上演

　　文化通，则经贸通，文化是"行走的经济"，以《编钟乐舞》为代表的文化交流，
正在全面谱写"一带一路"上的荆楚华章，也吹响了湖北在经济上融入"一带一路"
的"集结号"。中国经济文化发展较好的地区中，荆楚算是一个较发达的区域，受到荆
楚地域环境和社会环境的影响，在历史的演变进程中，最终形成了独具特色的成熟的
地域文化。特殊的地理位置、特殊的历史处境，不仅形成了楚人桀骜不驯、彪悍刚烈
的性格，而且也激发了他们艰苦创业、奋发图强的民族精神。因此，楚先王虽以子男
之爵立国，却并不满足于偏安一隅，而是奋发图强，积极争取与诸夏同等的地位。作
为一种文化形态，荆楚文化自然有其产生、发展、演变的过程。一种文化的形成，归
根结底是环境、政治、经济、民族、社会等多种因素合力的结果。

　　作为中国远古时期南方文化的代表，荆楚文化的出现绝非偶然，而是有着深层的
历史和社会原因。正是在自然环境、社会习俗、民族政策等多种因素的作用下，荆楚
文化才不拘一格，发展成具有独特审美创造和艺术价值的文化体系。湖北省文化系统
贯彻落实"一带一路"倡议，采取多种方式，做大做强"荆楚文化丝路行"项目，延
伸和丰富湖北特有的文化内涵，搭建湖北省与"一带一路"沿线国家间的友谊桥梁。
中国军舰与荆楚文化的创造性结合，将湖北的优秀文化传播到世界各地，这是个了不
起的创举。由中国导弹驱逐舰长春舰、导弹护卫舰荆州舰和综合补给舰巢湖舰组成的
远航访问编队，于 2017 年 4 月 23 日从上海启航，赴亚、欧、非和大洋洲的 20 余个国
家进行为期近 180 天的友好访问。这也是人民海军史上访问国家最多、出访时间最长

的一次远航访问。荆州舰化身"流动博物馆"，舰上的文物展位，以甲板上的停机坪为中心，有百余平方米，16块可折叠的支架呈弧形摆放，所陈列文物均为复制件，包括最具楚文化代表的虎座飞鸟、虎座鸟架鼓、辟邪、铜升鼎等。

荆楚文化丝路行：传承与借鉴Ⅵ创新

　　荆楚文化所表现的致思方式，在中华文化中，也具有独特的魅力，一代代哲人的深沉睿智，使荆楚文化之树获得了丰厚的滋养。荆楚文化哲学智慧的第一个特点是其具有极大的包容性；第二个特点是重义理、善思辨；第三个特点是否定性。在一体多元的中华文化中，荆楚文化的哲学底蕴，放射出璀璨夺目的光芒。荆楚文化作为南方地域性文化的代表，在中华文明中有着重要的地位。荆楚文化主要有八大内容：炎帝神农文化、楚国历史文化、秦汉三国文化、清江巴土文化、名山古寺文、长江三峡文化、江城武汉文化、现代革命文化。这些文化中包含着以下几种精神：

　　一是"筚路蓝缕"的创业精神，这是开展"一带一路"合作的前提条件，这种精神正是"一带一路"中企业与企业、人与人关系的真实写照，不仅体现了"以人为本"的文化价值论的自觉，而且更好地推动荆楚文化在"一带一路"建设中绽放出新的光彩。

　　二是"抚夷属夏"的开放精神，"一带一路"建设的核心思想就是实现全球的互惠互通，最终构建命运共同体，秉持"共商、共建、共享"的原则，实现真正的"包容性全球化"。在思想观念上，荆楚文化兼容并蓄、博采众长、学他人之长、补己之短，发展楚地，植根本土，交融齐鲁，贯通宗儒、道、法几家学派，这些都表现出极大的开放性、多元性和务实性，多基于楚人的善于学习、包容众长的博大胸襟。开放兼容是文化发展的普遍形式和规律，荆楚文化的开放性和兼容性更加突出，也使荆楚文化焕发出勃勃生机，这也为"一带一路"的文化融合奠定了必要的基础。

　　三是"一鸣惊人"的创新精神，这一精神来源于楚庄王的精神，这也是"一带一路"所倡导的超越并扬弃传统全球化，开创新型全球化。其创新精神在"一带一路"企业竞争中发挥着积极作用，艰苦创业、发愤兴邦，不管时代条件如何变化，这种精神在各国企业中都是永远不会过时的，始终拥有它，就能在任何竞争中立于不败之地。

　　四是"深固难徙"的爱国精神，这一精神来源于荆楚文化的内涵，这些精神是荆楚企业文化深厚内涵的重要特征，也是"一带一路"建设中企业合作发展不忘本的根基。

　　五是"止戈为武"的和合精神，这一精神来源于楚国的治国思想核心，"一带一路"建设倡导人与自然、人与企业、企业与企业的和谐稳定，实现地区和世界的繁荣与和谐，所追求的是"以和为贵"和"以德服人"。这种和谐统一、合作融合的"和合"思想是"一带一路"建设的重要指引，不仅对我们今天的执政治国和处理国际之间的关系有着重要的参考意义，而且对国家与国家间的合作也具有直接的借鉴作用。荆楚企业文化把"和合"精神渗透到经营管理和发展理念中去，形成和衷共济、合作双赢、和谐统一的发展思路，从而不断营造有利于企业可持续发展的外部环境和内在动力。

　　六是"独抒性灵"的至真情怀，在荆楚这个大环境下，荆楚人们拥有浪漫的情怀，主要是因为其至情至性的性格，将生命的意义最大化，这也是荆楚人们受到当地独特文化影响所提炼出来的人文性格。在中国地域文化史上，一般认为荆楚文化最具有至真至善的情怀，时刻充满着激情，这正为"一带一路"沿线国家或地区与荆楚文化的融合奠定了很好的人文基础。中国文化历史上，荆楚人的激情澎湃写就了很多可歌可泣的励志故事。

　　荆楚地域内的企业发展和提升自身文化立足于本土文化，"以和谐为主题、以精细化为手段、以双赢为目的"建设自身的企业文化。广采博纳的开放精神、卓然不屈的自强进取精神、不拘礼法的开拓创新精神、多元价值取向的兼收并蓄精神和好勇斗狠的拼斗精神是荆楚企业文化的五大特点。充分发掘荆楚企业文化的独特内涵和现代价值，有利于我国"一带一路"建设，同时还能促进和谐社会的构建，助力中部地区快速崛起。从地理位置来说，荆楚在中国的中部地区，荆楚企业文化也融会南北，自成体系，有着独特的地域特性，多元融通、神秘浪漫构成了荆楚企业文化的独有特点，也是进行"一带一路"文化创新和建设先进文化的基本要素。荆楚企业根据自身的需求和发展来融合和接纳外来文化的同时也保留了自己独有的文化特色，因此企业不但有多样的文化，还具有强大的包容性，充满十足的热情和激情是荆楚企业文化的另一大特色，使企业永远斗志昂扬，充满生机和活力。荆楚文化系统是一个开放的巨系统，体现了多种文化的统一融合，在结合周围区域的各种文化后整合形成自身的文化特色，具有强大的包容接纳能力、开放独立性、创新精神和务实特性，是周边经济和文明的综合。

第五节　齐鲁文化与企业文化

考察山东潍坊潍城区地域文化

作为孔孟故里、儒家文化的发源地，山东省充分发挥山东文化资源的独特优势，组织开展"齐鲁文化丝路行"。山东各地加强以"一带一路"为主题的艺术创作生产，进一步深化与"一带一路"沿线国家的文化交流与贸易往来。"一带一路"建设强调不同文明之间的对话，山东文化、艺术、文物等团体在南非、立陶宛、瑞典、泰国、韩国、日本、新加坡、塞尔维亚、澳大利亚等地都留下了齐鲁文化的痕迹。

齐鲁指的是先秦时期的齐国和鲁国，当时，两个国家的文化重点并不完全相同，齐文化寻求一种平衡，使得农业和商业一齐发展，而鲁文化强调以农为本的原则而抑制商业的发展；齐文化强调以法治国，而鲁文化则注重仁义道德，以德治天下；在对外交往方面，齐文化主攻，要实施宏伟的目标、一统天下，而鲁文化则寻求弘扬仁道、平治天下。齐鲁两个国家的文化各具特色，也各有利弊，齐文化在政治和经济方面更具优势，而鲁文化在思想和道德方面更具优势。

鲁国是孔孟儒家文化代表思想的发源地，正因为地域环境的影响，山东人拥有义气、豪爽、大度、智慧、务实等性格特点。山东人豪爽、忠义的个性成为人们对山东人的印象。山东人还风趣幽默，表现出智慧、大度、秉公的形象。受到齐鲁文化的影响，齐鲁人在企业经营的过程中，形成自身的企业文化，对企业的发展有着重要的促进作用。作为中国传统文化之精华的齐鲁文化，诞生于黄河流域，由齐国实用主义的政治文化、朴素辩证的兵家文化与鲁国的儒家文化融汇而成。齐鲁文化所彰显的厚德仁民的人道精神、自强不息的刚健精神、崇礼尚义的救世精神、崇尚气节的爱国精神蕴含了中国传统文化的精髓，构成了把握中国传统文化深层内核的文化枢纽。

齐鲁企业文化有着人本主义的特征。"一带一路"倡议谋求从根本上解决全球发展不平衡、不平等的格局，并以实际行动促进与世界各国的共同发展。

　　齐鲁企业文化在某种程度上呈现出"重道轻器"的特征。"一带一路"建设提倡"共商、共建、共享",是人类社会发展至今摒弃意识形态,包容各种信仰、风俗习惯、经济制度,最广泛的一次国际间协同合作。

　　齐鲁企业文化重视群体关系的和谐调适。"一带一路"建设只有从根本上解决这些不平衡,逐步实现均衡化发展,人类社会才能够和平、和谐、健康地发展下去。

　　姜东舒,山东省乳山市人,曾任中国硬笔书法家协会主席,浙江省钱江书法研究会会长、文澜书画社社长,浙江省政协诗书画之友社顾问,山东《羲之书画报》名誉社长,浙江省人大常委会办公厅咨询,研究馆员。他既工于诗词,更擅长书画。姜东舒先生在文学(诗词、小说、散文)与艺术(书法、绘画、作曲)上均有不凡建树。从事书法活动60余年,他的篆隶真行草诸体皆精,尤其是他的楷书,融合篆隶楷行草诸体于一体,自创一种书法,称"破体",又称"姜体"。姜老求遍古代名碑法帖之篆隶正行草诸体,其妙心独运熔铸篆隶行草与魏碑诸体于一炉,别树一帜的"姜氏破体"雄健豪迈、劲逸奔放,为我国书坛一绝,为世所公认,被誉为"中国当代楷书之王"。位于浙江丽水龙泉市的黄茅尖(海拔1929米)顶的"江浙第一高峰"就是姜东舒的大作。在20世纪80年代初全国第一届书法篆刻展览上,姜东舒就以其清新典雅的小楷,吸引了一大批海内外书法家的注意。后来又到宝岛台湾办过两次书法展,并多次给来华的美国学者讲学。1991年秋,姜东舒应日本国际通讯社之邀,赴东京举办个人书法展轰动日本书坛,1999年11月在日本举办的"第28回国际公募书画展"中荣获唯一的最高奖——日本文部大臣赏。

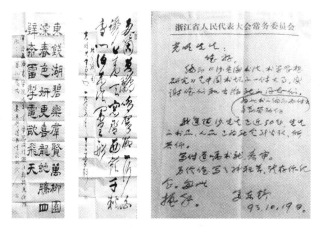

笔者与中国硬笔书法协会主席姜东舒探讨地域文化

　　在"一带一路"建设过程中,齐鲁企业文化的诸多特征为其带来便利。"一带一路"沿线国家,民族众多,文明、宗教、思想、文化异彩纷呈、纷繁复杂。在长期的市场经济活动中形成的鲁商文化,既继承了齐文化传统,又吸收了儒家思想的经贸文化,其特色鲜明,影响很大。鲁商与其他商帮最大的不同,就是历史源远流长、文化内涵丰富，始终代表着中国经济文化的主流，同时在中国社会的进步与发展中，发挥着相当重要的促进作用。

齐鲁文化丝路行：传承与借鉴Ⅵ创新

　　自古以来，鲁商就是外地商人与本地商人的复合体，也正因为不同地域商人经营方式、经营理念、经营经验的互补，促进了鲁商群体的稳固发展。山东地处山东半岛，山东半岛地域文化的历史积淀深厚，异彩纷呈，其中渔耕文化、齐文化、贤哲文化和港口文化是山东半岛地域文化中的主要文化形态，凸显了海洋文化、融合周边文化、兼容日韩文化、趋同世界文化，这是山东半岛地域文化传承的基本趋向。海尔、海信、澳柯玛、青岛港集团公司、巨力、时风、皇明、魏桥、华泰、南山、金锣、太阳纸业等一大批著名企业脱颖而出。山东人的诚实守信、公平竞争、人才观念、创新意识蜚声中外。不以损人利己为目的，都秉承仁义道德的信念，不发非分之财，这是源远流长的齐文化大国之风和儒家思想长期熏陶的结果。诚信为本，以质量诚信服务社会，从秦汉丝绸之路的源头，到近代鲁商在市场上独领风骚，无不体现了信誉第一的原则。他们宁愿出高价到远处购买原材料，也要生产出合格产品，从不以假乱真。谋利有度，不谋取非法之利或暴利，这是从春秋时代山东商人的经营原则传承下来的美德。鲁商最主要的特点，就是讲求互利互惠、利益均沾的原则，这样才能达到长期合作的目的。仁德为商，严格遵守商业道德，宁愿吃亏，也不能丧失做人的道德，做让别人笑话的事情。注重信息，以市场需求为导向，从长计议，鲁商特别讲究长远利益，注重回头客，商业交往中特别重视友情和信任，无论买卖大小，态度都是一样的。这种适应改革开放和市场经济发展的、吸收外来文化优秀成果在内的新文化，就是富有山东特色的地域文化和企业文化。山东青岛地域文化孕育了优秀企业家和企业文化，造就了经济的高质量发展。

　　中华茶博城位于山东省潍坊市潍城区南关街道青年路南段，正对白浪河景观带，邻近潍坊火车站南广场、联运客运总站、南苑机场等，是目前潍坊在建的唯一大型城市商业综合体，也是潍坊市白浪河综合整治开发工程的重要组成部分。项目由无锡浙商投资发展有限公司投资开发，总投资近20亿元。规划用地约300亩，总建筑面积约50万平方米，分三期开发。其中，一期为10万平方米的中国茶文化产业博览交易中心，规划建成中国最具规模的茶市航母。中华茶博城以大力弘扬中华茶产业文化优秀传统为己任，以创建茶文化产业总部经济为直接抓手，着力打造一个茶产业产销紧密结合、茶产业与茶文化发展交相辉映、国内国际茶文化产业互促相融，并确保中华茶文化产业领先独秀的中华茶文化产业著名品牌基地。最终目标是建成全国最具规模的茶文化产业展示交易平台，使茶文化相关产业企业走进潍坊，走出山东，走向全国，走向世界。

第六节　岭南文化与地域文化特征

岭南地处中国的南大门，远离中原地域，建筑少受传统约束，比较求新、自由，民俗味比较浓。岭南毗邻海洋，建筑风格有海洋文化的特色。同时，由于岭南地区是海上丝绸之路多个重要港口所在地，较先受到外来文化的影响，并善于吸收外来文化的精髓，实现"洋为中用""中西结合"，经常走出独特创新的路径。岭南文化有鲜明的地方特色和个性特征，蕴含着丰富的内涵，具有务实致用、兼收包容、开放创新的特点。"一带一路"建设中，企业首先要"走出去"，没有特色，就很难"走出去"。立足本来的优势，把原来优秀的东西总结好，挖掘出根本性的东西，无论是传统的还是现代的，可以互相融合、包容。古代的丝绸之路输出了东方的人文文化，今天输出的是和谐社会和天人合一的理念。

不同地域文化之间存在着共同性和差异性。共同性体现的是地域文化的同一性。不同地域文化之间如果没有差异性，就没有比较的必要，但如果它们没有共同性，也没有比较的可能。地域文化与中华文化的共同性是地域文化比较的前提和基础，而地域文化与中华文化之间的差异以及不同地域文化之间的差异性是比较的必要性，研究文化的共同性，也要探究文化的差异性。

从地理位置上来看，岭南涵盖了广东、桂林一带和海南三大板块，同时，就形成三种细分的地域文化，这三种地域文化不完全相同，是一个相互融合、相互合作发展的整体。总的来说，岭南文化不同于其他地域文化，它有属于自己的独特特征和精神风貌。岭南文化受地域环境和历史的影响，主要是以农业文化和海洋文化为主，是一种基于地域的原生态的文化，在整个文化体系的发源和发展进程中，大量吸收了周边的中原文化和海洋文化，最终形成适合当地发展需求的文化体系。岭南文化整合了中原文化中儒家、道家、法家和佛家的思想，并在此基础上不断创新形成自己的思想观念，具有实事求是、独立开放、包容多样、理性、开创的精神。岭南文化不仅是原生态文化，还是土著文化，不同文化下思想的交流、融合、接纳、创新、求同存异的过程，最终形成了具有强大包容力的文化①。

　　"一带一路"的互联互通，离不开这些港湾的兴起和繁荣，只有基础设施条件得到有效提高，才能大力推动经济、政治、文化的合作。在中国历史的记载中，湛江的徐闻古港是中国海上丝绸之路的起始港，由湛江出发的丝绸之路航线，是历史上比较全面、综合性能高的一条航线，起初主要是以纺织品为物资进行交换，从此打开了中西方国与国之间海上贸易的大门。同样地，海上丝绸之路的另一个重要关键点就是深圳的南头·赤湾地域。在古代海上丝绸之路航线上，屯门赤湾既是一个必经之地，也是一个起点站，当年这个港湾不仅是经济活动的聚集地，也发挥了政治军事的作用，有效抵制了海上外来入侵②。

　　岭南文化受香港和澳门文化影响较大，广东与香港在文化上较容易达到融洽，形成同构，与澳门文化也有着不可分割的关系。这些影响不断充实着岭南区域的企业文化，使得当地的企业文化有更高平台的发展，在思维方式层面"经验直观、发散整合"。岭南文化的提炼时间虽然不长，是一种年轻的文化形态，但正是因为这些较高的平台才能让岭南文化一直长久发展，在我国文化史上具有重要的意义，并在这种文化下人们取得了骄傲的成绩。岭南地区的企业文化思维方式既承续了古代以来岭南人思维方式的一些特征，又受到中国传统思维方式的影响，同时也兼具西方文化思维方式的某些特点。岭南企业文化的审美层面呈现出"清新活泼、崇尚自然""以自然为宗"的审美观，如近代的岭南音乐、艺术、文学和鉴赏等。

岭南文化丝路行：传承与借鉴 VI 创新

　　岭南文化以其独特的文化内涵，影响了古往今来的岭南商人，铸就了岭南商人的性格和精神，造就了独特的企业发展模式，形成了地域性的企业文化。岭南企业文化强调务实主义，同时还具有开放独立性，有强大的包容力，为了满足更多消费者的需求，岭南企业文化提倡产品要有大众商业性以及娱乐世俗的特性。岭南文化的敢为天下先、务实求真、开放兼容、独立自主、求富敢富的精神，造就了岭南企业具有创新、敬业、合作、冒险和诚信的企业精神，也为"一带一路"建设中企业间的合作提供了

---

①②　徐南铁．岭南文化的兼容特征和现代性审美［J］．探求，2000（6）：48.

宝贵的精神财富。

开放性与兼容性是两个不同的文化特征，但两者又是不可分割的。具有开放性的文化，必然具有兼容性，两者是有机联系的。开放，是兼容的前提；兼容，是开放的目的。开放性是地域文化兼容并蓄的前提和条件，兼容性是开放性的体现和结果。我国的地域文化属于我国的大文化范围下的子文化，因此，与中华文化一样具有开放性与兼容性。开放性与兼容性也统一体现在岭南文化里，岭南文化从古到今都是善于容纳创新的文化，对外来文化采取的开放心态不仅造就了自己，同时吐故纳新，在交流中整合和兼容了各种文化的优势，从而散发出朝气勃勃的繁荣气息。一种主动积极、乐于开放的文化，必定也是一种胸怀宽广、海纳百川的文化。岭南文化在对内对外开放的过程中，善于吸纳各种不同的文化来丰富自己、完善自己，于是就有了今天的面貌。当然岭南文化的开放性与兼容性在不同时期有着不同的表现，程度也不一样，这使得它有文化的共性的同时也存在着自己的特色。岭南文化经常处于动态调整之中，乐于为历史写第一稿，而不在乎定稿本上的名字排列。岭南文化强调开放包容的创新精神，用强大包容的心态去接纳不同文化下的思想观念和行为方式，开放和包容是一对相互促进的概念，只有在这种环境下，企业才能创新出新的产品和服务。在吸收和凌纳外来文化的同时，难免会遇到需要重新调整、改变的人或事，岭南的开放精神正好顺应"一带一路"的时代要求，迎合了大环境的需求和发展。

香港文化在重"实"的广东人心目中成为一种高位文化，刺激着岭南地区企业。"一带一路"的建设和发展需要勇于担当、开拓进取的精神来助推。岭南企业文化最突出的一个特性就是强大的包容性，开放、务实、求新是岭南企业的特征，助推岭南企业的变革和发展。广东有着得天独厚的地理条件，以珠江三角洲、韩江三角洲为中心向外辐射。广东人有较为开阔的胸襟，这为岭南文化的兼容性奠定了基础。开阔的胸襟是兼容的前提，也是现代化的前提。大量的中外"一带一路"沿线国家和地区的合作，推进"一带一路"建设，需要通过务实可行的举措实现合作共赢、共同发展。

第七节　三晋文化与文化差异性

"一带一路"黄河专列从策划、组织到实施，是一个不断开拓创新和寻求突破的过程。农耕文明腹地的山西人乘着火车专列踏上探寻千年丝路辉煌、重走张骞西行之路的旅程，用眼用脚触摸积淀在大漠草原深处的丝路历史，用脑用心感悟"一带一路"的恢弘大气，捕捉对西开放的新机遇。

三晋文化的核心精神就是理性精神与功利主义。三晋文化是以法家为主体，名家、纵横家为两翼，以法家联结名家、纵横家，把它们的思想统一于法家的基本精神。晋文化在与各国频繁的交流中，了解了各地区的文化精华，大量吸收了各地区、各民族文化的先进成果，兼收并蓄，融合升华，使晋文化达到了当时中原文化的顶峰。儒家

写作组考察山西大同地域文化

推崇三晋根祖文化，以"道"为根本重建人文世界，具有明显的"入世"倾向。南方的道家则是将"长生久视"的取向扭转为精神的自由即"逍遥"，表现出明显的"出世"倾向，一个"入世"，一个"出世"。

中国历史上下五千年，其传统文化中十分重视仁义道德的伦理。三晋人民在历史的长河中就已经凸显出崇高的人格魅力，其崇德的观念一直传承到一代又一代子孙儿女，倡导正义的事业，同时也为我国的文明建设做出了巨大的贡献。中国传统文化中所强调的道德伦理，必须做到承诺、诚信、不可欺，在这些方面，三晋人民有着很多生动的表现和可供后人学习的地方。事君报国，忠于职守，晋国军人即使在战败后，也不会做他国的俘虏，一定维护自己和祖国的尊严，坚守自己的清白；如果敌方实力庞大，也不会做一个逃兵，依然勇敢前进，奋进拼搏，做一个不怕牺牲的英雄楷模。三晋人民乐于助人，善良淳厚，守善，不做恶事。三晋人民这种遵循道德伦理，寻求真善美的精神，造就了三晋企业轻利重义、无私无畏、重德义、轻利禄的文化特征。

写作组考察山西大同地域文化与悬空寺

　　分析三晋区域的企业文化和地域文化差异性，对促进当今"一带一路"的建设发展，推动各国各民族的文化兼容，起着非常重要的作用。山西人不仅拥有积极外拓创新、不怕苦不怕累的精神，还具有内敛自省、谨慎自守的防御性格，这两种特性相互融合，为山西企业的发展带来了有利的局面，这都是受到山西独特地域环境和历史因素影响。

　　"一带一路"倡议是建设高水平开放型经济新体系中的一种全新的空间开放观，是开放视野、角度和区域的新跃迁、大转变。在开发和发掘新项目的时候，应该看到自己的不足，学习和引进对方的优势，同时发挥自身的优势，大大提高合作的可行性。

　　三晋企业的精神包括务实、创新、进取、敬业、团结。

　　务实的精神可以说是三晋文化的精髓。共商、共建、共享是"一带一路"的原则，我国现阶段已经不只停留在理论阶段，已经向实践阶段迈出了一大步，强调的就是不能停留在口号上，而要务实，"知行合一"体现在"行"上。

　　"一带一路"也是科技创新之"路"，开展科技人文交流、共建联合实验室、科技园区合作、技术转移，强调了创新是推动发展的重要力量。

写作组考察山西大同地域文化与北岳恒山

　　三晋企业的进取心不但表现在强烈的开拓精神上，还表现在他们不畏艰辛、敢于冒险方面。每个不同的社会阶段，晋商文化的体现形式各不相同，其发展定位和所取得的成果也不尽相同，不过都能反映当时社会的进步和发展。三晋文化在伦理学理论基础上，结合商业实践活动，促进形成了一批具有代表性的晋商，同时提炼出一套较完善的晋商文化。在"一带一路"建设中，中国企业要主动进取，获取合作的机会，加强与其他国家和地区企业的沟通和联系，促进双方的文化交流。

　　三晋企业的敬业精神，也是常为人所称道的。此外，三晋企业有团结精神，要促进"一带一路"建设所有参与方团结互利，加强与其他国家人民之间的交流与学习，提高国民素质，加强团结与创新。

写作组考察山西恒山文化

三晋文化不仅传承了儒家文化的精髓，还提升了当代当地企业文化的凝聚力。三晋文化的发展受到周围环境的巨大推动，当地区域文化与周围地区各民族文化相互影响，文化的融合是三晋文化前进发展的重要推动力。三晋地区结合当地与时俱进的先进文化和现实特色，不断完善三晋文化的体系。三晋文化有着属于自己的文化特色，与时俱进，文化包容性强，有多样性和普遍性特征。三晋文化对晋商的影响主要表现在四个方面：一是独特的创新精神；二是包容开放的合作态度；三是诚实守信的行为原则；四是勤劳奋进的工作态度。这四个方面相互融合、相互协助，形成了晋商文化的核心思想，深刻揭示了晋文化的世界观和价值观。

"一带一路"倡议影响着晋商的发展决策和战略思想，同时也给晋商文化带来了新的塑造机会。为了广泛宣传三晋文化，山西积极抓住"一带一路"的发展机遇，围绕"一带一路"建设打造多个发展平台，带动三晋文化的传播与发展，促进经济的进步，不仅开发国内的潜在市场，还积极开拓国外市场。在"一带一路"原则指引下，山西深化与"一带一路"沿线国家的经贸往来和人文交流以及文化融合，借台唱戏、借船出海，重走"丝绸之路"。

第八节　地域文化与经济交换伦理

商业伦理的价值和意义在经济活动中是极其重要的，它影响着整个商业行为的活动规范和秩序，一套完善的商业伦理是在长期的商业活动中提炼出来的。俗话说："无规矩不成方圆。"在进行等价交换的行为中，市场规矩就显得尤其重要。我们在进行等价交换的同时，也是自身欲望和需求得到满足的时候，离开利益的衡量也就形成不了一个有效的交换行为。无论是消费者还是供给方，都是为了获取交换行为的最终收益结果，这个结果是以满足双方的自身需求为前提，而不是脱离利益的慈善道德行为。任何一次交换行为的实现，必须满足利己又利他的原则，在满足双方要求的同时，通过交换行为，最终实现商品的等价交换。

几乎每个社会中的人都需要获得他人的帮助，我们仅仅记得他人的感恩并给予相同的回报，是远远不够的，我们还应该刺激他们的需求，寻求等价交换的利己利他动机，帮助他们实现自己的既定需求和目标。商品社会交换行为的顺利进行离不开充分且灵活的资金调动，市场上资金的正常流通，离开灵活自由的资金运转，人们的欲望和需求就不能得到及时的满足和解决。

人们在市场经济活动中应该遵循人与人之间的公平自愿、诚实守信的关系，同时也体现着互利双赢、利己利他、合作公正的商业伦理要求。经济活动中的交换伦理其实是一种行为指导原则和规范品德，这种规范原则帮助人们有效进行交换行为，自由与等价是其两个核心思想点，这两个思想点要求人们要遵守信用、公平公正、诚实守信，不仅顺利完成产品的交换行为，还要满足人们精神情感的需求。对于我们个人和企业来说，都离不开伦理道德的约束和指导，它是我们人生和企业长久健康发展的重要思想指引。

在"一带一路"建设中，需要遵循各种道德伦理原则，不管是经济活动，还是文化、外交活动，只有坚持一定的行为规则和法律制度，才能更好地规范活动秩序、维护各国应得的利益，在一个公平公正的环境下才能形成有效的竞争机制，促进各国的经济往来、文化交流和发展。有些企业可能会犯一些错误，但是不能违背根本的行为原则，如果有损道德伦理，必须受到应有的制裁和惩罚，并诚恳地认错，纠正自己的行为。关于经济活动中的公平公正原则，很多经济学家和社会学家都对其进行了概括和解读，但是没有形成统一的描述，无外乎就是在经济活动过程中的一些遵纪守法原则，当然它也应该属于道德伦理范畴，是一切行为活动的道德体现，包括各种不同的行为活动的道德行为准则，比如交换公正、分配公正、消费公正和生产公正等。总之，在"一带一路"倡议实施中，任何活动都必须严格遵守公正原则，不偏不倚将适度原理和公平原则运用到每一个活动环节中。在活动中，我们很容易分辨出哪些是善行为，哪些是恶行为；哪些融合了道德伦理，哪些却忽略了德行。一个有效的市场或行为都是以公平、自由的原则为基础建立起来的。只有每个国家或企业都善用道德伦理，"一带一路"建设才会顺畅，各国之间才能建立长久的合作模式，增进彼此的友谊，其最终目标也会很快实现。

当将利己主义和同情观联系在一起，商品交换行为原则就得到了基本的统一，人们就能更好地坚守交换行为中的利己和利他思想。商品的属性决定了它有两种价值：一是使用价值，二是本身存在的价值，交易行为的发生就是为了同时实现这两种不同的价值。销售方把自己的产品通过市场展示是为了体现产品的交换价值，也就是本身存在的产品价值，购买方为了满足自身需求其实是体现了产品的使用价值。因此，产品的顺利交换，必须同时满足销售方和购买方的不同需求。

建立市场公平竞争机制，是践行交换行为过程中公平公正和诚实守信的基本前提，以公平公正为核心思想的竞争机制才能促进交换行为的互利共赢，带动整个市场秩序的稳定。它的作用在于通过规范道德上的"正当"与"应当"，抵制与克服道德上的"不当"与"失当"，从而达到在交换过程中的五个维护：一是维护诚实经营者的利益；二是维护消费者的合法权益；三是维护市场经济的正常秩序；四是维护优胜劣汰的竞争机制；五是维护社会主义精神文明建设。

一、儒家学派的交换伦理思想

儒家学派理论强调"以农为主"的指导思想，将劳动和土地认定为人们增进财富的两大元素，然而忽略了商业活动的真实价值以及对社会民生发展的意义。先秦时期，儒家学者荀子系统地提出了商业活动的功能，在他的理论体系中，受到社会分工制度的影响，人们的选择机会不多，为了满足生活的多样需求，只有通过商品的交易行为来实现。随着人们对于物质生活的需求逐渐增大，各地区商贸活动日渐频繁。

各国的交换活动中也应该遵循儒家的思想道德观，将"信"和"仁"作为主要的衡量标准，任何事都应该做到讲信用，说话谨慎、不欺骗、不说谎，诚信这一道德伦理不仅能帮助国与国之间维持经济活动秩序，还能增进人与人之间的交际关系。在我国伦理思想史上，还将"信"这一道德伦理纳入五伦八德体系中，成为人们内心思想和行为活动的规范。儒家思想家孟子说过："诚者，天之道也；思诚者，人之道也。至诚而不动者，未之有也；不诚未有能动者也。"他强调了诚信的重要性，也是人们的基本行为原则，在人与人交往过程中必须遵循这一原则，不欺骗他人，才能获得他人的信任，进而获得合作的机会以及长久的发展，这是一个循序渐进的过程。有些人只注重眼前利益，就违背了这一原则，换来的却是牺牲更多的利益。每个国家都应该倡导这一道德伦理原则的实践，有效规范和监督市场经济活动，奖惩分明。

为了社会快速和多样化发展，市场经济的商品交易行为具有十分重要的意义，同时人们在商品交易活动过程中应该遵守一定的商业伦理规范。

（1）丰富的商业智慧。整个商品交易活动涉及很多细节部分，包含着心理战术和商业智慧。战国时期的白圭总结得出成功的商人应该拥有丰富的智慧、勇敢无畏、广泛的仁义、格局的强大这四个方面的素质，在当时人们称他为"天下言治生（商业）之祖"。首先就是要有商业的智慧，主要是用来衡量每个商业行为的利害关系，人们通过巧用商业知识和智慧来分析商业活动中的利弊，判断行为活动的价值。荀子说："兼权之，孰计之，然后定其欲恶取舍，如是则常不失陷。"他强调了在商品交易行为活动中，有效运用商业智慧是十分有意义的。商人在经商过程中只有具备丰富知识和过人的经商头脑，才能帮助企业获得利润。商业社会中还存在着另一种道德伦理，那就是为了获得利益不择手段，这与荀子观点截然相反，也是荀子一直反对的一种观点。儒家学派倡导的以察尽财是以"君子爱财，取之有道"为行为前提，"道者，古今之正权"。商人通过自己的商业智慧和经商头脑，来选择判断商业行为活动的真、善、伪，权衡经济活动利弊，寻求和执行商业获利的道德标准，其实就是行为活动中的礼节、仁义、法律和适度。

（2）诚实守信，不报谎价。商业社会活动中，人们越来越强调遵守诚实守信的道德原则，只有持有这种道德态度，才能确保整个产品交易活动中双方的利益不受损害。那些为了成功使用欺骗手法的，只看到了短期利益却未看到长期利益，最终会导致企业的整体利益受损、企业信誉品牌受损，不仅侵犯消费者利益，也伤害了自身，儒家学派所说的"不预贾"，指的就是商人在商品交易活动中要以诚相待，不能诳骗消费者，"商贾敦悫无诈，则商旅安，货通财，而国求给矣"这句话很好地阐释了诚信经商的好处。为了保证消费者的利益，商人必须严格遵循市场经济活动中的法律法规和道德伦理，为了让商人遵循诚实守信原则，荀子提出了一个计策——"关市几而不征，质律禁止而不偏，如是，则商贾莫不敦悫而无诈矣"，诚实守信原则在经济活动中的地位毋庸置疑是很高的，每个商人都应该具备这种商业道德素养。诚和信从本质意义上看是互通的，它们就是要求商人应该遵循真诚、不欺和守信①。

交换的本质就是有价值的资源与资源之间的交换，人们提供自己拥有的有价值资源，为了满足不同人们的需求，人与人之间达成一种协定，交换是在一种自由、平等的关系中产生的，通过这种互惠互利的行为活动达到一种平衡的状态，活动主体之间也能达成一种和谐长久的关系。正是由于交换这一行为，才促进了经济发展，推动社会的进步。不同地域的文化不同，其天然的资源并不相同，为了获得其他地域的有效资源，就必须进行资源的交换，通过广泛的贸易往来，拉近地域间的距离和人心之间的距离。"一带一路"建设中，各国经济主体都必须遵循道德伦理规则，通过正当的行为手段，发挥自身的智慧，来寻得国家和企业的发展，反对一切破坏市场经济秩序的行为，打击唯利是图、卑劣手段的行为。

儒家学派关于商品交换伦理这一思想认识，影响着我国商业交换活动行为方式，规范和约束着商业社会活动的行事准则，是当时较高水准的伦理思想代表，代表了我国商业活动中企业家的精、气和神。我国传统文化都是岁月长河中沉淀下来的优秀品质文化，其中"信用"就是我国"良贾"的一个优秀传统，儒商在商业经济活动中都奉行"诚实守信"的商业伦理道德。商业守信原则是商品交换活动中必须遵循的一个道德准则，并且诚信是我国优秀传统文化的一个组成部分，商业活动中的每个人都应该对自己说的话、做的事负责任，其核心思想就是要求商人在经济活动中做到货真价实、不欺骗、诚实、守信用。良好的信用观是人与人之间交往的基本道德准则，也是对人与人之间关系的肯定。

二、宣传艺术与公关工作

宣传是一种扩大影响力的手段，其内容必须体现产品的核心价值、流露出要表达的思想感情以及企业文化、精神等因素。企业必须有爱国主义情怀和积极的社会责任感，践行为国家、为人民负责的服务理念，产品必须健康、环保，不谎报价格，不欺

---

① 刘光明．经济活动伦理研究［J］．西北师大学报（社会科学版），1996：41.

骗消费者、不虚假宣传等。企业进行宣传主要是为了推销商品，促进更多的交易产生，但是不能将精力都放在推销上面，也不能使用一些小伎俩和小手段去吸引消费者来促进销售。

随着"一带一路"的建设发展，我国与国际的合作往来越来越频繁，人们的需求也呈现多样化，在琳琅满目的选择中，我们必须有一个正确的核心价值导向，才能精准地发掘到最适合自己的物资，而这一价值导向，就需要通过企业有效的宣传来增加消费者对产品的了解和认识。在快节奏的生活模式下，人们没有更多的时间去一一地考察和体验产品的功能和附属价值，只有通过企业高效地信息传输来了解，因此，企业的宣传技巧和模式也是一个具有强劲竞争力的因素。"一带一路"倡议下，国家的宣传或企业的宣传都应当承担的道义责任主要体现在应促进市场繁荣、扩大商品销售和保证国家与市场经济活动的有序开展。市场是国家经济生活的窗口和贫富状况的一面镜子，它同时也反映着国家经济发展的水平。应当通过商品宣传把国家经济发展的状况和市场繁荣的景象反映出来，增进国际交往及国与国之间的文化交流。

企业在整个宣传设计和推广过程中，会受到地域、文化、经济和消费习惯的影响，为了更好地迎合消费者的需求、贴近人们的生活、刺激人们的消费欲望，就必须遵循一定的行为准则，有效传达企业的思想理念和文化价值。市场经济活动中，经济主体在制定宣传内容的时候，应该确保内容的真实无误、健康绿色，同时还应该遵循艺术审美原则。企业真实地反映商品的各种特性，消费者才能更直观地感受到商品带来的价值和文化。企业宣传的内容必须是积极向上的，不能是低劣和不健康的。好的宣传内容离不开一定的审美观，美好的宣传内容会让消费者眼前一亮，更能刺激消费者的购买欲望，同时，还要宣传正确的价值观。

宣传还必须实事求是，宣传的内容必须是真实无误的，不能故意夸大其词，也不能故意减少，须用真实数据，不涂改造假。在市场的交换行为中，诚信、取信于民历来是商业信誉的基础、发展商业往来的保证，可通过图像、音乐、语言、文字来达到期望的宣传效果。那些虚假的企业宣传活动只图眼前利益，却不顾长远利益，最终会影响企业声誉。对于那些虚假的宣传广告应该加以遏制并谴责批评，甚至用经济和法律的手段加以控制。广告可通过悦耳的音乐、优美的画面、简洁的语言实现，优质的广告宣传应该传播高尚的道德理念，让人们获取商业信息的同时，还能从中收获新知识，潜移默化中获得教益。优质的宣传内容往往融合了特殊的艺术形式，创造出简而美、新而优的内容，感染力强的作品少不了应有的道德教育，不仅能给大众传达企业的商业信息，还具欣赏、陶冶情操的效果，较强的艺术感染力让大众能够享受美带来的愉悦和幸福。

第一，各交换主体（供货方、经销方、批发商、零售商等方面）应妥善处理好关系。以互利互助为原则，努力赢得顾客的信任，树立企业的信誉，逐步强化市场交换伦理。在我国，有关生财之道有好多传统的文化理念，比如以"和"为贵、以"信"为本，体现的就是和气生财、诚实守信的文化理念，这是商业经济活动应该遵循的道德伦理原则，也是交换活动的主体长久发展的保证。任何企业都必须从商业道德准则着手，坚守企业自身的良好信誉，这才是吸引更多消费者的关键，才能得到更多消费者追捧，使市场经济活动顺利且高效进行。

第二，商业企业是从事交换和流通工作的部门，开展以交换伦理为核心的商业公关工作尤为重要，这就要求商业企业以民主管理为宗旨，正确处理企业与内部职工的关系，从而发挥企业职工的主人翁精神。激励职工、团结职工、激发职工的参与意识，加强职工间的互助合作，加强内聚力，培养职工的集体主义精神。

第三，开展商业公关工作还必须协调企业与政府的关系。企业间竞争的日益激烈必然导致企业间的矛盾，腐败现象也会随之产生，因此，对政府方面进行公关工作必须防止此类现象的发生。只有采用符合商业伦理原则的公关手段才能达到预期的效果，既有利于简便办事手续、加快进度、节约开支，又会在不同程度上提高政府机构的办事效率。

第四，开展公关工作还必须妥善处理企业与企业间的关系。这包括企业间涉及生产、流通、消费等领域的价格竞争、货源竞争、顾客竞争、劳务竞争等。这时谁公共关系做得好谁就占优势，才能真正达到"内求团结、外求发展"的公关精神。

三、商品交换价值

在马克思的学说中，经济关系乃是交换价值的背景。交换价值只有产品交换时，特别是产品被作为商品在经济关系中出售及购买时，才具有意义。任何商品都有价值，但商品的价值是不能自我表现出来的，必须通过交换，由另一种商品表现出来。也就是说，要交换，就要进行比较，必然就会有交换价值。交换价值是价值的表现形式，价值是交换价值的基础。交换价值的大小由价值决定。从物质内容来说，商品交换是一种使用价值的一定量换另一种使用价值的一定量。但不同质的使用价值是无法形成等量关系的，所以商品交换实际上是商品彼此作为价值发生关系并作为价值来实现的。这就是说，商品在能够作为使用价值让渡以前，必须先作为价值来实现。另外，商品在能够作为价值实现以前，又必须证明自己是使用价值，因为劳动只有耗费在对社会有用的形式上，才具有价值。劳动是否对别人有用，它的产品是否符合社会需要，只有在商品交换中才能得到承认。所以，商品交换是使商品本性中潜伏着的使用价值和价值的矛盾在外部表现出来并获得解决的过程，只要劳动产品成为商品，就必须经历商品交换过程。从价值上看，商品交换是一个商品的价值用另一个商品表现出来，并在同后者进行等量价值的交换中得到实现；从使用价值上看，是商品所有者让渡自己不需要的使用价值换回自己需要的使用价值的过程。通过交换，劳动产品进入消费过程，以满足人们的某种需要。

当今时代是经济全球化时代，世界各国各地区之间经济上的相互联系和依存日益紧密。持续发展并不断深化的区域经济合作和区域经济一体化，则是经济全球化持续发展的客观要求和重要表现，也是区域经济合作模式升级换代的主要驱动力。中国是世界上最大的发展中国家，是广大发展中国家在诸多国际事务中，其中包括实现联合国千年发展目标进程中的主要代表，其主要途径是通过实现地区国家基础设施的互联与互通，同时推动中国与相关国家的产能合作与技术合作，扩大相互间的经贸规模，开辟金融合作的新渠道，并进一步深化人文交往，增进各国人民之间的友谊，最终以中国的快速发展，带动周边国家及古丝绸之路沿线所有发展中国家的共同发展，最终不仅惠及中国自身和中国周边各国，同时也惠及东欧地区的所有转型国家，同时也惠及非洲及至更远地区的许多发展中国家。

"一带一路"沿线国家涵盖了中东、西亚、东南亚、中亚、南亚、东非、北非等超过 60 多个国家和地区，并辐射西欧和东欧，因此实现沿线国家和地区更加自由的贸易、投资及商品流通具有很大优势，各国应加强区域合作。中国与"一带一路"沿线国家贸易越来越紧密，近 10 年，中国主要出口至沿线国家的产品为木材、塑料橡胶、金属制品等，这些产品的出口比重提高了近 20%，其他劳动密集型产业，包括服装、鞋帽等产业也有较大的增幅。中东欧国家出口中国的商品主要为机械、交通设备等，沿线国家出口的主要产品是能源，提供了中国近 60% 的能源。中亚、西亚及中东三大区域成为中国主要的能源进口地。中国在加入 WTO 后，经济稳步发展，同时与沿线国家的贸易合作逐渐加深，每年都保持着一定的增长速度。在"一带一路"倡议提出后，沿线国家在中国对外贸易中的地位不断提升，贸易商品的种类和比重更加丰富。贸易合作是"一带一路"的建设重点，广泛的贸易合作能促进中国和沿线国家的商品流通的增长，在流通中，各国之间的贸易依赖会逐渐加深。中国倡导的"一带一路"，首先基于人类社会的统一性，同时也基于人类利益的共同性，基于人类文明共同发展和进步的崇高理念。这一理念摒弃冷战思维、拒绝零和游戏，反对丛林法则，超越社会制度差异和意识形态分歧，超越资源禀赋障碍和自然地理阻隔。它不从根本上打破现有的国际政治经济秩序，不去颠覆现行的金融合作机制和产能转移规则，更不是重划势力范围和重建集团政治，而是顺应世界多极化、经济全球化、道路多样化、社会信息化的历史大潮，引导世界各国探索相互尊重并相互支持、共担风险和共克时艰、互利共赢与合作共赢的新道路，最终形成更为公正合理、更为健康稳定、得到广泛认同并使各国人民普遍受益的国际关系新体系。

四、交换伦理：企业公关的核心

当前，无论是国外市场，还是国内市场，都要求市场的公平性，这个公平包括很多方面，不仅是竞争机制方面，还有企业与经销商、销售方、员工、消费者等一切相关关系方面也需要以公平的行事原则为前提。应该健全各种法制和伦理规范，使交换行为步入法制化和伦理化的轨道，以促进市场经济的健康发展。在新旧经济体制和经济秩序转换和过渡的今天，对于商业公关和交换关系，我国还未有完善的管理机制、法律法规和道德伦理约束，假冒伪劣产品层出不穷，参与市场经济活动主体的素质普遍不高，我们必须规范市场经济中这些有损社会风气的问题，首先从治理交换伦理和商业公共关系中的伦理问题入手，公关伦理成为研究交换伦理中一个十分重要而且具有重大现实意义的课题。

如何有效处理市场经济中一切对外的关系？这是分析商品交换关系和道德伦理如何有效融合的问题，市场经济中的交换行为其核心点就是运用正确的方法或道德行为处理各种复杂的关系。任何个人或企业在市场经济中换取等价的利益，必须以严谨的自我素养，遵循市场经济中的道德伦理规范，维护社会市场秩序的稳定，这是参与市场经济进行商品交易的入场券。处理一切与经济活动相关的关系，必须先保证个人自身或企业具备良好的品牌效应，使参加经济活动的交换主体都有良好的信誉和声誉，保证一条供应链上（消费者、供货商、媒体、政府等）的每层关系都是良性的。我国传统文化博大精深，很早就将"勤劳"和"节俭"作为我国商业伦理中的两条重要的道德伦理，这也是我国自古以来看重的道德规范和"工具理性"的首要内容。

实践事实告诉我们，企业只有建立合理的道德伦理机制，并且将其融入企业的任何一个环节中，团结一切可以团结的力量，自主创新，打造核心竞争力，才能赢得市场的尊重，最终获得应有的利益回报，这是一条正确且长久的出路。相反，那些只盯着眼前利益，不关注长远利益的企业，违背商业道德伦理，通过谎报价格、欺骗大众、哗众取宠、扰乱市场等行为获取暴利，这样做只会被大众唾弃、被市场狠心抛弃，最终就会面临倒闭或破产，这不是一个长久之策。市场经济活动其本质，就是通过买卖双方达成一种合理的交易，建立一种公平公正、互利共赢的关系。这种以满足双方需求的交易行为，不仅是一个简单的买卖行为活动，它也是一种关系的体现，包括人与人之间的关系、人与社会的关系等。在物质发展到一定程度的时候，人们就不仅仅是追求商品本身的价值，还会在意商品背后的附属价值，开始关注企业的品牌效应、企业声誉和名誉、企业的社会责任、企业的道德伦理水平等，这些也是影响市场发展方向的因素。这也改变了旧有的经销商与消费者的市场地位情况，不再是经销商提供什么，消费者就买什么；而是经销商开始按照消费者需求来提供商品，因此，消费者对企业的服务质量和道德伦理水准有着高的要求，企业也就必须重新调整自身的发展战略。

社会物质经济的快速增长，使消费者对商品的要求从商品本身价值，开始注重商品的附属价值，企业为了迎合消费者的多样性需求，都希望通过较低的商品成本和高的服务质量来满足消费者的需求，吸引更多的消费者。当然，为了有效处理一切相关关系，企业必须建立自身强大的公关关系，来应对社会市场经济的高强度竞争。在现代激烈的市场竞争中，企业必须面对广大消费者的监督和评价，企业要提升企业自身的内部实力，为了获得社会的肯定，还要处理好企业与社会的关系，实现企业利益与社会利益相统一。

为"一带一路"建设打造一个优良的市场环境，不是任何单独一家企业或机构就可以完成的，它需要各个不同方面的共同协作，才能形成一个规范的市场经济环境，不仅需要完善的法律政策来监管、企业自觉的道德伦理原则，还需要提高我国整体的人文素养，建立完善的企业文化，促使企业更好地发展，确保交换活动在良好的市场氛围中健康发展。交换伦理的核心内容和原则规范就是"诚信精神"，这种精神提倡的是一种没有欺骗、不诓骗、公平公正、守时守信、重合作、保证交易双方的利益不受损伤的商业伦理精神，是企业在处理一切公关关系、商业交换关系和商业公共关系中必须遵循的道德原则和规范。

建立一套完善的公关伦理制度，是"一带一路"建设中各企业成功的关键因素，也是协调各企业与社会间关系的一个有效纽带。市场经济活动中的每个企业都应该为企业的生存和长久发展寻求一个良好的环境，再通过融合公关伦理制度，处理好企业与外界的任何一层关系，将规范的市场公关伦理纳入企业的商业伦理体系中，帮助企业处理一系列关系，使企业快速而稳健地发展。

为了保证市场经济活动的良性发展，不仅要确保交换活动中的道德伦理行为采用公关伦理原则，还需要一个良性、公正的市场环境，这就需要政府机构的参与，通过制定一系列法律法规，规范市场的秩序，反对一切违背市场公正原则的行为，不仅有利于维持市场的秩序，还有利于维护企业与消费者的应有权益。《中华人民共和国反不正当竞争法》就是我国政府为完善社会市场秩序，在公平公正原则的基础上制定的，要求每一个参与社会市场活动的主体按照商业道德伦理要求，遵循每一条法律法规，建立一个公平公正的市场。《中华人民共和国反不正当竞争法》帮助企业与市场之间建设了一个保护盾，这个保护盾有效地防御外部一切扰乱市场、影响企业经营发展的行为，促进了市场经济环境的优化和完善，最终实现企业自身的发展需求，形成一个良性的经济循环。国家的这部法律法规条例清晰，不仅维护了企业与市场的发展，还遏制了一切钻空子的违规行为。当然，在一个人性贪婪的社会，仅仅依靠条文法规和道德伦理制度来约束是远远不够的，还需要大量的工作，要禁止一切不利于社会经济活动市场稳定的行为活动，及时杜绝一切钻法律空子的经济活动，强制严惩那些妨碍市场稳定的主体，积极为建造一个公平公正的市场环境而努力。

本章案例：荆楚地域文化与东风汽车"和"文化

当今"一带一路"建设依然延续着古代丝路精神，相关国家紧密联系起来，最大化实现战略对接，优势互补。东风汽车一直领会丝路精神，制定"走出去"发展战略。东风汽车创立于鄂西北，鄂西北是鄂与豫陕渝的毗邻地区，斜倚于大巴山的余脉，包括湖北省的十堰及襄阳两市与神农架林区。鄂西北属于汉江中游地区，汉江贯穿整个区域。鄂西北自古就有"四省通衢"的美称，从新石器时代以来，就是黄河流域与长江流域文明交汇之区。仰韶文化向南伸展，直到鄂西北。较晚的屈家岭文化向北伸展，直到豫西南。更晚的河南龙山文化，又伸展到鄂西北。这个地区一直是南北文化激烈交锋的前沿阵地。

东风公司的前身是"第二汽车制造厂"，从十堰大山里走出来，长年的积淀使东风汽车刻上了深深的朴实、团结、坚韧的性格，在中国汽车大集团中，东风有着区别于其他大汽车集团的鲜明特色。为了可持续发展，面对复杂多变的市场环境和竞争环境，东风意将其传统的文化提炼升华，上升到战略高度，以更加开放的心态去参与竞争。走出十堰大山，从武汉辐射全国又走向全球竞争的当口，东风的高层越来越体现出了开放、包容、以"和"为本的姿态，这也影响到了合资对方的态度。

东风汽车集团有限公司人事（干部）部部长温良关于高质量管理的报告

任何一个企业的文化都不是一蹴而就的，而是在企业的发展进程中不断总结、升华形成的，东风公司的发展历程就决定了它的文化体系是一个重视合作、务实、进取、和谐、包容的文化。面对着竞争越来越激烈的市场，全球汽车企业都在寻求内外协同发展的最佳路径，以降低成本，提高效率。

面对"一带一路"新的机遇和挑战，2014 年车展前夕，东风汽车公司在北京发布了企业文化战略。东风汽车公司打造的文化战略核心价值观就是"和"文化，其内容主要分成四个部分——东风"和"的内涵、"和"的理念体系、"和"的行为体系、

"和"的视觉体系。这是我国车企首次对外发布文化战略。

东风公司"和"的内涵就是"和衷共济，和悦共生"，最终实现人、车、自然和社会的和谐共存。

东风公司"和"的理念体系包括四个部分：一是企业的使命——"让汽车驱动梦想"；二是公司的愿景——建设一个自主开放的国际化百年企业；三是公司的精神——"海纳百川，砺行致远"；四是公司的经营理念——"关怀每一个人，关爱每一部车"。

东风公司"和"的行为体系包含一个中心和五个发展，以把企业做强做优做大为中心点，帮助企业实现自主、开放、绿色、协同和共赢发展。东方公司始终以"深化合作、改革开放"和"创新驱动、自主发展"为指引，提高企业的产品质量和发展水平，整合一切可以整合的资源大力推动企业自主品牌的发展速度和影响力，加快了东风公司的国际化进程，推动企业与战略合作伙伴的协同共进，赢得一个和谐共赢的未来，使得企业上一个大的台阶。

东风公司"和"的视觉体系，强调"和"的意义就是在一起，一起成长、一起发展，其口号就是"东风和畅、与你偕行"。东风公司的"和"的视觉体系融合了多个东风计划的印记，将东风的"和"文化融入整个企业。

（1）"和衷共济"的精神。何谓"和衷共济"？"和衷"，就是坚守共同理想，坚守共同信仰，同心同德，群策群力；"共济"，就是汇聚各方资源，协力共达目标，风雨同舟，永不言弃。在东风，既有以员工命名的工作方法、生产线、科研室，也有以"公约""行动纲领""共同宣言"为统称的各板块企业文化。从表面上看，企业的竞争在于产品，但归根到底是文化，因为它已深深扎根于东风运营的各个环节之中。这精神彰显着东风人不服输的信念追求，源自东风人不变的文化传承。20世纪90年代后期，与全国绝大多数国有企业一样，面对市场的变化，东风也一度表现出不适应，企业发展遭遇前所未有的挑战。在最困难的时候，东风公司的流动资金几近枯竭。

（2）"海纳百川"的胸怀。"和衷共济"是东风人面临机遇和挑战时以及发展事业的文化追求，"和悦共生"则是东风人最大的梦想，即实现人与社会的协同发展，达到双赢的一种文化理念。何谓"和悦共生"？"和悦"，就是正视彼此的文化差异，求同存异，以和为悦，携手兴业，和乐共处，和美相伴；"共生"，就是统筹平衡各方利益，精诚合作，互助共进，和谐共生，互利共荣。就是因为秉持这些精神，东风日产生产出许多创新的产品，成为中国产品线最丰富的合资乘用车企业，在市场上赢得不菲战绩。东风汽车公司是中国汽车合资链条最长的企业，早先与日产、本田、PSA、起亚、台湾裕隆先后建立起了合资关系，而在近两年，东风又牵手法国雷诺、瑞典T公司、瑞典沃尔沃、德国格特拉克等构建了国际合作，而不久前，东风又入股了PSA。在这些国际合资合作中，东风没有抱残守缺，而是一直以兼容并蓄、海纳百川的文化自信，让这些企业自觉融入东风文化之中。东风公司的发展历程提炼出东风公司的文化因子，这就是团结合作、融会贯通、勤劳务实、无私奉献、开拓进取、宽容博爱等，这些独特的文化因子便组建成了东风的企业文化。在如此声势浩大的国际合资合作面前，没有一个核心的企业文化，去统领与跨国公司的合资合作，是不行的，会乱了方寸的，是要被不同的外资文化搅乱思绪的，为此，东风选择了"和"。东风汽车集团董事长徐平在解释"和"文化战略的时候，指出"企业文化要入脑、入心"。融合共生，成为当今车企最大的经营特色，任何企业都不能闭门造车，产业链全球化，要求企业更加注重以"和"为本，精诚合作。

（3）"利人利己"的责任。东风公司联合中国道路交通安全协会、中国汽车文化促进会发布了《中国汽车公民文明公约》，希望发挥每一位驾驶者和行人的主动性，用行动来打造汽车社会的文明力量，这是我国首个以构建和谐汽车社会为主旨的中国汽车公民行为公约。我国已连续 5 年成为全球汽车产销最大国，汽车保有量快速提升，汽车社会势不可当，但汽车文明程度并不高。东风公司党委副书记周强表示，作为中国汽车行业骨干企业之一，东风公司在推动中国汽车工业健康、快速发展的同时，更要积极承担社会责任，成为汽车文明社会的推动者，致力于人、车、自然和社会的和谐。东风公司推行《中国汽车公民文明公约》，实施"润"计划，积极履行企业社会责任。在湖北省恩施自治州，东风通过"碳平衡"经济生态林建设项目，不仅提升了当地农林产业"自主造血"的能力，而且开创了汽车企业自愿减排新模式。在湖北省宜昌市贫困山区，东风的"润苗行动"在继续捐建希望小学的同时，还为山区孩子提供衣、食、住、行、学五个方面的资助，从而成为一项全方位、体系化的助学活动。不同的地域，共同的情怀。从大兴安岭特大森林火灾扑救现场到长江抗洪抢险一线，从四川汶川特大地震紧急救援到云南鲁甸灾后恢复重建，东风汽车总是一路疾驰，东风人总是迎难而上。东风将积极把社会责任理念融入公司战略和全价值链管理之中，通过全面实施"润"计划，不断丰富社会履责的形式与内容，凝聚新动力，实现东风品牌与社会责任品牌的双提升。2015 年，东风公司在上海举办了一场发布会，首次推出类似伦理宪章的《商业道德公约》，通过这份公约来指导公司的行为，用道德伦理来规范企业所有活动中的理念和行为，积极打造更加规范的商业生态圈，建立诚实守信、公平公正、透明公开的市场经济秩序。规范"一带一路"合作过程中的企业行为，积极创建充满道德情操的市场经济，使得整个经济活动更加规范，市场行为公正、透明化和诚实守信。作为"一带一路"中跨地域、跨文化的汽车产业航母集群，东风积极践行企业"和"文化战略，引领商业圈的道德伦理体系建设，推动公司产业的强劲发展，不仅促进经济的发展，同时也带来文化的传递和融合，使得物质和精神协调发展，通过汽车行业的强大来推动整个国家的经济发展。东风公司作为中央企业，紧跟国家战略，响应"一带一路"倡议。东风尽力在市场道德规范上起到一个积极带头的示范作用，得以推动"一带一路"合作进程和深度发展。

第三章　地域性新商业文化与经济高质量发展

章首案例：江浙文化与地域商业发展

　　江浙文化又称吴越文化，是汉文明的重要组成部分，也是江浙的地域文化。吴越文化区以太湖流域为中心，其范围包括今上海（大量甬商发达后都到沪发展）、江苏中南部、浙江、安徽中南部、江西东北部。吴越文化又可细分为"吴文化"和"越文化"，两者同源同出。江浙文化有其鲜明的标志形式，如舟楫、农耕、印纹硬陶、土墩墓、悬棺葬以及好勇尚武、淫祀和断发文身，先秦典籍多有记载。说到江浙吴越文化，就必须提及吴越武肃王钱镠，以及《钱氏家训》，钱氏家族的发达，与家族伦理、经济伦理有着深刻的内在联系，对吴越经济产生深远影响。钱镠（852~932年），字具美，杭州临安（今浙江省杭州市临安区）人，吴越开国国君。钱镠采取保境安民的政策，使当地经济繁荣，所谓"渔盐桑蚕之利甲于江南"，指的是他经营渔业、盐业和桑蚕有方，红遍江南，他曾征用民工，修建钱塘江捍海石塘，由是"钱塘富庶盛于东南"。在太湖流域，普造堰闸，以时蓄洪，不畏旱涝，并建立水网圩区的维修制度，由是田塘众多、土地膏腴，有"近泽知田美"之语。他还鼓励扩大垦田，由是"境内无弃田"，岁熟丰稔。两浙百姓都称其为"海龙王"。在发展经济的同时，钱镠还推动文化事业，进而"文士荟萃，人才济济，文艺也著称于世"。钱镠推进经济、文化的"双轮驱动"和相互促进，特别是字字珠玑的《钱氏家训》，其"经济伦理"基因，为江浙地域文化，江浙从事生产、科研、创业的代代后人播下了有关个人、家庭、社会、国家各个层面事业发达的种子。

　　历经数千年的风雨，吴越文化和吴越经济风采依旧。钱镠设撩湖军，开浚钱塘湖，得其游览、灌溉两利，又引湖水为涌金池，与运河相通。钱镠还在太湖地区设"撩水军"四部、七八千人，专门负责浚湖、筑堤、疏浚河浦，使得苏州、嘉兴、长洲等地得享灌溉之利。钱镠还修筑钱塘江沿岸捍海石塘，用木桩把装满石块的巨大石笼固定在江边，形成坚固的海堤，保护了江边农田不再受潮水侵蚀。并且由于石塘具有蓄水作用，使得江边农田得获灌溉之利。从河姆渡文化、良渚文化一路走来，"吴文化"和"越文化""同俗并土、同气共俗"，逐渐在相互交融、激荡、流变与集成中形成统一的文化类型。吴王阖闾都于姑苏，越王勾践都于会稽。早期吴越民众以尚武逞勇为风气，晋室南渡（永嘉南渡）后士族文化的特质改变了吴越文化的特点，注入了"士族精神、书生气质"，吴越文化开始成为中国文化中精致典雅的代表。

唐代时吴越经济开始超过北方，影响力进一步扩大。同时，原先北方地区的文化在战争和多次少数民族短期统治中淡化，因此，吴越文化在保留了较多当地土著文化的同时又吸收了较多的传统中国文化。吴越人性格外柔内刚，为人谦和，注重礼节，形成了较为完备的经济伦理与"和气生财"的"和商精神"。钱镠经营盐业、桑蚕和渔业有方，红遍江南，"钱塘富庶盛于东南"，按现在的话来说，他本身就是"大企业家"，他的"企业家精神"影响了后人——创业潮中涌现出大批浙商、甬商，关于浙商、甬商对地域经济发展的贡献，我们后面将会阐述。钱氏后人人才辈出，人云："一诺奖、二外交家、三科学家、四国学大师、五全国政协副主席、十八两院院士。"究竟是什么样的家族能够这般绵延千百载？"千年名门望族、两浙第一世家"的江南钱氏创造出了一个绵延千年、兴而不衰的奇迹。世代人才辈出，家族群星璀璨。

自北宋迄今，光是载入史册的钱门名家就超过千人，如北宋大才子钱易、宋末明初画家钱选、明代学者钱德洪、画家钱谷，清代学者钱文选、钱塘，等等。

到近现代，钱氏更呈现出"人才井喷"之势，有著名国学大师钱穆、文学大家钱钟书，教育家钱基博、钱玄同、钱钧夫，科学泰斗钱三强、钱学森、钱伟长，水利专家钱正英、著名外交家钱其琛、社会活动家钱复、著名金石书画家钱君陶、著名物理学家钱致榕，等等，据不完全统计，当代国内外的钱氏名人共有百余人之多。一个地域著名企业家以及他们的上市公司的数量和质量可以从一个侧面反映该地区经济发展的水平，江浙是经济发达的地区，截至 2020 年 11 月 30 日，江苏共有上市公司 476 家，浙江共有上市公司 314 家。江浙涌现出大量优秀的企业家，与江浙地域文化中的"经济伦理"基因有着内在的联系。

文化自信是一个国家、一个民族发展中更基本、更深沉、更持久的力量，向善向上的文化是一个国家、一个民族休戚与共、血脉相连的重要纽带。要深入挖掘中华优秀传统文化蕴含的思想观念、人文精神、道德规范，结合时代要求继承创新，让中华文化展现出永久魅力和时代风采。文化自信的提出，彰显了我们对中华优秀传统文化和地域文化的自信，对国家和民族未来发展以及自身走向的自信。优秀的地域文化是文化自信的根基，是孕育人文精神、经济伦理、企业文化、企业家精神的沃土。地域文化是中华大地特定区域传承至今仍发挥作用的文化传统，是特定区域的生态、民俗、传统、习惯等文明的表现，吴越文化是中国地域文化的典范。文化自信要落到实处，就要从每个人做起，从他出生到成熟的每一个阶段贯彻始终。每个人首先接触的就是自己所在地的地域文化，从了解到认识，从自为到自觉，从他律到自律。地域文化根植于每个人的心中。

地域文化的多样性和相互融合，为我们地域经济高质量发展提供了丰富的营养。我们的文化自信就源于这些不同地区文化的积淀、传承和创新，在传承和创新中，不同地域文化相互渗透、取长补短。促进地域经济的高质量发展，就必须贯彻"生产、生活、生态"的"三生"原则，地域文化离不开作为生产主体的人，而处于一定地域的人又是在一定组织（企业）基础上从事物质生产的。例如，我们倡导建设特色小镇，必须坚持产业、文化、旅游"三位一体"和"生产、生活、生态"融合发展——简称"三生"原则：有生产、有产业，特色小镇才能可持续发展，没有生产、产业，千篇一律搞旅游小镇，就无法持续发展。为了深入研究地域文化、企业文化与地域经济发展的关系，中国社科院工业经济研究所、世界经济与政治研究所、情报所、亚太所、文学所的有关专家，成立了"地域文化与地域经济发展课题组"（以下简称课题组）。如何认识地域文化、人文精神与地域经济发展的互动、交融？经济基础决定上层建筑，什么样的经济基础决定什么样的生活形态。地域经济的发展水平决定该地域的教育水平、医疗保健、文化娱乐设施等公共服务水平；反之亦然，有了好的教育水平及好的医疗保健、图书馆、展览馆、博物馆、藏书楼、文化娱乐设施等公共服务，又会促进地域经济的进一步发展，即所谓良性循环。

鲁伟鼎，万向控股董事局主席兼总裁。鲁伟鼎出生于 1971 年，杭州萧山人，毕业于中央财经大学，硕士学历，高级经济师职称，曾获"70 年 70 企 70 人中国杰出贡献企业家"、浙江省十佳杰出青年等荣誉。其父亲鲁冠球在 2017 年逝世，将万向集团的担子交给了他。鲁冠球可以说是中国民营企业家中的标杆，他打造的万向集团是全球最大的万向节公司，通用等汽车巨头都是它的客户，万向集团业务范围很广，年营收超过千亿元，是浙江最大的民营企业之一。

钟睒睒，农夫山泉集团创始人。钟睒睒 1954 年出生，浙江绍兴人，卖水之前，做过泥水匠、木工、记者，闯过海南，种过蘑菇，当过记者。钟睒睒财富王国的基石有两个：一是他创办的农夫山泉，多年来凭借一句广告"农夫山泉，有点甜"而风靡全国，且其业绩每年还在以两位数的速度增长，农夫山泉已连续多年在中国包装饮用水市场份额中遥遥领先，而农夫山泉的产品毛利率更是高达 60%，被誉为"水中茅台"。也有人说，他卖的不是水，而是健康焦虑。他是近两年来我国财富增长得最快的人。钟睒睒持有农夫山泉 84.4% 的股份，目前他的身价上升到了近 5000 亿元，有机构评估他比马云的财富高出 1000 多亿元，被奉为亚洲新首富。二是钟睒睒私下孵化出的摇钱树——万泰生物，钟睒睒本人在万泰生物的持股达到了惊人的 75.15%。钟睒睒是世界上少有的"最会玩广告的老板"，他本人超级低调，特立独行。他的营销思路则是超级高调，广告深入人心，如"农夫山泉有点甜""我们不生产水，我们只是大自然的搬运工"等广告词脍炙人口。这与他在浙江省文联、江南杂志社、《浙江日报》社工作过有关。钟睒睒在《浙江日报》社工作过五年，曾声称怀有"浙江日报情结"。

黄峥，电商平台——拼多多的创始人。黄峥是一个天才般的存在，从小就是妥妥的学霸，浙江大学毕业后，去了美国威斯康星大学麦迪逊分校深造，后加入美国谷歌。2015 年，黄峥经历了多次创业后创办了拼多多，开创社交电商新模式，那时候淘宝和京东已经"一统电商天下"，在两大巨头的联合绞杀下，拼多多却发展得如日中天，黄峰因此被电商江湖堪称营销神人。仅用了 3 年多的时间，2018 年 7 月 26 日，拼多多就在美国纳斯达克上市。2021 年 3 月，他辞任拼多多董事长。

丁磊，网易创始人，董事局主席兼首席执行官，1971 年 10 月出生于浙江省宁波市，毕业于四川成都电子科技大学。丁磊的主要财富来源是网易，这家公司如今的主要收入来源是网游。新浪、网易、搜狐三大门户网站，差不多在同一时间起步，20 年过去了，新浪就剩下微博值钱，搜狐已经一蹶不振。丁磊悄悄地靠着游戏大赚特赚，然后又孵化出了很多新业务。网易有道又上市了，丁磊身价又涨了一波。丁磊手上还有几张牌，如网易云音乐，已经成为拥有 4 亿用户的 APP；网易严选，虽然规模不算大，但也做得很不错。丁磊像一匹躲在暗处的狼，一旦看中猎物，必定勇猛地出击。他平时谨言慎行，闷声发大财是他信奉的人生准则。

李书福，吉利控股集团董事长，曾获全国十大民营企业家、中国汽车界风云人物、改革开放 40 年杰出民营企业家等荣誉。李书福 1963 年生于浙江台州，先后毕业于哈尔滨理工大学和燕山大学。吉利集团是中国最大的民营汽车企业，2018 年吉利汽车销量突破了 150 万辆，在全球收购了很多知名的企业，是奔驰的第一大股东。此前，吉利一直是浙江制造企业中的老大，随着吉利的不断壮大，李书福的财富也不断上涨。

宗庆后，娃哈哈集团董事长兼总经理，浙江省饮料工业协会会长，浙商总会名誉会长，曾获 CCTV 中国经济年度人物、改革开放 40 年杰出民营企业家等荣誉。宗庆后 1945 年 11 月 16 日出生于浙江杭州。娃哈哈可以说是中国最早的民营企业之一，也是饮料行业的标杆，销售额一度达到了 700 多亿元。就连亚洲首富钟睒睒，年轻时也是经过千辛万苦于 1991 年成为娃哈哈广西和海南的总代理商的，后来创办了海南养生堂药业，特别是 1996 年创办了农夫山泉。娃哈哈是一家很健康的企业，不上市、不贷款、没有负债。

马建荣，申洲国际集团控股有限公司董事长，1965 年 1 月出生，浙江绍兴人，大专文化，中共党员。马建荣所带领的申洲国际是中国最大的服装代工厂，被称为"服装界的富士康"。代工行业一般都是低利润，但马建荣却将申洲国际的利润率做到了比肩腾讯，可见其经营才能。目前，申洲国际在中国、越南、柬埔寨等多个国家设有工厂，客户都是耐克、阿迪、优衣库等世界名企。如今马建荣已经成为宁波首富，申洲国际目前市值约 2000 亿元，几乎已经跟代工巨头富士康并驾齐驱了。

汪涛，深圳市大疆创新科技董事长，1980 年出生于浙江省杭州市，2003 年入读香港科技大学电子及计算机工程学系。2005 年，他与两位同学开始研究无人驾驶飞行技术，成功让飞机起飞。2006 年，在香港科技大学攻读硕士学位的他创办了深圳市大疆创新科技有限公司。经过几年的蛰伏期，大疆近年来呈现爆发态势，2011～2015 年，大疆创新销售额增长近 100 倍。在全球消费级无人机市场中，大疆的产品占据了七成，更令"中国制造"在高科技领域崭露头角。

沈国军，中国银泰投资有限公司董事长，银泰百货（集团）有限公司董事局主席，

1962 出生于浙江省宁波市，中南财经大学硕士研究生。沈国军是少有的能和马云称兄道弟的企业家。他们不仅仅是同乡，阿里还收购了银泰百货，沈国军跟着马云一起创立了菜鸟网络，担任董事局执行主席。

第一节　新浙商文化与人文特色

浙江人做生意，最大的特点就是不论是做大做小都要做老板，很少有人选择到其他发达地区打工。在江浙一带，往往十三四岁的孩子就出来打天下。浙江的产品链很完整，浙商的分工协作很好。比如打火机，温州可以做到成本几分钱一个，就得益于产品的流水线作业。浙江的商会一直很有势力，缘于合作，继而监控市场。这几年浙商抱团炒房、炒棉花、购飞机等，各地对浙商又敬又怕。相比江苏人，浙江人能吃苦，大部分都是白手起家。同时，浙江人注重排场，各地展销会上，租当地最豪华汽车，住当地最星级的宾馆的，都是浙商，这是生意，并非享受。浙商的产品价格，往往比市场上的便宜得多，比竞争者的成本还要低。一是因为在供货上想主意，团购二手原料，加上集中的产品链（物流成本低）；二是采用价格策略，低价供货，撑大市场盘子，然后薄利，批量供货，这一招所向披靡，无往不胜。

世界经济风云变幻，市场竞争日益激烈，为了使浙江经济更好地融入"一带一路"建设，浙商不断发挥先发优势，铸就企业灵魂，提升竞争实力，如历树雄、陈廷弊、曹光彪等在纺织业，包玉刚、董浩云等在航运业，丘德根、邵逸夫、袁仰安等在影视业，李达三在酒店业等。包玉刚、董浩云、邵逸夫等已成为世界级工商巨子。香港十大富豪中，宁波帮占有 3 席[①]。无论是古代丝绸之路，还是现在的新丝绸之路，浙江都发挥着重要的地缘优势，作为经济贸易的中心枢纽，负责将本土货物和文化传递到国外。随着"一带一路"倡议的提出，浙商更是抓住时代给予的机遇，大力兴办新型产业，提高与沿线国家和地区的合作机会，推动浙江当地的经济发展和产业转型，真正实现"一带一路"合作国的互惠互利。

浙商注重文化的培养和传播，为了紧跟时代的脚步，浙江企业家不仅给员工培训学习的机会，也不断提升自己的文化素养，努力做新时代的儒商。他们继承传统浙商能吃苦、不怕苦、吃得苦的精神，开辟一个又一个新的产业领域，树立高标准的文化意识，遵循商业道德伦理，高效管理企业运行，大力推进合作机制，开拓创新，成为"一带一路"建设过程中一批具有较强竞争力的商人。

---

① 　王红蕾，汪祥荣. 新浙商，中国的财富力量［M］. 北京：北京出版社，2007.

写作组考察江浙地域文化

　　浙商善于竞争，同时又具有较高的文化意识，在"一带一路"建设中，他们利用"新兴文化+产业"的模式，不仅带动了我国文化的传播，扩大了我国文化的影响力，还提升了社会价值观。浙商借助互联网，整合周边资源，建立了一个庞大的跨境网络平台，促进了国际贸易合作的新发展。信息时代的今天，浙江拥有的数据资源十分丰富，有望成为"一带一路"建设中互联网数据交易最多的地区。不仅如此，浙江还在海上丝绸之路的发展上发挥了重要作用，为了积极参与"一带一路"建设，实现共同富裕，浙江大力创新港口发展模式，增加经济贸易合作往来。

　　浙商具有敏锐的商业嗅觉和发展眼光，他们能抓住时代未来发展趋势和动向，抢先占领市场，发挥自身产业集群优势，为"一带一路"国与国之间的大型合作起到一个衔接黏合的作用。浙商为了扩大国际产业市场，加快"走出去"的步伐，不断进行境外投资，一改旧有的传统思想和发展模式，浙商大多投资全球性的高端新型产业，兼并和收购大型企业，不再仅追求市场的占有率，而是寻求全行业的整体发展。

　　浙商企业在创办伊始时，十有八九采用的是家族式管理制度。家族成员间的信任成为家族制管理的最大优点。但久而久之，这一管理制度也成为企业发展的瓶颈。为此，新浙商们迈出了他们立志改革的步伐，将家族企业转变为现代化管理企业。天正集团董事长高乐天有这样一个观点：把企业办成家庭；把企业办成学校；把企业办成军队。所谓把企业办成家庭，高乐天看重的是"共同成长"的重要性。在高乐天看来，在企业中营造家庭的氛围，重要的是让企业成员共同分享企业成果，吸引更多的人才来企业。把企业办成学校，则是要把企业打造成"学习型组织"，是企业的人力资源战略。现在，在天正决策层的14位成员中，已有8位拥有硕士学位，另有6位在中欧、复旦等学校攻读EMBA。而天正集团本身开办了自己的天正标杆学院，对职工进行继续教育。至于把企业办成军队，则强调了在企业内部实行规范化管理，避免家族企业"任人唯亲"的弊端。据悉，天正内部实行的竞争机制包括绩效排名、末位淘汰等，并且要求将50岁以上的非专业人员均退往二线。其中，高乐天的父亲也带头下了岗。高乐天说，一视同仁才能加强规范管理。在探索现代化企业管理方式时，新浙商们既保留家族式管理体现的亲密和温馨，也强调现代化管理的科学和效率。双管齐下，新浙商创造了他们自己的管理模式。

　　浙商有着超前的发展眼光，在股市、房市等投资渠道不景气的背景下，浙商开始将投资视角转向艺术品市场。目前北京、上海这些城市已经有一些机构涉足，在浙江虽然艺术馆、画廊、拍卖公司不少，但是从事高端会员服务、艺术品信托、艺术品基金、艺术品资产包、艺术品直投等业务的专业机构还没有，目前大部分浙商参与的艺术品投资还是以传统领域为主，如传统书画、瓷器、玉器、古玩杂件等。不管是客户的审美需要，还是自身的包装需要，都是无意识地对美学的肯定，但有个原因是尤其重要的，也就是企业家们总是能从书画艺术中汲取营养，运用在企业经营管理上。企业家不论出于何种目的，购买书画作名，客观上大多都起到了对文物的保护和传承的作用。以前齐白石书画才卖1元一幅，现在齐白石书画卖到9亿元，涨了1亿倍。犹太人逃亡的时候，就变卖家产，换成一艺术品作品携带逃亡。最近地产、股市、比特币暴跌，但艺术品的价格不跌反涨。艺术品，是人类自古以来，唯一不贬值的商品，没有之一。过去10年是西方主流资本推动了中国当代艺术，西方人掌握着中国当代艺术的审美和价值取向，而随着中国国家综合实力及影响力的提升，中国在文化艺术领域的影响也将影响世界，未来10年，中国主流资本将推动中国主流价值观，中国式审美的新绘画将成为下一个10年艺术财富神话的起点。

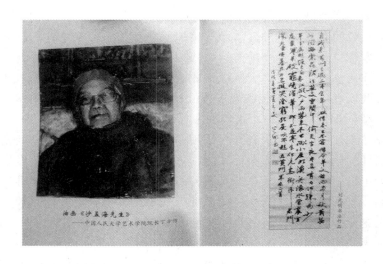

韩国成均馆大学展出的中国人民大学艺术学院院长丁方与笔者的书画作品

胡平于1930年7月1日出生于浙江嘉兴，原商业部部长，在任福建省省长期间，有"厦门海堤之友"之美誉。从福建省省长到商业部部长，胡平一直站在改革开放的风口浪尖，他既是开拓者，也是实干者。尽管在"松绑放权"的过程中遇到很多问题，但胡平仍是义无反顾深化改革、扩大开放。胡平同志在担任商业部部长期间，在保障全国市场供应、推进商业流通体制改革和对外开放、倡导商业文化建设等方面做了有益的尝试和探索，为推动建立中国特色社会主义流通体制做出了重要贡献。胡平同志的名字是与商业文化紧紧连在一起的，他是改革开放、经济特区建设的见证者，是中

湖州地域文化与敬德堂

国商业文化的思想者、"商业文化学"的倡导者，是主张用商业文化经营国家商业的先驱。在担任商业部部长期间，他曾大刀阔斧地推进我国的商业改革，使我国商业逐步挣脱长期计划经济的束缚，渐渐走向新的繁荣。胡平同志与众多老字号也结下了深厚的不解之缘，他一直坚持，老字号不仅是中国经济的支柱，也是中华文化的重要组成部分。老字号企业需要得到更多的关注和扶持，"外不后世界思潮，内弗失固有血脉"，以实现文化角度的传承、融合、创新、超越。作为"冲锋"在改革开放前沿的实干者，胡平同志对商贸流通体制改革一直有着独到的眼光和开放的心态。他在担任商业部部长期间，坚持"三大四化"（大市场、大商业、大流通，社会化、市场化、集团化、现代化）的改革思路，统筹抓好商业、粮食改革工作。

胡平是中国商业文化学的积极倡导者，这在商业和文化两界是闻名遐迩的。鲜为人知的是，1989 年 2 月，胡平同志第一次提出了"商业文化学"的概念，他把商业文化学定义为：渗透在商业流通领域各个过程和商业行为、各行各业中的文化，是一门边缘性科学。他说："商业文化解决的是观念问题，是意识境界的提升。"为了进一步提升市场活力，增加商品流通量，胡平同志主张通过改革的办法来推动经济形势的转变。胡平同志不只关心消费，也心系企业。担任商业部部长期间，胡平同志积极推动商业领域简政放权，扩大市场调节范围，促进商业对外开放试点等体系建设，总结推广了以搞活国营商业为中心、落实企业自主权的重庆"四放开"（经营放开、价格放开、分配放开、用工放开）试点经验，为推动建立中国特色社会主义市场经济流通体制做出了重要贡献。胡平同志倡导的商业文化把中国传统文化，如利与义、竞争与团结贯彻到商业发展中，除了有深刻的研究意义，还有较强的现实意义。

第二节　新苏商文化与新型经济模式

南京是长三角城市群、长三角经济圈、长江经济带和京沪临轨经济带的重要支撑点，也是连接长三角经济圈和长江经济带的枢纽，尤其是南京和镇江山水相连、文化同根、联系密切，宁镇（扬）地区同城化发展既有利于两地经济，也有利于长三角城市群、长三角经济圈的提升，发展潜力巨大。南京市科教文化资源丰富、区域金融地位突出、海陆空港和信息港联动发展的区域增长优势，推进了南京—镇江都市圈的建设。江苏将在"一带一路"沿线国家建立若干境外产业园区和产业集聚区，建设一系列"一带一路"建设先行基地、江海联动发展基地、境外产业园示范区和开放合作门户基地，吸引具有较强竞争力的大型跨国公司入驻，推动境内外共同发展，成为引领"一带一路"建设的主力军。在徐连盐丝路三角建设过程中，徐州是最为重要的中心城市。近代以来，陇海、京沪两大铁路干线在徐州交汇，京杭大运河从中穿过，使徐州素有"五省通衢"之称，尤其是在进入高铁时代之后，徐州更是进入长三角、京津冀三小时经济圈，成为东西、南北经济联系的"十字路口"。

苏北地区一直是富庶繁华之地，其地处中国南下北上、东出西进的重要位置，陇海线是跨越我国东西地区的交通大动脉，地理区位十分优越。同时，苏北地区资源丰富，苏北沿海地区是中国主要的产盐区和产棉区，连云港是重要的亿吨大港，徐州是国家级内河水运主枢纽城市。

写作组考察江苏南通张謇纪念馆

写作组考察江苏地域文化

　　江苏致力于进一步扩大开放，主动融入国家全方位对外开放战略，参与打造沿海区域合作的贸易流、产业带、联通网和人文圈，从而形成互补互利、互惠合作局面。打造开放型经济升级版，主动适应经济发展新常态，加快结构调整、转型升级、提升质量效益，开展面向沿海国家和地区的贸易活动，培育新的贸易增长点，扩大双向投资，促进开放型经济可持续发展。积极拓展人文交流，致力于完善连云港至中亚、欧洲铁路快线，增强连云港港、太仓港国际中转运输体系。

　　近年来，特别是在 IT 产业，20 世纪七八十年代涌出来的人才很多，造就了不同行业的新型商人。2014 福布斯中国富豪榜中，江苏共有 27 位上榜，海澜集团周建平家族以净资产 269.3 亿元位列榜单第 23 位，成为 2014 年江苏新晋首富。其中，南京有 7位，是江苏富豪上榜最多的城市，张近东、祝义财夫妇，张桂平父子、袁亚非、卜扬、陈金凤、杨休是南京的 7 位富豪，大多是一些"老面孔"。苏州、无锡分别有 6 位、4位上榜，分别位居第二、第三。此外，徐州、泰州、连云港、南通均有 2 人上榜，镇江和常州各有 1 人上榜。陈建华夫妇、高德康家族、沈文荣、高振东、袁富根家族、缪汉根家族，这 6 位均来自苏州；无锡为周建平家族、朱兴良、陆克平家族、周耀庭家族这 4 位；徐州有协鑫控股朱共山和江苏天地集团杨休 2 人上榜；南通也是 2 人上榜，即熔盛重工张志熔、综艺集团昝圣达；常州则只有顺风光电郑建明 1 人上榜。这些新苏商不仅完成企业的任务，还积极承担社会责任，得到了包括郭广昌、牛根生、马云、江南春等十几家企业的响应。

第三节　新粤商文化与经济开放理念

粤商身处海上丝绸之路起点的广东，更是要为"一带一路"责无旁贷地承担起先锋军和开拓者的使命与角色。

新粤商的精神文化依旧继承了旧粤商的核心精神，他们积极开拓，勇敢拼搏、争创第一、稳健踏实、强调务实主义。在吸取粤商精神传统精髓的基础上，融合时代因素是为了开阔新广东人的眼光，并拥有宽广的胸怀和进取精神及永不知足的精神，这逐渐形成新粤商的核心精神。粤商有着吃苦耐劳的优良品质，通过自身不懈的努力，创造出独特的南粤文明和粤商文化。

伴随民营企业的蓬勃发展，"新粤商"以自己独特的文化、经济、市场、经营、人才、管理、品牌等优势，推动了广东的经济发展和科学技术进步，为广东建设"文化大省"、构筑"和谐广东"发挥了重要作用。新粤商有三个特征：首先，新粤商是改革造就的新群体；其次，新粤商是开放形成的新群体，新粤商充分体现了广东开放兼容的人文精神和良好的营商创业氛围；最后，新粤商是老中青结合，以新一代为主的新群体。这既表明广东经商兴业的精神代代相传，而且也是广东竞争力所在、希望所存。

广东人（广府）天生不喜欢抱团、"拉帮结派"，广东的商会数量很少又都流于形式，这在内地人看来是一个很明显的缺点。大家更为欣赏的是浙江人、温州人"抱团"的气势和扩张的力度。但是粤商文化却有利于建立契约型的、广泛的人际合作，在企业内部管理方面，粤商最善于实施公司治理、科学管理及大量起用职业经理人。广东形成了 6 个大都市圈和超级产业集群、珠江东岸 IT 工业走廊、珠江西岸家电集群、珠三角纺织服装集群、汽车集群、石化集群、装备制造业集群。

广东作为沿海经济强省，"一带一路"倡议给粤商、粤企提供了历史机遇，推动优质的粤企和项目"走出去"，粤企抓住这一机遇，"走出去"参与"海上丝绸之路"沿线国家建设。粤商以全球视野寻找高水平的开放之路，不局限在当地发展，而是将发力点定位在国际视角，打造全球优秀标杆企业，结合国际化需求，提供高水平的配置和产业分工。

粤商借文化之力开启"走出去"新模式，对外开放是粤商的最大优势，也是粤商的看家本领。粤企参与投资"海上丝绸之路"沿线各国的基础设施建设，并通过积极参与国际竞争扩大粤商的世界市场份额。在贸易合作领域，粤商通过建设贸易促进平台，利用广交会、高交会等平台开拓业务。中国的改革开放和经济建设方兴未艾，巨大的市场充满机遇和挑战，作为对这种机遇和挑战的回应，粤商企业把质量视为企业的生命，将服务当作天职，不屈不挠地向更高的目标迈进，不断研究新技术、开发新产品，引进国际尖端设备、提高工艺水平并完善检测手段，强化管理，拓展经营领域，扩大生产规模，成为耀眼的行业新星。

第四节 新闽商文化与文化融合

古往今来，福建海域面积大于陆地面积，正是利用了这种区位优势，闽商开始了经商贸易。宋元时期，享誉世界的"海上丝绸之路"就是由闽商开创的，通过海运抵达遥远的欧洲，同时也把东南亚、非洲乃至西洋的珍稀商品通过贸易带回祖国，在清代末期，十三行是和东印度公司并列的全球贸易的最大寡头。说到闽商和闽商文化，根据韩国成均馆大学地域文化研究所的考证，韩语的发音来源自于中国闽粤地域，韩语很多是从中古汉语发展过来的。

古代的朝鲜文化深受中国影响，尤其是在唐朝，有大批留学生来华，所以朝鲜—韩国语言里有大量来自汉语的词汇，以唐朝汉语为主，据研究，其比例占到韩国语词汇的一半。

闽人自古就有移民和崇商的传统，这与福建的地理条件是分不开的。可谓：一方水土孕育一方"商"。与多山这一不利于生存的条件相比的是，福建拥有绵长曲折的海岸线，众多的港湾岛屿。宋元时期，福建人就开辟了"海上丝绸之路"，将商品销往世界各地，开始海外贸易活动。因此大量的海外贸易和大量的海外移民就成了当地两大特色，也形成了后来遍布全球的闽籍商人。福建特殊的地理位置，赋予了闽商特有的特质和文化，与古代中国占主导地位的农业文明相比，闽商属于海洋文化的蓝色文明。历经千年的演变，形成了自己特殊的闽商文化和闽商精神，闽商文化是闽文化的延伸，是接受海洋文化熏陶的结果。如果说第一代闽商是为生计而远走他乡，现代的闽商则是为了发展而向外扩张，开放、拓展等意识早已融入他们的血液，成为闽商文化的特质。

海上丝绸之路发展中，闽商和闽商文化所在的福建，作为其核心要地，要发挥地理优势，开拓市场。闽商有着极强的抗压和吃苦精神，在奋斗的道路上顽强拼搏，打开属于自己的商业圈，营造海上商业王国。新闽商在新的时代环境下，结合历史资源，一改旧有的传统经商观念，突破行业和体制的界限，打开商业视角，创新商业模式，打造适合"一带一路"建设背景下快速"走出去"的合作模式。闽商由于靠海的原因，起初很多人都选择去海外经商创业，打造了一个海内外闽商合作圈，现如今，很多闽商选择回国投资创业，将外来的先进技术、思想、设备等资源带回国，帮助国内闽商的发展，整体带动了闽地的经济发展，这也是新时代闽商的发展模式。借助"一带一路"倡议，闽商在获得政府大力支持的基础上，大量投资新型朝阳产业，提升自身的综合实力，争取更多的合作机会，加强海外社交，抱团经营，实施产业化布局，实现合作共赢。

"闽商"作为一个最早闯入国际大经济运作的商帮，一个最能代表中国海洋文明的商帮，其最重要的特质是最具有国际性与市场化。闽南文化受原生态的海洋文化影响，为了适应大环境下的经济文化发展，在很多领域中突破了原有的传统文化，而闽商就是中国海洋文化的践行者，是海上丝绸之路的创建者。闽商文化具有中华文明包容博大的特点，也具有与全球海洋文化一样的拓展、多元的共性。"新闽商"是指既保留晋江企业家素有的诚信侠义、乐善好施、爱拼敢赢的本色，又吸收上海海派商人海纳百川的胸怀、国际视野、追求卓越的理念，由此发展而来的全新闽商。"新文化"则是上海晋江企业家打拼、积淀的依法经商、文明经商、合作共赢的一种新的商业文明。简而言之，"新闽商、新文化"的精髓就是要培育一支既有晋江特性又有海派特色的企业家队伍。

布拉迪斯拉发地域文化与闽商在多瑙河流域经营特色经济

闽商家族企业是在改革开放、市场规则不断变更的情况下产生的，为了赢得市场竞争优势，闽商企业主动、及时地采取变通方式。这种新闽商文化主要表现在：不因循守旧，敢于冒险、勇于开拓的创业意识；山海兼济的务实精神；崇尚商贾的传统理念；冒险开拓、拼搏奋斗的发展意识，兼收并蓄的气度；重教兴学的社会风气；爱国爱乡的观念；闽台一家的区域情感。新中国成立后，大量原居于厦门、广州、上海以及全国各地的闽籍资本家、地主移居多瑙河流域、香港以及新加坡，香港闽南民系中数十万都在中西区、湾仔区、东区、观塘区沿海以及九龙城区红磡一带。"闽商帮"存在着四大家族企业：财——杨孙西香江国际的财富中心；世——黄如论的世纪金源；海——许荣茂的海外集团；冠——韩国龙的冠城集团。

第五节　新京商文化与人才资源

在"一带一路"倡议和"京津冀一体化"战略的双重指引下，北京深入实施人文北京、科技北京、绿色北京战略，优化三次产业结构，突出高端化、服务化、集聚化、融合化、低碳化，有效控制人口规模，增强区域人口均衡分布，促进区域均衡发展。在"一带一路"互联互通建设的过程中，京商"走出去"的步伐逐渐加快，在产业、项目建设方面都有着较大的发展机遇，对于银行业也产生更多的需求。原商业部部长胡平先生说："京派新商人一般从传统商人和政府官员中脱颖而出，北京市场不算大，但做生意的场面却最多，主要是因为北京信息丰富，可以说权力和信息构成了京派的经商特色。"

"新京商"的产生是新时代下经济、政治和文化发展的直接产物，"新京商"是对改革开放以来活跃在北京经济舞台上、依靠知识创造财富的企业家群体的概括，他们具有年轻、知识层次高、勇于开拓创新、社会影响较大等特点。他们都在北京注册和成立公司，通过敏锐的商业头脑、最新的政治动向把握、聪慧的才智来创造财富，扩大企业规模，促进经济、社会和文化的综合发展[1]。

20世纪80年代，随着时代带来的机遇，一批优秀的"新京商"应运而生，他们大都以高新技术产业为依托。"新京商"具有三个鲜明的特性：知识性，这一批人都是有很好的知识背景，同时学习能力很强；开放性，北京从来就是一个移民城市、开放城市；竞争性，现在市场经济讲的是公平竞争，"新京商"是公平竞争下的产物。

北京浓郁、深厚的文化底蕴是"新京商"的宝贵资源。"一带一路"倡议的提出，尤其是"21世纪海上丝绸之路"的提出，"新京商"的代表企业之一的中远集团为此做出了相应的调整。传统的航运贸易的重心是东西方向，而"21世纪海上丝绸之路"的一大重点区域在亚洲。"一带一路"真正建成之后，跨境物流的增加，对中远集团来说是一大利好。还有如中国交建，过去中国交建的海外项目基本上是一个点、一个点的布局，而"一带一路"倡议提出之后，企业对沿线进行了整体布局。中国交建在开展业务时主动按照国家的"一带一路"倡议来开发项目，目前中国交建正在推动斯里兰卡科伦坡港口城项目，下一步会将其连接至孟加拉国的吉大港项目，再通往中东的迪拜和吉布提等，再进一步到埃及，出苏伊士运河到欧洲。

不同于其他地域商业和城市商业，京商是在具有悠久国都史的京华之地形成的。国都和皇城的商业模式不同于其他商业模式，在文化认同、消费规模、服务对象、商品类别、商业资本形式，以及商业街区的形成、字号的分布等方面，都具有特殊性，遵循特殊的规律。京商立足于人文荟萃的国都，是深受国家教化、儒家文化影响最为深厚的区域。政府和官员的文化取向对京商具有重要影响，京商中也不乏文人、儒者，在长期的发展中，京商成为深受儒家文化影响的群体，具有较为突出的儒商特点，普遍敦伦理、重教化，崇尚济世、养生、修德等儒家文化理念，在京商字号的发展中，我们可以看到很多讲诚信、重责任、关爱他人的事例，也体现了京商所蕴藉的儒家文化精神。北京自古是典型的移民城市，也是巨大的消费城市。京商来源于全国各地，带来了各地不同的商业文化和经营精粹，京商货物也是来源于全国各地，京商自古就有"买全国、卖全国"的概念，不同的产品、不同的商业文化在北京汇聚、共鸣、交融，使京商具有典型的"海纳百川、兼收并蓄"的特点，海纳百川，万流归京，有容

---

① 张普随."新京商"的生存环境和历史使命［J］.中关村，2005（29）：46.

乃大，这种海纳百川、兼收并蓄的特征也反映了京商开放、包容的特点。凡事务求尽职尽能，服务力求顾客满意最大化，产品务求精致、精细、无瑕疵，可以说，京商所经营的许多产品代表了当时国内的最高质量标准。

所谓地域文化的稳定性从来都是相对的，从人类社会历史发展的进程来看，发展和变迁（虽然是缓慢的和潜移默化的）都是一般规律。而北京传统文化在这种发展与变迁当中，相比于其他地域文化来说表现得更明显，或者说更具有代表性和典型性，北京传统文化就是满汉相互融合、渗透与影响并相延成习的结果。成熟的北京传统文化是在晚清时期基本成型的。另外，在中国古代农耕社会，与其他地域文化相比，北京对外来人口、外来文化的开放性与包容性是比较突出的，细究起来，许多老北京文化的"老品牌"如瑞蚨祥、内联升、全聚德、东来顺、烤肉季以及著名的"八大楼""八大居"等，基本上是山东人、河北人和回族人传进来的；被称为"国粹"的京剧，虽然姓"京"，但也是"南昆、北弋、东柳、西梆"汇集北京，并最终在"徽汉合流"的基础上形成的。北京作为我国的首都，是全国政治中心、文化中心、国际交往中心、科技创新中心，其最大的优势，就是人才的优势和科技的优势。北京新办的民营企业中，绝大多数老板是年轻人，而且文化层次在提高，不少持有硕士、博士学位，甚至是出国留学归来的人。他们一般从事科技、信息产业以及第三产业。这些从知识分子转化而来的商人，文化层次高，信息灵敏。他们经商经验不丰富，但市场经济理论丰富，经过几年的商海浮沉，往往成功者居多。由于知识水平高，又有现代管理经营知识，因此北京新一代商人多不同于那些从工厂作坊里走出来的私营企业主和个体户。

北京商人除了具有现代经营管理知识，还有着浓厚的文化气息。这些文化味包括以下方面：有儒商气质，谈吐举止高雅；知识面广，学识渊博，在本领域专业知识很精通；有一定艺术修养，对文化、艺术兴趣浓厚，与文化界人士有一定交往；对国外比较了解，懂得一定的外语；对某一问题有自己独立的见解；重工作，也重休闲娱乐，讲究生活品质。

启功，北京人，满族。中国书法家、画家、文物鉴赏家和鉴定家，自幼喜爱书法，是当代负有盛名的书法家。启功曾被称为"诗、书、画"三绝。此外，启功亦精于古代书画和碑贴的鉴定。市面上启功的画要比字少很多，但同样有品位。为启功做口述历史的赵仁珪曾说，启功的画极见传统的功力，勾勒皴染，无一笔不见功力，空灵淡雅之中，颇有秀丽超逸之美。山水画层次丰富，意境高远，竹石画韵味醇厚，灵动婀娜，与其书法具有同样的美学风格。

书法之所以能达到这种效果和境界，还有更深刻的文化的、社会历史的原因。汉字与中国书法都是取法于自然的，汉民族龙凤艺术自诞生之日起就集中反映了"天人合一"的哲学观。书品的最高境界是取法自然，吸收自然美的因素表现在书法之中，由此达到与自然的统一。人品的最高境界也应当是追求人与自然的和谐统一。从自然原形中发现美，按照美的尺度塑造理想人格、对人生加以伦理的影响与提升，这就是中国儒家文化的艺术特征。

　　书法是随着时代的变迁而发展变化的，人们的审美情趣也带有鲜明的时代特征。但它又是各个历史时期书法技艺的历史积淀，各个时代的书家为推动和发展书法艺术都做出过各自的贡献。唯物史观认为，艺术源于生产劳动与社会实践，是劳动人民创造了艺术。

启功书展在韩国首尔成均馆大学中国大学院教学楼和天目书院举行

弘扬红色地域文化：启功、沙孟海书展在井冈山干部学院举行

第六节　新沪商文化与开放型经济发展

　　"一带一路"倡议给上海"四个中心"、自贸区建设以及发展开放型经济带来了重大机遇。沪商主动对接"一带一路"沿线国家和地区，参与对口援建、协同长江经济带发展等工作。海派文化是中国传统文化谱系中最具兼容性的地域文化，是在东西方文化、古代与现代文化的碰撞融合中形成的。1843年上海开埠以后，伴随着中外商贸

的频繁往来、内地移民的大量迁入，各种文化也相继登岸。尤其是江南文化、中原文化和西方现代文明激荡融合，共同促成了海派文化兼容并蓄、多元共生的特点，实现了中华文明与现代世界的融合发展，有力地推动了中华优秀传统文化拓展与革新。

写作组考察上海地域文化与新沪商的商业文化

"新沪商"是市场经济的参与者、信仰者、受益者，世事洞明，人情练达，或因相同地缘关系扎堆，或因特定经济领域积聚，形成了具有全球视野的新一代企业家群体。沪商既是时代的产物，也是当时先进生产力的代表、上海近代城市的创造者。敢为人先和创新开拓是沪商创业和发展的灵魂。"新沪商"是"在上海经商的全国各地民营企业家"的概括和统称，是"海纳百川"的意思，"海纳百川"的商业文化造就了其具有前瞻性、开放性、竞争性和创新性等特点的企业家精神。沪商文化具有多元性和开放性，这些特质使沪商天生具有勇往直前的精神，与国外的经济合作较多，同时，沪商为了在国际竞争中获取更有利的资源，形成了拥有独立思维的创新意识，并且这种意识非常强烈。当然，沪商的形成也受到外来商人迁入的影响，尤其是广东和浙江商人的入驻，使得整个沪商群体带有不同区域商人的地域特色①。

---

① 上海商帮中最有势力者，为宁波、广东、绍兴三帮。日本学者川胜守指出：广东人在京、苏、沪之会馆活动领先于其他各省商人。据统计，在上海119所同乡会中，广东籍组织的有17所，占14.28%，仅次于江、浙籍而居第三位。在经营范围上，宁波帮的经营普遍而零碎，广东帮的经营规模较大而重批发，绍兴帮的经营以钱庄、酒店较多，故三帮相互间在商业上无甚纠纷（郭绪印．老上海的同乡团体［M］．上海．文汇出版社，2003：6，51；上海市政协文史资料委员会．上海文史资料存稿汇编（7）［M］．上海．上海古籍出版社，2001：376．）。

写作组考察上海商业街

"新沪商"更注重品牌、注重发展科技。"新沪商",更是致力于构建和谐社会的商人,新沪商的商业模式具有国际性的比较价值。上海具有不可取代的地域优势,它不仅是长江经济带重要的连接点,由于靠海的原因,也是一个巨大的货物转运港,凭借绝对的地理优势,与我国多个地区达成了合作项目[①]。上海充分发挥交汇点制度创新的优势,决定了上海服务好国家战略并从中发展自身。上海自贸区对接"一带一路"建设,具备得天独厚的条件,在各项响应"一带一路"倡议、推动上海自贸区建造、推动长江经济带区域通关一体化变革等政策行动的作用下,上海口岸正拥抱丰富的变革"盈利"。"一带一路"建设将推动自贸试验区建设。

多瑙河地域文化与走出国门的华测导航

---

① 王海燕. 上海在"一带一路"和长江经济带建设中的定位与作用研究［J］. 科学发展, 2015（76）：92.

作为上海北斗龙头企业，华测导航率先走出国门，产品在缅甸、泰国、越南、韩国等国家实现规模化应用，还远销中东和非洲地区，占据绝对市场优势，不仅承建了多个"一带一路"沿线国家的高精度基础设施，还提供了测绘地理信息、无人机、位移监测、精细农业等领域的高精度定位设备及解决方案。司南导航公司拥有自主知识产权的高精度北斗/GNSS 板卡及接收机和千寻位置网络公司推出的北斗加速辅助定位系统 FindNow，均已服务全球相当多的国家和地区，其中包含"一带一路"沿线国家和地区。2017 年初，为打开境外市场，借助"一带一路"东风，促进区域农产品出口，上海检验检疫局实地调研考察葡萄培育种植情况，主动帮助企业开展相关工作。"心心"葡萄出口泰国是果园一个新的起点与责任，后期将继续加强与上海检验检疫部门合作，严格按照出境水果果园要求开展各项生产，确保葡萄安全、优质，将"食以安为先"的品牌理念传播向国际，同时也为光明集团正在申办的全国首家现代农业庄园创建工作起到助推作用。

第七节　新鲁商文化与商业文化

山东参与"一带一路"建设，将建设国际区域性现代物流中心等五大中心，并建成一批优势产业境外园区和能源资源基地，而国际产能合作将是参与"一带一路"建设的重中之重。山东企业依托"一带一路"建设契机，不断为新兴产业发展提供基础配套设施和服务，从经济到文化，从基础设施到综合服务，推动"一带一路"倡议目标的实现。为了迎接"一带一路"的挑战，鲁商必须打造良好的对外开放合作平台，优化产业结构，对外经济合作快速发展，境外投资做到稳、准、狠，完善经济体制，创新合作模式，实现贸易和投资自由、便利。

在"一带一路"建设的大环境下，山东的优势主要体现在区位交通、产业基础、对外开放、科技人文等方面。山东位于渤海与黄海之间，新亚欧大陆桥东端，北接京津冀，南连长三角，处于东北亚经济圈的核心地带，交通基础设施完善，产业基础优势明显。同时，浪潮集团、中国重汽、海尔集团等一批源自山东的跨国公司正在形成；山东省海洋领域的生产总值居全国前列，海洋领域的科研实力居全国首位。

在中国经济舞台上，作为实力派的山东企业家，以儒商文化为山东整体发展的主导文化，逐步形成了以"德为本，义为先，义致利"为主要商业指导思想的鲁商商帮。新鲁商虽然面临着"一带一路"背景下新的经济形态、生产方式、市场环境和国际背景，但他们同上代鲁商一样仍然保留着儒家文化的基因，仍然深受齐鲁优秀文化的浸润，从而使他们继续保持着山东人独有的文化品格和个性，他们不仅继承了传统鲁商的良好品性，还在新时期加以发扬光大。新鲁商的使命就是履信尚义、兴商润民。

新鲁商经商观念更强，许多新鲁商凭着自身的豪侠之气，利用市场经济提供的机遇，树大目标，干大事业，在竞争激烈的中国商场上，成为时代弄潮儿，成为商场上的领跑者。同时，新鲁商有着较强的社会责任感，肩负着民族经济和民族工商业振兴的重任，新鲁商特别关注民生，努力回报社会。2014 年，山东省打造"厚道鲁商"的文化品牌，众多新鲁商做到了"君子爱财，取之有道，用之有度"，还有不少新鲁商做到"穷则独善其身，达则兼济天下"。新鲁商还具有与时俱进的创新精神，在产品和技术方面表现出敢于创新、善于创新的特点，致力于管理创新、技术创新、营销创新和产品创新。

新鲁商文化是鲁商文化的传承光大者，是山东版的儒商文化。这些企业家深受传统儒家思想影响，具有现代人文道德、具有竞争能力、具有社会责任感、具有现代管理能力、具有开拓创新意识。新鲁商群体中，海尔的第一笔向国外直接投资选在了美国。从此，海尔公司步入了跨国公司行列，此后，众多的新鲁商开始对国外进行投资。无论是在美国，还是在欧洲，新鲁商文化开始生根、发芽乃至开花结果，新鲁商文化成为国际商业文化中的一枝花。新鲁商文化，极大地丰富了中国企业文化建设文化宝库，是中国企业文化建设的优秀典范。鲁商把儒家的仁、义、礼、智、信注入商业活动，讲究商业道德，讲孝道，重情义，敢担当，克勤克俭，吃苦耐劳，诚信为本。新的时代、新的经济环境正在培育新鲁商群体，正历练一种新鲁商文化。新鲁商文化是对老一代鲁商文化的继承光大，同时它又是经济转型期，商业文化百花园里的一朵娇艳的花，具有鲜明的时代特征。改革开放以来，以青岛"五朵金花"为代表的新时代山东企业家，延续了鲁商的优秀文化，并使之发扬光大，向世人展现了独特的文化品质，青岛是新鲁商文化的代表性城市。自中国改革开放以来，在市场经济中崛起了被称为"五朵金花"的五家优秀企业，它们是海尔、海信、双星、澳柯玛、青啤，此后，又有青岛交运、青岛港等企业享誉全国，因此青岛赢得"品牌之都""文化之城"的美誉。

青岛名牌云集，开创了文化旅游的典范范例。人们到青岛旅游的首选已不再仅限于登崂山观海景，还要到海尔、海信、青岛港、海景、交运等优秀单位考察体验服务文化。青岛优秀企业以海尔为突出，并成为国人学习的企业文化楷模。《海尔激活休克鱼》《海景亲情一家人》经验入选哈佛案例。他们让中国消费者享受到了服务的魅力，让哈佛的学子和世界认识了中国人创造的服务文化，让国内外的消费者改变了对中国制造的产品质差价廉的印象。让国内外的企业认识到了中国民族工业和服务品牌的澎湃力量。创建了服务文化赢家通吃、文化和服务也能赚大钱的典型范例。论证了服务和文化是第一竞争力，昭示了服务经济时代的到来，蹚出了转型升级和谐内外关系的路子。"真诚到永远""亲情一家人"已成为最有智慧哲理、最具穿透力感召力的服务理念和服务品牌。青岛交运集团形成了企业品牌集群，自打造第一个行业服务品牌"情满旅途"之后，又先后打造十多个服务品牌，"争服务、创品牌、做贡献"已成为全员的文化自觉，"温馨校车"创造了情系民生破解"校车难"、规范校车管理的典范经验，创造了以服务品牌战略助推企业健康发展的范例。青岛交运集团开创了一个企业荣获两个服务品牌驰名商标的范例。"情满旅途"和"温馨巴士"服务品牌分别荣获中国驰名商标。交运荣获 2012 全国综合实力十强公交集团和 2012 全国交通运输管理创新人物，成为本届中国品牌总评椅领奖盛典上唯一斩获两项大奖的企业。山东电力率先实施"彩虹"（服务品牌）工程。形成电力服务品牌集群，引领中国电力服务革命和品牌的创建。

第八节 新豫商文化与地域特色经济

　　河南是龙的故乡。被称为三皇之首、人文始祖的太昊伏羲氏，他创造的龙图腾，实现了上古时期中原地区多个部落的第一次大融合。被称为五帝之首、人文始祖的轩辕黄帝，在统一黄河中下游流域各部落之后，为凝聚各部落的思想和精神，在郑州新郑也用龙作为新部落的图腾。

　　中国人自称为炎黄子孙和龙的传人就因此而来。濮阳蚌龙距今 6400 多年，是中国最早的龙的形象，被考古学和社会学界誉为中华第一龙。相传造字的仓颉就是黄帝时代商丘虞城人，甲骨文发现于商朝晚期的都城安阳殷墟，驻马店上蔡人李斯提出书同文、制定了规范的书写字体小篆。对于记录文化最重要的载体——汉文字，河南人做出过重要贡献。河南漯河人许慎编写了世界第一部字典《说文解字》，规范化的宋体产生在北宋的都城开封，活字印刷术也发明于北宋的都城开封。

写作组考察河南地域文化与安阳彩电厂

　　豫文化之重镇安阳，是最早出土甲骨文的地方，最大的青铜器司母戊也是在安阳出土。安阳殷墟是被世界所了解的商代最早的都城遗址。鹤壁市是历史上封神榜的发源地，商都朝歌、卫国都城朝歌、战国七雄的赵国都城中牟都位于鹤壁市。河南历史悠久，仰韶文化和龙山文化源于新乡，它是《诗经》的重要发源地之一，《诗经》在古代新乡地区很流行。穆耶战役、张良刺秦、陈桥兵变等重大历史事件都发生在这里。焦作是华夏民族早期活动的中心区域之一，有裴李岗文化、仰韶文化和龙山文化遗址，是中国太极拳的发源地，有云台山、神农山、青天河等风景名胜区。云台山既是世界地质公园，又是国家 5A 级景区。云台山曾被《中国国家地理》杂志联合众多旅行社评为"中国最美的地方"，奇峰俊秀、白云悠悠、瀑布飞跌、林深谷幽，是中原地区集观光旅游、度假避暑、科研实习、寻古探幽于一体的复合型旅游区。新郑是国内史学家公认的位居五帝之首的轩辕黄帝出生、创业和定都之地。中国人从春秋起开始在新郑轩辕丘祭拜人文始祖黄帝，一直延续至今。

河南作为我国中原腹地，是我国商业发展的起源地，凭借中央位置，不断向周边地区和城市辐射经济贸易活动，豫商有 2000 多年的历史，创造了辉煌的成就，为我国商业发展史做出了巨大的贡献。随着改革开放和"一带一路"倡议的提出，豫商的商业行为更加活跃，凝结出宝贵的精神财富，新一代豫商又开始创作一个新的传奇。新豫商重视商业道德伦理，逐渐改观人们对"奸商"的理解，他们重视团队的协作，将企业员工和企业利益融为一体，为实现更高的文化信仰和企业理念而努力。同时，豫商足智多谋，有经商头脑，先规划好大局，再采取相应的行动，做到招招必胜。中原地区本就有浓厚的文化底蕴，加上豫商的商业头脑，在"一带一路"建设中，豫商快速抓住时代机遇，大力推进经济合作，打开河南与世界接轨的大门。

写作组考察河南地域文化与洛钼集团矿区

洛阳是著名的世界文化名城，也与西安、南京、北京一起被称为中国四大文明古城，洛阳被称为"九朝古都"，有着"天下之中、十省通衢"之称。河洛流域是华夏文明的见证者，中国古代伏羲、女娲、黄帝、尧、舜、禹等的神话传说多源于此。同时，洛阳也是中国几千年文明历史中最为古老的帝都王城，华夏、中华、中土、中国、中原、中州等称谓均源自古老的洛阳城和河洛文明。洛阳的书画艺术也是精品纷呈。东汉蔡邕书写的《汉石经》、北魏留下的《拟山园帖》，以及新安的"千唐志"所陈作品，都是中原书法珍品。

洛阳和南阳都是千年古都，人文古韵深厚，也都有着旖旎美景、巍峨群峰，正是因为两座城市境内，都有伏牛山的沿脉。洛阳栾川一山之隔就是南阳，南阳位于伏牛山脉的中尾部，洛阳占有中部地段，景色有些许不同，但还是一脉相连的。洛阳栾川的老君山和南阳的老界岭是老子讲道养生、修仙成仙的地方，山体相邻，仙气相通。因此，南阳的西峡县和洛阳的栾川县，都是伏牛山所属的两个县。依托伏牛山，西峡开发了老界岭、西峡恐龙遗迹园、伏牛地下河、老君洞、老灌河漂流等景区，栾川则开发了老君山、鸡冠洞、龙峪湾、养子沟、蝴蝶谷、伏牛山滑雪场等景区。栾川地处三门峡、南阳、洛阳三市交界，资源丰富，气候适宜，这里聚居着汉、满、回、瑶、蒙古族等20多个民族，每一个民族的物质文化和精神文化的表现形式及深层内涵都十分丰富。各地、各民族文化都在此交汇融合，人们的生产、生活相互影响，地域文化特色非常鲜明。

在五六千年前，栾川就留下了人类生活的足迹。夏商时栾川为有莘之野。汉至北魏置亭，唐置镇，宋崇宁三年（1104年）始置县，金贞元二年（1154年）废县改镇。民国时置区，隶陕州卢氏县。从旧石器时代的"直立人—栾川人"到新石器时代的仰韶文化，从"三圣"伊尹的耕莘古地到老子李耳的《道德经》，从巾帼英雄樊梨花的养子校场到明太子的朝阳墓宫，从闯王炼银到常氏碑文，众多历史名人、古迹、传说、文物，都是栾川悠久文化的时光烙印，是栾川彪炳千秋的历史印记。栾川被誉为"世界钼都"，早在中华人民共和国成立之初，中苏专家就勘探出栾川隐藏着大型钼矿。

洛阳栾川历史悠久，地域文化底蕴深厚，山川秀丽、人杰地灵，文物众多、古迹遍地。厚重的历史积淀和丰厚的文化底蕴，形成了具有浓郁地方特色的宗教文化、温泉文化、历史人文文化、民俗文化、古建筑文化、红色文化、绿色文化等系列文化，这些系列文化构成了栾川县独具特色的文化资源。经过近50年的发展，作为栾川工业龙头的洛钼集团成为一家国际化的上市公司，已实现铜、钴、钼、钨、铌及磷矿产的采选、冶炼、深加工等。

河南地域文化、企业文化与豫商杰出人物：洛钼集团有限公司董事长段玉贤

　　洛钼集团先后在沪市、香港上市，募集资金合计数百亿元，大大促进了地域经济的发展。由洛钼集团出资，邀请了全国著名歌星、影星到洛阳演出，在洛阳举办《同一首歌》这样由百名歌星大腕参加的大型音乐演唱活动还是第一次，中央电视台进行了实况转播。此外，还举办了洛阳牡丹节等系列活动。琴棋书画，中国古人把音乐放在地域文化的首位，这一点洛钼人把它发挥到了极致，音乐是听觉的艺术、情绪的艺术，洛钼人用音乐、大型演唱会的形式来表达在沪市、港市上市后的喜悦心情，不但使洛钼的企业形象得到张扬，而且也使后续的洛阳和栾川的地域文化得到了空前的繁荣。由联合国全球契约学术委员会、国际标准化委员会、国际商业领袖论坛、世界经济高峰论坛、欧洲雇主委员会、世界企业社会责任协会、欧盟企业伦理委员会、欧洲企业伦理学会（EBEN）发起的第十一届国际企业伦理与企业社会责任论坛在英国剑桥大学举行，来自全球 136 个国家及国际组织的 412 名企业家、政府官员、专家学者、跨国公司代表出席了这次国际会议，由诺奖得主阿马蒂亚·森、前联合秘书长安南、国际企业战略受理大师迈克尔·波特分别将"国际最具诚信精神的企业家"奖牌颁发给了中国企业家——洛钼集团董事长段玉贤、金誉公司董事长李中灵、中石油塔里木油田公司孙龙德和江苏电力公司俞建新总经理。青岛港常德传、杭州西子联合控股公司王水福获企业社会责任终身荣誉奖。

　　洛阳栾川钼业集团董事长及刘万思等管理层核心团队成员，从 2000 年起就临危受命，将数家濒临破产的国有和集体企业的产值由几个亿发展到 2008 年底的上百亿元，成为享誉海内外的大型上市矿业集团，从单纯的钼产业发展到钼、钨、金、铅、银等有色、贵金属多领域产业链，实现了飞跃，创造了奇迹。洛钼董事长段玉贤和管理团队高层刘万思聘请了中国社科院专家团组导入 CI 发展战略，把发展的观念成功转化为以做大做强为主要特色的跨越式发展。把市场的观念成功转化为从管理层到一线职工的市场经营意识、市场风险责任机制管理和市场绩效管理的有机结合，企业发展充满了活力。把企业的责任意识成功转化为企业的生产和经营行为，矿山采冶过程成为制造绿色矿山的愿景成为现实。把企业文化的理念成功转化为企业精神，务实创新、比学赶超、敢为人先、做就做好、永不满足的企业精神成为激励员工的不竭源泉，这被河南省委领导誉为"洛钼精神"。把抢抓机遇的意识转化为一次次对机遇的成功把握、一次次化危为机的科学决策。2012 年 10 月 9 日，洛阳栾川钼业集团股份有限公司在上海证券交易所上市，紧接着又于 2013 年在香港成功上市。在香港联交所举行的上市仪式上，洛钼集团公司董事长段玉贤表示，上市后，洛钼集团将在保证盈利的原则下，严格管理，提高营运效率，不断提升产品市场竞争力及资本回报率，努力成为全球最大的特种金属及贵金属生产商之一，竭力为股东争取更加满意的回报。2008 年，段玉贤当选为第十一届全国人民代表大会代表。

　　洛钼集团作为国有大型企业在积极响应国家推进创新型国家建设的同时，更加强化了企业的自主创新，始终坚持发展先进的生产力，坚持全面的发展创新，以团队精神为基础，以科技创新为动力，以强化管理为手段，诚实守信，与时俱进，依托得天独厚的资源优势，建设具有国际市场竞争力的大型现代化企业集团，取得了巨大成绩。发展先进生产力，"洛人"坚持诚实守信、求实创新、百折不挠、共铸辉煌的企业精神，坚持全面创新，以不断创新的方式全力打造洛钼品牌，为未来发展成为世界洛钼夯实基础，在漫漫征程中创造更加美好的明天。洛钼集团不断推进企业管理创新、技术创新环环相扣，质量管理创新招迭出，市场管理与时俱进，管理创新成为洛钼集团最显著的企业特色，将管理创新作为企业每次改革发展的突破口，把人的因素放在第一位，调动全员职工的干事创业激情，随之将管理创新改革的触角延伸至企业的各个环节，从统一财务管理、清除"小金库"到堵塞漏洞、开源节流；从加强现场管理、强化质量观念到以市场为导向与国际标准生产接轨，企业改革步伐稳步推进，企业经营状况越来越好。随着洛钼集团现代企业管理制度的逐步完善，进一步提升了管理水平，优化了管理流程，全面加快管理创新步伐，洛钼集团形成了完全适应实际的规范化、现代化、科学化的管理体系，为集团提高核心竞争力，创造更高的生产力，创造和扩大市场，成为国内、国际一流企业提供了管理保障。

靳尚谊（河南焦作人），从1958年起，他的油画作品不断参加全国美术展览，多幅作品被中国革命历史博物馆收藏。1980年以后，他作为中央美术学院油画系第一工作室的主任与教授，以自己丰富的经验培养了许多人才，同时以大量肖像作品产生了广泛的社会影响，被评论家称为当代中国油画的代表画家。20世纪80年代早期，他曾应邀在美国纽约市立大学东方艺术系讲学，并在美国和欧洲各艺术博物馆访问、研究。在80年代以后的作品中，他将中国传统的美学观念与欧洲古典油画技巧结合起来，形成了鲜明的个人风格，多幅作品被中国美术馆收藏，出版了多本个人画集。

靳尚谊的巧妙经营，将西方油画语言的"形"与中国传统审美趣味的"意"相互融合，不仅展现了生活中真实人物的精神气质，也鲜明地体现了作者的艺术追求——挖掘西方油画魅力，展现中国艺术气质。靳尚谊认为，对中国油画本体发展来说，过去的20世纪是一个引进、学习并自觉把西方油画植入中国大地，并使之生根成长的过程，也是一个外来文化与本土文化相互碰撞和融合，进入自觉创造的过程。从宏观角度来说，中国的油画艺术作为文化形态的脉络，从一开始就面临东西两种文化交织、交融的复杂状况。他认为，中国的油画家不仅要努力学习和掌握欧洲油画的艺术精华，也要使之与中华本土文化交流融会，另外，欧洲油画历经600余年的时代变化，而中国悠久的文化传统也需适应当代社会生活，各自都存在传统与现代的转换，呈现了丰富多样的艺术现象。

对于这门引进的外来艺术如何在两种文化的交流碰撞中，使中国油画具有鲜明的本土特色和民族风貌，展现当代中国人的精神世界，成为油画家艺术探索的理想，从而激发了他们的创造活力。中国油画家正满怀热忱，朝向既定目标不懈努力，经过几代油画家的艰辛探索，中国油画已成为当代中国文化的重要组成部分，深得国内大众的喜爱，拥有着广泛的群众基础，全国范围内涉及的从业人员已近数十万之众，处于方兴未艾之势，这正是这门艺术在中国获得迅速发展最重要的原因。靳尚谊先生不仅

企业 VI 视觉系统创新：杭州邵芝岩笔庄与靳尚谊合作《塔吉克新娘》，
在中国嘉德 2013 年秋季拍卖会（成交价：85100000 元）

是一位坚持在人物画特别是肖像创作上探索的画家，而且是一位在"人的主题"这个时代命题上做出独特回答的艺术家，他专攻肖像的选择与作为以及他集中、充分和厚重的艺术积累，奠定了他在画坛特立独行的地位。靳先生的肖像创作所具有的"体"，是艺术风格上的"体"，更是精神内涵和文化风度的"体"，靳先生在对人的认识上蕴藏着历史感和现实性，这也是他作品的内在支撑，他几十年的人物作品贯穿着技艺精进的作风，他在用油画这种外来语言表现中国人、创造出中国人形象的丰富性方面卓有贡献，成为中国油画水平精进的重要代表。在艺术教育上，他不仅是一位严格和高水平的教授，而且以现代艺术教育的思想和他的社会声望促进了中国美术教育的发展，他所领导的中央美术学院在改革专业结构、建立新专业和学术发展等方面成为中国高等艺术教育的中心与楷模。

写作组考察洛钼集团矿区

　　企业家精神的实质表现为一种文化的积累，是文化在不同区域与不同环境下发挥作用所创造的产物。其本质就是文化在不同地域环境与社会文化环境下的一种表现与作用。因此，从空间分布上来看，企业家精神通常在不同的地域表现出异质性，这与企业家在空间方面的聚集性有关。这种聚集性往往使企业家精神受到地域文化特征、宗教信仰以及个人文化程度与经历的影响，从而使企业家精神表现出显著的地域性和文化性差异。

　　逐鹿中原需要借助中原的位置、历史以及产业的优势，搭建全球化的人才、市场、产业链条，从而把河南变成"一带一路"上的"发动机"。伴随着"一带一路"新机遇，"新豫商"，河南的这张名片越来越响亮，同时也不断迎接新的机遇和挑战。新豫商与旧"豫商"相比，已不局限于发展盐业、票号等传统老字号，足迹遍布全国甚至世界各地，向各类产业伸展触角，如钢铁、代工、房产等行业，并在这些领域取得骄人成绩，树立起与旧豫商迥然不同的"新豫商形象"。随着中原经济区建设大幕开启，新豫商已经成为中原崛起的重要力量，也使得河南的经济社会因为新豫商血液的注入站在了新的发展起点上。新豫商已经从 2004 年成立第一家上海河南商会，至 2012 年发展成立了 68 家国内外河南商会，目前规模仍在不断持续壮大，不但跻身"九大商帮"之列，其地位愈加突出。新豫商为了迎合时代的需求，不断创新自己的商业理念，树立正确的商业性格。

写作组在人民大会堂与 505 集团董事长来辉武探讨地域文化

　　河南动漫《我是发明家》以欧洲为起点，沿着"一带一路"辐射的 64 个国家进行播映，以动漫带动国际文化交流，传播中华文化。动漫创作的源泉是文化资源，河南作为中华文化的发源地，拥有着得天独厚的文化资源优势。河南动漫产业链逐渐完善，同时"一带一路"建设又提供了很好的机遇，要走出国门，就必须引进国外的技术、人才，学习国外整体的运营模式。河南本土动漫企业大多数还是以服务外包为主，在"一带一路"建设的驱动下，要充分发挥本地区优势推进河南动漫产业规模化、品牌化发展。对河南动漫企业来说，"一带一路"是机遇，也是挑战，企业要做的就是依托河南文化优势，传承与创新中原文化。此外，河南动漫企业还应该迈开步伐，走向国际。

第九节　新冀商文化与创新文化

　　西汉时期，河北就是一个重要的贸易基地，它在古丝绸之路上占有非常重要的地位。"一带一路"倡议的提出，对河北在整合资源、大力发展经济方面起到很大的推动作用。河北现有的地理优势和资源，使得河北更好地融入"一带一路"建设中。历史上，河北有三大商帮（老呔帮、张库帮、冀中帮），这三个商帮主要以地域区分，是构成"冀商"的主要组成部分，他们有着独特的商业模式和人文素养，冀商三大帮在开发东北、惠济京津、物流天下三大方面贡献极大。随着社会的进步，冀中帮逐渐凸显出来，其产业化结构和发展模式超前，取得了较大的成就。

写作组考察班福生态环境与地域文化

　　"今日崛起的新冀商，并不是历史上冀商的直接承继，而是在完全不同的历史条件下和社会环境中，对旧商帮四大要素特别是人文性的经验借鉴、精神传承和与时俱进的光大提升。""重义不轻利，重利不忘义，这成为新冀商对前辈传统精神的继承和扬弃。"石家庄市政协委员蔡茜这样评价正在崛起的新冀商。循着百年冀商远逝的足音，新一代河北商人雄心勃勃的亮相并不显得过于突兀。现代意义上的商帮，与以前大有不同。它实际上是个中性名词，而非易生歧义的商业行会或商人峰会。现代新型商帮兴起，在产生发展的初级阶段，在金融资本势力和国际化水平还不高的情况下，其建构体制和运作机制是十分必要的，也是十分合理和有效的。新型商帮是由旧式商帮"兼顾利与义、得与失"的价值取向，走向现代工商社会强调规则、合作、创新与社会责任的商业文明价值观的促进机构；是在竞争中逐步摆脱价值竞争模式，以科技创新和市场创新为引擎，引领中国产业革命并接轨世界经济的推动力量。

　　黄胄（河北蠡县人），是我国著名中国画画家、收藏家，杰出的社会活动家。黄胄先生画案上有两方镇尺，分别刻着"必攻"和"不守"字样，这就是黄胄治学的座右铭。正如黄胄先生说的"要攻、要冲"，"要集中自己的生命力去进攻"。几十年来，黄胄先生就是这样以生命力在艺术创作中去进攻，不知疲倦地笔耕、探索，成为当今画坛上高产的艺术大师。他几乎每年都要画几千幅画，平均每个月要画两刀宣纸。但他又常以"废画三千"这一句话来否定自己，从而达到精益求精。由于长期刻苦的挥笔磨炼，他的右手大拇指与食指、中指都磨起了厚厚的一层老茧。"业精于勤""天才就是勤奋"，黄胄先生艺术成功之路也正体现了这两句格言。黄胄认为，绘画艺术必须重视创新，从传统的基础上推陈出新，独标风格，形成一个人、一个时代的特殊流派，在不违背绘画的规矩法度之中，取精用宏，批判地来继承和发扬各民族遗留下来的宝贵经验，经过这样的过程，创造出新的绘画风格，而不同于印版文章的陈陈相因，绘画也同书法一样，临摹古人是为了接受优良传统，从临摹当中去钻研各种用笔、结构的技巧，探讨古人成功的经验作为我们追求艺术发展的门径，所以临摹是学习的过程，创作才是最后的目的。黄胄强调，画家在接受传统的时候当然是无所不学，到了创作的阶段，必须有所弃、有所取，取其精华、弃其糟粕，以形成自己的格调。黄胄先生说，对于一个画家来说，风格、技巧、笔墨都从生活中来。长期不断的生活实践，形成了某个画家在这些方面的特点，抄袭和模仿可以使人成为一个画匠，但绝不能使人成为画家。如果一个画家离开生活，不打算在生活中汲取创作源泉，那就和人离开空气一样，无法生存。

蠡县地域文化与黄胄长安画派

黄胄先生擅长人物画与动物画，尤以画西北少数民族人物和驴为世人津津乐道，其所画人物、畜牲，造型准确生动、笔墨豪放自由，具有浓烈的民族性。黄胄在画坛被戏称为"驴贩子"，他笔下的毛驴可与齐白石笔下的虾相媲美。抓住一点进行突破，是黄胄先生一以贯之的创作思路。他说，一门精就可以把水平提上去。画驴是黄胄先生的绝活，20 世纪 50 年代到 60 年代中期，他笔下的毛驴基本上是写实的，略有写意的趣味，显得稚拙可爱，但笔画结构上有些不足，十年动乱中，他被迫去喂驴，这种惩罚对他是不幸中的大幸，他得以更多地了解毛驴的习性和特点，在饲养过程中，对它们有了感情。他发现毛驴既有骏马的矫健，又有老黄牛的忠实、憨厚、吃苦耐劳的秉性，从此他画驴就进入寄情写意的境界。到 20 世纪 70 年代后期和 80 年代，黄胄画毛驴已是十分洗练、概括，富有神韵，达到了笔墨与形神完美的统一。黄胄说："突破一点是一种手段，目的在于全面占领、全面提高。"黄胄在吸收传统中特别注意取其精华，去其糟粕，所以，其作品既有"骨法用笔""气韵生动"之传统，又洋溢着新时代的气息和思想情感。黄胄先生在速写上下的功夫是惊人的，可以说是画坛之最。他速写的数量不是以本计算的，而是以麻袋计算的。他认为画速写还应与中国画笔墨创新结合在一起，黄胄先生戏墨的速写就是用毛笔画的，画中处处表现了奔放、流畅、道劲之美。黄胄先生在治学中，拥有民族自信和广阔胸怀。

刘小岑书画作品

刘小岑，河北省玉田县人，1925 年生，擅雕塑。1950 年毕业于中央美术学院，研究生，后留校任教。现为中央美术学院教授。他以哲人眼光看待社会与生活，以深厚的情感去追求永恒的艺术。他的画气势宏大，寓意深刻，构图奇特；他以体、块等原璞的自然形态入画，将雕塑的特点融入笔端。他在作品中力求内容的高度集中，表现手法去繁求简，注重整体效果。他既吸收了中国汉代艺术、远古崖画、民间美术及儿童画的天真稚朴的精华，又吸收了西方现代艺术的色彩与笔法技巧，从而形成了现实性与超前意识相结合，古朴稚拙与超现实相融汇，中西合璧、亦真亦幻的独特艺术风格。其作品在中国大写意画中独树一帜，还被美国传记学院评为世界当代艺术杰出代表。苏联出版的《大百科全书》及中国出版的《大百科全书》皆将其录入。

随着时代的更迭、文化的进步，新的商帮取缔了旧有的商业模式，但是旧商帮留下的商业精神一直存在着，新冀商重视"利"和"益"的平衡发展，重视文化的传承和发扬，遵循商业道德伦理，促进新市场和产业的发展，推动国际化发展。新冀商依靠境内众多的特产，把自身优质特产成功推向全国各地。新冀商继承发扬了燕赵文化"义利并举""文商并重""诚信立身"和强烈的社会责任感等精神内涵，将摸索前行变为高瞻远瞩。河北人性情直爽，很爱面子，自尊心很强。

在与"一带一路"沿线国家和地区合作基础之上，发掘新的发展机遇，冀商在"一带一路"建设中具有巨大的发展潜力。随着中国与中东欧"16+1 合作"以及"一带一路"倡议在中东欧地区日益深入人心，这为中国企业发展带来了重要契机。中国河钢集团出资 4600 万欧元收购斯梅代雷沃钢铁厂，使工厂重现生机，收购斯梅代雷沃钢铁厂是中国河钢集团进一步优化全球产业布局、进军欧洲腹地的战略举措，也是促进中国优势产能"走出去"的重要成果。河北与"一带一路"沿线国家的务实合作更加广泛。"一带一路"沿线国家和地区已成为河北省对外投资合作的重点领域，截至 2017 年 5 月，河北省 189 家投资企业在"一带一路"沿线 31 个国家有投资项目。2017 年第一季度，河北省对"一带一路"沿线国家和地区出口 183.13 亿元，占全省出口总值的 36.8%。同时，不断扩大务实合作的领域。

写作组考察秦皇岛地域文化

为了推进"一带一路"建设，新冀商大力投资沿线国家和地区，促进商业往来和合作，许多当地企业结合自身产业优势，选择合适的投资地域和产业，进一步辐射周边市场，寻找合作契机。河北万特生物化学有限公司投资柬埔寨特许林地综合开发，河北天顺有限公司并购乌兹别克斯坦电缆生产企业，秦皇岛通联集团老挝矿产资源和农业开发等一批项目也加快推进。

第十节　新港商、台商文化

一、中国香港地区

中国香港地区在商贸、金融和其他经济活动中，国家给予"一国"和"两制"的双重优势，既可为国家、地区的经济发展做出应有贡献，也可为香港地区经济持续发展增添新动力。对于"一带一路"倡议，香港特别行政区政府和商界也给予积极回应。在"一带一路"的建设中，港商在制造业、金融业、矿产业和林业等行业有新的突破。在孟加拉国，香港飞达帽业副主席兼董事总经理颜宝铃感受到了"一带一路"给她带来的便利。霍英东说："中国人历来讲孝道，我发达了，理应孝敬母亲。我出一点钱，一点力，对整个国家来说，不过是沧海一粟，微不足道。"

写作组考察香港娱乐行业与地域文化

金利来集团有限公司董事局主席曾宪梓说："香港商人的勤劳、务实、自信、坚忍、诚信、计算、管理、创新、挑战等，有中国传统文化的成分，也有西方商业文化的内容；做生意并不只是赚钱，也是在显示一种文化；商品并不只是一种物质，也是一种精神文化。香港地区的商人既能体验到中西文化之长，也本能认同谦逊忍耐、坚毅刻苦的传统中国价值观，同时又乐意接受西方文化的创新、主动和直接处事的精神。"

二、中国台湾地区

如果台湾地区能够融入"一带一路"建设中，分享其中机遇，岛内的各个产业都将获得很大的发展。可以用"大、余、新、小"来阐述台资在大陆的区域分布的特点和趋向,"大热点"指的是长江三角洲,"余热点"指的是珠江三角洲,"新热点"指的是环渤海湾经济区,"小热点"指的是福建沿海经济带。台商与大陆本地产业的关联,从"三资企业"模式转型为直接投资。

台南帮(南纺集团)以"勤俭刻苦"的企业文化闻名,台南帮的统一企业所强调的经营宗旨是"正派经营",统一企业是采用多元化经营获得成功的典范,其总裁、人称"台湾食品大王"的高清愿也因此成为"台湾最具魅力的企业家"之一。台塑集团董事长王永庆为进行管理的创新,有意将家族企业经营权逐步下放给非家族成员的资深专业经理人,用"压力管理"和"奖励管理"两大法宝进行科学管理,鼓励其子女开创自己的空间。

第十一节　经济高质量发展与人的全面发展

无论是个人、企业还是一个国家,都要先寻求自身的全面发展,才能应对时代赋予的挑战和机遇,是"一带一路"建设互惠互通、创造财富的基础。"一带一路"建设不仅给沿线国家带来经济上的腾飞,同时还解决了就业问题,改善了人们的生活水平,在实现各国合作共赢的基础上,推动各国间形成全面开放、包容、先进、创新的新格局。人的全面发展是人的发展的最高境界,人的全面发展与人类经济生活的基础生产方式有着密切的关系,当人们实现了个人的全面发展,资源私有制的制度和这种生产模式才能够被改变,甚至消失。同一个道理,人们的生存形式和发展方式是全面的,人们才能获得真正的全面发展。

"一带一路"多瑙河的小镇生态文化与循环经济

"一带一路"倡议的目的就是为了实现国家与国家之间的全面合作发展。起初人们都是独立的个体,企业与企业、国家与国家都是独立的,要想适应社会,生存和发展,就必须与社会的人和物产生联系，狭窄的空间范围和社会关系限制了人们、企业和国家的发展，想获得更大、更长远的发展，就必须形成全方位、多方面的合作体系。当然，先进的生产方式和符合道德的社会交往方式必须以每个人的全面发展为前提，全面发展的人才能打造出全面先进的社会活动，个人全面的发展是社会发展的基础条件，社会的进步依赖每个人的全面发展。为了社会经济的健康发展，个人发展必须与社会的进步紧密联系，同步协调。

一、影响道德伦理进步的因素

在人类生产活动的每个行为中不自觉地包含着伦理道德的约束和规范，人类行为活动各式各样，道德伦理涉及的范围也包罗万象。任何道德伦理的形成都是伴随着人的行为发生的，是受时代和社会影响的，只有把道德投身于历史长河和社会活动中，理论和实践相结合，道德才能体现真正的价值和意义，尤其是对社会经济的把控和引导。在人的所有活动中，最伟大、最有价值的，也是人真正从动物界分离出来的，是人类的生产活动——劳动。劳动不仅创造了人本身，也创造了社会，创造了社会关系，创造了人的道德，它是社会经济运行（生产、交换、分配、消费）的起点，也是道德发展的动因。

写作组考察迪恩斯泰因地域文化与葡萄酒产业

在漫长的历史进程中，是劳动使类人猿的头脑变为能思维的人的大脑，进而过渡到人开始用有意识、有目的的活动去改造自然界。人类在劳动过程中，由于客观条件和人本身能力的限制，不得不团结起来，形成一个小集团，互帮互助。整个经济活动把一个个单一的个体串联起来，组建成一个小团体，彼此团结协作，共同进步、共同发展，由此，人们在经济活动中形成一定的社会关系。同时，由于劳动和与其他人的交往的需要，也产生了人类最初的意识和语言，又丰富和发展了原始人的生产活动。

社会生产关系的形成、意识的产生、生产活动的丰富，为道德的发生准备了条件。

任何一个行为的背后都隐藏着真正的动机，有政治动机、社会动机、人际交往动机、经济动机等。在过去社会发展的某个阶段，人们需要将平时生活的行为规则总结规范起来，尤其是经济活动中的生产、分配和交换行为，让参与活动的每一个人遵循这些行为规范，服从这些条件。这些行为逐渐从生活习惯演变成一个既定规范，甚至是法律法规。这些习惯和规律，尤其是经济行为活动中的行为规则，也就是一种道德伦理行为。它们是在周而复始的生产、分配和交换产品的经济行为活动中萌生和提炼出来的。

劳动活动创造了对道德的需要。劳动最初是一种涵盖人类一切活动的原始活动，它本质上是一种谋生的经济手段。劳动的分工和合作把人与人的关系固定在劳动过程中。人多次重复某种经济活动，就会产生某种习惯秩序或习俗。原始的劳动中萌发的最初的也是最重要的道德习俗和规范就是勤奋劳动、合作互助。拉法格说过："最紧密的和最牢固的团结把部落成员、民族成员结成一个整体，把他们变成希腊神话中的'百手巨人'"[1]。生产劳动中相互合作、互助，成了每个民族成员的基本义务，凡有劳动能力的人，不论男女都必须尽力劳动，不允许懒惰，更不允许寄生。由于当时生产力十分落后，没有私有财产，也没有商品交换，经济运行十分简单，即从生产劳动到分配、消费，没有交换这个环节，因为微不足道的个人财产仅仅是生产劳动和生活所必需的，不可能产生"占有企图"和"好的贪欲"，人们在劳动和社会交往中是平等的，劳动产品也平均分配。达尔文在他的旅行记中写道，生活在南美的火地人，他们依然还处于原始社会，在他们中间，一切都是平均分配的，即使在饥荒严重的时候，他们发现食物后，尽管十分饥饿，也要返回集体进行报备，再由集体来进行平均分配。[2] 在原始的生产方式下，产生了勤奋劳动和互助合作的道德需要。在原始的分配方式下，产生了平等观念和平均分配的规范。对道德的需要就这样产生了，道德的复杂化和多样化是直接与生产方式、分配方式相联系的。

人类经济活动的生产、分配和消费都离不开一定的行为准则和规范，道德伦理就是一种有效的行为准则，帮助企业更好地发展，是社会市场经济的调控手段。当然，无论是人们自身的全面发展，还是人类的社会进步都离不开道德指引和规范。无论个人还是社会发展到哪个阶段，道德的根本还是一种生产的需要，由于人类的需要各式各样，其表现的道德需要也是不同的，也就有了很多不同内容和形式的道德需求，社会的进步和发展使得个人需求层出不穷，经济行为的多样化、复杂化导致了人们对道德的需求也就不同，甚至还要求具体和细化。"一带一路"建设需要满足不同经济主体的利益需求，协调经济主体的共同发展，实现互利多赢的局面，就必须严格遵循各国的道德习俗和法律法规，建立一个公平、自由的市场经济体制。人们的需求是递进的，在满足这个要求后，又会延伸出新的需求。当然，在整个历史进程中，社会发展的脚

---

① 拉法格. 思想起源论［M］. 北京：三联书店，1963.

② 拉法格. 财产及其起源［M］. 北京：三联书店，1963.

步加快也会带动人们精神层面（道德需求）的进步和发展。

　　虽然从根本上说，古代思想家都否认劳动具有道德意义，把劳动（特别是体力劳动）看作是卑贱的事，但是他们还是看到了劳动对财富增值的意义。古希腊哲学家亚里士多德没有大段论述劳动意义的文字，但他在《尼可马可伦理学》开卷和结尾处，关于达到幸福和至善的论述都涉及了这个方面的问题。从现实角度来看，人们每个经济活动背后都有其根本的动力，都是为了满足自身的需求，达到自己的目的，其实这整个过程就是一种善的体现。因为我们的欲望刺激了经济活动的发生，带动了社会经济的进步，改善了人们的生活，这不仅是善的行为，更是一种至善的行为。

写作组考察龙泉的古陶瓷生产遗址

　　人类劳动可以划分为三类：第一类是科学劳动，它的目的是追求真理；第二类是各种技艺劳动，其目的是生产各种物品，它的善就是生产物品；第三类是为日常生活所进行的劳动，它的目的是具体的行动，每一个具体的活动都在追求其本身的善。在亚里士多德看来，劳动的普遍的善和个别的、特殊的善是联系在一起的，离开个别的、特殊的善，就无所谓普遍的、绝对的善或至善。

　　整个古希腊的思想价值观受当时经济发展的制约和政治条件的影响，有着极其独特的地域文化特色，不过都表现出当时古希腊的人们很注重规则的制定和实施，并且将规则能很好地融入社会活动的任何地方，从而寻求和谐的社会关系和行为方式。这种意识到荷马时代更加丰富而完整地反映了当时的社会经济生活，表达了人们的情感、观念和愿望。荷马时代的两部史诗《伊利昂记》和《奥德修记》都歌颂了以劳动为荣的朴素观念，反映了古代氏族社会纯朴的劳动传统。因为当时的许多英雄人物、身份高贵的人也都从事一些体力劳动，并且也以劳动为荣，劳动并不都是奴隶和卑贱人做的事，且肯定个人对劳动财产的要求，肯定个性价值。

　　在中国先秦思想家中，墨子最关注劳动问题。他认为劳动是人获得生存的根本手段，"赖其力者生，不赖其力者不生"（《墨子·非乐上》），这是强调劳动本质意义的中心命题。《管子》在论述劳动性质时也有一段文字："彼民非谷不食，谷非地不生，地非民不动，民非作力毋以致财。天财之所生，生于用力。力之所生，生于劳身"（《管子·八观》）。《管子》认为，人凭借着劳动获取粮食，获得财富，民不通过劳动无以致财。这与西方经济学家威廉·配第所说的"劳动是财富之父，土地是财富之母"有同样的意义。

写作组考察龙泉地域文化：《瓷器与浙江》作者陶瓷家陈万里

　　人们的每一个经济活动势必是为了满足自身的需求，但是也满足了他人的需求，促进了社会经济的发展和进步，具有一定的社会属性，掺杂着个人行动背后的经济动因。个人劳动是把他人劳动作为中介，使个人需要得到满足的过程，同时从另一个层面上也论证了互助合作等道德行为规范的重要性。经济活动不仅是个人的行为劳动，而且是互相满足的过程，也是人类社会的需要，这正好体现了人们作为社会人的一种依赖关系，只有满足了个人的发展需求，社会的发展需求才能得到实现，同样的道理，只有我们每个人全面的发展，社会才能全面发展。

写作组考察龙泉青瓷窑遗址

　　"一带一路"建设中，实现国家的全面发展必须完善基础设施的建设，互联互通、互惠互赢，首先就得实现各国经济的发展，国家间建立合作关系，不仅是为了寻求单一国的自我发展，也是实现别人利益的手段，我们既是经济活动主体，也是客体。这强调了个体与集体的关系，个体之间相互依存，个体需求最终发展成为一种集体的普遍性需求。在实现个人需求满足的相互依存关系中，个体的利己想法最终转化成为满足整个社会需求的过程，并且这种过程是一种自发、自然的，由个体性转化成普遍性。最终，各国在自己需求得到满足的同时，也促进了整个社会的发展，为构建人类命运共同体创造了条件。

二、人的全面发展

人类发展的最高境界就是实现全人类的全面发展，并且人类的全面发展也与经济发展水平是紧密联系的，只有真正满足了人类的物质需求，才能实现真正的全面发展，私有制度和生活模式才能被真正地改变。相同的道理，只有社会生活形式是全面完善的，我们每个人才能得以全面发展，才可能实现真正自由的生活方式。在"一带一路"整个建设和发展过程中，个人与社会的全面发展应该保持高度的一致性。

（一）人与人之间的相互依存

道德作为一种社会意识形态是受社会生产力、生产关系制约的。理想是一种不受因素影响的发展状态，然而一个人或一个社会的经济状态，决定了其价值观的形成、行为模式、道德素养和生活习惯。我们要想实现社会关系和社会制度的理想化，仅仅通过道德的约束是不能达到的，道德的作用只能对社会进程中不同阶段的个体行为进行约束和规范，调动每个个体的积极性，是一种辅助性工具，并不能改变整个活动的本质。社会的每一个阶段都有各自的理想目标和道德需求，需要通过各种方式和手段去实现不同社会的道德需求。

最初社会形态是一种直接统治，并以服从为基础的社会关系，体现了人与人之间的高度依赖关系，一个群体的形成是自发而成的，其中每个个体都是这个群体的一员，换句话说，也就是这个群体的一份子，共同影响着这个群体的前进和发展。一个人的生活能力是有限的，在有限的能力范围内发展，必须依靠外在的力量，团结一切可以团结的力量，形成某一种共同体才能实现社会的发展和进步，因此个体成为共同体的一个组成部分，共同体作为强大的生产力应运而生。同时，在不同的社会关系下，一个共同体有着不同的表现形式，在所有的社会关系中，其社会经济发展的基础是拥有的资源，因而社会关系的目的就是实现社会的经济价值，人们通过实现自我需求的满足，来实现自己的价值，从而体现出共同的价值。人们对社会资源的占有并不是个人劳动、社会发展的根本目标，只是实现社会价值的基础和前提条件。

"一带一路"倡议实施中，每个国家、企业和个人都是创造价值的一小部分，相互促进、相互依存，共同发展才是整个社会发展的需求。命运共同体的形成、价值的创造、经济的发展都要依托良好的社会关系。我们既是独立的个体，又有集体的意识，寻求完全的独立、摒弃一切社会关系，是一条自生自灭的道路。出世和入世，是我们应该掌握的一种度，要处理好两者的关系，树立正确的人生观，寻求到一种平衡，积极融入社会关系网中，打造有利于合作的友好关系，促进个人全面发展。

写作组考察龙泉古陶瓷遗址

　　每一个个体作为一个共同体的组成部分才有权利占有和支配组织里的资源，才可以把自己看成拥有者或占有者，在这里无论个人还是社会都不能离开这个共同体而选择自由且充分的发展。社会物质财富有了较多的增长，但奴隶对奴隶主的人身依附关系、农民对封建地主的人身依附关系、被统治者对统治者的人身依附关系、被管理者对管理者的人身依附关系依然存在。人们从一出生就不是单独的个体，经济活动也不仅代表个人的劳动，生活资源只是暂时被我们掌管，但是我们通过这种方式来满足我们的需求，也是我们参与经济活动的动力。

　　（二）人与物的依存关系

　　随着生产力的发展和劳动者素质的提高，依次出现了剩余产品、分工和交换，商品生产者会发现，随着时代的进步，人与人之间的互动并不能满足人们的欲望和社会的发展需求，只有通过"物"这个中介来实现利益，这也是商品经济出现的历史必然性和社会性。同样地，交换行为也是这样自发形成的，个体与个体之间的交换行为瓦解了以群体来进行经济活动的模式，逐渐地，经济活动分成了生产行为、交换行为、分配行为和消费行为，这些经济行为改变了旧有的社会发展模式，使人们进入了一个依赖物品交易的发展进程中。在商品经济时期，人的发展表现为人的孤立化，所有的社会关系都是以物的价值来体现的，忽略了人与人之间的关系，不利于个人和社会的全面发展。人们对商品极其的依赖，以追求物质满足为最高的人生理想，这样就会导致拜金主义、利己主义，人们为了达到目的，不择手段，会做出一些违背道德伦理的行为。

　　在商品经济条件下，不管商品的生产过程是通过什么方式实现的，其中包含了怎样的个人价值，也不管这种商品具有什么内在价值，只考虑这种商品存在的经济价值和交换价值，该商品融合的一切生产者的思想价值、生产方式都被掩盖在它的经济价值下。我们与社会的关系只体现在交换活动以及这种活动的价值中，我们只有成为这种活动的参与者，并且实现这种活动的价值，才能真正地获得我们的生存价值，才能真正与整个社会活动联系起来。个体与社会的关系，不再停留在个体劳动中，而是体现在物品的交易活动中，因此凸显了物的价值，强调了人与物之间的依存关系。"一带一路"建设中，必须有效处理人与人、人与物和人与社会全面发展的关系。人对物的极度依赖关系必须要靠社会资源的重新分配来实现。资本家和劳动者是一组相对的关系，正确合理运用自身的权利，践行应尽的责任和义务，和谐统一发展，处理好两者的关系，才是社会前进的基础。

人的关系表现为物的关系是一种异化，但这种异化是一个社会发展中必须经历的阶段。只有通过交换活动才能带动整个社会的经济发展，人们在这种交换活动条件下自发提高了个体能动性，并且在这种商品交换活动的推动下，人们和社会的需要都得到了满足，获得了全面发展。在这种社会前进发展的阶段下，人与人之间的关系变得紧张和复杂，使得人们形成了以经济价值为主导的生活方式，利己主义开始凸显出来，让人们失去了平等和自由，不是每一个人都能拥有全面发展的机会，社会的发展是以个人自由和全面发展的牺牲作为代价。

（三）人类的自由

建立在交换活动基础上的生产，是实现个人全面发展的前提，但只有进入共产主义社会，实现每个人的自由而全面的发展，才能真正实现全人类的全面发展。以物质满足为最大的目标是社会发展中的一个阶段，社会发展的需要必然影响着人类价值观的形成，然而追求人类全面、自由的发展，才是人类的最高要求，同样也能带动全社会的全面发展。"一带一路"倡议的实施，离不开全人类的共同协作，构建人类命运共同体，也离不开人的全面发展，正确处理行为和道德的关系，提高人们的伦理道德素养，促进社会精神文明建设，能为"一带一路"的发展奠定良好的基础。

人类个体的全面发展不是自然形成的，而是在社会发展过程中形成的，人们的社会关系也是属于他们自己的个体关系。为了形成以物的交换价值为基础的社会关系，个体能力必须接受全面的培育，一定程度上要满足社会发展的需求。在这种发展模式的前期，个人价值占有比较重的分量，主要是因为这些个体没有建立丰富的社会关系，他们还没有意识到丰富的社会关系给他们带来的社会权利，不能正确地看待这种关系的影响并且很好地掌控这种关系。

人对人的依赖是第一大社会关系，人对物的依赖是第二大社会关系，然而这两者关系都是不全面的，只有真正实现人类的相对自由和全面发展，才是最优的社会形态。在这种社会形态下，人们都能得到全面的发展，高新科技也可对生产力进步起到大的推动作用，这使得社会生产取得跨越式的发展，社会必要劳动缩减到最低限度。人有了更多的时间和创造手段从事艺术、科学等方面的工作，扬弃了旧生产方式，实现人的全面发展。从此，人以生产的监督者和调节者的身份同作为对象的生产过程发生关系。旧有的劳动生产模式不再是社会经济发展的推动力，社会经济的发展标准也不再是生产时间的长短，社会商品的交换价值也不再是衡量使用价值的标准。因此，原有

写作组考察山东寿光地域文化与种植园

的生产模式（以交换价值为前提）就会受到社会的排挤，最后被淘汰。由此可见，自然经济、商品经济、产品经济的演进是人类社会发展的历史过程。人对人的依赖关系、对物的依赖关系、对个性自由的追求也是人类发展的自然历史过程。

三、经济活动与道德主体

以一定的方式进行经济活动，必然形成一定的社会关系、政治关系和思想意识。一个社会的道德思想和意识的形成和发展，必然受到社会个体的活动行为影响，社会的生产活动和商品交换活动就直接作用于社会道德思想的形成。社会道德观念、社会价值观和人的精神气质都是人们物质关系的直接产物。道德主体性正是这种物质活动的产物。

（一）生产方式与道德主体性

"主体"一词，有哲学语义和日常语义之分。哲学语义上的"主体"有三种含义：一是本体论意义上的存在主体；二是认识论意义上的认知主体；三是实践意义上的行为主体。按哲学的范畴划分，"主体"又可以从各具体哲学分支学科区分为道德主体（伦理学的）、审美主体（美学的）和认知主体（思维学的）等。

历史地看，道德主体是一种不断随生产方式变化的伦理范畴，其所表达的内容为各种文化背景、道德文化传统所共享。古希腊的人本精神是以人为中心的价值理想体系，从皮科的《论人的尊严》到培根倡导的"人的知识"、卢梭的"人的科学"和康德的"人是目的"，"以人为中心"的人本主义和"自由个性"为本位的时代主题。由于这种新人文思想和对人的意义、人的尊严、人的价值和对以"自由个性"为本位的信仰，以及它的革命性，启迪了近代欧洲的人文主义，使人、人的理性和人的价值占据了整个西方社会文化理念的中心位置。在这一时期，带有明显人道主义特征的"自由个性"和主体性意识成为一种具有核心地位的人文价值精神和道德原则，也成为整个社会的精神表征。它孕育了西方近代科学、经济、文化、技术的文明，形成了近代以来新的社会理想和新价值观念体系。

以工业革命为生产动力的现代经济是一种崭新的商品经济，它要求把每个生产者从封建的自然经济束缚下解放出来，成为独立的经济主体参与平等的市场交换。因此，个性的解放既是这场经济革命的首要成果，又是它得以形成和发展先决的社会条件。而商品经济和市场的规律又带有不以每个个体意志为转移的必然强制性，即进入市场交换的各方必须是自由的、平等的、社会化的，没有绝对神圣的戒律限制，也不容许以任何主观臆造的等差取代商品经济的价值规律。同时，所有参与者既享有自由平等的权利，又不能不作为整个社会化经济生活秩序中的一员而参与其中。

人在被孤立（一种脱离封建自然秩序之依附的孤立个性化的代价）的同时，也被卷入更为纷繁复杂的社会化交往的网络之中。道德作为这场历史转型过程中最顽固同时又是最敏锐的文化因素开始脱胎换骨。以道德主体性为核心的人文价值精神，它的基本旗帜是以人性对抗神性，以人道取代神道，最终以人的理性和"自由个性"取代神和宗教的信仰盲从。它适应了现代经济和政治革命的历史性需要，以"自由、平等、博爱"的新价值观作为基本纲领和斗争口号，在几个世纪的奋斗中凝结成现代社会文明的价值精神符号，并一直成为支配现代经济伦理、社会文明进程的强大精神支柱。

现代道德主体性的基本内涵：其一，它要求以人的自由为首要价值和道德主体的基础，反对将上帝意志、神学意志和他人意志作为道德的基础，主张把道德牢牢地建立在人的自由意志的基础上，强调没有自由意志就没有道德。其二，它要求以人格的平等和尊严作为建立人类道德关系的基本前提。它不是其他意义上的平等，而是人格独立基础上的真正的平等，因此它要求每个人树立基本的人格自尊，同时也必须尊重他人的人格尊严。康德的"人是目的"的命题从严格的哲学意义上表述了这一思想。其三，一个人的道德主体性也同样尊重他人的道德主体性，因此要求实行普遍的人类博爱，它在承认人的先天人格平等的前提下承认人先天禀赋和后天遭际的不平等。因此，它积极倡导一种仁爱精神，这种博爱原则是从他人身上肯定道德主体性的普遍必要性得到证实的。

（二）完善道德主体的经济因素

实现和完善以"自由个性"为本位的道德主体性原则，必须有一定的经济条件作为基础。当人们的物质需求得到一定的满足后，原有的社会经济结构和发展模式就会改变，开始向多样化、追求精神需求转变，体现更高级别的社会意识形态，这也是人类全面发展的一个阶段，当人们物质和精神达到一种平衡的状态，就会促进个体和社会的共同全面发展。但是，在资本主义的生产方式中，商品生产使人们之间的关系恶化，人们开始计算关系背后的利害结果，形成了向钱看的利己观念，压榨了人们的劳动成果，还必须接受资本的剥削，使得人们失去了更多的自由和创造能力。人们在这种压榨的环境下，不能得到自由、全面的发展，不能获得公平的对待，还要牺牲个体的发展来成全集体的发展。

物质发展和精神发展是相互统一、相辅相成的，离开经济基础谈上层建设是不切实际的；没有精神层面的指导，一个一直以物质增长为目的的社会是无法长久发展的。"一带一路"商业往来过程中，有效融合经济发展和道德准则，建立完善的企业文化，树立正确的价值观，不仅是个体和企业全面发展的需求，也是社会长久发展的关键因素，让社会发展和个人发展达到统一。

随着社会的发展，必然有一种新的社会生产方式来取代旧有的资本主义生产方式。这种新的生产方式强调每个个体都能获得自由、全面的发展机会，同时，社会的发展是以每个个体的自由、全面发展为前提，每个人自由、全面的发展与人类社会发展（一切人的发展）有着高度的统一性。每个个体不必牺牲自由、全面发展的机会来成全人类社会的发展，而是积极满足每个个体自由、全面发展的需求。只有实现每个个体的自由、全面发展才能带动整个人类社会的发展和进步，最后彻底地实现人类社会的自由、全面发展。

四、质量管理的发展历程

虽然在人类历史的长河中，最原始的质量管理方式已很难寻觅，但我们可以确信人类自古以来一直就面临着各种质量问题。古代的食物采集者必须了解哪些果类是可以食用的，而哪些是有毒的；古代的猎人必须了解哪些树是制造弓箭最好的木材。这样，人们在实践中获得的质量知识一代一代地流传下去。

人类社会的核心从家庭发展为村庄、部落，产生了分工，出现了集市。在集市上，人们相互交换产品（主要是天然产品或天然材料的制成品），产品制造者直接面对顾客，产品的质量由人的感官来确定。

随着社会的发展，村庄逐渐扩展为商品交换，新的行业——商业出现了。买卖双方不直接接触了，而是通过商人来进行交换和交易。在村庄集市上通行的确认质量的方法便行不通了，于是就产生了质量担保，从口头形式的质量担保逐渐演变为质量担保书。商业的发展，要使彼此相隔遥远的连锁性厂商和经销商之间能够有效地沟通，新的发明又产生了，这就是质量规范即产品规格。这样，有关质量的信息能够在买卖双方之间直接沟通，无论距离多么遥远，产品结构多么复杂。紧接着，简易的质量检验方法和测量手段也相继产生，这就是在手工业时期的原始质量管理。

由于这时期的质量主要靠手工操作者本人依据自己的手艺和经验来把关，因而又被称为"操作者的质量管理"。18世纪中叶，欧洲爆发了工业革命，其产物就是"工厂"。由于工厂具有手工业者和小作坊无可比拟的优势，导致手工作坊的解体和工厂体制的形成。在工厂进行的大批量生产，带来了许多新的技术问题，如部件的互换性、标准化、工装和测量的精度等，这些问题的提出和解决，催促着质量管理科学的诞生。

众所周知产品是"过程的结果"，产品质量是指产品的固有特性满足人们需要的程度。就工业产品而言，产品质量又分为产品的内在质量和外观质量。产品的内在质量是指产品的内在属性，包括性能、寿命、可靠性、安全性、经济性五个方面。产品的外观质量指产品的外部属性，包括产品的光洁度、造型、色泽、包装等。产品的内在质量与外观质量特性比较，内在质量是主要的、基本的，只有在保证内在质量的前提下，外观质量才有意义。

服务质量一词的提出是随着服务业的发展而来的。一般认为，服务业是指生产和销售服务产品的生产部门和企业的集合。服务业产品具有非实物性、不可储存性和生产与消费的同时性等特征。在我国国民经济核算的实际工作中，将服务业视为第三产业，即将服务业定义为除农业、工业之外的其他所有产业部门。由于服务业本身的特性，国内外学者对服务质量概念的研究完全跳出了有形产品质量的概念模式，大都从顾客对质量的理解和感受这一角度进行研究。服务质量最表层的内涵应包括服务的安全性、适用性、有效性和经济性等一般要求。归纳总结学者们的观点，认为服务质量是一个主观的范畴，它取决于顾客对服务质量的预期（期望的服务质量）同其实际体验到的服务质量水平的对比。如果顾客所体验到的服务质量水平高于或等于顾客预期的服务质量水平，则顾客会获得较高的满意度，从而认为企业具有较高的服务质量；反之，则会认为企业的服务质量水平较低。

写作组考察西天目地域文化与周恩来西天目之行

过程质量可以通过过程输出（如产品和劳务等有形或无形产品）的质量好坏来间接地反映。需要注意的是，过程必须是一种增值的转换，每个过程还会与其他过程有着相互关系，所有工作通过过程来完成。以制造业为例，制造业过程质量的过程不是指广义的过程，它所指的是产品、零部件制造过程的基本环节，即工序。过程（工序）质量的高低主要反映在过程输出的合格率、废品率或返修率的高低上。过程质量可分为开发设计过程质量、制造过程质量、使用过程质量与服务过程质量四个子过程的质量。

写作组考察西天目地域文化与周恩来西天目之行

在质量管理过程中，"质量"的含义是广义的，质量管理不仅要管好产品本身的质量，还要管好质量赖以产生和形成的工作质量，并以工作质量为重点。企业的工作质量是指同产品质量直接相关的各项工作的好坏，如经营管理工作、技术工作和组织工作等，是企业或部门的组织工作、技术工作和管理工作对保证产品质量做到的程度。工作质量涉及企业各个层次、各个部门、各个岗位工作的有效性。工作质量取决于企业员工的素质，包括员工的质量意识、责任心、业务水平等。企业决策层（以最高管理者为代表）的工作质量起主导作用，管理层和执行层的工作质量起保证和落实作用。对于工作质量，可以通过建立健全工作程序、工作标准和一些直接或间接的定量化指标，使其有章可循，易于考核。实际上，工作质量一般难以定量，通常是通过产品质量的高低、不合格品率的高低来间接反映和定量的。在质量指标中，有一部分指标就属于工作质量指标，如不合格品率、废品率等，另一部分指标属于产品质量指标，如优质品率、一级品率、寿命、可靠性指标等。产品质量与工作质量是既不相同又密切联系的两个概念。产品质量取决于工作质量，工作质量是保证产品质量的前提条件。产品质量是企业各部门、各环节工作质量的综合反映，因此，实施质量管理，既要搞好产品质量，又要搞好工作质量。而且，应该把重点放在工作质量上，通过保证和提高工作质量来保证产品质量。区分产品质量和工作质量这两个概念的意义，就在于能促使人们注意不断改进工作，从而提高产品质量水平，提高企业管理水平。

本章案例：洛阳栾川地域文化与豫商洛钼

洛阳栾川钼业集团股份有限公司（以下简称洛钼集团）是在香港 H 股和国内 A 股两地上市的矿业公司，拥有一体化的完整产业链条和世界级一体化的采、选矿设施，是国内最大、世界领先的钼生产商之一，拥有全国最大的钼铁、氧化钼生产能力，且拥有强大的研发力量。在钼、钨产品的采、选、焙烧等技术领域具有强大的研发实力。

随着洛钼集团的不断发展，公司的企业文化也在不断发展，但主要是以分散的特点和形式在无意识地隐性积累，并且是以分散而不系统的形式隐性存在于洛钼集团员工的工作、生活言行中的。在洛钼集团的发展过程中，隐性的洛钼集团文化时刻在引导或影响着洛钼集团员工艰苦创业，在企业发展过程中直接起到了积极、重大的促进作用。价值观管理是一种管理理念，是对组织价值观深刻的认知和提炼，是在实践过程中逐渐形成的可持续、富有竞争力以及更加人性化的文化，是一种主要驱动力。工业文化的构建，需要围绕企业的核心价值观，增强企业文化的管理，才能促进工业企业绩效的提升。

洛钼集团的使命是"创宏伟钼业、建绿色矿区"。基于现代钼矿开采加工技术和全体员工的不懈努力，为社会提供最优质的产品和服务，改善人类生活质量，以符合道德和担当责任的方式为顾客、员工、政府、公众、股东和其他利益相关者创造价值。洛钼集团努力为消费者和客户提供质优价廉的产品和高质、及时、礼貌、专业的服务，关注、了解市场对公司产品和服务的要求并迅速做出反应；对产品和服务的质量不断改进以满足消费者不断增长变化的需求；与客户建立长期的双赢的合作伙伴关系。在相互信任和尊重的基础上与供应商发展互利的长期合作关系，通过对供应链的科学管理使得整个产业链条的总价值最大化。以产业报国为己任，为伟大祖国的繁荣昌盛、为中华民族的振兴而不懈努力；努力为国家、所在地区和社区多做贡献；为改善社会大众的福祉而努力奉献；采用先进、安全、环保的生产设备和工艺，倡导循环经济，为保护洛钼的环境贡献力量。

洛钼集团要成为世界级大型钼矿开采加工公司，致力于低成本、高质量的钼矿开采加工和服务。公司要成为同行业中具有领先地位的卓越公司，这体现在技术优势、成本优势、人力资源优势、优秀的产品和服务质量、高顾客满意度、高盈利业绩和投资回报等方面。公司要成为持续生存和发展的百年企业，保持公司的基业常青。洛钼集团员工是洛钼事业之本。自律、敬业、创新的员工是洛钼企业最大的财富。尊重人、以人为本和尊重知识是洛钼事业不断发展的源泉。洛钼人力资本增值的目标优于财务资本增值的目标是洛钼事业的核心动力。广泛学习吸收世界钼矿开采加工领域最新技术，努力培育自主技术创新能力，培育发展领先的核心技术体系，推动洛钼事业的发展壮大。

　　洛钼的市场定位是钼矿开采加工行业的最优秀的原料供应商。以"创宏伟钼业、建绿色矿区"的公司文化来激励和建设营销队伍。努力开拓新兴市场，提高新产品、新兴市场的市场份额对公司发展具有更大的意义。营销网络、品牌管理是营销管理的重点内容，洛钼要十分重视营销网络和品牌的建设和管理。人力资源管理的基本准则是公正、公平和公开，这使所有的员工都能得到尊重和信任，每位员工的所有观点和想法都会得到重视；每位员工提出的所有问题都会得到认真对待，员工在一个团结互爱、相互信任和尊重、积极向上的工作环境中工作。洛钼分配的基本原则是效率优先、兼顾公平，按劳分配与按资分配相结合，建立全方位、客观公正的价值评价体系，有效激励的报酬制度，基于业绩和能力的人事任用制度，满足公司发展需要的人力资源教育培训与开发体系，是洛钼人力资源管理的长期任务。客户的需要是洛钼研究开发的产品方向。企业加强自主开发能力的培育是洛钼长期的战略选择，逐步加大研究开发经费，保证研究开发经费占销售收入的比例逐步提高。洛钼严格遵循全面质量管理的理念和原则，培养公司和员工的质量观，将这些原则运用到每一个生产过程中，确保公司按时按量给消费者提供满意的产品，并且严格要求这些产品达到质量标准。洛钼努力在产品领域经营成功的基础上，逐步探索资本经营，利用产权机制更大规模地调动资源。

　　文化是洛钼事业的持久性基石。任何资源都是会枯竭的，文化甘泉则会生生不息。洛钼弘扬诚信、忠诚、敬业、勤奋、奉献、创新、合作等人类美德，依靠洛钼人的共同努力使公司的基业长青。洛钼集团的核心理念是"创宏伟钼业、建绿色矿区"，是员工、客户、供应商、股东、政府和公众的利益共同体，其利润观是追求建立在与客户和供应商之间双赢合作关系基础上的合理利润，道德标准是诚信、勤奋、创新、责任与合作。洛钼的每一位员工都是一个诚信的人——忠诚、信守诺言、真诚、尊重他人和对自己的行为负责，一个努力勤奋工作的人——敬业、勤奋和讲求奉献，勇于创新和挑战现状的人——富有激情、追求卓越、不满足现状、承担风险和积极探索未知，富有责任感的人——对社会、公司、家庭、团队和他人具有责任心和勇于承担责任，富有团队精神的人——尊重合作伙伴、集体目标高于个人目标、模范遵守组织制度、善于发现别人优点。

　　"循环经济"是美国学家波尔丁在研究生态与经济的和谐发展时提出来的，他根据宇宙飞船的发射原理，在分析生态与经济平衡发展中受到启发，他认为独立的飞船与我们的地球是类似的，本身拥有一定的自身资源，如果一味地消耗，飞船将停止运转，而我们的地球也最终将毁灭。为了使独立的飞船一直自运转，就必须保证飞船一直都有可供消耗的能源，那就必须实现飞船资源的自我循环。同样的道理，地球的资源虽然很多，但是一味地浪费、消耗，最终几千年后，也会出现资源匮乏的现象，尽早实现地球资源的循环，才能确保地球的长久运转。

　　洛钼集团积极采取循环经济策略，为的就是实现一种经济发展的生态化，通过运用生态学原理来指挥企业的经济活动行为。企业过去采用的是一种单向发展的直线经济，在将资料生产成为产品的过程中，排出废弃物，最后形成污染物，到这一步，企业就没有采取更进一步优化的措施。在这一经济发展模式中，人们不断地挖掘大自然的资源来实现企业和社会经济的发展，甚至浪费资源，最后回馈给大自然是无情的伤害（污染物、废弃物），不能充分有效地使用资源，其实就是对大自然的破坏。与旧有的发展模式不同，"循环经济"要求把资源的循环利用作为基本点，需要对排出的废弃物和污染物进行有效处理，达到再次利用的效果。在整个生产过程中，实现一个循环生产的流程。

大文豪托尔斯泰说过，"幸福的家庭是相似的，不幸的家庭各有各的不幸"。如果我们用这个观点审视企业就会发现，成功的企业似乎都遵循着相似的规律，失败的企业各有各的失败原因。破坏环境最终必然导致企业的衰亡，企业只有重视对资源的合理开发和利用，努力营造安全、健康的生存发展空间，大力发展循环经济，才能实现自身和全社会的经济协调发展。洛阳栾川钼业集团这些年的超越式发展，其中一个很重要的原因就是他们的企业文化中也蕴含着循环经济的基因："既要金山银山，更要绿水青山"，公司坚持发展经济不以牺牲环境为代价，积极致力于防治污染，保护生态环境；"追求生态效益，守法控制超前"，公司承诺，遵守国家和地方所有有关的法律、法规，加强采矿区塌陷的综合治理、尾矿综合利用等，变废为宝，实现生态效益，强调源头控制，实现污染预防，美化厂区环境，保护地球生态；"确保达标排放，合理利用资源"，保证废水达标排放，加强资源综合回收，提高资源利用率，推行清洁生产，从原材料采购、生产过程的控制，到产品的交付、使用，进行全过程的污染预防和污染治理；"全员关注环境，综合持续发展"，通过对公司所有员工进行有效的宣传和培训教育，提高全员环保意识。

在"循环经济"理论刚提出来不久的时候，人们仅仅把它作为一种理想，并没有太多的人去重视它，生产活动中只是停留在对污染物处理的表面层次上。经过十几年的发展，人们开始深入研究"循环经济"的内涵，开始运用资源再利用的原理来解决排放物。经过漫长的时期，人们开始提出可持续发展战略，才真正地把"循环经济"提到战略层面，开始认真研究循环经济的内涵，提出了一系列以循环经济为基础的环境保护措施以及清洁生产和绿色消费的理念，整合资源实现废弃物的再利用。与直线经济相反，循环经济的特征是最大化地使资源循环再利用，再利用的情况下还确保逐步前进发展。在"一带一路"建设前景下，循环经济依旧是国际化的发展趋势，任何国家的企业都必须将"循环经济"纳入企业发展的长期战略中，不仅保护了地球的生态环境，也能增强企业的竞争力。

企业和人一样，人的理念决定了人的发展和他的未来，一个企业的发展理念也决定企业的发展状况和未来。特别是在当前，作为微观层面的社会经济细胞的企业，它的理念和企业文化，应当引入科学发展观（人本精神、人类发展指数、人文素质量化体系）、企业可持续发展（绿色生产、循环经济）等科学理念。洛钼人认为，新形势下的企业文化要求全体员工树立全新的绿色生产的理念，这不仅要求企业生产的产品本身的质量要符合环境、卫生和健康标准，而且在厂矿选址、产品研发、工艺设计、生产流程、物流处理、产品使用、废弃物回收的全过程都要符合环境标准，既不会造成污染，也不会破坏环境。

第四章　地域特色与新时代商业伦理

章首案例：金誉公司
——地域文化与经济效益

河南金誉包装科技股份有限公司（以下简称金誉）于 2008 年 9 月被联合国全球契约组织授予"国际最具诚信精神的公司"称号，金誉董事长李中灵被授予"国际最具诚信精神的企业家"，2008 年 12 月又被国际管理学会（International Management Institute，IMI）授予卓越管理奖。生产到底是为了什么？这是金誉董事长李中灵一直思考的问题。在李中灵的眼中，他的企业并不是一架架冰冷的机器和一件件产品，他所看到的是一群有梦想、有干劲、追随着他一起干事业的人。人在企业中永远是第一位的，企业从事生产经营绝不仅仅是为了经济利益。作为由人组成的企业具有人的特征，因此企业也必然具有社会性，这是李中灵董事长的一个基本观点。基于这样的观点，在金誉的伦理观中，社会责任和绿色环保占有很重要的地位。包装行业要用到许多化工原料，非常容易造成环境污染，而且一旦造成污染就很难恢复，如何降低污染是许多企业感到头疼的问题。金誉正是这一方面的典范，由于金誉深刻伦理观的引导，每个金誉人都有很强的节能环保意识。出于对社会、对个人、对子孙后代的责任感，金誉人在生产过程中自觉地对每一个可能造成污染的环节给予足够的重视。金誉一直关注手段与目的的关系，这些理念体现在强调节能环保、绿色管理之中。

金誉一贯以节能、环保为己任，致力于在创建节约型社会中发挥先锋作用。金誉不仅自觉控制对环境的污染、降低能源消耗，而且重视对绿色技术的投入，不断开发、制造和推广节能环保产品，通过技术创新引领全行业绿色技术进步方向，推动全社会节能环保意识提升。金誉在科学发展观的指导下，积极开发环保节能产品，促进节能减排，是包装行业中践行可持续发展的典范。

为了打造节能环保的"绿色工厂"，金誉自成立之初就特别重视绿色节能环保，公司选址在风景秀丽的国家郑州经济技术开发区；车间本着人性化、节能环保的设计方案，建成 10 万级净化车间；为保证产品质量、保证员工身体健康，公司引进五层过滤净化水设备，为员工提供洁净水源保障，并积极创新，自发开发抗菌膜，研发节能、环保型材料。金誉重视废物回收利用，全面降低环境负荷。金誉持"控制百分之一的损耗是百分之百的利润"的财富理念，通过对生产工艺和流程的不断改进和完善，最大限度地减少工业废物产生，坚持废物的综合回收利用，积极引进溶剂回收设备，其意义表现如下：使公司有机废气零排放，达到国家环保标准，避免污染，保护环境、有益人类健康；避免浪费、变废为宝，使资源循环利用，节省大量资源；使企业节省大量溶剂采购资金，降低成本，给企业带来巨大收益，利国利企利民，实现企业效益、社会效益和环保效益全面丰收；为节约原材料，公司改变工艺，通过使用网线辊提高浓度，节约原材料，此种方法每天能节约溶剂2000元。金誉开发了材料在线回收系统，使切掉的边料直接回到原料料斗中，回收过程没有污染，节能降耗，此种材料两年回收废物累计价值达100多万元。在生产标准方面，金誉做到将溶剂残留始终控制在0.9%（国家标准2%）的净化等级，在国内食品包装行业内最高。在资源节约方面，金誉用纸替代了稀有金属——铝箔、尼龙，节省了成本。在保护环境方面，金誉的新产品减少了塑料用量，并可分解，改变了以前回收难的状况。

金誉自2005年成立以来，始终坚持绿色经营。金誉始终坚持以生产"卫生安全，节能环保"的绿色包装为目标，以"包装高品质"为企业使命，以食品医药包装卫生安全为企业发展战略，投资兴建10万级净化标准的无菌洁净包装生产工厂，实现7000吨的医药、高食品包装生产能力，给市场带来强烈的冲击，同时也产生了巨大的社会影响，不仅提高了员工收入和生活水平，而且体现了对员工健康安全、顾客产品卫生和节能环保的高度社会责任感。金誉的技术优势和研发创新能力大大提高了顾客对企业的信任度，赢得了市场份额和企业发展空间，带动了行业的进步和"以人为本"的科学发展观。金誉在2005~2007年的经营中，以"科学发展观"为企业经营方针，以经营生产"绿色包装"为企业发展使命，以"社会责任"为己任，"优化产业结构"促进企业综合效益提升，以"自主创新"为动力推进包装产品结构"节能环保，安全卫生"优化升级和更新换代。金誉以"利他"精神和手段，在利国利民的同时实现了企业高速发展的目的。金誉始终不渝地坚持科学发展观，巩固加强研发和创新能力，以发展"绿色包装"、推进社会进步和人与自然和谐为动力，关爱员工、关爱自然、关爱社会，保障安全经营、生产废物回收利用，努力实现零排放，保证产品质量和服务质量，为顾客创造喜悦，企业与员工、社会、公众、自然界共同发展，实现共赢，推进社会和谐进步。

金誉认为，企业肩负社会责任，维护国家税收。金誉自成立以来，严格依章纳税，为社会做贡献。金誉高度重视与社会各界的交流，广泛地听取意见，无私地分享经验，在交流中学习，在学习中提高。2003年7月，金誉牵头发起成立了中国软包装行业史上第一个协会：金誉包装会员俱乐部。俱乐部定期组织会员进行信息、技术交流，加强与国际国内行业间的交流与合作；定期为会员单位做经营、管理、技术培训；扩展行业空间、提高行业水平（每年组织行业大型培训数十次）。董事长李中灵及公司中高层领导经常参加各类政府、社团组织主办的交流会、培训等，积极发表言论，学习经验教训。

　　深刻理解商业伦理，履行社会责任、紧抓自主创新是企业可持续发展之本。包装行业涉及许多化学原料的使用，极易给当地环境带来污染，而且这些污染一旦造成就很难恢复，因此一直以来国家对包装行业极为重视。有效做好节能减排，积极使用可回收产品，坚持自主创新，努力研发新技术、新材料，减少对不可再生资源的依赖，保持和国家经济政策相一致，是一个包装企业能够做到可持续发展的重要影响因素。金誉公司能够及早认识到这个问题，以更长远的目光看待企业的发展，实属难能可贵。翻开金誉的社会责任报告，"绿色"两个字是整个报告的主线，无论是在企业的采购、生产研发、质量控制过程，还是在物流运输过程，都把"绿色""节能"当成整个企业的核心价值取向。正因如此，企业才能够在同行业中获得如此高的赞誉，才能获得当地政府和所在社区的肯定和欢迎，才能真正成为一个长盛不衰的企业。

　　目前，在中国，提及社会责任感，许多企业的第一反应就是捐款，但它不是所有企业都情愿的成本支出；还有一些企业把它当成一种事件营销，以期能够获得社会声誉。很少有企业真正将社会责任意识纳入企业管理。但是，通过研究世界一些著名企业的社会责任履行方式可以发现，真正具有社会责任意识的企业能够很好地把社会任意识整合到整个企业的生产经营过程中，在企业内部和企业产品中随处可见社会责任感的痕迹。让人欣慰的是，金誉在这方面走在了行业前列，从它的产品研发理念、与供应商的关系、主动节能减排意识方面都能清晰地看到社会责任感的烙印。这样的好处是，企业一旦将社会责任意识当作企业的一种价值观，不需要刻意进行社会责任投入就能够获得社会声誉，企业就不会再把社会责任当作一种成本和负担，而是自然融入企业文化。实践经济利益和商业伦理的结合，企业作为社会经济活动的最基本单位，金誉的案例充分证明了阿马蒂亚·森曾经指出的，经济学和伦理学并不存在天然的鸿沟，与伦理学的分离必然导致经济学的贫困。

第一节　企业伦理宪章与经济高速发展

　　人类的生存和生产活动向来都是与地理环境紧密联系在一起的。从人类文明发展的进程来看，地理环境决定了资源状况，从而决定了人类的生产活动，进而决定了人类意识的形成和发展，进一步决定了人类文明。商业活动建立在人文交流的基础上，各地风俗虽然不同但任何地方的商业活动经营都是异曲同工的。商业活动虽然自有其规律，但和文化是有很大关联的，不同地域的经营理念模式都带有鲜明的地域文化特色。几千年来全国各地丰富而又风格各异的商业活动，无不是通过不同的传播方式展现了各地风土人情的情况与变迁。作为东方文化的典型代表，中国文化体系又分化为大河文化、内陆文化、草原文化、丛林文化和海洋文化等具有鲜明地理特色的地域文化。各种地域文化不断发展、融合、同化，因此其地位和历史命运也各不相同。企业存在于一定的地域范围内，至少它的总部坐落在一定的地域文化圈里，其企业文化受地域文化的影响是非常明显的。不同的地域文化影响甚至决定着不同地域企业的经营战略和文化，从而使一地企业的企业文化不同于另一地企业。

从"一带一路"看地理环境与地域文化差异

企业伦理是企业文化的重要内容，是一种内在的约束力，是指企业在从事经济活动中所应遵循的伦理原则和道德规范。在企业发展过程中，伦理以其特有的职能扮演着至关重要的角色。企业经营者的决策和行为不仅要符合组织和个人的利益，而且要符合国际、国家、行业伦理要求和利益，结合行业要求及地方环境，建立规范的企业伦理，进行符合伦理要求的经营，企业才能在竞争中立于不败之地。

时任山东省省长的郭树清特别重视地域文化与地域经济的高质量发展，2016 年 11 月 29 日在山东大厦召开山东省加强企业家队伍建设工作会议，各省市领导和各大企业董事长到会参加。

在山东大厦召开山东省加强企业家队伍建设工作会议

会后，瑞福油脂公司邀请中国社会科学院专家指导制定《企业伦理宪章》。该宪章既体现了山东潍坊地域文化的特色，又彰显了瑞福人高质量发展的决心，是瑞福油脂公司企业文化的重要表现形式，是实现公司"经典企业、百年瑞福"发展战略的坚实基础，明确地阐明了瑞福油脂公司成立的原因，将以什么方式和途径来调整个人利益、组织利益和社会三者之间的关系，为建立"精益瑞福"、塑造国际品牌提供支撑。

以下为瑞福油脂公司《企业伦理宪章》的具体内容：

第一章　公司宗旨

第一条　全心全意为顾客创造香味、营养、健康。

第二条　用最好的人，提供最好的服务；选最好的料，生产最好的产品。

第二章　公司理念

第三条　精益求精，塑造经典。瑞福公司始终以精益生产、精益管理和精益经营为先导，力求品质一流、信誉一流、服务一流，确保产品优质、服务高效，创健康精品，树行业典范。

第四条　专注品质，瑞福百年。瑞福公司始终把质量作为抢占市场的"金锁"，把诚信作为赢取未来的密钥，决不为一企之利，决不计眼前之失，常行社会大义，造福人民生计，高标准抓谋划，严要求抓发展，做经得住考验的事业，做经得起挑剔的产品，建好百年瑞福，实现可持续发展、百年昌盛。

第五条　追求卓越，铸就品牌。瑞福公司始终坚持承袭传统、创新拓展、今古相融，着力构建健康有序的经营规范和企业理想，在文化、体制、管理、品牌、市场等方面形成系统思维，激活百年瑞福"第一品牌"的王者之气，领先行业、走遍全国、走向世界。

社科院专家为瑞福油脂公司拟定的《企业伦理宪章》

服从执行，做到令行禁止。（二）刻苦学习，精研业务，做到多技能、宽专业，一专多精，勇于创新；团结协作，讲求效率，发挥合作精神，同心协力服务客户，为企业微中取利，创造更大的效益。（三）及时准确、规范操作，消灭违章，确保安全，保证服务水平和服务质量。

第四十六条 重点客户部伦理：（一）树立社会价值高于利润价值的理念，把社会的需要放在首位，把客户作为镜子来正视自己，把意见作为鞭子驱动自己。（二）仪表端庄，举止得体，语言规范、表情热情，摆正位置，调整心态，坚持不懈、诚实守信的为客户做好服务。（三）发扬团队精神，同事之间互相帮助、相互支持、团结协作，共同发展。遵守纪律和法律，不泄露客户信息。

第四十七条 生产部伦理准则：（一）熟知行业生产伦理道德标准要求，并引入公司伦理管理之中，认同公司伦理公司，融入公司，从思想上，行动上同公司保持高度统一。（二）牢固树立"以人为本"的思想，把"以人为本"思想贯彻到生产的各个环节。头脑清醒，自我认知，准确定位，树立危机意识、忧患意识、责任担当意识，工作有担当、有作为。（三）服从上级，听从指挥，顾全大局，团结协作，目标一致，不折不扣完成各项工作任务。

第四十八条 品管部伦理准则：（一）与世界先进产品管理接轨，推行全面质量管理，提高产品品质管理水平，用心工作，精益求精，时刻关注采购原料、包装材料、生产过程的食品安全，确保食品安全。（二）注重从观念、精神、行为及环境等软性因素上，发掘知识产权保护意识，营造瑞福油脂的商标、品牌、知识产权保护社会舆论强大氛围，维护和提升瑞福品牌价值。（三）对外接待交流热情大方，对各种科研、技术

引进工作及时跟进，彰显瑞福油脂的形象力。

第四十九条 仓储部伦理准则：（一）从食品安全关手人的身体健康，社会稳定的角度做好仓储工作，熟知定置化管理相关知识，熟知仓储管理安全注意事项，严禁不作为事项发生。（二）严把库内设备、物资、产品管理，保证仓储包装材料品质：不漏、不霉、不变质、不损失、不受污染、做好防火、防盗、防鼠、防破坏管理。（三）严格执行废旧物资管理办法，严禁以任何名义私自处理、从中获取回扣和其他好处。严格执行外来人员和非仓库工作人员进出仓库管理规定，杜绝非正规程序发生。

第五十条 营销中心伦理准则：（一）对公司忠诚，遵守伦理道德，严禁脚踏两条船，为多个公司销售产品。严禁吃回扣谋私利。（二）严禁从企业利益或自身利益出发，不按市场规律从事销售活动，采取如漫天要价，随意"宰客"；采用短斤少两，以次充好等手段，更相欺诈；订立价格协议，实行固定价格，严禁进行价格垄断等违背社会道德和法律规范的价格手段牟取暴利。（三）严禁不讲商业道德，不尊重当事人的意愿，强买强卖，利用某种优势，限制竞争，进行垄断等。

第五十一条 人资部伦理准则（一）始终树立"尊重人、爱护人、关心人"的观念，严守招聘规则，招聘工作中不能存在不同程度的性别歧视、年龄歧视、健康歧视和地域歧视等反伦理行为：严守职业道德，不得发布虚假招聘信息。（二）企业培训不得缺乏伦理关注，开展针对企业本质、职业道德、公平态度等内容伦理培训。注重物质激励和精神激励并重，积极拓展管理伦理新途径，增强员工对公司的感情和对管理者的信任。（三）绩效评估中不得缺乏对人的因素的重视。

第三节 员工伦理准则

瑞福公司《企业伦理宪章》部分内容

第三章 公司核心价值观

第六条 信义立业，止于至善。瑞福人始终秉承"堂堂正正、踏踏实实做人，正打正上、认认真真做事"的价值观，以义为上，正确处理企业与股东、员工、消费者、合作者、竞争者、媒体等的权益和责任，专注、专心、专一于卓越追求，做好、做精、做优于品牌打造，贯穿始终，永不逾越。

潍坊地域文化与瑞福公司文化

第七条　绿色营养，健康放心。崔氏家族传承小磨香油，选用石磨及无机榨、无高压、无真空工序，还原传统绿色小磨香油的本色，最大限度地保留了小磨香油的自然风味和特有的营养价值，坚持以用心、细心、精心，永葆客户买得放心，吃得健康。

第四章　公司基本管理原则

第一节　文化管理与品牌战略

第八条　瑞福公司文化是企业品牌的灵魂，瑞福公司品牌是瑞福企业文化的载体，通过不断加强和升华已形成的优秀企业文化，实现理念先行，用企业文化去统一思想，规范行为，升华制度，以推动瑞福公司安全、健康、绿色发展，不断推动瑞福世界品牌塑造工程开展。

第九条　瑞福公司建立和完善品牌组织保障体系，按照国际品牌规则，对品牌名称体系、品牌名称确认、品牌相关提法文本识别、品牌基本视觉元素等基本概念提法进行确定，形成品牌发展规划。根据品牌属性定位，确定实施品牌形象开发，提升瑞福公司社会公信度。

第十条　品牌文化建设中，重点做好品牌管理工作，在注重从观念、精神、行为及环境等软性因素中，发掘知识产权保护意识，营造瑞福公司的商标、品牌、知识产权保护社会舆论强大氛围的同时，注重制定防止知识产权侵权保护措施和法律维护措施体系。

第二节　体制机制与模式创新

第十一条　体制机制创新是企业发展壮大的必备要件，既是企业改革的方向，也是推进企业信息化的重要基础。瑞福公司要旗帜鲜明地创新体制机制，建立产权清晰、权责明确、管理科学的现代企业制度，适时对公司各种组织构架和运行关系进行科学调整和优化组合，更好地为生产要素优化配置和高效使用开辟道路。

第十二条　瑞福公司要牢牢把握住国家加大对民营企业的鼓励、支持和引导的时代契机，运用伦理价值观精髓，规范经营管理活动行为，优化企业家族治理模式，以此增强企业竞争力、提高经营业绩，树立家族企业发展标杆，推动瑞福公司迈向现代化、国际化和集团化的发展进程。

第十三条　用文化创新增强公司凝聚力，用体制机制创新增强公司组织活力，用商业模式创新形成企业价值与客户价值最佳流程，不断探索和加强文化、体制和商业模式创新，实现文化、体制、模式三个"轮子"同步转动，相互促进。

第三节　食品安全与质量管控

第十四条　食品安全关系到国家公民的身体健康，产品质量的绝对保障是瑞福公司生命力之所在，是瑞福公司"信义立业，止于至善"的具体体现。瑞福公司在坚持以安全理念、安全管理职责、饮食安全、保卫安全等为内容的安全文化的基础上，始终将食品安全视为消费者的第一需求，始终义不容辞地担起安全、健康的责任和使命。

第十五条　瑞福公司始终采用全面质量管理模式，以质量为中心，全员参与质量管理与控制。始终坚持因地制宜地采用先进的制造工艺和质量管理方法和先进检测检验设备，完备质量管理体系，完善软件系统建设等措施，不断提升质量并满足消费者需求，始终使产品质量稳定在可控状态，着力引领中国香油及芝麻制品产业不断实现新飞跃。

第十六条 为实现瑞福公司"品质源于道德，品质源于细节，有价值才有消费"的质量观，根据企业的特性制定出真正适合自己的能坚持做下去的且行之有效的质量管控体系，并从源头到企业内部生产、产品流通到最终消费者所有环节建立严格的质量控制体系，严把质量关，并建立预防机制，实现事先预防，持续改善。

第四节 现场管理与人才管理

第十七条 食品行业的安全主要体现在现场管理上，现场的优质、高效、低耗、均衡、安全、文明生产是安全的基本保证。良好的工作环境不能单靠添置设备，也不能指望别人来创造。应当充分依靠现场人员的自我管理、坚持 PDCA 循环、持之以恒、率先垂范等管理工具，确保"人、机、料、法、环、信"的安全可靠。

第十八条 坚持高度重视现场管理，不断加大现场管理的投入，制定并认真执行本企业特色的现场管理制度及考核标准，建立健全企业环境保护和现场管理责任体系。以追求管理卓越为目标，夯实基础，推进创新，全面提高现场管理水平，构筑具有特色的现场管理模式，实现企业形象美化、绿化、净化，促进公司持续健康发展。

第十九条 "以人为本"是瑞福公司用人机制的核心内容，始终不渝地坚持培养、吸引和使用相结合，努力为各类优秀人才提供施展才华的平台和机遇，做到选好人、育好人、用好人、留住人，充分调动并发挥好各类人才的积极性、主动性和创造性，打造高素质的人才队伍。

第五节 产融平台与多边经济

第二十条 互联网迎来了数字时代，改变了基本的商业竞争环境和经济规则，使大量新的商业实践成为可能。作为实体企业，瑞福公司将加强对数字时代经济规律的研究应用，运用非绑定式等商业模式，强化主要业务，分拆次要业务，形成创造和传递客户价值、公司价值的最佳系统；积极研究金融业务，大力开展境内外投融资，逐步实现上市融资，把瑞福公司打造成一个产融结合的国际化企业。

第二十一条 在实现瑞福公司产融结合运行中，积极转变传统服务观念，把公司当作一个经济运作平台，优质服务好上下游产业链及关联客户，建立关联客户大数据台账，提升瑞福公司品牌价值，发挥品牌效应，运用品牌来吸引和促进关联客户各方群体之间互动，实现共同创造价值，规避瑞福公司产业单一风险。

第二十二条 坚持科学规划公司发展，科学分析企业竞争环境及自身资源、能力，加快推进实施产融结合与多边经济齐头并进，更加重视商业模式、品牌价值创新创造，靠创新引领发展，靠创新激发活力，靠创新抢占先机，实现产融多边经济平台，做强主业、做精辅业，实现收入多样化，规避发展风险。

第六节　健康养生与营销文化

第二十三条　健康养生将成为未来的主流方向，舌尖上的安全将被更加重视。瑞福公司作为"健康中国2020"战略规划的重要组成部分，坚持建立健全健康评价体系，以促进人民健康状况为要务，建立和发展相应的体制机制、生产投入、人才培养、科技文化等支撑体系，提升产品品质、品牌影响力。

第二十四条　营销文化的精髓是营销理念与其价值观。在"互联网＋"的全息化信息时代，参与性高、趣味性强、健康养生的营销模式更受消费者青睐。瑞福公司在传统营销的基础上，加强文化产品策略营销，把象征瑞福公司特有的价值观、审美情趣、行为导向的文化内涵融入产品，使产品成为文化艺术品，变文化营销为营销文化。

第二十五条　绿色生产、绿色发展、绿色经济是时代的呼唤，也是瑞福公司对每一个客户健康的责任，始终坚持"全心全意为顾客创造香味、营养、健康"的宗旨，紧扣健康养生主题，以产业品牌文化建设为公司营销的"加速器"，不断提升和完善产业营销价值链，推行营销伦理，自觉地进行自我约束、自我管理、自我提升，通过企业的自律来实现有道德的营销。

第七节　绿色发展与循环经济

第二十六条　绿色发展是以效率、和谐、持续为目标的经济增长和社会发展方式，它以绿色技术为基础，聚焦于提高人的生命力的持续健康发展。瑞福公司作为社会的组织细胞，作为地方的龙头企业，积极践行政府号召，以绿色生产技术为工具，身体力行，节能减排，推动低碳经济，从节能减排及污染物治理等处着手，对地方绿色发展做出贡献。

瑞福公司所获荣誉

第二十七条　循环经济和生态建设都需要绿色技术的支撑，而循环经济的发展要求延长原来的技术体系，瑞福公司将关注技术体系和生活消费产生的废弃物的资源化利用和无害化处理，将公司发展全面转向清洁化和高效化，为服务一方经济、造福一方百姓肩负应有的责任并做出更大贡献。

第二十八条　瑞福公司通过循环经济的全面实施来实现绿色发展，坚持将社会元素纳入企业的整体发展战略，信守为员工创造希望、为顾客创造价值、为家庭创造幸福、为社会创造进步的"四为"理念，着眼生产绿色产品，加强产品的绿色设计、绿色制造、绿色包装、生产过程中废弃物循环利用、绿色管理及自主创新来发展绿色经济，全面建立从材料购入到产品加工，再到生产废料加工再利用的循环经营模式。

第五章　公司核心伦理

第二十九条　诚信伦理观念：堂堂正正办企、踏踏实实做人、认认真真干事。

诠释：诚信是企业在生产与经营过程中必须遵守的一条社会伦理规范和经营准则，是一笔巨大的无形资产。诚是企业聚心之魂，信是企业立足之本，做企业就是做人，人与人之间坦诚相待，社会与企业才可持续发展。企业缺失诚信，会丢失企业信用，增加交易成本，损害企业品牌，影响企业投资。对瑞福公司来说，诚信经营是一项最重要的工作，一方面要加强企业员工诚信观念的教育与培训；另一方面企业经营与发展要聚焦到"堂堂正正办企、踏踏实实做人、认认真真干事"诚信伦理观念上来，用诚信伦理观念提升全体员工的道德素质，诚善于心，言行一致，真实好善，博济于民。

第三十条　合作共赢伦理观念：谋共生、促共享、达共赢。

诠释：互联网时代，因信息化革命和商业模式的创新，发展平台已由过去的"企业+个人"变成了"平台+个人"，现代企业发展模式也由过去单一的实体经济模式变为产融结合的多边经济平台模式，共生、共享、共赢已成为一种趋势与潮流。瑞福公司将在发展好现有实体经济的基础上，迎头赶上世界发展潮流，认真分析和服务上中下产业链客户和其他客户，把瑞福公司打造成客户的多边经济共享平台，力求满足所有客户需求，实现多边共赢和多赢。

第三十一条　生态伦理观念：绿色生产、绿色发展、绿色经济。

诠释：企业生态伦理是处理企业与生态关系的伦理原则、道德规范和道德实践的总和，是人与自然和谐发展的道德诉求。在经济一体化大格局下，企业生态伦理建设有利于增强企业持续发展的能力，瑞福公司只有把与社会分享成果定为企业的最高标准，坚持走节约资源的集约化经营道路，才能实现持续稳定的发展，才能拿到参与国际竞争的通行证，才能在未来的竞争中占有一席之地。

第三十二条　道德责任观念：遵法纪、重伦理、行公益。

诠释：企业作为社会主义市场的经济主体，应首先遵守国家的法律法规，提高道德自律水平，提高自身的道德素质，合理调整个人利益、组织利益和社会整体利益之间的关系，并积极承担社会组织这一角色的责任。瑞福公司的发展主要依赖社会环境和社会资源，要切实履行社会组织义务，并以之作为"经典企业、百年瑞福"理念的基础和生命线。

第三十三条　员工观念：尊重人、爱护人、关心人。

诠释："以人为本"即以人为核心，给予员工、顾客以物质和精神上力所能及的关心，通过激发员工的工作积极性和创造性来实现企业利润最大化，最终实现员工与企业的全面发展。瑞福公司始终把员工合理诉求作为企业管理的价值目标，尊重员工的价值、人格尊严和权利，努力实现更趋科学、民主和人本的企业管理和决策体系。通过尊重人、爱护人、关心人来提高管理者和员工的道德素质，树立公司形象，增强公司凝聚力和竞争力，实现公司长远发展。

第六章　公司宏观伦理

第三十四条　公司与政府间伦理准则：主体平等、义利对等。

诠释：企业是独立经营、自负盈亏的经济实体，是能够独立承担民事责任的企业法人。政府是公共秩序的维护者，是依法行政的行政主体。法律面前，企业和政府是平等关系。企业的权利是获得政府的公共服务，而义务是向政府纳税，法治社会中不允许有任何利益输送关系，否则，企业将断送发展机遇，政府官员也会堕入腐败危机。瑞福公司只有坚持以合理合法为经营基石，才能实现公司、政府的双赢，实现公司、政府的和谐发展。

第三十五条　公司与社会间伦理准则：取之社会、回报社会。

诠释：企业是社会的细胞，社会是企业利益的源泉。企业作为社会的重要组成部分，同样是"国家公民"之一，应自觉选择道德的市场行为，追求自身经济利益最大化，同时承担"积善扬德、助困扶弱"的社会责任。一个企业只有树立企业为人的理念，有社会责任感，消费者才会对其产品更加信赖。瑞福公司的发展在很大程度上依赖于企业竞争环境与合作共享，而慈善行为则可以博得更多的社会认同，能增强企业的竞争力和影响力。

第七章　公司中观伦理

第三十六条　公司与客户之间伦理准则：真诚服务、共创价值。

诠释：客户是企业的衣食父母，是企业的利润之源。没有客户的消费，企业的生存便成无本之木。客户的口碑是树立企业品牌的一个重要途径。瑞福公司坚持守信经营、信息披露真实充分、价格表示清晰明确、合同规范公平竞争、产品使用可靠安全、售后服务方便快捷、化解纠纷及时公正、尊重人格保护隐私、开展教育引导消费、环保节能永续发展并行，把客户的需求当作自己的追求，与客户共同创造社会价值。

第三十七条　公司与竞争者之间伦理准则：相互尊重、包容共进。

诠释：彼此尊重和包容，既是企业追求长远利益和兴旺发达的根本要求，也是企业作为社会公民对社会应尽的伦理道德责任。企业与竞争者原则是以个人自律为基础、道德约束为条件的维护市场有序竞争的重要工具和手段。瑞福公司讲求相互尊重、包容共进，既反对不正当竞争又反对无序竞争。

第三十八条　公司与合作者之间伦理准则：诚信守约、互惠互利。

诠释：信任是供应链中各合作者进行有效合作的纽带与保证。企业间只有建立了信任关系，供应链的运作效率才能得到保证和提高，企业才能赢得长久的竞争优势。瑞福公司转变传统的买卖观念和思维，坚持与合作企业和合作者共担责任、风险与成本，用诚信品牌链接诚信合作伙伴，共享成果与收益，这是合作者间建立长久信任关系的唯一有效途径。

第八章　公司微观伦理

第一节　高层伦理准则

第三十九条　领导（董事、经理）伦理准则：忠诚守信、敢于担责、独立审慎、客观公正。

忠诚守信是职业的基本要求。

敢于担责是职业的核心品质。

独立审慎是职业的发展要求。

客观公正是职业的道德要求。

第二节　部门伦理准则

第四十条　财务部伦理准则：（一）严守财务人员道德，完善财务管理制度，加强财务人员道德风险防范，工作勤奋，业务精湛。（二）熟悉财经纪律、财务制度，依法办事、依规办事，严守规矩，抵制歪风邪气。（三）严守商业秘密，杜绝擅自向外界提供或者泄露公司财务信息的行为，自觉接受各种财务监督。

第四十一条　采购部伦理准则：（一）致力于公平、公开的采购程序，提升采购效率与功能，提质量、提效率、保品质。（二）廉洁自持，重视荣誉，言辞谨慎，行为端庄，忠于职守，不接受任何请托或关系，不接受与职务或利益有关厂商的馈赠或招待。（三）办理采购应努力发现真实，注意维护公司及供应商的权利。对公司及供应商有利及不利之情形均应仔细核查，务求认真稳妥，赢得诚信。

第四十二条　监审部伦理准则：（一）牢记职责，依法履职，遵守国家有关法律准则，按照规定的职责、权限和程序开展监审工作，办理监审事项。（二）客观公正、实事求是、合理谨慎、职业胜任、保守秘密、廉洁奉公、恪尽职守。（三）坚持原则，正直坦诚，做出监审评价、提出处理处罚意见时，不歪曲事实，不偏袒任何一方。

第四十三条　企划品牌伦理准则：（一）做好企业顶层策划设计，通过科学合理的顶层策划设计，减少成本、提高效率、提升企业品牌。（二）企划工作以贯彻"以公众为中心"的原则为前提，进行准确的公众定位，努力满足公众的需要。（三）坚持实事求是、求异创新原则，彰显企业诚意、展示企业实态、正视企业劣势、立足企业现实、紧贴员工实际，策划要有独特的企业文化观念、企业制度创新、非凡的视觉要素、CI

的实施手段新颖别致。

第四十四条　综合办伦理准则：（一）忠于瑞福，服务大局，热爱本职，努力工作，用心服务，办文、办会、办事快速落实执行，追求完美。（二）任劳任怨，无私奉献，守住清贫，耐住寂寞，不浮躁，不急功近利，始终保持一种昂扬向上、文化高雅的精神状态。（三）注重操守，守住底线，为人耿直，服从执行，团结协作，文明礼貌，仪表端庄，成为瑞福品牌形象窗口。

第四十五条　物流部伦理准则：（一）物流是商业模式渠道通路的重要内容，不断学习新知识，掌握渠道通路的新变化，爱岗敬业、忠于职守，敢于担当，乐于奉献；遵章守法、服从执行，做到令行禁止。（二）刻苦学习，精研业务，做到多技能、宽专业，一专多能，勇于创新；团结协作、讲求效率，发挥合作精神，同心协力服务客户，为企业微中取利，创造更大的效益。（三）及时准确、规范操作，消灭违章，确保安全，保证服务水平和服务质量。

第四十六条　重点客户部伦理：（一）树立社会价值高于利润价值的理念，把社会的需要放在首位，把客户作为镜子来正视自己，把意见作为鞭子驱动自己。（二）仪表端庄、举止得体、语言规范、表情热情，摆正位置，调整心态，坚持不懈、诚实守信地为客户做好服务。（三）发扬团队精神，同事之间互相帮助、互相支持、团结协作、共同发展。遵守纪律和法律，不泄露客户信息。

第四十七条　生产部伦理准则：（一）熟知行业生产伦理道德标准要求，并引入公司伦理管理，认同公司，感恩公司，融入公司，从思想上、行动上同公司保持高度统一。（二）牢固树立"以人为本"的思想，把"以人为本"思想贯彻到生产的各个环节。头脑清醒，自我认知清晰，定位准确，树立危机意识、忧患意识、责任担当意识，工作有担当、有作为。（三）服从上级，听从指挥，顾全大局，团结协作，目标一致，不折不扣完成各项工作任务。

第四十八条　品管部伦理准则：（一）与世界先进产品管理接轨，推行全面质量管理，提高产品品质管理水平。用心工作，精益求精，时刻关注采购原料、包装材料、生产过程的食品安全，确保食品安全。（二）注重从观念、精神、行为及环境等软性因素中提高知识产权保护意识，营造瑞福公司的商标、品牌、知识产权保护的氛围，维护和提升瑞福品牌价值。（三）对外接待交流热情大方，对各种科研、技术引进工作及时跟进，彰显瑞福公司的形象力。

第四十九条　仓储部伦理准则：（一）从食品安全关乎人的身体健康、社会稳定的角度做好仓储工作，熟知定置化管理相关知识，熟知仓储管理安全注意事项，严禁不作为事项发生。（二）严把库内设备、物资、产品管理，保证仓储包装材料品质：不湿、不霉、不变质、不损失、不受污染。做好防火、防盗、防投毒、防破坏管理。（三）严格执行废旧物资管理办法，严禁以任何名义私自处理，从中获取回扣或其他好处。严格执行外来人员和非仓库工作人员进出仓库管理规定，杜绝非正规程序发生。

第五十条　营销中心伦理准则：（一）对公司忠诚，遵守伦理道德，严禁为多个公司销售产品，严禁吃回扣牟私利。（二）严禁不按市场规律从事销售活动，采取如漫天要价，随意"宰客"；采用短斤少两、以次充好等手段，变相涨价；订立价格协议，实行固定价格，进行价格垄断等违背社会道德和法律规范的价格手段牟取暴利。（三）严禁不讲商业道德，不尊重当事人的愿望，强买强卖，利用某种优势限制竞争，进行垄断等。

第五十一条　人资部伦理准则：（一）始终树立"尊重人、爱护人、关心人"的观念，严守招聘规则，招聘工作中不能存在不同程度的性别歧视、年龄歧视、健康视和地域歧视等反伦理行为；严守职业道德，不得发布虚假招聘信息。（二）企业培训不得缺乏伦理关注。开展针对企业本质、职业道德、公平态度等内容的伦理培训。注重物质激励和精神激励并重，积极拓展情感管理新途径，增强员工对公司的感情和对管理者的信任。（三）绩效评估中不得缺乏对人的因素的重视。

国情调研组考察潍坊地域文化与瑞福公司

第三节　员工伦理准则

第五十二条　树立信仰，诚实守信。信守社会主义核心价值观，弘扬中华传统文化，坚持精神生活高于物质生活、道德原则高于物质利益。不背信毁约、讨债赖账、制假销售，从产品生产、交换和流通各个环节体现瑞福人诚实守信的道德行为，做诚信员工，塑诚信品牌，打造诚信经济。

第五十三条　倡导平等，追求效率。制度面前，人人平等，从公司领导做起，从我做起，带头执行。员工认为公司制度明显不适用，可及时向公司领导或职能部门提出合理意见建议。坚持效率优先、兼顾公平，以各种合理合法的分配方式取得相应的收益。

第五十四条　严守规定，保守秘密。未经批准，不得将公司资产赠与、转让、出租、出借、抵押给其他单位、个人；未经授权，公司的一切书面和电子教材、培训资料等不得对外传播；未经公开披露的业务信息、财务资料、组织人事信息等不得随意泄露。

第五十五条　廉洁从业，克己奉公。秉公办事，不谋私利，瑞福员工不得以任何名义或形式索取或者收受业务关联单位的利益。员工于对外活动中，遇业务关联单位按规定合法给予的回扣、佣金或其他奖品，一律上缴公司统一处理，不得据为己有。

第五十六条　忠于职守，勤勉尽责。瑞福员工要恪尽职守，爱岗敬业，在任何情况下，禁止下列情形的兼职工作（包括不获取报酬的活动）：在公司内从事外部的兼职工作；兼职于公司的业务关联单位、客户或者商业竞争对手；所兼任的工作构成对公司的业务竞争。

第五十七条　关心公益，尚俭节用。公司鼓励员工通过各种方式利用业余时间参加社会公益活动，但如利用公司资源或有可能影响到工作，员工应事先请示，获得公司批准方可参加。恪守节约从俭，节制自己的物质欲望，从节约能源和绿色发展的角度，倡导从俭、文明的工作和生活方式。

第九章　继承与发展

第五十八条　企业基业常青的基因是文化。瑞福公司志在成为"经典企业、百年瑞福"，公司的百年大计是通过选拔和培养公司的优秀接班人，将公司优秀的企业文化传承和发展下去。

第五十九条　瑞福公司《企业伦理宪章》是公司伦理文化的纲领，根据公司的发展和环境变化，对瑞福公司《企业伦理宪章》进行不断的修改完善、优化提升。

第十章　检查与监督

第六十条　将瑞福公司《企业伦理宪章》内容作为公司年度重要检查考核内容，与年度奖惩兑现挂钩，并每年在公司内开展一次检查评比活动，对模范执行准则的员工进行表彰，对违反准则的员工及时进行教育，对造成不良社会影响的进行严肃处理。

真诚地接受政府部门、行业协会、消费者组织、竞争对手、新闻媒体、社会公众及员工等方面的监督，欢迎社会各界通过电话、邮件、来访、投诉等方式进行社会监督。公司伦理委员会办公室抓好各项工作的落实。

第二节　企业现代化改革制度思想

一路走来，曾任国家计委主任、党组书记的袁宝华先生的企业管理思想主要体现在"方"与"圆"的理念中，"方"指的是企业的规矩，企业立业之本；"圆"指的是企业的处世之道，讲究圆融和谐。袁宝华先生的企业管理思想主要提倡一切从实际出发，实事求是，根据企业现状和国情选择适合企业自身的发展模式，才是企业长久制胜的关键。随着社会的进步和时代的发展，人们的消费需求日益多样化和个性化，"与时俱进，自主创新"的企业经营模式是企业在激烈的市场经济中立于不败之地的关键。

企业传承工匠精神，做到精益求精，追求极致，是企业改革发展的安身之本，企业开展全面质量管理是推进企业改革升级和现代化进程的重要保障。

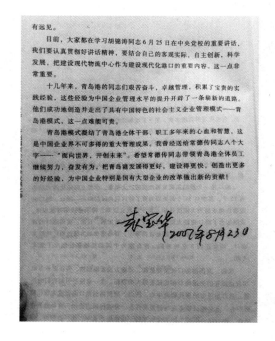

袁宝华为《常德传管理思想十二论》题序

青岛港（集团）有限公司（以下简称青岛港）是我国国有企业，原青岛港董事长常德传获得首届袁宝华企业管理金奖、国家级企业管理现代化创新成果一等奖。2007年，正值党的十七大召开，课题组携手袁宝华先生深入青岛港进行调研考察，贯彻改革开放的精神和宝贵经验，共同为青岛港提炼管理思想，他还为我们撰写的《常德传与青岛港》一书题序。在基于青岛港科学发展的唯物性、务实性、创新性和文化性特征下，我们与袁宝华先生为青岛港共同拟定了《常德传管理思想十二论》，为青岛港的未来发展提出了战略性指导意见，帮助青岛港实现企业现代化，完成企业的转型升级改造。

一、一切从实际出发

改革开放成功的关键在于实事求是，实事求是是毛泽东思想的精髓，是马克思列宁主义中国化理论成果的精髓。改革开放的"十个始终坚持"，第一个就是始终坚持实事求是。"一切从实际出发，把自己的事情办得更好"，这其中包含了三层含义：一是要关注自己的事情，办好自己的事情；二是只有更好，没有止境；三是最终结果，是否办好了有四条标准，即对国家的贡献是否越来越大？企业的发展后劲和竞争实力是否越来越强？员工的生活水平是否越来越高？精神文明建设是否越来越好而不是狭隘的个人主义？

二、《企业管理思想十二论》

基于我国改革发展进程、社会的进步和市场的需求，青岛港提出了十二条宝贵的管理经验。

中国社会科学院国情调研课题组撰写的《常德传与青岛港》

（1）核心价值论——基于我国企业的本分，提出："牢记责任使命，树好核心价值观，是实现科学发展、和谐长盛的前提条件。"

（2）人才强企论——基于员工队伍的构成，提出："人是企业成功之本，培养人、塑造人、成就人，是实现科学发展、和谐长盛的根本保证。"

（3）持续创新论——基于企业发展的现状，提出："不断解放思想，打造持续竞争力，是实现科学发展、和谐长盛的关键因素。"

（4）超前决策论——基于世界企业的趋势，提出："敢想敢干，超前决策，是实现科学发展、和谐长盛的动力引擎。"

（5）市场导向论——基于市场经济的规则，提出："以客户需要为导向，诚纳四海，是实现科学发展、和谐长盛的基本策略。"

（6）咬定发展论——基于变幻莫测的外部环境，提出："历史从来不加注解，发展创造一切是实现科学发展、和谐长盛的首要任务。"

（7）强基固本论——基于竞争格局的挑战，提出："苦练内功，强基固本，是实现科学发展、和谐长盛的有效途径。"

（8）信息提速论——基于现代科技的提升，提出："打造信息企业，实施四个一体化，是实现科学发展、和谐长盛的腾飞翅膀。"

（9）务实高效论——基于现代管理的特征，提出："效能统一，构建四级管理格局，是实现科学发展、和谐长盛的内在需要。"

（10）榜样带动论——基于标杆作用的巨大，提出："树好风气，带好队伍，是实现科学发展、和谐长盛的无形力量。"

（11）内涵增长论——基于全面协调的要求，提出："管理挖潜，实现 1>2，直至 1>n，是实现科学发展、和谐长盛的重要标志。"

（12）永无止境论——基于长盛不衰的战略选择，提出："干就干一流，争就争第一，是实现科学发展、和谐长盛的活力源泉。"

袁宝华先生送给企业八个字——"面向世界、开创未来"，企业作为我国经济主体，是推动国家改革发展的巨大引擎，袁宝华先生不仅从实事求是的一面给予企业思想的指导，而且大力推动企业朝着更远的发展目标奋进，积极自主创新，向更多领域同时发展，扩大服务领域，提高服务水平。自主开放始终与面向世界联系在一起，企业面向世界，就是要增强企业的世界格局，以世界的眼光和高度分析企业的走势，立足于改革开放实践，回应世界的机遇和挑战，是企业落实科学发展观、积极践行改革开放的重要选择。企业最关键的就是积累出符合自己目标、资源和能力的管理办法，而不是一味效仿其他企业成功的案例。我国企业要敢于试验、敢于突破、敢于创新，追求卓越、永争第一，义不容辞地承担起企业的政治责任、社会责任和经济责任，以"精忠报国、服务社会、福祉职工"为企业的"三大使命"，毫不动摇地坚持党的领导，最大限度地兼顾各个方面的利益，成功地创新出一条资源节约型、环境友好型、质量效益型、自主创新型、亲情和谐型的企业改革发展之路，实现全面、协调和可持续发展。

一切从实际出发，是袁宝华先生对每一个企业的劝告，尊重企业的自主权，不存在完全统一的企业管理模式、成功经验和经验理念，企业应该结合实际，各取所需、对症下药，实事求是地推进企业改革，实现企业现代化。应用现代化管理方法，就是从企业自身的实际出发，确定要解决的问题，再来寻找能够解决这些问题的现代方法，而对于不适合用现代方法来解决的问题，不能强行用现代的手段来处理，这样只会激发更多的矛盾，带来不必要的麻烦。袁宝华先生注重企业的改革之路和现代化管理的推进，强调了在企业现代化改革进程中，调动员工的积极性是重中之重，企业的发展凝聚着员工的智慧和创造力，只有有效发挥员工的潜能，调动员工的工作热情，才能给企业带来高效的运作。企业管理的现代化改革需要更多的高新技术和丰富的管理知识，提高员工的整体素质是企业现代化管理的重要环节。推进我国改革开放和现代化进程，需要企业遵循公平公正原则，发挥员工主人翁作用，充分行使民主权利和调动主观能动性，建立亲密、友善、和谐的工作环境。同时，提高员工思想政治觉悟，加强组织和思想建设、深化企业体制改革、保护生态环境、尊重历史文化，形成新的企业精神，增强企业的凝聚力和向心力，共同为企业发展和社会振兴而奋斗。

我国企业的改革创新和现代化管理，离不开创新型企业和人才，通过企业的自主创新来提高企业绩效，带动企业的发展。袁宝华先生总结出企业发展的核心经验——创新创效。企业通过培育企业的创新意识，不断提高企业自主创新能力，打造企业的核心竞争力，争取绩优的竞争优势，开辟一个新的市场领域。青岛港正是基于自主创新理念，实现了"小企"到"大企"的转变，青岛港全体员工卧薪尝胆，自我加压，不懈探索，继承创新，既积极吸纳先进的现代管理理念，又充分发挥国有企业的传统优势；既面向世界，学习借鉴先进的管理经验，又立足现实，一切从青岛港、从国有企业的实际出发，博采古今中外管理之长，实现政治力、文化力、经济力的有机结合，凝结成具有青岛港特色的管理思想和管理实践，不仅将青岛港打造成为吞吐量位居世界前十的现代化大港，而且将青岛港打造成为一个育人成才的大熔炉、大学校，创出了一条振兴国有企业的成功之路。

袁宝华先生提倡的企业全面质量，不仅强调了产品和服务的质量保证，同时也凸显出企业质量创新和企业质量指标体系建设的重要性，完善的企业质量管理可以深化企业体制改革和企业转型升级。正所谓"以我为主，博采众长，融合提炼，自成一家"，企业的管理应该有利于提高企业自主能力和技术创新能力，有利于提高中国企业自身品牌影响力，只有这样，才能不断提高我国企业的核心竞争力。袁宝华先生多次提出企业要重视质量问题，不能一味地追求数量。企业生产技术进步和产品质量提高是企业竞争力再造和转型升级成功的核心，也是企业真正融入国际市场的基础和桥梁。通过研究企业质量管理提升的方式和过程，可以更深入地了解企业升级对于企业经营、发展和变革的作用。世界著名质量管理学家朱兰曾说过："质量是和平占领市场的最有效武器。"改革开放是为了有效的竞争，中国企业重视质量管理，通过持续提升自身的产品和服务品质提升企业的综合实力，为客户价值的实现、行业的发展和改革的进步做出更大的贡献，同时也将为企业自身的成长带来更多的机会，为企业的改革之路带来便利。

作为社会中的一员，企业获取的机会和承担的责任是一致的，那么在当今社会发展阶段，最重要的就是提升企业的质量、产品的品质。一方面，中国已经在许多产品领域走在世界前列，但这只是规模层面，而不是品质层面，更不是品牌层面，许多企业还只是满足于生产中低端市场的产品，靠成本和规模获取利润；另一方面，客户对高品质产品的渴求正在不断上升，越来越多的消费者愿意为进口产品、国际名牌付出更高的价格，因为他们相信这些品牌所代表的品质。从长远来看，高品质产品未来必定是市场的主流。这种"低端"供应和"高端"需求之间的矛盾蕴藏了巨大的机会。袁宝华先生是我国首个提出质量管理的学者，他说："不讲质量的数量是最大的浪费"，袁宝华先生的质量管理理念可以说是走在世界最前端，站在一个高的领域来看待中国企业未来发展走向。企业一旦拥有高品质的信赖感，就会打造强势的企业形象和品牌形象，就能培养出高度忠诚的客户，让对手难以超越。质量是最好的宣传广告，是国际市场上的通行证和"护照"，只要提高和完善产品的品种和质量，提高企业竞争能力，加上我国的劳动力优势，就有很大的潜力打入国际市场。

第三节　现代企业制度与产权管理

从有计划的商品经济，到社会主义市场经济，再到由市场决定资源分配。其间既需要转变体制、机制，但更重要的是人的观念、人的思想的转变。这对于从建房子向卖房子转变的市场主体，从过去调动千军万马建楼盖房到现在调度千金万银搞资本经营，如果不能把握正确的政治方向，没有驾驭资本的本领，没有对市场诱惑的坚强定力，就会在糖衣炮弹面前打败仗。因而，正确的价值观是一切经济工作的生命线。在市场经济条件下，企业一旦进入资本经营的"快车道"，机遇和风险就像孪生兄弟一样相生相伴，随时处在风口浪尖之上。所谓资本经营，是指通过对资本使用价值的运用，在对资本做最有效的使用的基础上，包括直接对于资本的消费和利用资本的各种形态的变化，为实现资本盈利的最大化而开展的活动。房地产作为一种投资性产业，从本质上讲，它本身并不直接创造价值，而是通过资本运作、资源运行和技术管理来实现资本的增值。房地产业以国民经济的发展为宏观背景，以建筑业为现实依托，以土地和资金为直接载体，来进行投资进而求得发展。所以，房地产企业的一切经营活动毫无例外的都是"资本经营"。

北京现代物权产权研究院为民办社会智库，成立于2009年1月，是我国首家专门从事物权与产权研究的科研单位。该院的宗旨和任务是最大限度地吸收和联合社会各界与世界各地一切有志于物权与产权研究的团体和个人，为中国政府、企业和民众提供现代产权和物权理论与实践方面的智力支持。研究院秉持社会效益第一、经济效益第二的工作方针，求真务实，开拓创新，努力成为政府的好参谋、企业的好顾问、百姓的好朋友。

北京现代物权产权研究院坚持"学习+实践+智库建设"的高质量发展，特别是对企业产权制度有着长期深入的研究和切身体会，要深入研究物权产权问题，都涉及人的问题，就必须有社会科学、心理学、管理学、法学等相关学科的交叉研究。面对具体现实问题的复杂性，研究院强调智库的作用，需要集中各方优势力量开展组团研究，智库研究需要扎根实践。当前，有些智库人员偏好在书斋里开展研究，缺乏足够的实践和调研，所提供的研究成果发挥决策参谋的影响力有限。作为智库，与其他社会组织相比，更强调理论联系实际——智库应该以现实问题为导向。房地产企业经营者的智慧在于决定买卖的时间，即把握商机。折价、平价、溢价，是买卖的基本形式。经营者的商业信誉和企业资金、土地、房产一样，都是经营资本。北京现代物权产权研究院推行理论联系实际，善于把市面的案例和知识（包括：能力+企业家创新精神+冒险精神）运用到实践中去。北京现代物权产权研究院院长周献忠认识到两点：一是智库研究必须立足现实问题，这样才能大幅提高智库成果转化为决策咨询的实用性；二是智库的核心竞争力是思想创新，有些智库研究给政策做注释解读多，提出决策支持预案少，缺乏对重大问题战略研究的前瞻性。目前存在决策咨询"不解渴""不到位"的情况。智库研究不仅要有"想政府之所想，解决策之所需"的善谋本领，还要不断强化"想政府之所未想，解决策之所未需"的远谋能力。

管理是研究人与人、人与资源结合的艺术。周献忠院长以党的十六大关于产权制度改革的精神作为工作指引，把建立现代产权制度作为建立现代企业制度的基础，勇于探索，对上海京城房地产开发有限公司（非法人公司）进行了现代企业产权制度改革。周献忠努力开创以"北京城建地产"品牌的产品声誉及经营者个人的商业信誉，即以管理要素（开发经验）参与国有企业（1+1）改制，用生动的实践、鲜活的案例，创造性地诠释了现代企业产权制度下的公司是货币资本和人力资本、人力资本和人力资源相结合的物权体（1+2）这一全新理念。周献忠作为上海京城房地产开发有限公司第一任经营者，制订了公司十年规划，可概括为三步走：一是通过改制求生存，赋予企业新的生机，目标是 2+1≥1（原来是 1+1≠1）；二是借 2008 北京奥运会商机快速发展；三是借 2010 年上海世界博览会商机，使上海京城房地产开发有限公司走上快速发展之路（从开发普通住宅向高档住宅发展），目标是 2+1≥100。当然，在改革进程中也存在一些不协调、不和谐的音符，或由于既得利益集团的阻挠，或由于地方保护主义，或由于个别政府主管部门的专业化水准不高，上海京城房地产开发有限公司"以人为本"的现代企业产权制度这个"新生儿"也经历了不同寻常的命运。

上海京城房地产开发有限公司首届二次董事会

三个市场主体商讨上海京城房地产开发有限公司改制事宜

上海京城房地产开发有限公司以党的十六大确立的劳动、资本、知识、技术和管理等生产要素按贡献参与分配的原则为指导，坚持效率优先，兼顾公平和尊重知识、激励人才的原则，体现岗位责任、风险、贡献等薪酬收入的一致性，坚持绩效考核、动态管理的原则，使全体高级管理人员（两家法人股东兼职的董事、监事除外）的收入与工作业绩挂钩，随公司经营效益状况上下浮动。2004年9月11日，上海京城房地产开发有限公司首届二次董事会通过的《高管人员薪酬管理办法》规定了考核标准、考核期间，并列出了"水涨船高"的具体计算公式。至此，经过四个年头的不懈努力，上海京城房地产开发有限公司"以人为本"的现代企业产权制度全面建成。周院长深知企业管理之术，要深入企业改革创新，都要涉及人的问题，就必须有社会科学、心理学、管理学、法学等相关学科的交叉研究，他强调：作为智库，与其他社会组织相比，更要强调理论联系实际——智库应该以现实问题为导向。他身体力行、坚持理论联系实际，亲临企业创新改革的第一线。作为带头人，他深刻体会到：智库研究必须立足现实问题，这样才能大幅提高智库成果转化为决策咨询的实用性，他善于学习、勤于学习，数十年如一日，坚持"学习+实践+智库建设"的高质量发展。周献忠言行一致的作风和企业诚信，在企业经营和建设发展中发扬光大，周献忠特别强调企业诚信，这与他的经历分不开。

第四节　海上丝绸之路与地域产业发展

海上丝绸之路的发展，必然由航运做后盾。中国与海上丝绸之路沿线国家资源十分丰富，旅游合作可成海上丝绸之路发展的先行产业。中国与沿线国家城市积极开展旅游合作项目，极大地推动了各国旅游业和经济的发展，挖掘和利用更多的有利资源（地域文化资源），不仅提高了双方的整体经济实力，增强了各国人们之间的友谊，还带动了信息、科技和文化的交流与传播，同时对其他产业的发展起着很好的鼓舞作用。在与东盟海陆相连的广西，借助中国—东盟博览会、泛北部湾经济合作论坛等平台，广西与相关国家逐步建立起一系列的旅游合作和人才培养机制。桂林旅游业一直是广西旅游产业发展的龙头，也是我国旅游发展的缩影和"风向标"。桂林利用好国际性知名展会的平台，加快中国与东盟国家互为旅游目的地合作进程，积极开拓中国—东盟国际旅游大通道。强化品牌意识，实施品牌战略，充分发挥桂林的旅游潜力优势，着力打造桂林国际旅游胜地这一高品质国际旅游品牌。在海上旅游合作方面，广西已开通北海—越南下龙湾和防城港—越南下龙湾两条海上旅游航线，并加快打造国际邮轮母港和码头，将海上旅游航线延伸至更多东盟沿海城市。广西明港国际船务股份有限公司是一家主要从事防城港市与中国—东盟国际海上旅游及海上旅客班次运输的旅游交通综合企业，独家拥有中国防城港至越南下龙湾海上航线的运营资格，并拥有专业配套联检大厅，秉承"走进东盟，传承友谊"的理念，采用"运游结合"的模式，分步整合中国—东盟旅游板块，实施"一线带八国""环形东南亚旅游圈"战略目标，倾力打造防城港市名片——"21世纪海上丝绸之路"海上游国际旅游品牌。

写作组考察三亚地域文化与地域经济

　　海南省政府党组书记、省长冯飞在主持会议时曾强调，要坚定不移推进海南高质量发展。他指出，现代海上丝绸之路有利于中国和其他国家港口城市的关系发展，积极打造一个紧密的合作关系，通过海上贸易活动往来、双方城市的合作模式和海洋文化产业的发展形式，加快双方的经济、文化发展，形成一个"海上丝绸之路经济带"，不仅有助于本土城市的经济发展，还能够造福其他国家，甚至辐射到更多的城市和领域①。打造粤港澳大湾区，意味着整个粤港澳地区都将在"一带一路"建设中扮演着重要角色，三地各自优势、资源的互补，有望使粤港澳地区形成更有力的"拳头"，推动21世纪海上丝绸之路的建设。粤港澳大湾区有着得天独厚的地理优势和人文优势，借助海外华侨的影响和港、澳特殊的行政优势，能够抓住机遇，深化合作。"一带一路"建设中，粤港澳大湾区扮演着掮客的角色，通过"香港+广东"企业开拓东南亚市场，通过"香港+东南亚"开拓内地市场，就要增强粤港澳大湾区与其他区域的合作发展。粤港澳大湾区辐射范围广，对其他地方的经济、文化能够起到很大的作用，还与一些沿海省份有贸易往来，向外（东南亚区域）开拓市场。广东实行自贸创新机制，带动着全省的快速发展，与广西和福建相比，广东、香港和澳门的市场经济更为发达，因此"一带一路"建设中，可以先广泛对接粤港澳大湾区的合作项目，等经验丰富成熟再向周边区域辐射。

　　浙江是一个新型创业型省份，聚集了多个不同类型的产业，这些产业在国内乃至国外都享有高的美誉，由于浙江邻海，对外销售渠道方便，产品大量对外销售，不仅提高了当地的经济发展，也让全球能够分享我国经济发展的成果，使浙江的很多产业都有明显的竞争优势。浙江作为"一带一路"的带头发展省份，舟山是"一带一路"重要港口的其中一个，推进了舟山群岛新区建设，带动了整个区域的经济发展。2011年，浙江获得"浙江海洋经济发展示范区"的称号，从此浙江开始着重将自己打造成依托海洋发展的强省，因此舟山的开发和建设便成为浙江整体经济发展的关键。自从

---

①　梁琦. 推动粤港澳融合，打造一体化大自贸区［J］. 中国水运，2014（2）：24.

启动舟山港综合保税区，对舟山的经济发展和建设起到推动作用。宁波的发展不是单纯地推进对外交通设施的互联互通，也不是单纯地发展港口经济，而是围绕宁波—舟山港一体化来发展。舟山是一个靠海、以海为生的城市，海洋经济的发展直接影响着当地区域的民生和经济发展，海洋经济的快速发展有助于带动当地产业的发展、提高就业率、改善生活品质和城市新型面貌。"一带一路"倡议下的舟山建设了江海联运服务中心，无缝连接海上丝绸之路和长江经济带。依照上海国际航运中心的合作模式，舟山的江海联运服务不再停留在表层的行政服务规模，而是积极与"长三角"地区的一些城市达到战略合作伙伴的关系。整合和利用周边区域资源，发挥枢纽作用，建立一个高效的经济带，形成新型的岛屿新区，将舟山打造成海上丝绸之路的重要交汇点[①]。舟山在江海联运方面着重打造国际化的现代服务体系，其中包括海事、航运、金融、信息、技术等方面。

凭借制度和地理优势，香港于"一带一路"建设中可充当10大重要角色，其中之一就是国际融资枢纽。香港已成长为世界第三大金融中心，拥有成熟、完善、规范的金融市场，有年均数千亿美元的新增国际融资需求。香港在"一带一路"建设中，同时拥有"一国"和"两制"的双重优势，可以在多方面配合"一带一路"的建设，把握区域经济融合的机遇，包括利用香港的国际网络，令广东企业可以接触来自世界各地的企业，拓展海外市场和建立合作关系；协助广东企业进行市场推广、打造品牌和提升企业竞争力。内地是"一带一路"建设的"领头羊"，宏大发展计划相继落实意味着人民币国际化的逐步推进。香港作为全球最大人民币离岸中心，人民币业务将迎来一个长期的增长期。金融业扩容令财富及风险管理需求急剧膨胀，促成香港港成长为全球最重要的国际资产管理、风险管理及跨国企业财资中心。贸易物流一直是香港核心支柱产业，香港正处于"一带一路"东亚区枢纽地位，为贸易物流业带来长远增长动力。其他角色如充当全球多边协作运作支持中心，空、海航运中心，国际法律及解决争议服务中心，"一带一路"各国总部及专业服务支持中心，国际性人才培训基地，人文交流中心等。金融方面鼓励"一带一路"的企业在香港进行多渠道融资，充分发挥香港在大型基建和政府与社会资本合作（PPP）的投资模式中具备丰富经验和成熟机制的优势，抢占"一带一路"建设带来的巨大商机。

在"一带一路"建设道路上，尤其是在海上丝绸之路的发展中，广东是一个核心省份，承担着艰巨的任务，广东的基础很好，其港口航线与沿线国家已经互联互通，一些广东企业已开始"走出去"，在沿线国家开办产业园、建码头和电厂等。广东是古代海上丝绸之路的重要发祥地、内地开放型经济最发达的省份之一，香港作为国际金融、贸易、航运中心，两地在"一带一路"建设中扮演着重要角色，双方可在促进政策沟通、基建连通、贸易畅通、资金流通等方面加强合作。粤港两地共同打造参与"一带一路"建设的战略枢纽、经贸合作中心和重要引擎，探索抱团"走出去"的新

---

① 黄建钢，骆小平.论"现代海上丝绸之路"——以"浙江舟山群岛新区"为出发点的思考［J］.浙江海洋学院学报，2014，31（1）：6.

模式，积极拓展以"21 世纪海上丝绸之路"沿线尤其是东盟国家在贸易、投资、基建、金融、交通、旅游等领域的交流合作，强强联手为"一带一路"建设做出更积极的贡献，同时也分享更多的合作成果。

金融业不断提升服务质量，完善和缔造更为多元化的融资渠道，尤其要加强人民币金融产品的服务与多元化。金融、会计、法律等专业服务业需积极拓展人才库，以满足新一波扩容期的需求增长。商贸、物流、旅游相关产业等应积极向"一带一路"沿线国家外拓，把握几何级增长的新兴市场。包括衡阳市在内的全国多个城市真正走进防城港，走进"21 世纪海上丝绸之路"，走进东盟，走向世界。衡阳是湖南通往广西旅游线路的重要节点城市，也是高铁拉动广西发展的交通协调中心。通过开展海上旅游推介，利用明港国际"21 世纪海上丝绸之路"北部湾段、东盟段海上游航线将两地的旅游、经济优势相互结合。打开两地旅游市场，进一步通过东盟越南下龙湾段海上航线引领越南游客走进防城港、走进衡阳市，加深中越友谊。进一步打造明港国际"21 世纪海上丝绸之路"北部湾段、东盟段海上游航线品牌。通过与广西防城港开展旅游互通合作、利用明港国际的航线资源优势的方式，参与到"21 世纪海上丝绸之路"国家战略层面的时代建设潮流之中。衡阳对于防城港开拓湖南旅游市场并辐射华中地区具有积极的带动作用；防城港对于衡阳参与和融入"海上丝绸之路"、开拓东盟和北部湾市场意义重大。

第五节　海上丝绸之路与产业升级

泉州位于福建省的东南部，其沿海岸线有 421 公里，水很深，是一个得天独厚的港口，每天都有各式各样的船舶停靠。过去，泉州与亚洲、非洲、欧洲和美洲都有紧密的联系，它们需要的货物（丝绸和瓷器等）从泉州港口发出，经过印度洋沿岸，最后到达波斯湾区域，这一沿海路线由于贸易的频繁往来而呈现出繁荣的景象。

泉州是海上丝绸之路的起点，泉州有其代表的产业基地——鞋业制造基地，在这个产业基地上汇聚了很多著名的鞋业品牌，因此泉州晋江有"中国鞋都"的称号。泉州晋江与哈尔滨工业大学合作研发出一个专业给鞋底打磨的机器人，这是一个新型高科技代表，旧有的打磨工序非常耗费人员的时间，而高新科技的融合不仅节省了人员的劳动时间，降低了人员的劳动成本，还大大地提高了产业的效率，完成打磨的同时还可以完成其他工序。泉州要成为新时代下的制造业城市，就要摒弃旧有的生产力模式，引进高新技术，提高装备设置，完善数控能力，提高企业整体运转效率。泉州的多个行业领域都积极与高新技术接轨，比如，纺织业、服装业和鞋业等行业都引进了智能的生产线技术，改善了泉州工业发展的整体经济状况。泉州作为海上丝绸之路上的重要城市，其海洋文化也受到地域文化的深度影响，因此泉州成为海洋文化的传播中心，尤其是沿海的妈祖文化，得到迅速广泛的传播和发扬。泉州港口还与其他国家多个港口建立了良好的合作关系，积极推进双方海上贸易经济活动，泉州港口作为海上丝绸之路的重要一环，呈现了一幅贸易繁荣的景象，是海上丝绸之路发展的一个丰碑见证。

在过去一段时间，我国的贸易货物主要是一些低端的服装和玩具等，这些出口货物的生产成本很低，技术含量也不是很高，为了适应全球化的快速发展，我国的产业必须重新调整和布局，以满足全球化产业链和价值链的发展要求。"一带一路"倡议的实施和推进，在全球化的引领下踏上更高层次的发展，使中国逐步摆脱了低端贸易出口模式，从而转化为通过高端贸易出口获得资本和技术往来的发展模式。随着全球化的发展，企业生产成本逐渐升高，尤其是劳动力成本的增加，使得一些靠劳动力发展的产业面临转型升级的压力。"一带一路"沿线城市的产业发展不仅要注重劳动生产效率的提高，还要赋予产品更高的价值。民营企业同质化现象比较严重，转型升级的压力很大，民营企业要进一步发展，必须在商业模式上有所创新，创造适合电子商务的大众品牌。

科技交流合作领域不断拓展。海洋对外交流合作离不开科技支撑，各地水产科技专家、学者为海洋与渔业发展在三方面辛勤研究：一是在水产学术交流方面；二是在院校合作方面；三是在产学研平台建设方面。产业的并购整合、互联网化和国际化这"三大浪潮"交相辉映，洗涤出中国新经济的基本轮廓，同时一批优秀的富有国际竞争力的本土企业也在这"三大浪潮"中脱颖而出，成为中国新兴产业的"领头羊"。金融业积极作为，适应新形势和新常态，通过产品创新、管理创新、模式创新以及新技术应用，努力满足产业在"三大浪潮"中涌现出来的金融需求，与实体经济共同成长。

（1）产业兼并收购的整合浪潮。从发达国家的发展经验来看，在经济结构调整和转型升级期，各个产业都将进入一个兼并收购的整合高峰期。任何一个企业，要想在这个整合浪潮中保持快速发展，实现"弯道超车"，仅靠自身的资本积累是远远不够的，需要外部的资本力量来推动。因此，金融业在这个并购浪潮中肩负起引导与推动的任务。反过来，并购业务也将为商业银行、券商和基金等各类金融机构提供新的增长突破口。

（2）产业的互联网化浪潮。随着移动通信、云计算、大数据等技术应用的爆炸式增长，互联网已渗入社会生活和商业经营的各个角落，从传播媒介、销售终端和支付方式等多个方面给人们的生活带来了全方位变革，打破了人们原有的时间、空间和社会关系。互联网技术甚至融入了人与物、物与物的关系，催生了"物联网"技术，使人身在"网中"，即可实现自动识别、信息共享。新一轮互联网的技术革新成为推动传统产业互联网化升级和金融行业革新的重要力量。

（3）产业的国际化浪潮。经济发展的国际化和全球化是不可逆转的发展潮流，加强开放与交流，符合所有参与国家的利益。我国的全面深化改革必须利用好全球化浪潮的重要机遇，鼓励境外投资，推动产能输出，稳步推进人民币国际化。我国前期积累的过剩产能，通过贸易全球化和人民币国际化，将走向更广阔的境外市场，将有助于我国进行产业结构调整和升级，实现境内外各方的共赢。

打造丝绸之路经济带，势必要实现企业的转型升级和发展，由于丝绸之路经济带西部沿线城市的地域和文化影响，其劳动力成本相对较低，土地辽阔且资源丰富，可以承接一些与其他国家相关产业的项目，然而西部各个产业的发展层次不高，由于很多产业都属于重工业，对其清洁、节能的能力要求很高，同时产业聚集度不够，比较零散。因此，沿线各城市的产业发展必须根据自身的地域文化特色，完善配套的高端设备，提高企业的运转效率，提高产业聚集度，重点发展电子、信息等高新科技产业和能源、航空等经济效益高的产业。

第六节　地域文化与多种消费伦理观

所谓"生财有道"，指的就是人们应该选择哪种具有道德伦理的行为方式获得金钱财产，也就是企业发展中应该遵循的生产伦理，同样的道理，"用财有道"的核心点在于用，即应该在使用金钱的同时遵循哪些道德伦理，对于企业来说，这就应该是消费伦理。企业应该如何赚钱和用钱，与企业的价值观、员工的人生观有很大的关系。人们对金钱有不同的态度，有的人奉行节俭主义，善于理财，有的人崇尚享乐主义和拜金主义，这些都是人们的不同道德观和价值观的体现。

在生产发展的基础上不断提高人民的生活水平，会带动人们消费水平的增长和新的消费观念形成，也会改变旧有的消费模式。遵循科学的消费观原则，并正确地指引自己的消费观念，形成一个合理的消费模式，不仅对个人自身有好处，还对整个社会的发展有好处，在有利于个人心态和身体的健康发展的同时，还能够促进社会的稳定及可持续发展。

一、金钱与人类社会

金钱是人与人、人与社会物质交换的媒介和手段，对金钱的态度，从某一个侧面反映了个人的人生观，也引出了人对金钱和社会的种种思索。

当资本主义商品生产刚刚开始表现出它的活力的时候，易卜生说，"钱可以买来食物，却不能买来食欲；钱能买来药品，却不能买来健康；钱能招来熟人，却不能招来真正的朋友；钱能带来奉承，却不能带来信赖；钱能使你每天开心，却不能使你得到最终的幸福"。马克思说："金钱意味着'人情的离散力'"，人情和友谊容易在金钱的考验下瓦解，交往甚笃的老友可能为一笔钱财反目成仇，更有许多人为实现自己的金钱目标可以牺牲其他事情。

其实，人类把金钱和货币作为一般等价物，标志着经济的发展和人类历史的进步。它大大便利、促进和加速了生产、交换、分配、消费的经济运行过程。为什么金钱又常和一些负面因素联系在一起？这是因为在对金钱的追求和占有的过程中，体现着人的道德和社会风尚的状况。金钱观是体现人的世界观、人生观、价值观的一面镜子，是区分资产阶级人生观和无产阶级人生观的分水岭。人们一旦在消费观念中持有拜金主义，那么就是金钱至上的原则，其生活的一切目标就是赚取更多的钱财。人们往往对金钱的追求越盛，人离道德的目标也许就会越远。对于那些有拜金主义心理的人们，金钱是衡量任何行为的唯一的判断标准，他们认为金钱可以主宰一切。

我们并不是否定金钱和财富对人生的意义，而是告诫人们，在金钱和道德面临抉择的时候，应该有正确的判断，决不能取不义之财，拥有最大量金钱和最高权势的人未必是社会上真正幸福的人。

随着社会经济的发展，人类社会创造出精神层面的文化内涵，文化艺术的产生是社会发展的必然结果；人们在物质需求得到满足后，就会追求更高层次的精神满足。人作为历史进程的主体，这一艺术形态的产生也是人们主观实现自我需求的表现。艺术形态相对于物质和精神形态来说，是一个更高级别的形态，它要求人们拥有多方面的能力，做一个有极高道德素养的人，并强调社会要全面发展，尽可能发挥人和社会的最大潜力，遵循道德伦理原则，形成一个完整、全面的共同体，追求至善的行为。在"一带一路"倡议中，应以构建人类命运共同体为目标，要求人们重视自身发展、社会全面进步、道德伦理实施，打造一个全新、全面的生活环境，树立正确的金钱观，促进"一带一路"建设中多种合作的顺利进行。

人类文化艺术活动的起源和本质与金钱本无关系，它是劳动的产物，是人类精神情感的表达方式。人们与生俱来追求的就是自由的生活方式，文化艺术的产生也表达了人们内心最深处的渴望和需求。那些千百年来灿烂群星的艺术大师用毕生心血创造的为世世代代所传扬继承的精神财富，他们创造性源泉和精神动力并不来自物质与金钱，有许多甚至是宁愿放弃物质与金钱过清贫的生活，在追求超凡脱俗的精神境界中创造出无数永远存留人世的文化艺术珍品。生活在世俗的社会，没有谁离得开金钱，然而一些精神境界高的人，只把金钱作为实现个人梦想的手段，或仅仅只是其维持生活的一个需求。他们不贪婪金钱，不过度寻求物质满足，而是为自己的精神世界留出大量的时间和精力，对生活永远保持天真、好奇，充满激情，热爱生活、享受生活，保有对美好生活的向往和对爱的渴望。

当前一些精神文化的生产以利润最大化为目标的文化市场化口号体现了一种唯经济主义和拜金主义的倾向，这与文化艺术的本质是不符的，因为文化艺术在更高的意义上是精神现象中的美学，而不是金钱学和商品学，它是人类生活孕育出的一种崇高的价值目标。

在"一带一路"建设中，"一带一路"沿线国家和地区经济主体都应该拥有正确的金钱观，在赚取金钱的时候首先要考虑获取金钱的渠道和方法，这种方法不能违背人们的道德标准，君子爱财，取之有道，不能取不义之财，要在金钱财富和伦理道德间获得平衡，追求一种中和的态度，财不求过多，也不过少，如果人们为了得到大量的金钱财富而使自己的内心得不到安宁，生活变得痛苦，这种金钱再多都无疑是没有意义的。这与中国古代伦理学重内甚于重外、"内得"优于"外得"、偏心性精神而疏身外物质的价值追求颇有相似之处，这对于调整现代人的消费伦理和社会道德重建或许有某种积极的意义。

二、消费与精神、物质生活

人是具有社会属性的，人来到这个社会就离不开金钱，就必然存在对物质的需求和金钱的消费，然而人类作为一种高级动物，还拥有理性思维，有控制欲望的能力，懂得平衡物质和精神的需求。人们只有平衡了物质享受和精神享受，才能获得生活上的安宁和美好，最终实现人的生活意义。我们应该有一个核心的价值观、一个合理的金钱观，这些都是不可动摇的。在这些观念基础上，不再动摇自己的初心，不轻易受外在的诱惑，不人云亦云，坚守自己的价值理念。

"一带一路"建设是一项长期且庞大的系统工程，是一个复杂和艰巨的历史任务，为了进程的顺利畅通，每个沿线国家和地区都应该树立正确的金钱观、道德观和幸福观，这样才能在经济往来合作中获得长久且坚固的利益。每一个经济主体都不能只看眼前的利益，要拥有长远的眼光和计谋，短期利益可能更能带来快感和幸福感，但它是短暂的，并不能让更多人获得这种快乐；相反，长期的利益虽然需要各国人们付出更多的耐心和努力，但它是长期的，也能够带给更多人幸福和快乐，且这种满足感能够停留较长时间。"一带一路"建设需要人们齐心协力，循序渐进，从点到面地逐步进行合作，建立一个强大的市场体系，才能支撑规模庞大的经济合作模式。

相对于那些物质给人们带来的快乐和满足，人们应该将精神方面的需求和满足看得更重要一些，两者相辅相成，促进共同发展。物质与精神是一对辩证统一的关系，不能只是把获得物质财富看作幸福，不能只知重视物质生活而不知何为精神生活富足。我们应该反对过分地聚敛财富和不择手段地谋取金钱，反对利己主义；肯定个人的自爱，这种自爱并不是自私自利。

凡事都要讲究一个度，我们在追求自爱时也应该有一个度，同样的道理，在追求金钱财富的时候也要有度，任何一种追求超过应有的界限就是失度。人人都爱己，爱己并不是偶发的冲动，人们对自己的所有物感到爱的快意，实际上是自爱的延伸。自爱是人的一种本性，不能完全否定这一人性特征，我们所要批判和谴责的应该是自私。"一带一路"建设过程中，要注重物质文明建设和精神文明建设的平衡发展，两者相互独立，又保有一致性，这就是最高级别"度"的掌控，在不影响彼此独立发展的同时，又能促进共同目标的实现。坚持中道原则，是做人做事的基本德性，不去追求极端的利益满足，摒弃一切"恶"的行为，追求至善，就是中道的本质体现。

三、经济增长与消费

古罗马人贺拉斯把人类消费的历史过程定义为"时间磨灭了世界的价值"，古希腊人赫希阿德把历史分为五个时期，其中黄金时期是富饶和满足的时期，这个时期所建立的良好规则和秩序随着时代的发展最后还是衰落了，呈现出一派混沌的景象。这正说明了，社会的发展、历史的变迁并不是一个永存、不断进步的存在，而是在一个从有到无，再从无到有的过程中循环，任何东西的无限增长并不会给社会带来绝对有益的价值意味，而是告诫人们，任何东西都是有限的，不可能完全被占有的，即便可以所谓完全的占有，也许在这个同时，也会带来负面影响。古希腊人把"有"和"无"的两个状态联系在一起，用此消彼长来形容最为不过，他们为的就是将一个尽量减少事物的变化、消费尽量合理一些、尽量保持多一些自然资源的世界传给后代。

经济增长本身就是对自然资源的一种变相消费，我们人类社会的进步和发展也是以牺牲自然资源为代价的，然而地球资源并不是无限的，我们的利用必须遵循"度"的原则，无止境的经济增长和物质满足会给社会发展和大自然带来压力。"一带一路"建设虽然是一项庞大的工程，但是不能操之过急，必须在循序渐进的过程中，遵循各项道德伦理规则，维护好社会经济和生态的和谐共存，利用先进的高新技术降低对大自然的危害。

客观地看待社会和经济的发展，探寻社会发展的基础，其实就是每个人的利己之心，这是社会发展的原动力。中国有句古话："人不为己、天诛地灭"，这个道理是符合社会前进规律的，人们的利己主义也是符合人性和自然规律的，而国家的社会职责就是真正服务于人民，帮助人们过上较富裕的生活，在个人利益实现的同时，整个社会也在前进和发展。当我们只注重遵循人的本性，肆无忌惮地浪费和消耗资源，获得物质上的满足，却没有考虑到社会长久的发展。在这种以物质利益为追求目标的时代，人们乐此不疲地追寻物质生活带来的满足和幸福，将个人的利益、梦想和追求牢牢地与物质利益捆绑在一起，逐步陷入了物质利益设置的陷阱，导致了迷茫、懒惰、道德缺失等，丧失了对生活更高层次的追求，最终丢失了自己。人们只有在经济活动中找到自己、了解自己，提升自己的价值，将自己看作一个商品，投入经济市场，才会真正实现自身的价值。

经济增长也是一种变相的消费，只不过是通过对大自然的消费换取经济的增长，当人们开始追求经济增长的速度时，也会带来有效资源的消费。但是人类的全部经济活动，都以消费自然资源和环境质量为基础。当这种消费造成严重的后果影响人们的生活和生产的进一步发展时，人类才开始意识到把经济增长作为唯一目标的经济活动的危险性，与此紧密相关的是人口问题，罗马俱乐部主席佩切伊把人口迅速增长称为"不治之症的癌症转移"，它包括在人口增长基础上的个人消费需求的增长、人口爆炸和消费需求的爆炸。

在自然资源的消费问题上，也存在一个"权利平等"的伦理问题，它包括两方面的内容：一是人与人之间的关系；二是人与其他物种之间的关系。因为地球上的资源是有限的，对有限的资源，一些人消费多了，另一些人就必然要消费得少些，人类消费多了，人类之外的生物也就必然消费得少些，自然资源也可能被人类提前消费，因此存在"权利平等"的消费伦理。在人与人的关系方面，不仅在一个国家内部，而且还涉及不同国家和地区的人群。现实世界的资源消费存在严重的不平等现象，富国中富裕阶层无限地消费与穷国的普通人民忍饥挨饿形成强烈的反差。

公共消费是一种政府行为，在社会总消费中，用于非物质生产领域的消费。公共消费主义在不同的社会制度下，呈现出来的价值观和行为方式是不一致的，也可以说是相反的。在资本主义社会，消费是一种私人行为，其中也体现着信息的隐私性，因此是一种个人消费模式，而不是一种普遍性的消费模式，当然这样的消费模式存在一定的不公正性，同时其经济活动是一种以经济增长为目的行为，生活主要是以消费形式来体现的，没有注重社会和生态的共存发展问题；而在社会主义社会中，公共消费是以利益大多数人为基本点，围绕人们利益这一核心思想，制定不同的消费模式，帮助人们满足物质和精神的需求，通过满足更多人的需求来提高整个社会效益，注重"人"这一关键要素，体现了公共消费的社会公平性和普遍性，实现共同富裕，并使每个人得到全面发展。社会主义的消费水平随着生产力水平的提高而提高，使劳动者得到更多的物质福利和精神生活的享受，使他们的物质文化生活更加丰富。与此同时，国家也应当对消费进行健康的引导，讲求社会经济的合理发展和生态资源的合理开发利用，把消费伦理引向有利于社会物质文明和精神文明的方向。

"一带一路"倡议强调了适度的经济运行理念，在我们进行经济合作的时候，要关注经济主体的身心健康，寻求沿线各国和地区的综合利益，而不偏向任何单一的需求。极端的经济运行理念会失去正确且长远发展的平衡感，导致后来的力不从心。不论是个人、企业还是一个国家，任何一种纵欲或禁欲的行为，都将打破机体正常运转的速度和模式，只有中和、平衡发展，才能促进机体的不断运转。

四、消费主义：冲突的社会

经济活动研究包含了两个方面的内容：一个是人们应该选择哪一种正确的消费方式，另一个就是应该选择哪一种生产方式，两者之间是彼此制约的，有什么样的生产方式就会导致某一种相关的消费方式。受不同社会阶段的影响，人们的需求也是不同的，人们的生活资源和生产资源也是不一样的。社会的发展和进步其实就是不断消费自然资源的过程，随着资源的不断萎缩，人们为了寻求人与自然的可持续发展，不得不研究更加先进的科学技术来满足人们日益增长的需求和实现与自然资源的和谐相处。

许多经济学家从不同视角对消费方式进行了分析和讨论，不过总结下来，无外乎就是社会主义意识形态或资本主义意识形态下对消费模式和消费伦理的探讨。然而，随着社会实践和思想理论的层出不穷，一种新的视角出现了，新的经济消费模式是建立在大自然环境保护主义思想上的，是一种以保护生态为基础的消费方式。这种理论反对所称谓的生产和消费的物质需求，无论由谁来决定这种生产和消费，都以创造社会与环境和谐共存的美好生活来替代那些物质要求。用传统的消费观来看社会的发展，就应该不断完善人们的生活水平，从而会刺激经济的快速增长，一系列的连带效应就导致进入一个怪圈，最终会误导人们对正确消费观的理解和认识，形成一个有违初衷，只是寻求更多物质满足的消费理念。

　　财富积累是一种社会地位和权力等级的象征，当一个人或者一个国家拥有更多资源的时候，它就容易创造出更多的金钱或财富，那么在一定程度上，它就会拥有更高的地位和更多的权利，其本质意义上，就是剥夺了其他人或其他国家的资源消费。社会存在这样一种现象，大多数的资源或金钱存在于少数人的手中，这会对其他人的生活造成压迫。人类社会与大自然遵守这样同一个原则，维护大自然的可持续发展就必须平衡生物界的生物链，形成一个自然的生存规律，如动物世界中的优胜劣汰、强食弱肉，相同道理，社会要想更长久地发展，就必须制定正确合理的消费伦理，帮助人们找回生活的本质意义，摒弃那些旧有的、违背和谐发展的经济消费观点，从以不断追求物质需求转变为物质和精神共同追求的消费伦理，适应新时代下社会发展需求。当今，更多的经济学家呼吁人们重视精神和道德的需求，不能再过度地重视金钱物质，然而事实上，普及效果并不算好，旧有的经济消费观根深蒂固，需要社会的大的变革，很多时候人们积极地工作只是把工作作为谋生的工具、追求物质享受的手段，还未将真正的幸福纳入一个更高的精神层面。

　　我们应该倡导积极的精神消费，促进人的全面发展，平衡精神消费与物质消费的关系。积极的精神消费能够给社会带来健康的文明文化，有助于维护社会的长久治安，促进社会与自然的和谐发展，有利于社会和经济的可持续增长。

　　从生态学和社会学的意义上说，有充分的理由相信，幸福快乐的生活是由工作的性质、适度的物质享受和精神享受产生的，大量的、禁欲、纵欲的消费都难以带来长久且强烈的幸福，相比于目前大多数提倡的消费增长模式来看，在我们这样的社会下，合理有节制的消费才应该是首选的生活方式，也将更有利于个人自身以及社会的健康发展。

　　目前，我国人民的精神消费存在一系列问题，这些问题主要表现为物质消费的增加、精神消费的缺失，两者在人们的心中占比失衡，同时存在一些精神消费层次不高、精神消费伦理扭曲、效仿西方伦理和不规范的消费伦理现象。"一带一路"建设过程中强调的消费伦理应该是建立在通过创造性活动达到物质生活和精神生活的统一与平衡的基础上的。不论是个人，还是一个社会，都应该追求精神上的自由，不应该停留在人的最低层次的欲望上，在满足身体、物质需求后，还必须腾出时间，享受精神的愉悦和快乐，这才是一个完善的人生消费态度。

　　人类不应该再被这种传统的消费观所影响，要结合社会物质和精神共同进步和发展为导向的消费观，人类生活的意义不在于完全追求物质的需求，而在于在物质和精神消费之间寻找到一个平衡点，个人与个人、个人与社会能够更好地相处。打破现有的消费观，回归到最初模式，提倡一种合理、适度的消费，不是盲目地扩大生产需求，降低人们的消费欲望，而不再强烈刺激人们进行更多的消费活动，当然这并不是在要求人们回到最初物质困乏的生活水平上。当人们都支持这种新的经济消费观时，人们的工作和生活就会更好地寻找到平衡点，不再为了赚取更多的金钱牺牲更多闲暇时间，人们的生活将会变得更加幸福和快乐。自然主义观念下所提出的人类消费模式，没有了资本主义社会下的特征，不再纯粹地提倡个人主义和享乐主义，而是将人的生活重心放在幸福快乐、人与自然的和谐发展上，这是对人类本质生活最好的诠释。

第七节 乡村振兴与经济发展

乡村振兴战略是党的十九大报告中提出的战略，农业、农村、农民问题是关系国计民生的根本性问题，必须始终把解决好"三农"问题作为全党工作的重中之重。乡村建设是国家富强和地区发展的必然需要。乡村振兴与复兴体现了我国农村在实现伟大中国梦征程中历史与现实的统一。乡村的发展必然要有兴旺发达的产业支撑，只有在乡村实现因地制宜、突出特点、发挥优势的发展，形成既有市场竞争力又能可持续发展的现代农业产业体系，乡村才能有活力，经济才能大发展；要在乡村振兴战略实施过程中，充分科学合理利用自然山水资源，有效保护生态环境，祛除乡村生活陋习，治理美化乡村生活环境，真正使乡村成为山清水秀、天高云淡、风景如画的充满希望的田野和生态宜居的美丽乡村；要弘扬富有乡土气息的优秀传统文化，树立社会主义核心价值观的新风尚，使整个乡村社会更加互助发展，乡邻和睦，乡风文明。

实现共同富裕是社会主义的本质要求，是人民群众的共同期盼，而要实现共同富裕，乡村振兴是必经之路。乡村振兴不仅要巩固脱贫攻坚成果，而且要以更有力的举措、汇聚更强大的力量，加快农业农村现代化步伐。推动乡村振兴，实现共同富裕，促进农业稳定发展和农民增收是关键所在。要以新发展理念为引领，切实提高农民收入水平，促进全体人民共同富裕。共同富裕重在富裕农民，促进农民增收，而实现农民增收的必由之路是完善农业发展基础，提升农业供给质量，加快农业现代化进程，这是主线所在。构建现代乡村产业体系，打造农业全产业链，加快健全现代农业全产业链标准体系；推进现代农业经营体系建设，发展壮大农业专业化社会化服务组织，支持农业产业化龙头企业创新发展、做大做强。在推进城乡发展一体化过程中，必须坚持共享发展理念，把改善农村基础设施和提高基本公共服务水平放在重要位置，提升乡村治理水平，进一步夯实乡村振兴基础，推动城乡一体化建设。

乡村振兴，产业是重点，产业是地区经济发展的基础，产业兴旺，农民才能富裕。文化是乡村振兴的动力和智慧之源，实现乡村全面振兴需要把握好乡村文化的科学内涵。从文化自觉到文化自信，要尊重文化再生长的客观规律，精准识别乡村文化符号，重塑文化的包容性，提升乡村文化水平。良好的生态环境是乡村独特的地理优势，应充分发挥生态环境的潜力，让良好生态成为乡村振兴的"催化剂"。乡村振兴要走资源节约型、环境友好型道路，恢复和提升农村生态环境，生态与旅游业要联系起来，因地制宜地发展具有当地特色的生态旅游业；生态与农业也要相互联系，培育一批生态农业、生态农场、生态农庄、生态农民。绿色发展要贯穿于各个产业、各个环节，做到农业生态化、种植业生态化及旅游业生态化等各种产业生态化，将生态价值转化为经济价值，吸引更多的外来投资助力乡村振兴。组织振兴作为乡村振兴的政治保障，在乡村振兴中起着统领性作用。基层党组织、经济合作组织、社会组织和村民自治组织都是乡村振兴的重要参与组织，因此实现乡村振兴要加强农村基层党组织的教育培训，提高农村经济合作组织的内生动力，打造具有优良乡风的社会组织，形成人人爱参与的村民自治组织。乡村振兴，人才是基石。落实乡村振兴战略，需要各参与者相互协作、彼此信任。

当下，无论是地方政府还是工商资本，包括千万农民、村书记，都已深刻认识到生态的价值、乡村的价值、资源的价值。"流量时代，运营为王"，运营在乡村旅游、乡村建设前期介入的重要性显得尤为重要，如果没有"运营前置"思维，没有运营主体，规划图就是做做样子。政府或投资开发商把乡村旅游运营定位当作整个项目的核心，在设计阶段就把运营管理需求的问题考虑进去，让"美丽乡村"能够转化为"美丽经济"，带动村民致富，增加项目收入，减少工程返工，节省投资成本。因此，作为政府或投资商有必要通过引入专业的设计及运营团队，厘清设计与运营的关系，提前梳理运营管理体系。运营管理行为作为一种成本，在组织中是客观存在的。重视规划设计和运营的关系，重视运营在设计中的重要性，乡村旅游项目可以少走很多弯路，可以规避工程建设所遗留的问题，降低建设与后期运营维护成本。在村落开发建设过程中，通过将运营前置，系统化整合资本投资、产品业态、规划策划、建设施工、品牌推广、销售运营等资源，结合项目招商诉求、运营提资，编制项目招商规划、投融资规划、空间落地规划。运营前置，重点解决村落项目的招商条件、业态配置、运营提资、盈利项目、建设模式等问题，在启动前期确定业态组合与盈利项目，通过管理运营保障项目最终可实现持续的高增长盈利，实现资本投资的高效盈利与安全退出。成立运营管理公司，建立运营管理体系，推动乡村旅游核心产品品牌策划，研究项目的开发模式，以及梳理制定村落的标准化运营管理流程，提供项目开发建设的资本、模式、产品支持，保障各区域拳头项目落地、各专业板块运营工作的推进。运营部门重点负责每个板块的具体运营工作。结合不同区域的产品内容与运营模式，在项目投资、策划规划、开发建设、营运管理等全生命周期中，通过对进度、资金、质量、成本、商业、经营等各个业务点的管控，以及规范化、流程化和精细化的高标准运营体系，最终能够实现乡村旅游的持续增长盈利并获得稳定现金流。

本章案例：新冀商的品牌战略营销文化
——沧州市鸿源食品有限公司

　　沧州市鸿源食品有限公司（以下简称鸿源食品）是前程集团旗下的食品饮料销售公司。前程集团是从事易拉罐制造和饮料灌装业务的专业集团公司。前程集团一直在关注中国饮料市场的发展现状和未来发展趋势，鉴于饮料消费趋向于自然、安全、健康的消费特征，集团欲开发一款健康的果汁饮品。由于芒果富含人体所需的多种维生素和矿物质，是当之无愧的热带果王，于是集团领导决定选用台湾、海南、广西、云南优质芒果进行芒果汁饮料的生产。为研发芒果汁饮料，集团决策者曾于 2008 年多次到中国台湾、马来西亚、泰国等多地考察芒果产业并与当地芒果企业进行深入的沟通交流。2010 年，集团董事会决定，先后在台湾、海南、广西、云南投资建立四大种植基地，并引进台湾先进技术进行芒果汁饮品的生产研发。鸿源食品致力于做中国最好的芒果汁饮品，成功研制出"芒果之恋纯芒果汁""芒果之恋复合果汁"等系列芒果汁饮品。鸿源食品立志将"芒果之恋"打造成中国芒果汁饮品第一品牌。

　　"芒果之恋"是前程集团产业链品牌经营的核心主体，前程集团是集马口铁包装装潢印刷及食品饮料研发生产销售等于一体的综合性企业集团。集团有 20 多年的经营历史，总部坐落于全国著名的"武术之乡""杂技之乡"——环渤海经济开放城市沧州，占地面积 13 万平方米，地处沧州市清池大道北首，东临渤海、黄骅大港，北靠京、津，交通十分便利。前程集团旗下印铁包装公司拥有四条世界最先进的日本富士 RIM-EX-P452 马口铁双色印刷流水线、三条日本富士 FUJI-C452 涂布流水线，可承揽各类马口铁彩色印刷加工；制罐拥有两条世界先进的瑞士苏德罗尼克 FBB 生产线，可生产5133#、6133#、691#及 679#三片罐；拥有两条具有世界先进水平的英国全自动数控制盖生产线、10 条国产全自动数控生产线，可生产各种规格马口铁旋开式瓶盖。集团2015 年营业额达 15 亿元，根据公司整体运营情况，公司营业额还在逐年递增。

　　"芒果之恋"是前程集团产业链品牌运营，旗下鸿源食品专业生产经营的芒果汁饮品。多年来集团始终坚持"质量第一、信誉第一、用户至上"的原则，产品质量深受广大用户的认可和欢迎，并多次被沧州市委市政府评为重合同守信用单位。

一、"芒果之恋"的品牌文化

　　"芒果之恋"全系列产品包括"芒果之恋——芒芒""芒果之恋——果果""芒果之恋——红罐""芒果之恋——PET"和"芒果之恋——高罐"。芒果节是鸿源食品推行的特有活动，也是一种对经销商的福利活动，每年公司都会组织各地优秀经销商全程免费参加公司的"芒果之恋"基地参观采摘活动，同时还可以参加芒果节的各种活动。

芒果之恋精选每一个阳光芒果,采用原味鲜榨工序保留了芒果中的营养成分,并且将果汁丰满的果肉融入其中。

二、阳光雨林芒果之恋的两大优势

"中国果汁的新高度,黄金糖酸比,冷压榨工艺,原生果营养最大程度保留",这是"芒果之恋"的独特卖点,这些独特的优势构筑了产品的高端竞争力。

核心之一:台湾、海南、广西、云南四大种植基地鲜芒果:好果汁一定以好原料为基础;好原料,一定要优质土地种植和培育。"芒果之恋"果汁只选用"原产地鲜果"。原产地,即植物最初生长繁衍的地方更适宜这类作物生长。

核心之二:冷压榨先进工艺:好原料是好果汁的基础,但有原料没先进的技术也是不行的。市面上的果汁分为冷压榨和热压榨两种,无论是从口感上还是营养成分上讲,冷压榨无疑都是更好的。"芒果之恋"的生产在鲜果采摘后及时冷压榨,把新鲜芒果的可食用部分生榨成水果原浆,其果浆中还有丰富的果肉和果纤维,原汁原味,将水果的营养成分完全地锁住。水果纤维对人体有益,所以果浆饮料比果汁饮料更有营养,也更加健康。"芒果之恋"系列饮品正是采用新鲜芒果鲜榨而成的芒果原浆制作而成的,营养价值丰富,丰富的维生素 C 和 B 胡萝卜素不仅对皮肤有益,而且能缓解眼睛疲劳,改善视力。生产过程全程冷链管理,无任何添加剂,100%果汁,保留水果中的丰富营养。

三、产品基地

(一)海南

鸿源食品与海南农业局、旅游局深度合作,投资在海南三亚建立了 1200 亩的原生态芒果种植基地,同时结合当下社会经济发展特点,努力打造生态农业园旅游观光产业,在种植芒果的基础上进一步开发旅游项目,增加经济效益,推动产业园的良性发展。种植基地引进高新技术做支撑,推动企业高效发展,打造绿色、安全、高品质的产品线。

鸿源食品成立了专业合作社,把当地农户纳入合作社,还专门聘请很多资深的芒果专家,为企业在科学种植、管理和技术方面提供有意义的建议,不仅可以确保企业产品的可靠质量和安全保障,同时提高了当地农产品收益。鸿源食品海南"芒果之恋"生态农业旅游种植基地也被海南省农业厅列入省级标准示范园项目进行推广。

(二)广西

鸿源食品选择广西田东作为企业芒果种植基地之一,正是由于田东是久负盛名的中国优质芒果生产基地之一。田东县右江河谷土地肥沃、光热充足、雨热同季,是我国芒果栽培最适宜的地区之一。"天赋田东美,地道芒果香",田东芒果因果形美观、色泽诱人、肉质甜美、香味独特、营养丰富,深受消费者喜爱。

广西建成了千亩富硒芒果种植基地。鸿源食品充分利用广西拥有的丰富富硒土壤资源优势，加快富硒农产品开发，将芒果生态种植基地打造成我国最大、最优的富硒农产品产业基地和"中国富硒第一产地"。目前，鸿源食品正出台推进富硒农产品开发的方案。同时，公司与广西农业厅"广西富硒农产品开发领导小组"座谈研讨，安排资金扶持当地建设省级生产示范基地。

（三）云南

云南芒果种植基地位于红河附近，远离城市工业污染，气候湿润，阳光充足，利于芒果的生长，基地有"大金煌""澳芒"等 10 多个优质品种，鸿源食品带领当地农户，从品种改良到基地建设，再到品牌推广，利用"组合拳"，大力促进当地芒果产业的发展，让企业实力在进一步提升的同时也提高了当地农民收入水平，带动了当地经济高速发展。

（四）台湾

台南玉井有得天独厚的芒果种植的自然条件：首先，恰好的纬度。三月时当地恰好达到芒果开花期最适宜的 20~25℃，温和的气候有利于爱文芒果成长，形成绝好的口感，不至于因酷热生长太快而使质地风味流于松疏寡淡。其次，爱文芒果的种植地周围覆盖着一层独特的土质。台南玉井地区土质不仅含钙成分高，颜色浅白，有利于反射日照，且含水量低，使芒果生长速度减慢，肥料能够更集中往花与果输送，故而产出的芒果味香浓甜美、果肉质地更饱满而有弹性。

四、市场规划

（一）专业营销团队提供帮扶、全面的促销活动支持

鸿源食品除统一投放的央视和重点卫视广告外，在地级市场铺货率达到 70%，启动地方电视台作为宣传平台，进行市场宣传，加强全国著名商业报纸、杂志等软性宣传和区域硬性广告支持（包括但不限于车体、公交电视、地铁电视及其他终端媒体），为产品热销提供强势推动力。公司业务人员根据市场实际情况，为合作客户量身定制区域营销方案，协助经销商规范市场运作，拓展经营空间，保证利润实现。他们根据不同的区域特色帮助经销商推广产品，还为经销商提供大量业务支持，提升企业品牌的整体影响力，细化到不同的市场、不同的供应链、不同的季节阶段等，给经销商一个较为成熟的促销方案，帮助经销商在当地更好地打开市场，提高他们的业务操作能力。

（二）市场管控严格、及时解决市场问题

鸿源食品通过系统的数字化管控，限定产品在规定的区域/渠道内流通，严厉打击窜货现象，力求经销商的利益得到充分保障。为加强市场沟通时效，公司推行扁平化、双流通市场管理模式，经销商有任何问题可以通过当地区域经理解决，也可以直接与公司销售部和市场部对接，公司承诺一般性市场问题 24 小时解决，重大问题 48 小时回复。鸿源食品致力于为经销商提供准确、快捷的售后服务，解决经销商的后顾之忧。

（三）合理的调换货政策

（1）鸿源食品在保证一定安全库存的情况下，按订单生产，经销商务必根据自身

市场环境和销售情况慎重下单，业务人员将提供专业建议。

（2）如因订单不当造成产品滞销、积压，鸿源食品将尽力为经销商解决困扰，在产品外包装完好且在产品临期前三个月，经销商可向公司销管部提交书面申请，公司组织人员为经销商提供就近调货，原则上按购货价格的七折处理，申请调货的经销商承担相关运输费用。

（3）如产品出现重大质量问题，鸿源食品执行召回政策，所有费用由公司承担。

（四）系列产品的优先代理权，产品优化，平衡经营结构，拓展销售网络

经销商可根据自身优势和网络、渠道资源自主选定经销品种，经销商放弃的产品品种或放弃的区域、渠道，鸿源食品将和其他经销商展开合作，力求当地市场多元化，经销商之间相互帮衬，形成相互推动力。目前鸿源食品有两个系列共七个单品供经销商选择，二期休闲食品系列、保健品系列正在研发，预计很快就会成型。企业的研发能力不断提高，满足了消费者的多样化需求，完善了市场销售结构，实体销售模式和网络销售模式并进，有助于企业实现市场最大化的发展。规范区域/渠道/品类规划和管理，能够确保经销商获得长久、稳定的盈利。鸿源食品业务人员为经销商提供地域性帮扶，指导经销商组建二、三级经销网络，稳固并提升经销商的地区影响力，为产品快速进入分销渠道提供有力支持。

（五）丰富的广宣品支持、专卖店形象支持

针对不同产品、不同时节、不同市场提供种类丰富的广宣品、助销品支持。投入市场初期鸿源食品统一提供促销服、促销台、品尝杯、X展架、海报、开酒器、酒塞、各类高档酒杯等广宣促销物料，随货配发，经销商可根据市场需要向销售管理部和区域经理提交申请，当地采办相关广宣促销物料，公司提供相关图片并对批复的费用予以核销。专卖店门店装潢按公司统一标准设计，经总部批准后，按实际投入，总部核销装潢费用的30%。

（六）宽松的经销条件，共赢的操作模式

鸿源食品根据不同区域设定不同的经销条件，制定切实可行的目标销售额，公司选定经销商的重点要素依次是有网络、有精力、有队伍、有资金，要求经销商把鸿源食品的产品作为主销产品在区域做推广，实现共生、共赢、共荣。鸿源食品投入大力度扶持经销商，也需要经销商以实际行动进行反应。合作伙伴可到鸿源食品考察，游览芒果基地，享受田园采摘芒果的乐趣，合作成功后公司核销首次来往费用。

五、品牌战略

"芒果之恋"的品牌效应依靠强大的主流媒体广告支持。2016~2020年鸿源食品拿出2.5亿元广告预算整合强势媒体资源，全方位立体传播。"芒果之恋"品牌经过几年发展初具规模，2016~2021年鸿源食品重点进行品牌提升，系统地进行品牌规划，在品牌属性、品牌结构、品牌内容、品牌范围、品牌愿景、品牌管理机制六个方面进行品牌塑造。

2016～2020 年度鸿源食品广告预算具体分配　　　　　　　单位：万元

央视	卫视	网络媒体	手机新媒体	户外	报纸	杂志	其他	合计
5000	10000	5000	1000	1000	500	500	2000	25000

（一）央视广告投资规划

鸿源食品选择 CCTV-1、CCTV-2、CCTV-7、CCTV-新闻频道作为主要投放平台，选择《朝闻天下》《新闻 30 分》《共同关注》《东方时空》等栏目做集中投放，为企业品牌搭建最高规格、最高品质的传播舞台，使品牌站得更高、传得更远。

央视广告投入重点打造良好的品牌形象，提升品牌价值，带动企业未来整体市场发展规划。在国家电视台做过广告后，企业的品牌效应扩大了，宣传了产品的优质品质。同时，央视的广告投放显示了企业的较强的综合实力，有效保证了企业供应链的正常运转。企业品牌影响力的提升，调动了员工的积极性，不仅对企业本身有益，还对消费者、供应商、股东等一切利益相关者有益。央视广告的投放显示了鸿源食品是值得信赖的、积极承担社会责任的企业，对于竞争者来说，强势登陆央视平台，逼退竞争，"弯道超车"，抢占市场份额，也是一个上上策的投资方案和发展规划。

（二）地方电视台广告投放规划

鸿源食品选择湖南、浙江、江苏、天津、北京卫视等十大频道作为主要投放平台，选择《快乐大本营》《天天向上》《爸爸去哪儿》《非诚勿扰》《中国好声音》《奔跑吧兄弟》《非你莫属》《我是歌手》《笑傲江湖》等当下热门栏目做集中投放，市场开拓前期主要以广告插播的形式投放，面向大众，覆盖面广，普及率高，做到家喻户晓，使产品品牌在消费者心中植根。后期会根据品牌规划选择适合品牌的节目以赞助或者独家冠名的形式投入，进一步提高企业品牌知名度，带动全国销量大幅度提升，为开拓全国市场及海外市场打下坚实的基础。

2016～2021 年鸿源食品广告投放规划

年份	规划
2016～2017	广告插播
2017～2018	特约赞助
2018～2019	参加冠名竞拍
2019～2021	参加总冠名竞拍

（三）网络媒体规划

面对当今形势下网络媒体的日益火爆，针对其传播范围广、保留时间长、目标受众人群多、成本低、效率高等优势，鸿源食品重点投放全国各大门户网站，招商网站首页广告如新浪、网易、腾讯、搜狐等。其次以贴片的形式投放视频媒体广告，如搜狐视频、腾讯视频、乐视网、爱奇艺、土豆视频等，其中重点打造与湖南卫视旗下芒果 TV 的深度合作，从电视剧到综艺节目、网络视频等以插播、开头贴片的形式投入，精耕细作，积累目标用户群体，促成全国整体市场销量的提升，达到广告投放的最终目标。

六、销售支持

（一）首批进货支持

鸿源食品为体现公司扶持经销商的决心，兑现先期承诺，经销商在首批进货时，鸿源食品将根据首批货物的货值提供实物商品奖励。

（二）市场开发支持

鸿源食品支持经销商市场开发阶段的进店费、条码费。

鸿源食品业务人员将与经销商一起制订渠道开发计划。在渠道开发过程中所需的费用经公司确认后（详见经销商费用审批流程），经销商先行垫付，后由鸿源食品以货品形式分批返还经销商。

核销比例为第二次发货时核销费用的 50%，第三批发货时核销费用的 30%，第三次核销 20%。

（三）渠道终端和消费者促销支持

（1）鸿源食品提供全国性促销活动支持和地域性促销活动指导。

（2）鸿源食品给予经销商和区域经理充分自主权，经销商和区域经理可以根据市场环境制定促通、促销方案，报销市场部审批。

（3）对于优秀经销商提交的地域性促通、促销方案，鸿源食品可以考虑与经销商进行 1：1 对赌式费用互投，具体内容包括但不限于：

公司支持经销商在终端展示产品所需的端架费、陈列费用；

公司支持经销商在终端销售所需的导购员、促销员等人员；

公司支持经销商在零售终端所做的"主题促销活动"；

公司支持经销商在零售终端所做的常规促销活动，如特价、买赠、试饮、兑奖等。

（4）鸿源食品支持经销商根据市场情况定期或不定期地举办品鉴会，品尝品、赠品全部由公司提供。

（5）鸿源食品支持经销商在终端管理上所需的各类信息支持，如产品信息、大客户进销存信息、卖场信息等。

（四）持续的培训提升管理素质

向管理要效率是企业所倡导的经营理念，鸿源食品不遗余力地为合作伙伴提供战略、营销、品牌等方面的知识培训，让合作伙伴与企业共同成长。

七、重点市场划分

重点市场是鸿源食品的旗帜，是其倾力打造的核心样板，目前鸿源食品规划的重点市场包括：北京市、河北省、山东省、河南省郑州市及其辐射地区、四川省成都市及其辐射地区、安徽省及其辐射地区、福建省及其辐射地区、其他有必要设置成为重点地区的城市。

　　鸿源食品会根据以上重点市场实际市场回款及经销商情况做出销售方案调整，不同地区的经销商有不同的合作共赢目标，有成功产品的推广案例，强烈认同公司的发展理念，把产品作为核心产品，强势推动销售。

第五章 经济高质量发展与企业发展新视角

章首案例：潮汕文化
——广东康氏实业有限公司的文化特色

一个地域的文化是当地独有的文化，这种文化与其他地域文化相比较，有其自身的典型性和独特性，随着时间的推移，深深地为该地域打上了独特的文化印记。每一种地域文化所表现的形式和状态，都深深地渗透进当地的经济发展、民众生活以及政策指导。

广东康氏实业有限公司（以下简称康氏公司）是一家集绣花产品开发、生产、销售、服务于一体的综合性实业公司，创建于20世纪80年代。企业位于我国首批开放的四大经济特区之一——汕头经济特区的南郊，该企业文化的形成深深地受到了潮汕历史文化的影响。康氏公司的经营理念是"以人为本"和"欲造物、先塑人"，将"思路新、节奏快、步子稳"作为指导企业发展的实践思想，打造以"诚信、认真、学习、标准、创新"为精神的团队。康氏公司在以进军上市公司为奋斗目标，以获取绣花深加工产业中数一数二的企业地位为发展愿景，全面加速产品升级和品牌升级。经过十余年的辛勤耕耘，公司在取得了重大发展的同时，受到当地的文化影响，铸就了具有自身特色的企业文化。

写作组考察潮汕文化与广济桥

一、业精于勤荒于嬉，行成于思毁于随

在汕头文化的发展进程中，韩愈为此做出了不可磨灭的功劳。韩愈在潮汕短短八个月的为官期间，受到了当地人们的爱戴，他实实在在为当地百姓办了很多事，解决了很多问题，将儒家积极入世的精神融入自己的生活，感受别人的痛苦，解决别人的痛苦，极大程度上推动了当地经济、文化和民生的发展。

韩愈从小受到儒家思想的熏陶，将儒家积极入世的精神融入自己的一言一行。他自强奋进、坚强不屈，还很有忧患意识，时刻为国家担忧，并积极努力实现自己的价值。儒家优秀的精神完全融入他的血液，不论是当官还是做平常百姓，他都在追求自我价值的实现。

写作组考察潮汕文化与开元寺

业精于勤荒于嬉，这句话强调了生活中勤奋的重要性。一个人只有努力勤奋，才会达到所期望的高点，勤奋是通向成功大门的必备钥匙。

在这样的一个底蕴丰厚的文化里，康氏公司同样具有向上精神，积极乐观，不怕苦不怕累，用勤奋向世人展现自我的能力。

二、天地有正气，杂然赋流形

另一个影响潮汕文化的著名文人就是文天祥。文天祥的英雄气概、为国献身的精神、有胆有识的智慧，给当地留下了一笔独具特色的精神财富，激励当地的文化事业发展。他在"是气所磅礴，凛烈万古存""天地有正气，杂然赋流形""时穷节乃见，

——垂丹青"等诗句中表达了他不怕死、爱国、顶天立地的精神和宽广的胸怀。

在汕尾、汕头两地现有的文化中，人们为了祭奠文天祥，会举办海丰"开灯"和潮阳"烧塔"的民俗活动，经过岁月的洗礼，两地的诸多文化都受到文天祥精神的影响，与文天祥当年在此地事迹息息相关。两地政府打造文天祥旅游专线的思路也不谋而合。不难看出，在潮汕人们潜意识里面，特别尊敬文天祥。他的精神同样鼓舞着人们日常生活和工作，团结正气的意识贯穿于当地人们生活的每个细节。

越是在艰难困苦的时候，崇高的气节越能显示出来。文天祥正气凛然的气节，使每一个潮汕人在做人做事上都深受影响。康氏公司的核心价值观就是：诚信、创新、责任、感恩、共赢。诚信和责任就是文天祥身上那种追寻真相，不徇私舞弊、不欺骗、不造假的原则。对员工、对顾客、对每一个与企业息息相关的人都做到公平公正，有一股秉公办事的气节。

三、知恩图报，善莫大焉

懂得感恩是康氏公司价值观的一个主要特色。这也是深受当地文化影响的结果。在潮汕，你会发现每家每户都有供奉的神灵，每逢过节都有重要的仪式。每隔一段距离，都会看到大小不一的寺庙，里面总是有络绎不绝的人群在烧香拜佛，从小到老，从男到女。在潮汕，自小时候起，就有烧香拜佛的理念，仅是一种风俗习惯和文化。

潮汕人成功的原因很重要的一点就是注重团结和感恩。他们懂得感恩和惜福，明白要先做一个好人，才能办得成好事的这种道理。最初，大家都很穷，只有团结一致，合理分配工作，才能获得财富，这样就形成了团结互助的精神，并且一直延续到现在，这种笃定的人际关系是一种优势。正因为这种重团结的思想，让他们无论在生活中，还是经商中，都更容易获得成功，他们互相帮助，资源共享，互利共赢，总是能获得较便宜的货源，寻找到更优质的经营渠道。

每一个潮汕人都有自己的个性，但是他们也都是有志气、有骨气、不愿意落后的，他们不怕苦不怕累，总是想赚取更多的财富来改善自己的生活。他们心细胆大，创先争先，用自己的智慧和双手不断地拼搏，将勤劳这个优秀的品质发扬到世界各地。大部分潮汕人都懂得感恩，爱着自己的家乡，在外团结和勤奋，将自己赚取的财富回来投资家乡建设。

康氏公司康辉宣董事长在致全体员工的一封信中说道：康氏公司是一个有战略、有目标、有未来、有胸怀、有格局的电脑刺绣公司，将致力于"成为国际花边行业的领跑者"。公司要求每一位员工热爱自己的家庭，孝敬父母，感恩身边的每一个人，任何时候、任何地点都不要做对不起父母、对不起天地良心的事情，因为"举头三尺有神明"，"人在做，天在看"。

从康总的发言可以看到，康氏公司是一个有血有肉的大家庭、大集体，传承了潮汕人民对万物中的感恩之情。一个懂得感恩的人或者集体，不管他未来怎样发展，更易受到人们的拥护和爱戴，这样的集团也易走得更远更稳。

第一节　生态环境与沙漠治理

推动国际化的发展，就必须解决丝绸之路经济带地区所面临的土地荒漠问题，我国境内的丝绸之路经济带沿线地区大多数在我国中西部，这些区域的土地沙漠化问题尤其严重，不仅影响当地的经济发展，还给当地人们的生存问题带来了挑战，没有辽阔的土地发展农作物，也很难有工业经济作支撑，不利于当地人们生活水平的提高和生存状况的改善。据中科院兰州沙漠研究所数据统计，全球 65% 的土地面积都面临不同程度的沙漠化，并且每年都在增加，年增加速率在 5 万~7 万平方公里。

土地沙漠化是一个社会生态环境问题，同时也是政治和经济问题。国际化发展战略的兴起，不仅凸显了我国土地沙漠化的危机现状，要求人们必须实施一定的举措进行改善，同时也带来了治理土地沙漠化的好机遇。现如今，科学技术发达，我们应该将治理土地沙漠化纳入经济发展战略规划，用最先进的技术和创新型模式竭尽全力地应对土地沙漠化问题。

写作组考察库尔勒地域文化与博斯腾湖

土地沙漠化威胁着中国生态安全和经济社会的可持续发展。新疆土地沙漠化严重，新疆每年都在想方设法地防沙治沙，通过解决土地沙漠化生态问题来改善地区发展问题。新疆主要通过构建林果业的生态系统来提质增效，创新绿色经济发展。塔中彩虹农业以此为契机，扎实落实中央和新疆的战略部署，大力发展沙漠生态经济，浓墨书写大漠绿色传奇，走出一条以治理荒漠化、发展特色林果业，带领农牧民致富的"绿色发展"之路。彩虹公司积极谋划扩大再生产，计划投资建设万亩果园，选择红枣、核桃等适宜的果树种作为防风护林的树种，既可保护胡杨，又可产生经济效益、丰富生态体系、实现生态与产业的协调发展，是治理荒漠化的典范之举。

写作组考察喀什疏附地域文化

新疆瀛泰农业发展有限公司主营业务为农产品种植、加工、储藏、包装、销售，是国内最早从事果桑、饲料桑、黑枸杞、柱形苹果产业的开发、品种引种、研发、栽培技术研究及示范推广的民营科技企业。杨凌瀛泰农桑科技有限公司（以下简称杨凌瀛泰农业）位于陕西省，有三大拳头产品：中国沙地桑、沙地蛋白（饲料）桑、沙地大果桑。这几个品种是公司法人白忠社经过20多年的研究选育出的国内独一无二的优良品种，目前已在国内外推广100余万亩，产生了巨大的经济效益、生态效益和社会效益，开创了陕西桑产业企业上市公司的先河，掀开了该公司利用资本市场推动桑产业发展治理荒漠化的新篇章。十多年来，杨凌瀛泰农业培育的沙地桑、沙地蛋白（饲料）桑、沙地大果桑品种苗木已推广到全国除台湾外各地，种植面积达百万亩以上。特别是近几年来在内蒙古、新疆、西藏、甘肃河西走廊北部、宁夏、云南、贵州等地的沙漠、石漠、荒漠、戈壁及沙化、退化土地已栽植5万多亩。根据2014年订购苗木的用户统计，随后三年栽培面积仅新疆、甘肃、青海、宁夏、内蒙古已达120万亩以上，需要苗木15.6亿株。

"沙漠生态文明，共建丝绸之路"是亿利资源集团（以下简称亿利资源）提倡的发展方向。27年来亿利资源坚持治沙，创造了6000多平方公里沙漠绿洲，亿利资源形成了库布其"六生态"产业链，即"生态修复、生态工业、生态光能、生态牧业、生态健康、生态旅游"。通过构建绿色生态和互联网的生态商业模式，大规模种植绿色植物来改善土地沙漠化问题，将绿化融入企业发展战略，统一"水、电、路、通信、网络、绿色"的发展方向，一齐治理土地沙漠化。

古时的民勤是丝绸之路中的重要一站，现在"一带一路"建设的布局让这个丝路小镇又重新焕发活力。甘肃敬业农业科技有限公司，从美国、俄罗斯、西班牙引进了种子资源，加上国内的种子资源，研制出高品质、含油量高、抗病性强的品种。种子质量的提升以及民勤特色的栽培模式的普及，不但增加了种植面积，还有效抑制了沙漠化。2015年7月，甘肃敬业农业科技有限公司与俄罗斯瓦维洛夫试验站签署了战略合作协议，共同进行种子研发。现在，甘肃敬业农业科技有限公司还在与部分丝绸之路沿线国家探讨进口种植原料的可能性，来降低成本、扩大种植面积，让更多的民勤农民也能享受到"一带一路"的红利。

阿拉善SEE生态协会是一个社会型的慈善机构，越来越多的企业重视生态与企业的长久发展，凭借强烈的社会责任感，近百名企业家投身于保护生态的社会团体。这些企业联合阿拉善当地农牧民，在绿色无污染的沙漠绿洲种植环境友好型节水谷子，已经与中粮我买网、大成集团形成战略合作。沙漠小米是一个典型的生态商业研发模式，是一款新型节水型小米，这正符合缺水、干旱化地带的生存环境，通过研发和种植新型技术农作物，不仅能促进当地经济的发展，还能有效制止土地沙漠化，一举两得。沙漠小米的成功上市主要是通过商业化的社会创新模式来解决环保问题。阿拉善SEE生态协会在前沿做环保，支持沙漠小米的种植和绿洲节水，同时"我买网"在线上渠道出售沙漠小米，获得的收益再通过阿拉善SEE生态协会用于支持沙漠化治理，形成一条共生的可持续生态链。

　　然而，仅通过农作物的研发和发展来治理沙漠化是远远不够的，还必须寻找一些防沙功效强劲的沙生植物来改善生态的环境治理，这些沙生植物不仅防沙力强，还必须能存活在缺水、干旱的环境中，同时还具有经济价值。通过种植和培育这些植物，完善生态圈的产业、规模化，不仅有利于土地沙漠化治理，解决当地生态环境问题，还能给企业带来经济利益。阿里巴巴集团下的支付宝金融中的"蚂蚁森林"就是通过倡导人们节能减排来实现企业与生态双赢，阿里集团作为中间平台，人们通过大量使用这个平台上的功能，换取种植树木的资格，阿里集团再分批次在这些合作区域种植这些树木，改善当地土地荒漠化问题。

第二节　新型能源创新与合作

　　新型能源的需求和行业的大力发展是时代的必然结果，随着我们的生产力发展到一定程度，开始注重经济与自然的和谐发展，新能源的发展不仅能够给"一带一路"沿线国家和地区带来良好的生态环境保护，还能促进当地的经济发展。清洁能源、光伏发电、节能减排等合作项目都属于技术密集型、资金密集型的产业，是我国"走出去"非常好的一个切入点。

　　国际全球化发展最终的目的是实现全球政治、经济和文化的互惠互通，完成基础设施的互通互联，连接商贸的海、路、空平台，各种能源资源是必不可少的物质需求。我国虽然是能源大国，但是在全球的能源市场上没有太多的话语权，尤其是在原油方面，我们必须克服这些困难，寻求可以合作的地方，打破这种局限，建立一个互惠共赢的市场机制，维护原油市场的发展秩序。同时，在天然气资源方面，我国作为其重要的消费和生产国，可以与"一带一路"沿线国家和地区寻找合作契机，带动和促进天然气贸易的更高层发展。在光伏热能源发展方面，我国有大量的资源应用和制造经验，还拥有技术和人才的支持，同时其他"一带一路"沿线国家和地区也有市场需求，非常有利于与各国和地区建立长久的合作发展机制，为各国和地区带来清洁新型能源，既能保护生态环境，又促进了彼此共同发展。陆上丝绸之路西北一线，海上丝绸之路的南亚、中东、北非，完全符合光热发电的目标市场，市场的需要与地域环境都非常符合。并且，我国专门为"一带一路"的发展构建了三大金融机构，作为"一带一路"发展过程中的金融后盾。除了能给当地带来收益，也符合全球节能环保的大趋势。在新的历史背景下促进经济高质量发展，企业应遵循绿色环保的发展理念，其核心就是绿色、低碳、循环发展，也将为我国能源行业"走出去"带来新机遇。

　　国家政策对新能源光伏产业发展进行了大力的支持，"农光互补"作为分布式光伏应用的创新模式已经在各地纷纷落地开建，"农光互补"给国内光伏产业带来了很大的市场机会。在国际化经济高质量发展需求下，光伏产业的市场也逐步扩大。深圳市英威腾电气股份有限公司（以下简称英威腾）在电气传动、工业控制、新能源领域内多项技术处于国内乃至国际一流水准。2014 年，英威腾仅伏水泵就卖了 4000 多万元，主要市场在巴基斯坦、印度、越南、阿富汗、伊朗等地区以及中国西北地区（缺水地区）。英威腾凭着多年在工控行业的经验积累，把水泵变频器技术嫁接到光伏水泵上，利用太阳能进行农作物的水利供给。英威腾逆变器主要应用在分布式光伏电站，产品远销于欧洲（如英国、荷兰、瑞士）、澳大利亚等地。国际化发展与英威腾的传统业务相融合，给企业带来更大的发展空间和机遇。过去，英威腾为了扩大国外市场，必须付出大量的资源和时间成本，现在有国际化发展背景作支撑，减少了不必要的成本浪费，大大推进了合作的进度。英威腾的发展不仅要借助全球经济力量大步发展，还希望在整个经济带中形成循环发展的局面，在挖掘国外市场的同时注重国内市场的发展。

英威腾与新疆形成深度的战略合作发展，打造了一个"丝路光城——新能源及节能环保产业基地"，英威腾提供技术上的支持，新疆借助先进技术的研发和发展，通过新能源、新产品和新服务，构建一个节能环保的新型能源发展领域。

2014 年特变电工新疆新能源股份有限公司（以下简称特变电工）与巴基斯坦开启合作，签下 100 兆瓦太阳能光伏电站 EPC 和运营维护项目。位于巴基斯坦巴哈瓦尔布尔 QUAID-E-AZAM 光伏区的 100 兆瓦光伏电站是巴基斯坦建国以来首座 100 兆瓦级光伏电站，也是其首座兆瓦级光伏电站。特变电工作为该电站的总承包商，积极响应国家国际化政策号召，成功走出国门，践行了特变电工"中国制造，全球信赖"的发展理念。特变电工以巴基斯坦 100 兆瓦光伏电站项目的建设和运营维护为起点，大力开拓国际化市场，提升国际化能源服务的能力，集中所有优势资源，以最先进的技术、可靠的装备和优质的服务为巴基斯坦人民建设在新能源领域世界领先的现代化工程。

在国际化能源合作道路上，我国已经实施了新的能源机制，获得了较充足的经验，为了满足各国的经济、政治和文化要求，我国也总结出针对不同国家的能源合作管理机制。为了实现全球基础设施的互惠互通，能源是任何一个国家必不可少的资源，这也给各国的能源合作带来了机会，不论是技术的合作、机制的合作，还是经济的直接合作，我国企业都应该做好万分的准备，积极勇敢地"走出去"，开拓市场，克服困难，抱团前进。我国已经积累了多方面（能源、基础建设、技术、人才和资金）的实力，要借助国际化发展契机，寻求能源合作，以开放包容的心态实现资源的整合和发展。

第三节　文化融合与经贸合作

一个国家和一个地域的发展，深受当地的地理环境、现有资源和人文环境所影响，历史的发展会给当地烙上时代的印记，决定了其独特的精神，自然的环境资源和地理因素是当地经济发展的物质依托，人文素养的培育是未来发展的动力基因。在国际化发展中，各国和地区都有自己的独特精神文化和物质需求，这正是促进彼此合作往来的原动力。经济贸易的往来不仅是物的交换，同时也是文化的交流。丰富的贸易合作内容、形式和模式，不仅促进了各国的经济发展，也有利于双方政治、文化的了解和融合，也能带来更多的合作机会。其中，文化起了很重要的作用，双方合作的统一价值理念需要文化来做支持。在合作过程中，形成双方都认可的价值观——"团结互信、平等互利、包容互鉴、合作共赢"，有利于双方更好地合作与发展。双方在维护各国形象基础上，以开放包容的心态，遵守各地不同的法律法规和风俗习惯，深化双方的感情，互利互信，增进资源的互惠互通。

写作组考察库尔勒地域文化与博斯腾湖

经济贸易合作的精神，就是开放、包容、自由和务实，基础设施的互通互联、人文的交流融合以及资金的融汇畅通都是国际化经贸合作的基础条件。我国企业应创新人文外交活动形式，增加多渠道、多领域的经贸往来合作，借助经济贸易活动，将我国的产品和文化带出去，实现品牌的国际化。青岛一直是一个有创新意识、敢为人先、充满活力的城市，它积极发挥自身优势，打造了"欧亚经贸合作产业园"，主要以跨境合作和多边合作为特色，有别于传统产业园发展模式，通过多样化的合作模式，加快经济贸易的联动发展速度，增进了友好往来，提高了自身文化软实力，这是一种创新的经贸合作模式，也给国际产能合作提供了新的平台。在这种模式下，依托青岛对外开放优势，构建跨境电商贸易平台，加快了周边各国和地区的经贸互动，整合优势资源，加上政府的大力推进，使物资、人才、资金和信息的流通更加顺畅，丰富了国际化发展的内容，为经济贸易合作带来了新的动力。

自"一带一路"倡议实施以来，我国很多城市都积极与"一带一路"沿线国家和地区进行了贸易合作，发挥自己的地理、品牌和产业优势，挖掘和寻求更多可以合作的机会。随着贸易方式的创新、完善贸易体系的建立，沿线国家和地区的贸易需求逐渐增大，合作的机会也越来越多。海上丝绸之路的重要贸易方式就是通过港口的运转来实现物资的"走出去"，随着国际化发展的全面实施，我国各大港口积极与沿线国家和地区的港口建立友好合作关系，搭建一个货物流通平台，促进双方贸易的友好往来，加快了我国国际化的步伐。港口与港口之间不仅是物资的运转，还会与船公司开发合作项目，积极引进新航线，形成一个服务网络，打造一个辐射范围广的航线圈，同时加强物流合作投资，促进互惠共赢，为我国海上丝绸之路的发展做出极大的贡献。现如今，我国各大港口已经与多个国家和地区港口建立友好港的关系，达成了国际经济合作伙伴关系，推进了我国与各国和地区的经济贸易合作项目建设。

作为新亚欧大陆桥东"桥头堡"的连云港，也是新丝绸之路经济带的东端起点，与中亚地区经贸合作时能够充分发挥"桥头堡"独特优势。2014 年 10 月 13 日，为了推进陆海丝绸之路跨境产业，泉州市和敦煌市正式签约 50 兆瓦光热发电、棉花保税仓库等 5 个总额 37 亿元的闽商投资项目，共建共管的陆海丝绸之路经贸合作产业园得以启动。

广东惠州一直重视进出口贸易，借助国家建设 21 世纪海上丝绸之路的强劲东风，惠州市利用其自身的区位优势积极拓展对外贸易，特别是对于与中国毗邻的东盟国家的合作更为重视。除了加大对东盟国家新加坡的招商引资外，还鼓励本市的企业到东盟国家投资设厂。惠州还积极到海外进行推介，2014 年组织了 35 家企业到南非的约翰内斯堡举办"惠货全球型"展销会，展示惠州的名优产品，累计成交 2.19 亿美元。惠州有来自包括 31 家世界 500 强企业在内投资开设的 2700 家外资企业，与海上丝绸之路沿线国家如东盟和非洲国家的贸易持续增多，2014 年前 10 个月，对东盟和非洲的出口贸易均有两位数的增长。惠州具有良好的地理条件，交通便利，距离广东省两大龙头城市广州和深圳分别只需 2 小时和 1 小时的车程，高速公路、铁路、港口等也十分发达。惠州积极开拓与海上丝绸之路沿线国家和地区的贸易合作，目标是在未来成为粤苏皖赣四省大通道的起运点、21 世纪海上丝绸之路的"桥头堡"，成为亚太地区最开放、最便捷、最高效的物流中心。

第四节　金融扶持与投资

在资金融通方面，中国保险投资基金的设立为国际化构想提供了资金的重要来源，多种相关项目成为保险资金投向的重要领域，为国际化创新发展的保险产品也陆续面市。在金融监管方面，加强亚洲地区保险监督官之间的交流，有助于进一步防范风险，保护消费者权益。社会经济的发展必然离不开工业、农业等传统实体行业，但是整个社会经济的发展也离不开金融行业，国际化发展的大力融合和高质量发展，离不开金融领域的支持和融通。货币的正常流转和资本的相互汇通是国际化高质量发展的基本保证，很多国家都与世界各大银行携手，站在国际化的角度，打造融资平台，为国际化合作提供融资服务。

2014 年以来，我国在国际化布局的战略规划中构建了三个金融机构，为给国际化市场提供充足的金融业务支持，成立了丝路基金、亚洲基础设施投资银行、金砖国家新开发银行三个大型金融开发机构。为了更好地实现国际化的互联互通，这三大金融机构为中国企业提供更多的境外金融服务，给予更多样化的金融支持。三大金融机构虽然都由政府出资，但是机构的性质不同，各自站在不同的层面，涉及不同的客户人群，独立运行，尽量全面地照顾和考虑全球的融资需求，主要解决基础设施建设的金融业务，三者互相合作和帮助，推动我国的国际化发展。

在国际布局视角下，为了抓住"一带一路"的机遇，国内各大银行也纷纷行动起来。由于各合作国的资本运作模式不同、各国货币面值价值不同，为了适应"一带一路"的发展，各大银行开始重新规划金融业务的服务内容和优化结构，制定不同的跨境金融服务业务，加快资金的运转和资本的融资，为我国"一带一路"发展保驾护航。同时，因为各国之间的文化差异，贸然参与国际事务存在一定的市场和金融风险，这将大大增加我国各大保险集团的业务需求。为了促进国家性的资金融通，就必须发展绿色金融和普惠金融，还必须注意合作过程中的风险管理，在大数据时代，我们应该保护好国人的个人隐私，有效管理数据资产。

国际化经济高质量发展引入金融机构的参与，不仅是各国贸易合作、投资融资、企业并购等经济活动的金融后盾，给予大力的资金支持，发挥了我国金融业的重要支撑作用，同时还为优化我国金融体系做出了巨大的贡献，调动了人们的积极性，催促了金融业的创新，增强了我国业务和资源整合能力，努力构建一个多元化、多层次、多种类的金融体系。继 2014 年 10 月英国成功发行首只人民币债券后，很多国家都有计划发行人民币债券，增进与我国的经济合作项目，深化两国之间的关系。人民币债券在英国的发行体现了英国政府对建设伦敦离岸人民币市场的新承诺，为中英经贸合作注入了新动力，有力促进了中英企业的业务往来和经济联系，也会深化两国的双边贸易与投资。俄罗斯人民币债券的成功发行，与英国相比更具有深层含义。俄罗斯对于实现国际化资金融通的目标具有现实意义——中俄之间深化资金融通。人民币债券在他国的发行，便利了双边贸易及直接投资，促进了两国经济发展。2008 年底以来，中国人民银行已经与 20 多个境外货币当局签署了双边本币互换协议。

汉能控股集团（以下简称汉能）2015 年宣布，未来五年将捐助 10 亿元，用于甘肃民勤防沙治沙专项行动，并呼吁全社会参与沙漠化治理，构筑绿色经济带。汉能始终积极参与社会公益事业，推动社会和谐。20 多年来，汉能致力于通过清洁能源来推动社会的变革和发展，积极投身环境保护事业更是汉能对社会的郑重承诺。民勤是连接国家"丝绸之路经济带"的重要组成部分，地处河西走廊东北部，东、西、北面与内蒙古阿拉善盟接壤，被巴丹吉林沙漠和腾格里沙漠包围，生态区位极为特殊，是中国主要沙尘暴策源地之一，境内沙漠化面积达 89.9%。为了确保民勤不成为第二个罗布泊，汉能积极践行国际化思想，构筑生态屏障，共建绿色家园。

国际化发展给我国金融业带来了机遇，也带来了挑战。人民币国际化进程不断加快，势必需要一套完善的硬件设施进行匹配。由于地域政治、经济、文化的差别，信息整合不全面，不同国家的需求不同，无法建立一套可满足不同地区需求的金融服务体系，同时我国金融人员专业人才稀缺，导致在一些合作选择和投资方面不能做出有效的判断，制约了我国金融业的快速发展。作为建设重要的经济支持主体，金融业应该按照国家化的需求标准，以市场化为原则，在完整配套设施和政府政策的支持下，建立一种适合本土发展、成本控制的规模发展，整合各种政策性、开发性和商业性的金融资源，更好地为国际化发展金融业提供优质的服务。

亚当·斯密曾说过："贸易是人类的天性。"贸易不受任何环境、地域的影响，不论在哪个国家，只要符合市场经济活动要求，遵循经济运行伦理，那么交易就自然而然地形成了。当商品出现，随后货币出现，促进了人类物质文明的发展。国际化新战略使大量的中国企业走出国门，开放性地投资和发展，货币作为一个媒介，成为推动人民币国际化的新动力。金融的发展促进了各个国家和地区的贸易繁荣。

第五节　经济一体化与互联互通

丝绸之路经济带构想的"五通"（政策沟通、道路联通、贸易畅通、货币流通、民心相通），有效增进了合作双方的联系，通过基础设施的互联互通促进了经济带的经济发展，可以带动各国品牌的腾飞和发展，应对全球新格局的挑战。国际化的互惠互通不仅增进了国与国的友谊，同时也拉近了人与人之间的距离，互帮互助，打造一个全球化的经济利益网，在这个合作机制中，协作互助，共同繁荣，提高周边国家和地区的经济发展水平，也增进各地之间的政治外交。

除了陆上的丝绸之路经济带开启欧亚大陆互联互通，亚太经济合作组织（APEC）会议又开启了亚太互联互通的"亚太梦"。APEC互联互通合作给组织内的所有国家和地区带来了经济的快速发展，高效投资给双方的合作机制、贸易往来带来巨大的机会，推进了区域贸易投资自由往来，加强了各地之间的经济技术交流和合作，有利于打造一个完善的生产和销售链，促进区域的全面性发展。同时，国际化的互联互通也是"中国梦"与"亚太梦"链接的纽带。亚太经合组织决心在2025年前实现加强硬件、软件和人员交流互联互通的远景目标。

在新丝绸之路的大背景下，云南将特色文化产业融入国际化发展战略，建设面向南亚东南亚人文交流，尤其抓牢特色文化产业发展，实现国家、企业、人文之间的互联互通。云南借助当地的地理、资源和文化优势，与相邻国家达成合作协议，促进双方的人文交流和经济发展，将本土产品和人文产品传播到更多的国家，推进文化的交融和产业的发展。不仅如此，云南抓住国际化发展战略的大好机遇，开发与沿线地区和国家的合作机会，打造一条属于自身发展的经济带，形成一条文化纽带，推动双方的经济发展，带动当地的产业和人文进步，也广泛宣传和传播了云南的特色文化和相关产业。

随着各地区产业的互联互通，强化经济一体化融合，要搭建不同区域的快速融合发展，前提是各区域基础设施的一体化，突破地域界限和行政约束，拉近两地的地域距离和经济融合。我国交通运输部率先在几大地域板块推行交通运输一卡式的方式，结合高新技术，打造交通智能卡，跨地区、跨交通的方式拉近了区域间的距离，降低了人们的交流成本，给人们出行带来了便捷，丰富了人们的生活服务功能，同时还能促进经济圈的快速发展，实现真正意义的互联互通、互惠共赢。

作为我国古丝绸之路东方起点的洛阳，有着丰富的历史底蕴，见证了我国发展的历史进程，聚集了多种流派的文化，以洛阳为中心的地域文化是我国历史文明的核心文化之一。同时，洛阳是我国国际化战略实施的重点城市，能够推进新亚欧大陆桥的经济发展，为我国丝绸之路的经济发展做出巨大贡献。洛阳积极践行互联互通，构建多个商业平台，帮助带动丝绸之路沿线国家和地区的经济发展，同时让中国的优秀企业品牌和产品"走出去"，使更多人了解中国的文化。洛阳还积极参与到国际化发展基础设施建设中，打造综合的交通枢纽，优化物流系统，建设集装箱站和保税中心，深化企业的投资战略，大力推动国际化战略发展。借助这一宝贵平台，努力与丝绸之路沿线城市构建多领域的合作关系，开辟一条连接山水、连接文化、连接产业、连接友谊的共商、共建、共享发展之路，经济发展明显外向提升。

我国西部唯一沿海保税港区——广西钦州保税港区充分发挥面向东盟的区位优势，不断完善创新业务模式，搭建我国与东盟港口合作的前沿平台。我国与东盟国家的沿海港口城市自愿加入中国—东盟港口城市合作网络，双方加强文化、旅游、教育等方面的交流与合作，并设立中国—东盟海上合作基金，对符合申报条件的合作项目提供支持。作为 21 世纪海上丝绸之路的门户港，与东盟只有一海之隔，钦州市积极发挥区位的地理和文化优势，推进港口经济、贸易、合作发展，打造成一个综合的枢纽城市。与此同时，粤港澳港口群已成为全球能力最大、水深条件最好的区域性港口群，目前广州港开通挂靠东盟等国家港口的航线达 30 多条。江苏、福建等东南部省份的港口也与东南亚国家港口建立了密切的联系。

作为国际化发展的重要枢纽，陕西是我国西北地区经济、文化、政治发展的重要门户，是连接各地区的物资流通站。陕西不像一些港口城市或沿海城市，有着丰富的资源和便利的交通渠道，为了打造经济枢纽中心，积极打开对外开放大门，连接各国的物资运转，吸引更多的商业投资，促进文化交流，陕西积极搭建多个平台，园区化带动产业发展，开放合作交流平台，建立立体交通网，增进双方技术交流和合作，促进国际化发展互联互通在各个领域的发展。同时，西安为跨境电商做出了巨大贡献，聚集了大批优质企业，成为电商产业的重要地域，为丝绸之路沿线国家和城市带来了直接的便利和实惠。

第六节　公路、电信及电力

发展丝绸之路经济带的基础在于互联互通，公路、电信与电力是互联互通的重要组成部分，进入"全球网络、全球运营"的国际化运营新阶段。

重庆企业通过新疆口岸进出口货物仅 2016 年已近 4000 万美元，随着"渝新欧"国际铁路联运大通道和渝新区域通关的开通，进出口数实现几何级的增长。2013 年，襄阳光彩国际物流投资有限公司（襄阳国际物流园）与渝新欧（重庆）物流有限公司签订战略合作框架协议，标志着襄阳市正式与渝新欧国际铁路联运大通道搭接，成为其集结分拨中心，打通了以襄阳市为中心的周边省份与亚欧国家货物进出口的通道，襄阳将成为我国中南地区连接亚欧的"桥头堡"。

中国与东盟以推进互联互通建设为重点，全面推进双方各个领域合作。目前，泰国也在加快与湄公河流域国家的运输网络建设。在陆路交通方面，已有 3 条公路将中国南部与泰国相连。

亨通集团有限公司（以下简称亨通）在光通信、电力电缆、通信电缆、海底缆等方面都有很强的实力，通过收购电信国脉（具有工程总包一级资质和系统集成甲级资质），结合双方的产品与工程承包、系统集成的资质，顺应国家国际化发展战略，实现海外业务快速发展。履行国际化战略，加速海外业务拓展。亨通制定了"555"国际化目标，即 50%以上的海外市场、50%以上的海外资本和 50%以上的国际化人才，公司海外收入实现高速增长。2015 年，亨通与中兴能源签订战略合作协议，是履行国际化战略的重要布局，通过发挥各自优势进行产品或服务的组合或捆绑，将有效增强在海外市场的综合竞争力，2.66 亿元采购合同的签订是合作的起点，国际化发展战略强调互联互通，包括交通、电力和通信，双方在国际化领域内共同合作空间广泛。

印度的总发电量增加，在发电、输电和配电领域需要大量资金投入。除发电外，相关投资机会包括输电工程、配电工程等。在公路方面，印度公路部制订了一项规模宏大的计划：铺设一个 4~6 车道的国家级高速公路网，包括新德里—孟买—切纳—加尔各答的金四角路段；斯利那加到卡尼亚库马里和锡尔杰尔到绍如施特拉的南北、东西走廊等。现存投资机会包括修建高速公路、桥梁、铁路桥，地区高架路、立交桥、辅道建设，路边配套设施如餐馆、汽车旅馆及休息、停车场所建设，其他不动产的开发等。在电信方面，主要是电信服务工程项目的设备引进，如全国长途电话业务、因特网业务、普通电话业务、蜂窝式移动电话服务业务等。中国对铁路，特别是铁路电气化、高铁等领域的项目更有兴趣。此外，我国还把污水处理和隧道建设列为可以向印度提供专业技能帮助的领域。

国际化发展战略的建设和推进是分阶段完成的，我国首要的目的是通过促进经济带各国和地区的互联互通，形成深度的产业合作，加快经济的转型升级。前期阶段主要是建设交通、信息、港口的枢纽基础设施，为后来的发展铺好道路和桥梁，增加互相往来的频率；中期就是进入一个快速合作发展阶段，大力投资和建设，发掘新产业，构建新平台，大合作带动大发展，促进双方经济、政治和文化发展；最终实现与各个国家和地区的命运共同体。

中国电力建设集团（以下简称中国电建）作为全球规模最大、产业链最完整的电力建设企业，业务覆盖基础设施全领域，懂水熟电，擅规划设计，长施工建造，能投资运营。截至 2014 年底，中国电建旗下的中国水电在世界 50 多个国家和地区建设了 120 多个水利水电工程，大大改善了当地的生态环境，不仅惠及当地民众，也扩大了中国水利在世界的影响力，展示了负责任的中国企业形象，为解决世界水问题做出了重要贡献。

第七节　信息化体系与合作

只有建立完善的基础设施，才能促进城市之间的互惠互通，"互联网+"是时代赋予我们发展的一个有效工具和手段，借助高科技信息化，能够拉近任何地区的距离，促进良好关系的建立，使经济合作贸易的方式更加丰富。打洛镇位于勐海县西南部，是云南省的一个重要口岸，属于国家一级口岸，在当前的"宽带乡村"建设中，已实现 4G 网络信号和所有村委会家庭宽带全覆盖。当地以优势互补、互利共赢的原则，友好合作，鼓励信息和通信企业"走出去"，促进企业当地化发展。建立跨境的电商平台、物流平台、行业服务云平台，逐步形成合众联横的信息化体系。

作为面对南亚、东南亚的重要内陆门户，云南依托"西推进、东下海"的区位优势，积极推动战略规划和实施。中国移动云南公司以"宽带乡村"惠民工程为契机，以信息化建设为支撑，在融入国际化发展战略的同时，为边寨山村带来了新的信息体验。信息优先或"互联网+"思维以互联互通、共建共享为原则，优先考虑宽带网络基础设施，畅通信息丝绸之路。云南全面融入国际化发展战略和云南移动"宽带乡村"信息服务支撑，边境地区的产业发展和经济水平将会不断得到提升，有效促进云南成为对外开放新高地。

第八节　地域文化与经济生产伦理

商品经济活动首先带动了生产行为的发展，消费行为则是活动的最终目的，因此在整个商品经济活动中，包含了四个主要活动环节：生产—交换—分配—消费，同时涉及这几个部分的相关伦理（生产伦理、交换伦理、分配伦理和消费伦理）。这四个环节都是一个单独却又统一的个体部分，一起组成了一个完整的经济活动，每个环节都是缺一不可的，生产是整个活动的基础和开端，是所有环节的先决指导，生产的能力决定了后来环节的行为方式和内容。

一、治生论价值取向

治生就是经营家业、谋生计的意思，治生问题是中国古代人民创造历史的第一个前提。回顾中国个体家庭形成的阶段，夫妻及其子女构成了一个独立的经济单位，家庭的每一个成员在经济上相互依赖，父母有抚养子女的义务，并有要求子女奉养的权利，未成年子女有接受哺养的权利及成年后有奉养父母的义务，这是中国古代治生问题上最早发生的道德萌芽。"孝"的观念便从个体家庭经济的基础上产生出来了。

"孝"是我国儒家文化的核心思想和综合表达，是中华民族的传统美德，从我国历史文化上来看，追溯到商代卜辞及《尚书》《诗经》等著作，里面含有大量关于孝的著述。夏商两代，个体家庭经济还相当微弱，还不充分具备形成孝的社会经济条件，因此还没有产生完备意义上的孝道。但在氏族制这个框架中，真正决定着经济地位的则是马克思所说的从血缘家庭、对偶家庭过渡到父权家庭的个体家庭。中国西周在嫡长制（嫡长子继承制）基础上，以及按地域来组织农业生产的过程中，产生了"孝"这样的传统道德观念和美德。同时，孝作为一种思想观念，也直接参与经济活动中，它是人们努力奋进的动力，《尚书·酒诰》中说，"肇牵车牛。远服贾用。孝养厥父母"，意思就是告诫那些行孝的儿女，应该通过正确的商业手段获取财富，来孝敬自己的亲人。

《诗经·唐风·鸨羽》中说："父母何恬""父母何食？"这是子女哀叹自己不能尽自己能力耕作以履行奉养父母的义务。《诗经·小雅·小弁》要求"必恭敬上"地尊敬父母，《尚书》认为若是"不孝不友，子弗抵服厥父事，大伤其孝心"，就是"元恶大憝"（《尚书·康诰》）。

从有关"德"的文字记载看，"德"字在商代卜辞中已出现，作"值"，没有底下那个"心"，与"直"字相通。到西周，"德"是作为一种重要的道德规范和治生手段出现的。就经济内容而言，"德"指的就是拥有财富。《尚书·周书》曰："皇天既付中国民，越厥疆土于先王肆，王惟德用。"这里的"德"引申为就是"疆土"的财富，"爱民爱疆土"成为西周"德"的主要经济内容。"德"作为获得与占有财富，商代卜辞中已有此义，在战争频繁的过去，人们往往从战场上获得人力和物力，这也是财富的另一种体现，因此在卜辞中多次提到"德"和"伐"，其本质上就是与占有生产资料（土地）和劳动力（奴隶）相联系的。

"德"仅仅具有社会经济意义和治生手段，还不能成为道德规范。作为道德规范，"德"还必须具有道德含义。"德"具有道德含义是从西周开始的，对周人来说，占有财富并不易，要靠人为的努力。因此，"德"就从获得经济来源、社会财富延伸出尽"人事"的内容，周人将"德"与"天"相对时，"德"就包含了这层意思。当探究如何尽"人事"以获得与保持"疆土"为标志的生产资料时，"德"就具有了道德规范的性质。从《尚书》和《诗经》的记载来看，西周人在探究"德"时，重点不在获得生产资料，而是如何获得——如何在一定的规范下从事经济活动，获得生活资料和财富。

《说文解字》中解"德"为"外得于人，内得于己"，"从直心"，其中所谓"外得于人"，就是要求人们在治生问题上能正直地处理与他人的关系，特别是要正直地处理与他人的利益关系。从《尚书·周书》总结商代的教训和文王、武王的功德中可以看到，周人意识到"皇天无亲，唯德是辅"（《尚书·蔡仲之命》），"人无于水监、当于民监"（《尚书·酒诰》）。因此，"古先哲王，用康保民"（《尚书·康诰》），即要用物质利益施惠于民。所谓"惠民"，从治生意义上说，就是惠及鳏寡。《尚书·无逸》引周公的话说："爰之小人之依，能保惠于庶民，不敢侮鳏寡"。"怀保小民，惠鲜鳏寡"。《尚书·周书》多次提及对鳏寡要施恩保护，施惠赡养，使民不任意作乱。

周公提出个人德行高尚的典范就是"自殷王中宗及高宗及祖甲及我周文王，兹四人迪哲"（《尚书·无逸》）。这四个王最圣明，其中以周文王为最。他的德行是："文王卑服，即康功田功。微柔懿恭，怀保小民，惠保小民，惠鲜鳏寡。自朝至于日中昃，不遑暇食，用咸和万民。文王不敢盘于游田，以庶邦惟正之供。"（《尚书·无逸》）在周人看来，文王以经济利益惠于人民，是文王德之所在，也是后人应该仿效的根本原因所在。

周公要人们效法文王的"德"，就治生的内容而言有以下几个方面：第一，要"先知稼穑之艰难乃逸"（《尚书·无逸》），即先体验从事物质生产——种庄稼的艰苦，然后再过安逸的生活。"文王早服，即康功田功"，文王就是这样去修路、种田和从事生产劳动的。第二，"咸和万民"，即使万民同心同德，但这要以"惠民"——将物质利益施惠于民为前提。文王对此极为重视，"终日不遑暇食"为"咸和万民"而奔波。第三，反对"惟耽乐之从"（《尚书·无逸》）和"迷乱酗于酒德"（同上），文王不敢盘于游田。在物质享受上不能贪图游览、田猎、安逸，而应从节从俭。这也是周人对德的"内得于己"的要求。

中国古代治生论把重视农业生产与否作为一种道德评价尺度。在原始社会的生产资料公有制条件下，集体性的农业劳动和产品的平等分配是支配社会经济生活的基本原则。当农业劳动发展到可生产出超过维持劳动力所必需的产品时，剥削他人劳动成果就成为可能。农业生产是牧业、商业产生的基础和前提条件，第一次社会大分工时畜牧业从农业中分离出来，与此同时游牧部落产生了经常性的交换。随后又出现了第二次社会大分工，原始手工业和农业生产相分离，产生了直接以交换为目的的商品生产。

恩格斯在《家庭、私有制和国家的起源》中曾指出：农业是整个古代世界的决定性的生产部门。在中国，从原始社会进入奴隶社会，从事农业生产、关心治生问题一直被视为一种美德。商王武丁"旧（久）劳于外，爰（乃）暨（同）小人"（《尚书·无逸》）。他的"久劳"，实际上是忙于监督奴隶劳动，但也反映了其对农业生产和治生问题的重视。周初，周公总结商代灭亡的原因时抨击了商末的几代商王"不知稼穑之艰难，不闻小人之劳"，只知吃喝玩乐，好逸恶劳的鄙政，他赞扬了周文王亲身参加农业生产，热爱劳动，"自朝至于日中昃（西斜）"，连饭也顾不上吃的劳而忘我的精神，告诫奴隶主贵族要"先知稼穑之艰难"，并继承这种勤勉为本的治生伦理。

西周末年周宣王废除籍礼时，土虢文公指出："夫民之大事在农，上帝之粢盛（祭品）于是乎出，民之蕃殖于是乎始，效庞（丰足）纯固于是乎成。"强调农业生产是扩大财富和治生的根本，也是维持经济秩序和社会安定的前提。为了实现这个根本目标，当时的生产管理者要求人们"率时农夫，播厥（其）百谷"（《诗经·噫嘻》），"监农不易（治）"（《国语·周语上》），并且"土不备垦，辟（罪）在司寇（由司寇治罪）"（《国语·周语上》），"日服其鲤（农具），不解（懈）于时"，以此达到"财用不乏"。

中国是传统的农业生产国，对治生问题的道德认识大都是从农业生产中派生出来的，它包括对农业生产的伦理意义——对经世济民、治国安邦的作用和对人的道德生成（勤劳行为和节俭行为）的肯定。

先秦思想家、自谦"贱人"出生的、具有下层劳动者思想意识的墨子，就农业生产对治生的意义做过专门的论述。他说："凡五谷者，民之所仰也，君之所以为养也。故民无仰，君则无养；民无食，则不可事。故食不可不劳也，也不可不力也，用不可不节也。"（《墨子·七患》下文引《墨子》只注篇名）

先秦法家李悝认为农业是治生之本、人们衣食之源，指出"农事害"则"饥之本"，"好工伤"则"塞之原"，如果不重视、不搞好生产，就不能解决吃饭穿衣问题，就会"饥害并至"，人们就不可能"不为奸邪仗"（《说苑·反质》）。所以，这不仅仅是治生问题，而且是影响人的道德行为的生成的问题——善治生则道德生，恶治生则奸邪起。他还指出，"农伤则同贫"（《汉书·食货志上》）。因此，他指出"尽地力之教"和"治田勤谨"的经济伦理原则，把"尽力"和"勤治"作为治生的伦理准则。

战国时期思想家商鞅强调，农业是积累国家财富的源泉，是治生和富国富民的根本手段。庶民选择农业为职业，"则国富"（《商君书·靳令》，下文引《商君书》只注篇名）。商鞅在《壹言篇》中说："事本不可不转（专）"；在《农战》中强调了："圣人知治国之要，故令民归心于农"；《错法》中说："地诚任，不惠无财。"从事农业生产的人越多，这个国家就越强盛安定，把土地都利用起来就不怕不富足，为了实现这一目标，他在《垦令》中宣布了20条规范，限制一切有碍于农业生产活动的做法，使人们专心致志地投身于农业生产。对于努力耕织而增产粟帛的人，给予"复（免除）其身（徭役）"的奖励，而"怠而贫者"则要全家没为官奴婢。此外，在生产和消费两个方面提出了"入多而出寡"（《画策》）的经济伦理主张。

《画策》是反映商鞅治生思想和道德起源思想的重要著作，他说："神农之世，易耕易食，妇织而衣，刑政不用而治，甲兵不起而王。神农既没，以强胜弱，以众暴寡，故黄帝作为君臣上下之义，父子兄弟之礼，夫妇妃匹之合；内行刀锯，外用甲兵，故时变也。"他认为在神农氏之前，人类以伐木杀兽作为治生的主要手段，到神农氏才把农业作为治生手段。当时尚无刑政，亦无军队，神农氏以后，人与人之间产生了经济利益上的你争我夺，到了黄帝时代，为了防止日益扩大的纷争，规定了君臣父子夫妇等方面的等级秩序和伦理规范，以保护人们的社会生活和经济秩序。在商鞅看来，这些规范都是在于适合时宜而产生，一个时代的社会规范总是随着经济生活的变化而产生流弊，不能安定人民的生活和规范新的经济秩序，所以要更改，要建立适合新的经济生活的制度和规范，确立新的伦理观念，这就是"世事变而行道异"（《开塞》）。

《孟子》论述到农业治生和道德状况的相互关系："民事（农事）不可缓"（《孟子·滕文公上》）。《孟子·尽心上》中说："圣人治天下，使有菽粟如水火。菽粟如水火，而民焉有不仁者乎？"意思就是，我们要让百姓生活得到充分的满足，百姓就自然会变得仁义和善良。所以作为统治者来说，就要合理征发力役，不能"夺其民时"，使老百姓尽其力，务农事，"省刑罚，薄税敛，深耕易耨，壮者以暇日，修其孝悌忠信"（《孟子·梁惠王上》），这样就可以"耕耨以养其父母"（同上）。

《管子》在治生问题上特别强调了农业生产的重要意义，指出："行其田，视其耕芸，计其农事，而饥饱之国可以知也"（《管子·八观》，下文引《管子》只注篇名）。《管子》认为农业是人类的衣食之源，如果不重视农业，耕不深，耘不勤，不因地制宜，即使不遇到灾年水旱，也必是"饥国"，必是"国贫民饥"（同上），一遇到水旱之灾"则众散而不收"，使国家成为一片废墟。所以《管子》主张"壹民"于农，它指出："有地不务本事，君国不能壹民"（《权修》）。应当"为民除害兴利"，"所谓兴利者，利农事也；所谓除害者，禁害农事也"（《治国》）。农业做好了，治生问题得到了解决，才谈得上"知礼节"，"知荣辱"之类。因为"民必得其所欲，然后听上"（《五辅》），只有发展了生产，便利了交通，实施了兴修水利、薄敛宽刑的措施，贯彻了关心疾苦、救济贫穷等具有伦理意义的政策后，人民的道德才会建立，这是说经济对道德的作用。一方面，《管子》有时也十分强调道德的相对独立作用：它认为"礼义廉耻"是国之"四维"，"四维不张，国乃灭亡"（《牧民》）。在《管子》看来，治生、治国与道德都是相互依存的，不发展生产，解决不了治生问题，也就谈不上道德；另一方面，不讲道德，"四维不张"，也不能治国，甚至要亡国。

《荀子》在治生方面的基本思想是主张"田野县鄙"（指农业生产）是"财之本"（《荀子·富国》，下引《荀子》只注篇名），要求人们"习其事而固仗"（《君道》），他认为"自古及今，未尝有两（不专一）而能精"（《解蔽》），要求农民"朴力而寡能"（《王制》），专心从事农业生产，精通农业生产技术，不需要有其他技能。这样就能"务本节用财无极"（《成相》）。这也是荀子社会分工理论的基础。他在《富国》中说："事业所恶也，功利所好也，职业无分，如是，则人有树事之患，而有争功之祸矣。"在荀子看来，社会分工、等级制度都是必不可少的，一个人的生活所需，要靠从事各种行业的人来供养，然而一个人的能力却不可能兼通各种技艺，因此离开别人不互相依靠，就没有办法生活。荀子这里不是要说明交换伦理和商业伦理起源问题，而是要证明人类在一起生活没有职业分工和责任不明，就要产生争夺，因此必须"明分使群"。荀子所说的"使群""能群""居群"，指的是人和社会的关系问题，他明确提出了人类生活的社会性问题，并企图以此解释治生和道德规范的来源，认为道德作为一种社会规范是基于人类社会生活"居群"的需要。这在古代是一个了不起的见解。他从"居群"这一物质生活现象寻找道德的根源，以合群为人道，其观点有合理的因素。

二、人性：管理的生长点

中国古代社会经济管理的基本特征是：从人性论出发制定有关经济管理的方针、政策，并把道德置于社会和经济管理的至尊地位，表现出政治伦理化和经济管理伦理化的倾向。

孔子虽然没有明确地以善恶论人性（直接提到人性的只是"性相近"），从他认为人人都有"仁爱之心"这一思想看，实际上是倾向于人性本善的。

孟子关于人性的论述是非常丰富的，他说："人性之善也，犹水之就下也。人无有不善，水无有不下。今夫水，搏而跃之，可使过颡；激而行之，可使在山。是岂水之性哉？其势则然也。人之可使为不善，其性亦犹是也。"（《孟子·告子上》）这是他最简明的有关人性的表述。孟子同意曹交关于"人皆可以为尧舜"（《孟子·告子下》）的见解，"圣人之于民，亦类也"。只不过是"出乎其类，拔乎其萃"（《孟子·公孙丑上》）罢了。天赋的善良资质，被孟子称为"才"。"才"本来是人人都具有的，问题是后天能不能保存和发挥它。他曾比喻说，牛山上树木原来很茂盛而美丽，但斧砍畜食就会变成不毛之地，这并不是牛山本性不美。既然作为人，"岂有无仁义之心哉？"可是有人不但不去保护、发扬人之所以为人的"夜气"（即纯洁善良的清明之气），反而使它"桔亡"，"桔之反复"，使"夜气不足以存，则其违禽兽不远矣"。这里，实际上已经引出他的一个重要思想，即要使道德发育成长，还有待于后天的努力——"扩而充之"的工夫："凡有四端于我者，知皆扩而充之矣，若火之始然，泉之始达，苟能充之，足以保四海；苟不充之，不足以事父母"（《孟子·公孙丑上》）。这种状况，并不是作为天生资质"才"的罪过，而是后天"不能尽其才"的缘故，所以必须加强道德教化，把失去的善良本心再寻找回来，这里引出了他的"求其放心"的主张。

在主观方面，孟子强调通过"扩而充之"和"求其放心"，使人人保护和发扬"善端"，百姓就会"出入相友、守望相助"，整个社会的经济生活就会井然有序。在客观方面，孟子强调必须改良社会环境，行仁政而除暴政，为人们保持和发扬"善端"创造一个良好的外在条件。

孟子从上述人性论出发，推导出他的社会管理和协调社会经济关系的主张：其一，因为人皆有"善端"，皆有辞让之心，人就必然有互帮互助、互礼互让的倾向，治人者就应当使普遍人性中的这种"善端"发挥出来，以防止经济生活中的争财夺利。其二，因为人有"善端"，故治人者应当主要从"养心"着手，教育百姓"寡欲"，以消灭社会纷争这一根本隐患。"养心莫善于寡欲。其为人也寡欲，虽有不存焉者，寡矣。其为也多欲，虽有存焉者，寡矣"（《孟子·尽心下》）。"寡欲"就是要求减损物质欲望，"存焉者"就是指存心、保持良心，因为耳目之官容易受物欲的引诱，使良心丧失，人人都被物欲所蒙蔽，社会纷争就不可避免。故必须通过"寡欲"的手段来加强道德修养，使"穷不失义，达不离道"，"穷则独善其身，达则兼济天下"（《孟子·尽心上》)。这样就可以回归到"百姓亲睦"的经济秩序中去。其三,"民贵君轻"的重民思想和民本思想是古代民主管理思想的发端。孟子之前,已经出现过一些古代民本思想的言论,如《尚书》上的"民惟邦本",《论语》中的"民无信不立",《左传》中的"民、神之主也"等。孟子的"民贵君轻"则是系统地发展了民本论传统;"民为贵,社稷次之,君为轻。是故得平丘民而为天下"(《孟子·尽天下》)。"桀纣之失天下也,失其民也;失其民者,失其心也。得天下有道:得其民,斯得天下矣;得其民有道:得其心,斯得民矣;得其心有道:所欲与之聚之,所恶勿施尔也"(《孟子·离娄上》)。孟子的"民贵"思想还表现为他注重"民意","天视自我民视,天听自我民听"(《尚书·泰誓》),认为社会生活和经济生活中起决定作用的因素还是"民意"。由此推出"乐民之乐","忧民之忧","乐以天下,忧以天下"(《孟子·梁惠王下》)的治民和指导社会管理的主张。这些主张涵盖了儒家经济管理伦理的核心内容。

荀子在人性论上认为"人性恶":"今人之性,生而有好利焉,顺是,故争夺生而辞让亡焉;生而有疾恶焉,顺是,故残贼生而忠信亡焉;生而有耳目之欲,有好声色焉,顺是,故淫乱生而礼义文理亡焉"(《荀子·性恶》)。所以他主张用"礼治"来调整社会的经济秩序,"礼治"中也包含有"法"的因素:"礼者,法之大分。类之纲纪也"(《荀子·劝学》)。"法者,治之端也"(《荀子·君道》)。他强调"隆礼尊贤而王,重法爱民而霸"(《荀子·强国》)的经济管理手段和强国富国的方针。当然,就"礼治"和"法治"两者而言,荀子更重视"礼治",他认为礼义是"强国之本",如果"不隆礼义",光靠"严令繁刑"是无法协调社会经济关系的,必须用"道德之威"来为实行"法治"作保障。《荀子·强国》中记载:"道德之威成乎安强,暴察之威成乎危弱,狂妄之威成乎灭亡",要使社会"安强",就必须把隆礼贵义、以德为主、以法辅德作为管理社会经济生活的指导思想。

法家韩非认定人必利己,提出"凡治天下,必因人情"的经济管理思想,他在《韩非子·八经》中提出了管理社会的八种方法,第一条就是"因情",即根据人们的行为好坏,进行有效的奖励和惩罚,从而促进人们给社会带来贡献,也让人们有所畏惧,不敢做错误的事,这样才能进行有效管理和统一。他还在《韩非子·五吾蠹》中提出:"故明主为国,无书简之文,以法为教;无先王之语,以吏为师;无私剑之捍,以斩首为勇。是境内之民,其言谈者必轨于法,动作者归之于功,为勇者尽之于军",就是要把人民的经济行为统统纳入法的轨道,用"以法为教,以吏为师"的行事原则来管理国家的经济。

三、"义"和"利"之辨

义利观,是经济活动中的一种伦理思想观念。"义"和"利"虽然是两个独立的概念,但两者并不是相对的、对立的,两者之间并没有谁高谁低的问题,只是在衡量、评判某一件事情上的一个标准。然而,两者又是相互统一的,义和利相互促进,义能生利,利又在义中,在满足个体正当利益的同时也会给整个集团带来好处,和谐统一两者的关系，才能促进集体的稳定发展。从某种意义上说，历史地、动态地考察经济伦理，有助于全面把握道德与经济的相互关系，进而分析"义"和"利"之间的关系。社会中很多矛盾的根源都是利益，任何社会意识形态的任何争取解放的斗争，归根结底都是围绕着经济解放进行的，经济利益是政治现象的本质体现。历史上的农民起义，首先总是从反抗剥削阶级的经济掠夺开始的，这种斗争一次又一次成功扫除了发展新生产关系道路上的障碍。

"一带一路"建设中，国家或企业要想获得大的发展和进步，就必须增加与他人的合作，面对文化、地域和习俗的不同，如何尽可能处理好不同的关系，建立友好的关系？如何在取舍问题上选择更合适的方式？这都将涉及一个利益取舍的价值观问题。是为了获取短暂的利益，而失去长久的合作；还是为了获取长久的发展，牺牲掉少许的利益，这都是在合作关系中会遇到的问题，我们不得不建立一个取舍标准，也就是一种道德伦理观，来帮助我们在面临选择的时候，快速有效地选择出最佳方案。虽然说经济基础决定上层建筑，但是一种思想观念也会影响行为方向，从而影响经济的走势。单独地取"义"或"利"，都不会给人们带来困惑，只有当两者同时发生不能兼得的时候，我们才会去权衡两者的关系，选择最佳行为方式，"义"字当先，用一种道德伦理观来约束人们的行为。

在儒家代表人物孔子看来，任何经济活动的发生和发展，都是为了满足自己的欲望、追求利益的行为，这就要去探索事情发生的推动力和动机，如果仅仅是为了自己的私欲，孔子认为这是不可取的，无节制的私欲给社会带来不稳定，阻碍社会的进步和发展。他虽有时也说"义以生利"（《左传·成公二年》），但一以贯之的经济伦理态度是"罕言利"（《论语·子罕》），用它表示对私利的鄙视和对义的崇尚。孔子在《论语·子路》中提出："上好义，则民莫敢不服"，这个主张是针对"上"（统治者）自身而言的，意思就是说在经济行为中，上级领导要摆正自己的行为规范，要重视义，下面的百姓才能服从，才能使上级的统治危而复安，利益也可以失而复得。他在《论语·里仁》中提出："因民之所利而利之"，告诫上级领导要时刻关心下属的需求，尽量满足人们的需求，才能真正获利，让别人得到利益的同时自己也可以得到好处。

孔子并不是完全反对私欲，他说："富而可求也，虽执鞭之士吾亦为之；如不可求，从吾所好。"至于有关老百姓的利益，孔子指出，应尽量设法满足，"因民之所利而利之"（《论语·尧曰》）。另外，他也反对一切只依照利的要求来行事，"放于利而行，多怨"（《论语·里仁》）。如果放任求利必招来很多怨恨。由此来看，孔子并不反对"利"，也不卑视"利"和轻贱"利"，他反对的只是放任无度的私利。孔子还在《论语·述而》中说："不义而富且贵，于我如浮云"，而是提倡要用正确的手段去满足有节制的欲望。孔子在《论语·里仁》中说："富与贵，是人之所欲也，不以其道得之，不处也"，欲望是人的天性，当"义"和"利"相提并论的时候，应该把义放在利的前面，所谓"生财有道"就是要求人们要通过合理的方式来获得财富，告诫人们不能做违背道德伦理的事。孔子的"五美四德"是他的思想核心，是他提倡的处事原则，正确处理"义"和"利"关系的依据，是治理国家和管理企业的行为指导。在国家、企业和自己面临利益取舍的时候，应该以大局为主，照顾整体利益，要做到"见利思义"，评判获取利益的行为是否符合道德伦理，然后再取或舍之。正因为人类拥有理性，能通过遵循道德伦理来规范自我行为，才比其他生物高一等。孔子将道德追求置于优先于利的地位，"重义轻利"也是适合当今社会市场经济发展观的。

孟子在孔子"罕言利"的基础上，进一步提出了"何必曰利"（《孟子，梁·惠王上》）。他说，"鸡鸣而起，孳孳为利者，跖之徒也"（《尽心上》），孟子认为如果一个国家都是以"利"为追求的最终目的，那么整个国家的人民也都会成为势利之徒，走向利己主义，缺乏利他精神。这样"上下交征争利"，就会"不夺不厌（满足）"，造成国危的后果。如果国君讲仁义，做到仁，就不会"遗其亲"，做到了义就不会"后其君"。孟子要求国君讲仁义，形成上行下效："君仁莫不仁，君义莫不义，君正莫不正，一正君而国定矣"（《孟子·离娄上》）。孟子从"性善"论出发，认为民无"恒产"，就不会有"恒心"，认为"善性"还要以经济条件为前提，没有这个前提，一般的"民"是不会有"善性"的。在《孟子·梁惠王章句上·第八节》中，他提出"明君制民之产，必使仰足以事父母，俯足以畜妻子，乐岁（丰年）终身饱，凶年免于死亡"的思想，贯彻了"恒产为本"，"同养公田"，"公事毕，然后敢治私事"（《孟子·滕文公上》）的经济伦理政策，以便使人们达到"出入相反，守望相助，疾病相扶持，则百姓亲睦"的目的。

墨子则与孔子、孟子不同，大谈"兴天下之利，除天下之害"（《墨子·兼爱下》，以下《墨子》引文只注篇名）。他不同意孔子、孟子将"义"和"利"对立起来的观点，强调义利是可以统一的，墨子所说的利是天下、国家、人民的大利，从某种意义上说也就是孔子所说的"义"。义是"可以利民"的，利可以使"人民必众，刑政必治，社稷必安"（《耕柱》）。墨子所说的"可以利民"的义是兼爱，符合"兼相爱，交相利"的求利活动和经济行为都是义，否则就是不义。这里所说的利就是"富国家，众人民，治刑政，安社稷"。墨子从他的义利论出发，推出两项规范人们求利活动的主张：一是"交相利"；二是禁止"亏人自利"。

墨子所倡导的"交相利"，在经济上就是要相互承认对方的财产所有权并以各自对自己的对方有利为原则，他常把"爱"和"利"并提，如说"爱利万民"（《尚贤中》）、"爱人利人"（《兼爱下》）、"相爱相利"（《法仪》）。墨子所提倡的"利"是要为人民服务，让老百姓得到实惠。墨子还将这一理论结合到社会经济发展的行为道德标准中，认为只有让老百姓获得实惠、消除伤害，才能算是一个具有伦理道德的社会或国家，这一理论思想对社会的文明发展具有引导性的意义。与墨子的思想观点相类似的是孔子和孟子在《梁惠王上》中所提到的"利吾国""利吾家""利吾身"，这其中的"利"是狭隘的，即便是讲"天下为公"，不过只是代表了君主的天下而已。"爱利万民""天下之利"正是墨子所提出来的，他的思想理论中强调了大爱和大利，他把人民的利与天下的大利统一起来，也就是将社会经济发展与道德伦理思想结合在一起。他说："仁人之所以为事者，必兴天下之利，除去天下之害，以此为事者也"（《兼爱中》）。

荀子认为每个人都有好义和好利两个方面，好义出于后天，好利出于先天："性者，天之就也；情者，性之质也；欲者，情之应也"（《荀子·正名》，以下《荀子》引文只注篇名）。"义与利者，人之所两有也"（《大略》）。"人之生固小人，无师无法则唯利之见耳"（《荣辱》）。因此，不是什么"君子喻于义，小人喻于利"，而是所有的人，其本性都是"喻于利"的。他认为人活着离不开利，所以不能"去欲""寡欲"，只要满足欲望的行动"中（合）理"，就无伤于国；反之，这种行为"失理"，纵然欲望很少，也不能制止国家的大乱。所以，国之治乱不在有欲无欲、欲多欲少，而在于满足欲望的经济行为是否合理。他主张将"去欲"改为"道（导）欲"，将"寡欲"改为"节欲"，使从天子到看门人的欲望都得到"近尽"，接近于满足（《正名》）。"以所欲为可得而求之，情之所必不免也。以为可而道之，知所必出也。故虽为守门，欲不可去，性之具也。虽为天子，欲不可尽"（《正名》）。有情欲是人之本性使然，追求自己以为可以达到的欲求和利益，这是必不可免的事，但是"欲虽不可去，可以近尽也"（同上），所以荀子把"节欲""导欲"作为人们经济行为的两大规范。孔子、孟子都认为欲望是消极的东西，应当加以限制，而荀子则对欲望问题做出了完全不同于他们的分析，他并不认为欲多是坏事，主张在经济行为合理的前提下对人的欲望给予相对的满足。他反对的是"纵欲"和"纵情"："纵情性安恣睢，禽兽行，不足以合文通治"（《非十二子》）。他还指出，如果"欲其欲而纵其情，欲养其性而危其形，欲养其乐而攻其心，欲养其名而乱其行"，那么"虽封侯称君，其与夫盗无以异"（《正名》）。

先秦时期的思想家从义利论出发，提出了各自的制约人们求利活动的各种规范和经济伦理原则。孔子从"罕言利"，"君子喻于义，小人喻于利"推出"见利思义"、"上好义"和"同民之所利而利之"。孟子从"何必曰利"、"恒产"推出"制民之产"。墨子从"利即义"推出"交相利"。荀子从人人都是"义利两有"和"好利欲得"推出"欲应中理"、"节欲"和"导欲"。

从经济伦理的层面上对先秦义利论的分析，可对义利的内涵做出如下进一步的阐释：所谓"义"，就是道德，指依据某种道德准则来规范社会的经济活动；所谓"利"，就是人们在经济活动中的实际利益。"利"又可以分为"公利"和"私利"、"中理"之"利"和"失理"之"利"，前者是应当肯定的，后者是应当反对的。

本章案例：新时期瑞福油脂推进企业高质量发展

瑞福油脂股份有限公司（以下简称瑞福油脂）是股份制民营企业，是我国最大的芝麻制品公司。公司主导的"崔字牌"小磨香油及系列产品荣获中华老字号、中国驰名商标、绿色食品等荣誉称号，被山东大学评定为"学生实践基地"，被山东省旅游局评选为"山东省工业旅游示范点"。经过20多年发展，"崔字牌"小磨香油以其被信赖的产品质量销售到全国70多个大中城市，并远销日本、韩国、加拿大、南非等地。

强者，专也。一个好的企业定位除了要告诉社会你专注什么，还要告诉社会可以把自己的专注做得优秀。瑞福油脂志在"一辈子只吃一碗饭"，是因为会把这碗"饭"做得更好。在瑞福油脂，什么都可以商量，唯独质量没商量。瑞福油脂对质量慎始慎终，坚持选用最好的芝麻作原料，采用最优的传统生产技艺，生产最正宗的"崔字牌"小磨香油。瑞福油脂坚信：定位，不是去创造某种新的、不同的事物，而是去操控消费者心智中已经存在的认知，去重组已存在的资源存量。凡成长性强的企业，都是将创新化为新传统的企业。瑞福油脂不仅在今天创造未来，更习惯用未来思考今天。创新已成为当今瑞福油脂的主旋律，成为瑞福油脂的核心竞争力。

新时期瑞福油脂《企业伦理宪章》启用发布会

瑞福油脂的文化密码是"一辈子只吃一碗饭，一百年只做一件事。"这句箴言式的企业理念既是瑞福油脂的发展宣言，也是瑞福人的"共同愿景"。多年来，瑞福油脂心无旁骛，秉持"质量是企业的生命""品质源于细节""唯诚为贵、唯信为最""服务就是让顾客满意""越磨越香、越香越磨""闻着香、吃起来更香""时时检讨、事事检讨"的理念，"一辈子只吃一碗饭，一百年只做一件事"是瑞福油脂与百年梦想的一份约定，这里的"百年"，不是时间上的具指，而是讲的企业寿命。企业寿命问题已成为当代社会的一个沉重的话题，不少企业由兴到衰之间，似乎存在一个周期律问题，成功了的，要走向失败；胜利了的，要走向灭亡，谓之"兴之亦勃，亡之亦勃"。如何使瑞福油脂由成功走向成功，保持长久的成长势头，是企业必须解决的重大课题。

写作组考察瑞福油脂

"一辈子只吃一碗饭"是瑞福油脂对产业发展的专注目标。瑞福油脂认为发展的战略选择不外乎有三种：第一种是一辈子只吃一碗饭，吃得非常精彩；第二种是一辈子什么饭都想吃，结果什么饭也吃不好；第三种是一辈子什么饭都能吃，这多数是那些超强的商业帝国，然而这些商业帝国又无一不是从吃一碗饭起步的。踏实做事的瑞福油脂从不好高骛远，不是见了什么做什么，而是一心一意做好"崔字牌"小磨香油，靠"崔字牌"小磨香油生存，靠"崔字牌"小磨香油发展。不管市场上有什么样的诱惑，从不改变自己的目标。瑞福油脂之所以一辈子只吃这一碗饭，不是因为它不可以吃别的饭，是因为它知道，从事香油的生产经营方面自己拥有其他企业所不拥有的核心技艺，同时它也知道香油市场无限大，单是只吃这碗饭就吃不完。对瑞福油脂来说，之所以要坚持一辈子只吃一碗饭，还是瑞福油脂一种责任的担当。瑞福油脂从现实的需求中看到，随着营养学的普及与香油对人体健康的解读，消费者对瑞福油脂有着越来越高的期待。瑞福油脂要吃的这碗饭，紧紧维系着当代人类的健康状况，是消费者也想吃也要吃的饭。董事长崔瑞福先生说："消费者需要什么，我们就做什么；消费者的意志，就是我们的意志；我们要快乐着消费者的快乐，幸福着消费者的幸福。"

瑞福油脂发布《企业伦理宪章》既是企业的需要，也是时代的需要。《企业伦理宪章》绝不是可有可无的，它是企业行为的基石。一个企业，只有用伦理道德来自律，才能真正满足顾客和社会对这个企业的需求，才能得到社会对这个企业的认可。遵循它，员工在制订自己的工作计划时，才能考虑到公司利益和个人利益、上下游客户与消费者的利益；遵循它，企业在运营的过程中，才会有更加人性化的标准。瑞福油脂积极导入伦理宪章，不仅是为了团结员工、凝聚更强大的员工向心力，规范企业和员工的思想和行为，同时也为其他企业提供一个借鉴作用，希望社会上更多的企业重视企业伦理规范建设，自觉承担社会责任，推行诚实守信、安全守法、质量优先的管理体制。《企业伦理宪章》以原有的企业文化为基础，强调了一种新的理念和价值观，优化了瑞福油脂的结构和体制，更加关注企业与员工、企业与消费者、企业与社会、企业与大自然的关系，以大局为主，和谐处理好这些关系，维护好多方的利益，关注企业员工的健康发展、满足消费者的需求和利益、保护大自然的生态环境，积极履行社会责任。

写作组考察潍坊地域文化与瑞福油脂生产车间

　　瑞福油脂积极践行"知行合一"的道德伦理，站在企业经济发展与道德伦理相结合的高度，将企业的所思所想转化为实际的行为活动。对企业员工、企业股东、企业消费者、社会和大自然，瑞福油脂都积极履行社会责任和使命，切切实实维护各方面的利益，追求最终的"善"。通过实际行动来实践相关道德伦理，企业的经营行为就不会偏离正确轨道，也能更好维护各方的权利。企业只有通过行动落实好每一个口号，才会获得真正的发展和进步。瑞福油脂就是真正将企业文化建设与实际行动完美结合起来，决绝形式主义，积极践行"知行合一"的思想观念，将商业伦理道德融入企业文化建设，再通过行为活动体现出来。凡长盛不衰的企业，都是文化牵动的企业。经济失去文化就像是一艘没有航标的船，一个好的企业未必是一个先进的企业，先进的企业之所以先进是因为文化的先进。文化成就了瑞福油脂，文化改变了瑞福油脂，文化发展了瑞福油脂。瑞福油脂不只是传统技艺的密集型企业、信息密集型企业，更是思想密集型企业、文化密集型企业，瑞福油脂面前流通的，不只是物流、资金流、信息流，更是思想流、意识流、文化流。

第六章　地域"互联网+"文化与经济高质量发展

章首案例：浙商文化产业热与地域经济

德国思想家、社会学家马克斯·韦伯说过："经济和伦理文化，是同一因果链的两个侧面，有什么样的经济发展表象，背后就有什么样的伦理文化作支撑"。阳明心学横空出世，使考场风向逐渐由朱熹转向了王阳明，宁绍两府因为受阳明心学影响最深，进士数量也就成为浙省之首。

在中国社科院课题组为中石油塔里木油田公司做"地域文化、企业文化与人文精神及企业人文指标体系"课题期间，时任塔里木油田总指挥的孙龙德还派出了塔里木考察组考察浙商和甬商，他说："地域文化、地域人文精神哺育企业文化，企业文化反过来又丰富了地域文化，塔里木油田的社会责任就是要为库尔勒的地域文化添砖加瓦，一方面，有了塔里木油田的石油开采，库尔勒城市才有了产业依托，才建机场、学校、图书馆、体育馆等公共生活设施。另一方面，库尔勒的地域文化——楼兰文化、罗布泊文化、丝路文化、赛马文化、梨城文化不断丰富着塔里木油田的企业文化和人文精神。"

优秀的企业文化和人文精神来自历史的积淀，有人把地域文化、企业文化和人文精神分为"历史基因"和"今生基因"，"历史基因"可包括历史上的文化名人以及他们所创造的艺术作品、精神财富。本书涉及的江浙一带的书画家有：吴昌硕、马一浮、沙孟海、吴冠中、启功、黄胄、华君武、靳尚谊、叶浅予，中国文联原副主席尹瘦石、中国书协原主席沈鹏，音乐家盛中国等，他们所创造的作品和精神财富，潜移默化地影响着中国广袤地区的地域文化。

著名浙商企业家前万向集团鲁冠球、西子联合控股公司王水福、东方通信施继兴是上述艺术家的崇拜者，企业家的书画情结、审美情趣、企业审美文化与企业管理的联系更多地体现在企业创新、设计创新、视觉系统设计、听觉系统设计等诸多领域。地域文化、企业文化、地域经济三者的关系，值得深入研究，一方面，地域文化孕育着企业家和企业员工，企业文化又创造性地反哺了地域文化；两者推动地域经济的发展，而地域经济的高质量发展，又进一步丰富企业所处的地域文化。

写作组考察杭州地域文化与万事利集团

笔者与杭州社科院院长史及伟、杭州西子
控股董事长王水福考察杭州地域文化

杭州地域文化的标志性人物既有像吴昌硕、马一浮、沙孟海、吴冠中、华君武、叶浅予这样的书画大家，也有默默无闻、为书画大师做嫁衣的江南裱画工匠钱立新。

西泠印社人才辈出，不仅金石篆刻名家灿若群星，就连印泥制作、书画装裱方面的技艺高手也是代有传人，其中有"江南第一裱"之称的钱立新先生，便是一位身怀绝技的佼佼者。

钱立新在工作室裱画

著名画家陆俨少题书钱立新

西泠印社的裱画艺术源远流长，西泠印社的裱画在海内外享有盛誉。钱立新成了西泠印社裱画部的掌门人。

1945 年，年仅 15 岁的钱立新从萧山乡下来到杭州学裱画。他的师傅王以兴，与杭州城里名噪一时的陈雁宾和朱雄夫齐名，号称江南裱画"三只鼎"。1956 年，政府对个体工商户实行改造，各行各业都成立了合作社，这时的杭州城里 20 家私人裱画店便全部集中起来成立了一个"裱画工厂"。该厂受杭州市美术公司管理，钱立新成了负责人。钱立新在回忆自己 65 年裱画生涯时动情地说："这些裱画店的小业主，在裱画方面都有一手，全是我的师傅辈，因为我对他们很敬重，我从他们那里学到了不少东西，所以这些前辈一个个病故时，我就像他们的子女一样，尽可能把他们的后事料理好。"

钱立新不仅把装裱字画看成一种"手艺",更把它视为一种艺术。他说:"佛要金装,人要衣装,画要裱装。字画的装裱是书画艺术的一个延伸。特别是那些年旷日久、残破不堪的古代名贵字画,要让它恢复旧貌且不露一丝修补痕迹,这不是一般的装裱人能所为,它需要经过一番精心的艺术再创造才行。"

钱立新便有这样一手绝招。20 世纪 80 年代初,杭州有位藏家偶得一副破旧的对联。回家后一查发现,作者陆润庠是位清代同治时期的状元,曾任国子监祭酒,又任工部和吏部尚书,辛亥革命后留在清宫当溥仪的老师。藏家特求西泠印社的钱立新珍裱这副破损残联,钱立新看后惋惜地说:"此联的用纸如今是没有的了,缺损的字也只能是修补而已。"

不过钱立新毕竟是裱画高手,经过他的精心装裱,这副对联竟看不出一丝破绽,一副残损的对联又成了一件珍贵的藏品。这令藏家不胜高兴。钱立新一生中裱过许多艺术精品、珍品,有不少是明清孤本。有些霉烂不堪、"病入膏肓"的名贵字画,凡经钱立新的巧手,都可以"起死回生"。为此,中国美术学院教授、国画大师陆俨少曾经撰文专门介绍钱立新的装裱绝技:"今我杭装裱名人得一人焉,曰钱立新,凡旧书画损污敝败,一经其手,顿还旧观,是亦有方,故乐为之介。"

钱立新自成一家的装裱艺术,因影响了我国裱画界的"立新式"而被载入世界名人录。在他半个多世纪的裱画生涯中,先后整理过大学者马一浮的翰墨手稿,装裱过潘天寿的大部分作品,同时又是我国书画界泰斗刘海粟、朱屺瞻、沙孟海、程十发、周昌谷、陆俨少等名家的专职裱画师。

书坛泰斗沙孟海与钱立新结下了深厚的情谊。1989 年,沙老已是 89 岁高龄还欣然命笔,为钱立新题字。沙老在题字中写道:"装背之事,昉自南朝范蔚宗,唐宋宫廷,皆有工师,技法益备。杭州为南宋古都,书画典藏,金题玉躞,遗风未替。但今盛世,百艺并师,潢治旧业从原有基础上精益求精,是所望于群贤。"

20 世纪 90 年代初,由龙永枢副院长带队的中国社科院专家组到浙江上虞考察,并帮助浙江卧龙集团进行 CI(Corporate Identit)导入,中国社科院专家通过无锡太湖论坛、中国企业联合会、中国企业家协会、欧洲伦理协会、加拿大国际品牌年会等高峰论坛和国际会议,大力宣传该公司的形象,使得他们的企业知名度、美誉度大大提升,CI 是塑造和不断提升企业形象的一种有力手段。逐使卧龙集团拥有了 4 家上市公司:卧龙电气(600580SH)、卧龙地产(600173SH)、卧龙-ATB(000061783AT)、卧龙-LJ(LIJO.SI)。

在大多数场合 CI 被译为"企业识别"或"企业身份"。CI 是一项系统形象工程,可以使企业明确发展方向,并将整体运作纳入既定的轨道。视觉识别是企业 CIS 系统中最具传播力和感染力的层面,卧龙集团通过中国社科院专家组将 CI 的非可视内容转化为静态的视觉识别符号。使得传播卧龙的经营理念、建立卧龙知名度、塑造卧龙形象找到了快速便捷的路径。实施卧龙 CI 是一个整体的有关卧龙形象系统工程。其中包括 VI 子系统——主要在卧龙视觉识别方面。中国社科院专家组还聘请了中央美院设计系的设计专家教授,帮助设计卧龙的企业标志、标准字体、标准色彩,将卧龙的企业理念、文化特质、服务内容、企业规范等抽象语意转换为具体 VI 符号，形成卧龙快速有效的视觉传达体系。

中国社科院专家组塑造出独特的卧龙 CI 形象和 VI 视觉识别系统，使卧龙的 VI 基本要素系统、应用要素系统得到了全面展示，特别是卧龙的市场行销报告书，得到了欧洲企业伦理协会、加拿大国际品牌联盟的高度评价。在卧龙的 VI 应用系统，即办公事务用品、生产设备、建筑环境、产品包装、广告媒体、交通工具、衣着制服、旗帜、员工胸牌、公司徽章、招牌、标识牌、橱窗、陈列展示等方面，也得到了中国企业联合会、中国企业家协会、中国标准化研究院的高度认可。

企业的视觉识别（VI）在 CI 系统中最具传播力、冲击力和感染力。中国社科院课题组通过各种高峰论坛、研讨会、国际会议以及《人民日报》《光明日报》、中央电视台等媒体的宣传，众多的江浙企业如东方通信、雅戈尔、荣事达、金誉、洛钼、卧龙集团等迅速地被社会大众和广大股民所接受。

由诺贝尔奖获得者、著名物理学家李政道和艺术大师吴冠中发起的加拿大"艺术与科学国际作品学术研讨会"上，中国社科院"鄞县①地域 CI 课题组""雅戈尔 CI 导入课题组""荣事达 CI 导入课题组""金誉 CI 课题组""洛钼 CI 导入课题组"分别荣获了"地域文化和地域形象 CI 创新奖""企业文化和企业形象 CI 创新奖"。

中国社科院"雅戈尔 CI 课题组"的形成和后来的工作，有一段"官产学"和"科学与艺术"的佳话。

时任宁波市市长的应中甬介绍笔者与时任鄞县的华长慧书记认识，华书记就向笔者介绍鄞县的地域文化。鄞县人富有向外开拓、向外发展的冒险精神。南宋陆九渊重教、重知的人文传统在鄞县深入人心，"万般皆下品，惟有读书高"就出自鄞县人汪洙的《神童诗》。上海汉生最大的电影公司的老板是鄞县人柳中亮、柳中浩两兄弟，周璇是他们的学生，王丹凤也是鄞县人。著名生物学家、教育家、社会活动家，中国实验胚胎学的主要创始人童第周，中国海洋科学研究的奠基人，生物科学研究的杰出领导者，开创了中国"克隆"技术之先河，被誉为"中国克隆之父"，也是鄞县人。先后在中央大学、同济大学和复旦大学等任教；先后担任中国科学院学部委员（院士）；中国科学院海洋生物研究所所长；中国科学院副院长。童第周、叶毓芬夫妇二人被誉为中国生物学界的"居里夫妇"。

鄞县历史上涌现出很多著名画家，如明朝的陈沂、清代的陈撰、当代的沙耆等，他们的画风追求与时俱进。鄞县人求新、求美、求变、求同的文化艺术理念，在电影发展方面显得更加突出。《马路天使》《毕业歌》的导演是鄞县人袁牧之。鄞地有四民同道、农商并重的社会氛围。鄞县人既重视读书，骨子里有着深厚的人文传统，也不鄙视工业、商业。东钱湖有个陶公山，相传与号称"陶朱公"的范蠡隐居于此有关，说明鄞县的商贸传统由来已久。

---

① 鄞县，于 2002 年 4 月经国务院批准"撤县设区"而设立为宁波市鄞州区。

沙孟海书学院

沙孟海题书"仙都"

仅明代，鄞县产生了进士 250 人，不可否认，经济环境与文化发展密切相关。当地发达的经济水平培育了浓厚的讲学、向学、爱学的社会风气，越是地域经济繁荣兴盛之地，越是有条件发展地域文化、越是有条件孕育人才。

鄞县从明代开始就成为宁波府所在地，至今，鄞县仍处于宁波的市中心。宋时，宁波是中国的对外三大口岸之一。到了明清，商贸继续发展。鸦片战争后，一大批宁波人前往新兴的工商城市上海，在上海的发展中起到重要作用。宁波帮里，虽然很多领袖人物是镇海人、慈溪人，但人数最多的是鄞县人。宁波号称院士之乡，有"生命之父"的贝时璋，有享有"中国的摩尔根"之誉、中国教育界第一位美国科学院外籍院士、遗传学家谈家桢院士，有被国际医学界誉为"断肢再植之父的"陈中伟院士，有荣获国际地理科学最高荣誉"维多利亚奖章"的中国第一人任美锷院士，与李四光等人一起在东北松辽平原发现大油田、被称为"当代预测宗师"的翁文灏院士。中科院院长路甬祥、曾担任复旦大学校长的杨福家等，也都是值得宁波人骄傲的甬籍院士。

四民同道、农商并举，推动了宁波鄞县形成良好的社会氛围，既奉献了人才和财富，又使各种行业平衡发展。改革开放以后，宁波鄞县迅速崛起，成为全省财政收入最多的一个县（市）区，并且延续至今。在第一届、第二届加拿大"艺术与科学国际作品学术研讨会"上，笔者还宣读在《浙江大学学报》和鲁迅美术学院学报《美苑》上发表的论文《吴冠中创作审美思想评述》和《马一浮书法美学思想评述》。

第一节 经济发展与互联网思维

1994～2002 年，互联网是单向互动。自 1994 年中国互联网时代开启以来，中国正式全功能联入国际互联网，成为国际上第 77 个正式拥有全功能互联网的国家；从 1997 年中国正式进入商业时代，直到 2002 年；1998 年，马云创办阿里巴巴，奠定了中国电商的发展；1999 年，博客、QQ 诞生，开启了 UGC&IM 时代；2002 百度成立，新浪、网易和搜狐在纳斯达克上市；2000～2002 年，全世界范围互联网泡沫，无数企业"死去"。

2002~2009 年是搜索引擎的时代,互联网呈现出双向互动的模式。2003 年,淘宝诞生,逐渐成为国内最大电商平台;2004 年,支付宝诞生,奠定第三方和移动支付的基础;2007 年,第一款 iPhone 发布,谷歌开始改良安卓系统;2009 年,3G 牌照发放,开启了全民微博时代,从这一年开始,iPhone 3GS 在全世界范围内热销,移动支付、移动电商、移动 IM、移动医疗等开启了全民热潮。

2009 年之后,真正实现了大数据时代。2010 年,团购网站极其火爆;2011 年,腾讯公司发布移动 IM 产品微信;2013 年,余额宝诞生,工信部向三大运营商发放 4G 牌照;2014 年移动互联网百家争鸣。

2019 年 1 月 1 日起施行的《中华人民共和国电子商务法》明确提出了有效保护电商过程中的环境问题,倡导绿色健康的电商过程,促进生态文明发展。国家的法律法规有效促进了电商行业的健康发展,然而也离不开人们内心的道德行为准则,需要一个精神文化的引领,帮助我们构建正确的电商价值观和行为观念。电商跨境平台在大数据时代涉及不同国家之间企业与企业的信息情报交流,我们在保障自身信息安全的同时,还要构建一个健康的商业平台。企业应该将绿色文化纳入企业的文化建设中,打造绿色节能型的运营流程和机制,研发绿色节能型技术设备和资源,推广绿色包装和原材料,建立回收和循环利用系统,打造绿色运输和配送,使得整个电商交易链都是绿色的。电商平台不仅能缩短交易主体的距离,还能增进双方的深入了解和需求满足,能拉近国与国之间的友谊,在低成本运营下完成全球的商务交易活动。

第二节　互联网地域渗透与商业模式

互联网的发展与地区经济和人口具有强相关性。互联网的发展并不是一蹴而就的,也不是在任何一个区域或公司管理下都能达到一定的既定效果和成就,它受很多外在因素的影响,尤其是经济实力和基础设施的完善程度影响,导致各个地区的互联网发展状况都不相同。从整个国家的互联网发展来看,使用互联网的人数还是很多的,但是不同省份的互联网使用存在着一定的差距,有的差距还相对较大,那些本来经济水平较高的城市,其互联网使用人数也相对较多,经济水平发展弱的城市,其互联网使用人数相对较少,一个地区的互联网发展与当地的经济发展有着直接的联系。反过来,不同地区的数字信息化程度不同,对其经济发展有着一定的促进或制约作用,会拉开不同地区的信息贫富差距。

各地区的经济发展状况是导致区域间信息贫富差距的直接影响因素,同时当地的地理环境和政治因素也对当地的信息贫富差距造成一定的影响。当地互联网资源设备是否完善和充足,影响着人们对互联网技术的使用和掌控,有充足的资源,才能更好地运用。然而,还有一个不能忽略的因素就是权力等级问题,这是造成国与国、区域与区域不平等发展的决定因素，只有实现权力的相对公正（绝对的公正是达不到的），信息化差距才能得到缓解和改善。整体来看，我国东南部地区的信息比较发达，互联网使用人数也较多，中西部地区相对落后，互联网使用人数相应也比较少（见表6-1）。由于不同地区的经济发展水平不同，不同行业和不同企业对信息技术的掌控力度不同，从而信息网络化程度高低不一，拉开了信息贫富差距，造成我国东西问题的另一不平衡。随着互联网设施、技术水平的发展，互联网的普及率逐步扩大，人们能够接触和掌控更多的信息技术，信息集中现象开始降低，区域间的信息贫富差距不断减小，同时相同区域内的信息差距也在缩小。我国东部信息发展上升空间逐渐减少，相反，西部地区的信息技术和知识发展还有很大的提升空间。简单来看，信息化差距只是互联网产业发展的一个差距，但是它其实影响着国家利益和世界地位。

表6-1　分地区企业信息化与电子商务（2020 年）

地区	企业数（个）	期末使用计算机数（台）	每百人使用计算机数（台）	企业拥有网站数（个）	每百家企业拥有网站数（个）	有电子商务交易活动		电子商务销售额（亿元）	电子商务采购额（亿元）
						企业数（个）	比重（%）		
全国	1125204	57782891	34	553466	49	124552	11.1	189334.7	109133.4
北京	38865	5032437	77	22366	58	8877	22.8	25831.8	15296.4
天津	21134	1057711	43	8429	40	1441	6.8	4342.0	2404.0
河北	31922	1429512	31	16370	51	2464	7.7	4402.3	1717.6
山西	18831	845635	26	6018	32	1222	6.5	2322.6	928.4
内蒙古	9903	528836	35	3776	38	683	6.9	2799.9	2013.7
辽宁	27360	1391234	38	12305	45	1584	5.8	4326.0	2646.9
吉林	10779	511241	36	4368	41	595	5.5	525.8	346.7
黑龙江	11396	684724	46	4328	38	631	5.5	687.2	367.8
上海	48541	4511223	63	27643	57	5434	11.2	23624.8	14097.3
江苏	120188	5751294	29	66556	55	12511	10.4	13189.1	7713.0
浙江	103362	4719793	32	49142	48	12563	12.2	12124.5	4377.1
安徽	42843	1547722	27	24581	57	5698	13.3	6281.1	2734.4
福建	54017	1874018	22	21380	40	6403	11.9	5082.2	1767.2
江西	32067	1077845	24	15605	49	3259	10.2	3294.2	1585.2
山东	77882	3171601	30	38570	50	9777	12.6	13819.8	7629.8
河南	55912	1797652	21	23848	43	4191	7.5	4254.2	2672.1
湖北	40973	1828064	30	24141	59	4545	11.1	5078.7	2946.9
湖南	44240	1482739	25	20982	47	4834	10.9	4185.8	2820.2
广东	150056	9914338	43	85688	57	16936	11.3	30533.8	21879.3
广西	21058	884642	29	5725	27	2136	10.1	2116.5	1223.0
海南	4148	216286	42	1874	45	578	13.9	941.7	321.6
重庆	23414	1197952	27	10928	47	3199	13.7	5810.3	2148.4
四川	46540	2359810	29	22806	49	5876	12.6	5901.6	4405.0

续表

地区	企业数（个）	期末使用计算机数（台）	每百人使用计算机数（台）	企业拥有网站数（个）	每百家企业拥有网站数（个）	有电子商务交易活动		电子商务销售额（亿元）	电子商务采购额（亿元）
						企业数（个）	比重（%）		
贵州	16052	560259	29	6505	41	1697	10.6	1628.1	772.3
云南	17693	787004	34	6748	38	2055	11.6	2324.4	1358.1
西藏	1250	40868	36	593	47	120	9.6	75.2	12.3
陕西	26145	1334689	38	12363	47	3038	11.6	2118.6	1019.1
甘肃	9139	79220	28	3934	43	803	8.8	543.9	815.7
青海	2288	139604	42	980	43	235	10.3	201.6	197.4
宁夏	3546	180326	34	1600	45	315	8.9	235.5	193.8
新疆	13660	544612	30	3314	24	852	6.2	731.3	722.7

资料来源：《中国统计年鉴》（2020），上述数据由笔者分析整理。

信息化时代，各地域出现了适合自身发展的新商业模式，新型模式的不断出现、发展和壮大引领了产业结构的升级换代，形成了"互联网+"的新的业态，也匹配了我国要建立创新型国家的目标。在2014年夏季达沃斯论坛上卢卫主任表示中国互联网增长速度在全世界是绝无仅有的。基于互联网的创新，已经彻底改变了我们的生活。如何缩减由信息化建设带来的经济贫富差距？这不仅是新时代我国不同地区面临的问题，同时也是全世界共同面对的问题，需要全世界各国相互协作，促进全球经济公平、平衡发展，技术和物资的交流交换，互惠互通，实现跨越式发展，缩减世界贫富差距。时代在进步，我国应该制定一个以信息化为基础的衡量标准体系，进行有效的资源整合和积累。解决区域间信息化贫富差距，不可避免要先缩小区域间的经济贫富差距，否则，就将是空谈未果之事。并且，区域间的信息贫富差距不是哪一个国家要面临的问题，它涉及世界各个国家的经济发展，各国必须在公平的基础上，深入沟通合作，制定国际政治、经济新秩序。

第三节　企业管理与互联网营销方式

新时代下，人们的生活需求不断多样化，从原有的物质需求上升到服务、质量、附加值等精神需求上，购买时间灵活化，购买途径和行为方式也是各式各样，每个消费者的价值观也都不同，这些都影响着互联网企业发展模式的形成。企业不得不对目标人群需求进行大数据分析，生产能满足大众群体要求的商品，提供高品质服务，再结合企业文化建设，打造适合企业自身发展的模式。

新疆网商营销模式。西部地理复杂多样，西北地区辽阔无垠，西南地区山水切割，青藏高原严寒高拔。西部文化表现出了鲜明的地域性，西北地区是中国七大地理分区之一，其历史悠久、地域广大，它孕育的文化在质朴中藏着博大，包括陕西、甘肃、青海、宁夏及新疆。本书介绍了新疆企业根据自身地域文化，通过互联网进行商贸活动的推广方式、推广渠道、物流选择及形成的影响力。

90%的新疆网商选择淘宝和天猫平台内付费推广渠道进行宣传推广，其中62.5%的新疆网商采用单一的淘宝和天猫平台内付费推广方式，27.5%的新疆网商除淘宝和天猫平台内付费推广外还通过微博、微信和论坛等多种方式进行组合推广。10%的新疆网商通过口碑、老客户推广或自然流量等免费推广方式进行网络推广（见表6-2）。总体看，淘宝和天猫平台内的付费推广是新疆网商的主要推广方式。

表6-2　新疆网商推广方式

推广方式	占比（%）
口碑、老客户推广或自然流量等免费推广方式	10.00
淘宝和天猫平台内付费推广方式	62.50
淘宝、天猫平台内付费和微博、微信等非付费组合推广方式	27.50

直通车、淘宝客和钻石展位是新疆网商最主要的三个推广渠道，分别占87.5%、32.5%和22.5%（见表6-3）。在选择直通车推广渠道的网商中，40%的网商以直通车为唯一推广渠道。新疆网商推广渠道单一，过度依赖直通车推广渠道。

表6-3　新疆网商推广渠道

推广渠道	占比（%）
直通车	87.50
淘宝客	32.50
钻石展位	22.50
微博	15.00
微信	10.00
其他	15.00

韵达、申通、中通和EMS是新疆网商主要的快递选择（见表6-4），绝大部分新疆网商选择多家快递合作企业进行物流支持。

表6-4　新疆网商物流选择

快递公司	占比（%）
韵达	37.00
申通	35.00
中通	35.00

续表

快递公司	占比（%）
EMS	30.00
圆通	15.00
汇通	12.50
其他（顺丰、德邦、优速）	10.00

2012 年，新疆网商提供了 1712 个就业岗位，其中专职 1177 人、兼职 535 人。截至 2014 年 10 月 25 日，新疆网商销售的产品数量为 39533 件，累计交易笔数 29736928 笔。新疆网商日在线时长 18000 小时，平均每月上新一次新品，累计 3.3 亿人次访问。新疆网商向 3.3 亿人次的到访者销售新疆特色产品的同时，也向他们大量宣传新疆风土人情、自然风光，成为在互联网渠道推介和宣传新疆正能量的重要渠道和力量。

写作组考察新疆喀什地域文化和喀什古城

新疆林果网采用的就是这个模式，2011 年，新疆果业集团旗下的新疆果业集团大唐丝路电子商务有限公司成立。公司搭建起新疆特色农产品电子商务平台，与淘宝网等国内大型网站建立起密切联系。2012 年销售额达 1.2 亿元，还创下了一天销售红枣 60 吨，销售额超过 500 万元的纪录。新疆网商除了在林果业或者农产品领域涉足较多外，很多行业处于空白状态。新疆企业中接触过电子商务的约占 33%，但是真正使用电子商务的企业还不到 10%。此外，京东、天猫都是运营非常成熟的网商平台，在上面开店最主要的目的就是吸引流量。每个在第三方平台购买其产品的客户，都会被告知其独立站的网址，引导客户直接到独立站购买。在其他网商平台，钻石级网商需缴纳 5% 的提成，每年技术服务、指定软件等费用还需要十几万元。而自己的独立站正常运作后，运作成本相对较低，产品价格也低了不少。独立站自由度、发挥空间相对较大，不像综合性的网商平台，有很多规定，局限性也很大。在目前一些新疆网商还作为产业链上的一环与一些成熟网站合作，让一些成熟网站负责销售，而新疆网商负责采购或者物流配送服务等，这样就可以稳定地盈利。

第四节　经济高质量发展与互联时代的文化消费

　　在物质不发达阶段，国家整体经济发展水平不高，人们的消费水平普遍较低，人们大多数愿意将钱尽量存起来，用在必须要用的地方，国家也只注重快速发展，提高生产力，没有引领和树立正确的消费观。随着国家经济的快速增长，人们的物质需求逐渐得到了满足，人们的消费观念也发生了变化，不再仅仅在意商品之间的交换，而更关注商品的服务、企业品牌和附属价值，是一种精神和文化的交流。在互联网的带动和刺激下，人们开始注重信息交流、互联网产品和服务的满足，拥有更多的信息数据和信息技术是人们热衷追求的目标。

写作组考察新疆喀什地域文化

　　互联网时代，信息、数据和技术是其核心内容，人们的消费观念也随着时代需求所改变，人们开始注重商品背后的附属价值和文化内涵。人们从原有的商品实体消费，转向商品背后的文化消费，人们注重精神需求的满足。商品不再只有社会属性，它涉及人们生活的方方面面，互联网能够低成本、零距离、零时间地与各国人们联系起来，商品文化与互联网相结合，表现出不同的文化内容，供人们分享、消费和合作。在互联网影响下，传统文化消费表现形式和内容更加丰富，不仅降低了沟通成本，还增加了实际效率，促进人与人之间的关系，将零散的时间和内容在短时间内拼凑成一个整体。

　　新时代带来了人们的新需求，信息技术打开了一个新的市场，催生出更多新业态，使得商品只是信息、数据的载体，人们更看重的是商品背后的价值。随着互联网刺激下的消费经济进入成熟期，企业通过采取不同的营销模式满足消费者需求和吸引更多的潜在消费者，提升消费者的体验感，对产品完整生产链进行升级改造，抓住时代机遇。传统实体店消费和互联网自生消费相结合,线上线下共同发展,大多数集中性消费一般都在消费线的前端,那些需要量身定制的个性化需求都在消费线的末端,因此消费市场逐渐被细分开来,频繁的消费和文化膨胀提升了消费档次。

互联网带来了巨大的消费潜力。消费是企业发展的动力,新的消费内容和形式既刺激了企业的升级和创新,还可以带动相关产业的发展。根据大数据分析,企业了解到不同消费者的不同需求,提供适合消费者的产品和服务内容。同时,互联网拉近了人们的距离,扩大了消费活动的空间,带动了新的消费模式的产生。新的消费模式是在传统消费模式上进行创新和升华,它能够直接影响消费市场结构、消费需求、企业经营方式等。互联网环境下,企业必须有高效的运营效率和创新技术产品,给消费者带来各式各样的产品体验,不断增强企业竞争力,完善企业生产模式,促进利润增长,否则就会被淘汰。当代企业探索新的经营模式,融合"互联网+"思想,发展互联网经营模式是一个必然趋势,针对互联网消费市场,结合互联网模式进行产品销售和宣传。

互联网+产业。顾名思义就是,通过运用互联网知识,借助大数据、人工智能等高新技术,对企业进行有效的升级和转型,提高企业的运营效率,增强企业竞争力,满足消费者多样化的需求。产业互联网的应运而生,影响着我国农业、制造业、旅游业、教育业等多个传统领域向互联网发展结构和模式改变,利用互联网这个工具,把整个产业链连接起来,优化每一个环节和流程,带动整个行业的发展,其中最核心的就是将整个产业链的数据信息进行了整合,这是最大的有效资源。互联网技术在传统产业链基础上优化了结构,降低了成本,并提高了效率。优秀的企业都延伸和拓宽业务范围,将企业的产业链一体化,积累庞大的数据体系,形成一个自供自足的生态经济圈。

"互联网+"有很多形式,不管哪一种形式,都是将互联网思维和技术融入该行业,形成有效的管理机制,实现数字信息化管理,让消费者更好、更便利地体验产品和服务,在优化和带动产业经济发展的同时,也为政府和社会带来全方位的服务。利用互联网的及时性和互动性,整合更多信息资源,创新性地推出个性化的商业模式,让更多群众来参与、分享和互动,使消费者在不知不觉中参与企业产品的研发过程与企业营销过程。

互联网+教育。在线教育是一种基于网络的学习行为。其主要的内容为:视频内容,传统网校/远程教育和MOOC模式;文档内容,提供多种格式的文档资源,作为学习资料库,但是直接将产品变现的难度很大;泛学习内容,凡是能提供某一领域某一门知识,都可以算作知识提供平台,本质上是人们接收这些信息内化为自身的知识和智慧,并因此获得成长。平台模式有C2C模式、B2C模式、B2B2C模式、C2C+O2O模式和B2C+O2O模式。

互联网+文化金融。中国农业银行宁波文化创意支行正式开业,首家文化产业银行成立。互联网思维下的文化消费和产品供给,以大数据、平台优势融合文化产业。

写作组考察青海油田地域文化与敦煌遗产保护

第五节　互联网产业链与整体业态升级

互联网正在对文化产业及其消费形态、消费渠道等各个层面产生越来越广泛的影响，包括网络阅读、网络游戏、网络动漫等在内的互联网文化产业，经过短短几年的发展，仅在国内已形成了千亿元级产业规模，并正在以年均20%以上的速度增长，"互联网文化"成为文化产业和文化消费市场一个极其重要的拉动引擎。一代时期，产业媒体主要是靠广告带动利润，提供增值服务的方式；Web2.0对网民个体需求的有效整合也催生了新的盈利模式，一方面，积极把握自身资源优势，利用Web2.0相关应用拓展传统盈利模式的实现方式；另一方面，利用Web2.0的社会性，获取网络生活中的人并发展其关系，通过对用户群体的整合开展网络电子商务。[①]

随着信息高科技的发展，互联网改变了传统文化产业的生产方式，大大降低了文化产业的门槛，使文化产业的生产性和创造性得到了前所未有的提升。现在人们都使用小视频、5D产品、手机、投影等互联网技术产品，人们能接受互联网技术给生活带来的丰富和便利，同时，互联网也对生活的各个方面起到影响，改变了传统的产业结构，影响企业整个生产、销售、营销和宣传多个环节，给我国产业发展带来了巨大的发展空间和机会。

---

① 周柱．互联网Web2.0时期区域媒体网站的运营策略思考［D］．湘潭：湘潭大学，2008.

写作组考察敦煌地域文化

文明构思工业与旅行休闲、时髦效劳、修建装修、工业制作、农业生产等特征经济领域的交融开展,以"文明+电商""学院+园区"交融为开展定位,创始全国"文明构思+电子商务+工业设计教学训练"三位一体的开展模式。

这些年,构思工业园区被看作开展文明构思工业的有效途径之一。自 2005 年开始,以上海、北京为首,构思工业园区在国内如漫山遍野般繁荣开展起来。但是,纵览国外构思工业园区,无不依据前史传统、文明特点、地域优势、经济实力而树立,无不经过了若干年对文明构思氛围、构思人才、大众文明构思消费习气的培养进程。

写作组考察敦煌地域文化与月牙泉

构思工业园区不能一哄而上、盲目跟风,而应当因地制宜、脚踏实地,从本乡文明前史土壤中汲取养分,从本地特征优势资本中寻觅方向,开展具有本乡特征、效劳区域经济的构思工业园区。蒙古源流文明旅行工业园即是一个以表现本乡优势效劳鄂尔多斯经济的特征工业园区。如今越来越多的工业园参加协会,协会为其经过工业基金来树立投融资渠道,为园区招商引资,树立金融安全危险防范系统,提供资本运作效劳等方法助推园区开展，经过互联网金融重塑工业园区开展新模式。

写作组考察南疆库尔勒地域文化

　　一家以互联网为基础的企业必须拥有高质量的运营商和交流平台，运营网站必须有大的影响力，获得消费者群众的认可和大的市场点击率，保证企业的产品和信息内容能够有效分享。"互联网+产业"模式主要包括三个部分：是针对企业自身的产品打造和创新，营销主体内容必须是有价值、充满正能量的，互联网企业都应该以企业的主导内容为立命之本，保证优质内容源的持续稳定的供应，企业发布出来的内容应该保证整个产业链的稳定发展；二是要提升企业产品的附属价值和增值业务，给企业带来额外的利润，企业应该从"互联网+"角度挖掘可以盈利的业务，制定相应的发展模式，提升企业的经济利润和市场占有率；三是消费者体验和回馈环节，顾客需求是企业发展战略的核心环节，追求客户的满意度是企业的目标，让消费者体验到极致的服务是企业调整发展模式和运营方式的参考标准，企业所有的行为活动都是为了赢得消费者的满意和认可，获取更多潜在消费者的青睐，最终发展成为忠实的客户。

　　互联网时代的各产业发展是一个整合各种资源，并有效开发资源利用价值的过程，其每一个环节和部分都有其存在的价值和意义，否则就是浪费企业的成本，要实现价值最大化，就必须抓住消费者的核心需求，充分有效地利用互联网的高新技术，随时调整企业的运营模式，开发每个环节的增值业务，制定有效的实施方案，打造高效能的产业链。

第六节　新业态下互联网知识产权保护

　　中国农业发展银行（以下简称农发行）企业文化培训基地设在甘南夏河县。随着新商业模式的不断出现、发展和壮大，银行服务业也随之升级换代，形成了"互联网+"的新的运营模式。与此同时，关于互联网创新的保护问题也逐渐凸显出来，其中对新的商业模式的保护，就是亟待解决的问题。互联网文化消费过程中，侵权手段更丰富、侵权机会更多、侵权的取证难度更大。在发展的过程中也存在一些不容忽视的问题，如网络版权保护有待完善，相关法律法规还要进一步完善，监管在某些方面还没有完全到位，内容创新、国产精品、品牌影响力等还有待进一步提升等。近年来中国互联网协会组织和开展了互联网行业公约，组建联盟，推进网络绿色产品，加强知识产权保护等一系列活动，有力地促进了互联网环境的净化，推进了互联网文化健康发展。

考察甘南地域文化与拉卜楞寺

互联网时代的知识产权制度是开发和利用知识资源的基本制度，对于激励创新，促进发展方式转变，满足人民群众日益增长的物质文化需求，具有十分重要的作用。知识产权制度由法律所构成，"法律是社会关系的调节器"①，经过多年发展，我国的知识产权法律法规体系逐步建立，知识产权拥有量快速增长，促进经济社会发展的作用日益显现，但是知识产权制度不够完善。

互联网内容产品的核心是产权保护。目前，从国家层面看，关于知识产权促进与保护的法律法规主要集中在《中华人民共和国商标法》《中华人民共和国专利法》《中华人民共和国著作权法》《中华人民共和国民法通则》等法律以及相关实施细则和《中华人民共和国知识产权海关保护条例》《集成电路布图设计保护条例》《中华人民共和国植物新品种保护条例》《计算机软件保护条例》《信息网络传播权保护条例》等法规中，有关网络空间知识产权保护的规范性法律文件需要进一步完善。从地方层面看，统一对促进与保护知识产权进行地方立法的有山东省和南京市，其他多为对专利保护进行地方立法，也有少部分省、市对商标和著作权进行了地方立法。云南省2002

---

① 高艺漩. 高新技术企业知识产权战略与核心竞争力研究［D］. 西安：西安电子科技大学，2007.

写作组考察南疆地域文化与卡拉库里湖

年开始启动对专利保护的地方立法程序，至 2003 年 11 月 28 日审议通过，2004 年 3 月 1 日起施行了《云南省专利保护条例》。其他知识产权促进与保护方面的规定和政策均以政府规章和文件的形式制定和下发。昆明市到目前为止还没有一部关于知识产权促进与保护方面的地方性法规。2009 年昆明市出台了一部《昆明市科技进步与创新条例》，对知识权产权促进与保护略有涉及，但均为原则性规定。2015 年，漯河市知识产权局与阿里巴巴·漯河产业带签订《电子商务领域专利执法维权合作协议》，做好漯河市电子商务领域知识产权保护工作，推动了漯河市建立电子商务领域知识产权保护的长效机制。乐视体育、腾讯、新浪还宣布成立全国首个"互联网体育知识产权保护联盟"，维护体育赛事的公平公正秩序，帮助社会市场建立合法的运动规范事宜，同时对违规行为进行强烈的斥责和打击。

写作组考察库尔勒地域文化与塔里木油田

　　传统产业受到互联网影响，其发展模式和发展空间都有了大的改进和提升，时代催生下的经济发展新模式下，知识产权问题凸显出来，人们必须重视产权的维护和保护，企业也必须创新出符合市场需求的商业模式。在以互联网为载体的创新产品和商业模式不断涌现的同时，"互联网+"时代的知识产权也面临着新的挑战，互联网资源丰富、虚拟化、监管机制不完善等特点令互联网行业逐利现象日益严重，且呈现出纠纷类型多样化、利益诉求复杂化、纠纷主体多元化等特点，这对现有的网络多元纠纷解决机制提出了新的挑战。

第七节　地域文化与企业经营管理

一、经济伦理的思想渊源与发展

　　伴随人类的经济活动，与之相联系的伦理思想也就开始萌发了。每一种经济、政治、文化制度的影响以及人们生活的模式和状态，都造就了一套适合时代需求的发展和生存模式，同时随着一些相关道德伦理规范的出现，这些都是人们发展过程的必然产物。针对经济活动的伦理规范问题，很多国内外著名的经济学家、社会学家等都提出了思想架构和看法，为世界经济发展提供了丰富的参考和借鉴作用，为推动世界的发展做出了巨大的贡献。这些问题大致包括：生产和劳动的伦理意义；商品交换、财富的分配与消费；创造与享受；财富与道德；物质生活与精神生活的关系等问题。然而，随着人类社会的发展，这些问题也随之不断深化，主要体现在：个人福利与公共福利、个人利益与集体利益、经济发展与伦理道德、物质需求与精神需求、个人价值和集体价值、公平和自由原则、合理需求与分配、人们日益增长的需求满足、社会贫富差距相互关系等问题成为当今哲学、经济学的研究热点。

　　中国古汉语中的"经济"一词，是"经邦"和"济民"、"经国"和"济世"以及"经世济民"的综合和简化，含有"治国平天下"的意思。其内容包括国家如何理财、如何规范各种经济活动。孔子的"足食足兵"论、管子的"重本富国"论、荀子的"上下俱富"论反映了他们各自的经世济民方略。他们的经济思想是和他们的人性论、义利论紧密地结合在一起的，因此他们的经济学说和伦理思想不可分割。经济不仅包含着物质方面的增长、金钱财富的积累，同时也包含着一种有效的经济管理制度，实施一定的道德伦理规范，不仅会促进经济的增长，还可以带来长久稳定的发展局面。

　　从古至今，经济的发展是任何社会意识形态下追求的核心目标，圣贤人也注重经济和道德伦理的结合，认为一套符合时代需求的道德伦理有利于促进社会的经济增长，分析了"义"和"利"的相互关系，强调人们要节俭。孔子作为儒家的代表，强调人们要遵循"非礼勿动""重义轻利""先义后利""贫而乐道"的经济伦理。孔子在《论语·里仁》中说："放于利而行，多怨"，人与人之间的交流都是因为有经济往来

写作组考察库尔勒地域文化与塔里木油田

的因素，然而一旦贪婪过度，侵害了他人利益，就会造成矛盾和怨恨，因此人与人之间的经济活动往来必须遵循一个度的约束，规范其行为。当然，孔子并不是一般地反对利、反对经济的发展；相反，他强调一个国家要治理好，必须保障"足食足兵，民信"（《论语·颜渊》）、"百姓足，君孰与不足，百姓不足，君孰与足?"（《论语·颜渊》），他提出"因民之所利而利之"（《论语·尧曰》）的思想，主张必须从社会的全体利益着想，追求公利的发展，他反对的是私利。因为他看到人们对私利的追求会产生各种卑劣的欲望，以至尔虞我诈，你争我夺，就告诫人们在遇到利益时，先要想到义，把"见利思义"定为"今之成人"的最高标准。孔子在《论语·季氏》中提出："不患寡而患不均，不患贫而患不安，盖均无贫，和无寡，安无倾"，他强调人们必须遵循一定的道德伦理约束，才能促进经济活动的健康发展，离开度的约束，经济市场就会混乱，人们的欲望就会无限膨胀，社会将会呈现出失去理智的疯狂状态。

关于社会经济活动伦理，墨子在《墨子·非命下》中提出："强必富，不强必贫，强必饱。不强必饥，强必暖，不强必寒"，他强调了道德伦理的重要性，人们生活的好与坏、经济的发达和衰落，不是上天的安排，而是遵循社会发展规律，自我奋斗的结果，他否定了一切由天命安排的生命观。

道德和经济利益的关系一直是古代中国思想家探讨的重大问题之一。先秦经济伦理学说总是从人性论、义利论推出道德与经济关系的命题。管子认为人的本性是求利的："凡人之情，见利莫能勿就，见害莫能勿避。"他说："其商人通贾，倍道兼行，夜以续日，千里而不远者，利在前也。渔人之入海，海深万仞，就波逆流，乘危百里，宿夜不出者，利在水也。"他在《管子·禁藏》中主张"围之以害，牵之以利"的经济伦理规范，并且还在其中强调"财多而过寡"，意思就是说人们要增加自身的金钱财富，但同时也要避免和减少一些有损道德、违背良心的行为。因此，他在《管子·牧民》中说："仓廪实则知礼节，衣食足则知荣辱"，人们应该树立正确的道德伦理思想，做一些对物质需求和经济增长有利的行为，在适度的范围内，满足人们的需求。

考察"一带一路"倡议下伊斯库尔克跨地域文化传播

考察"一带一路"倡议下跨地域文化传播

　　我国不同的发展阶段都有关于经济伦理的研究，根据时代的需求，伦理标准也不相同，呈现出三种不同的社会意识形态。起初发展阶段，只是道德伦理萌芽状态，人们开始探讨和研究适合人类发展的伦理标准；随后，人们将道德伦理融合到经济活动中，作为经济行为的规范准则和参考标准，更有效地帮助社会经济增长，使得社会进入经济快速增长的阶段，也是道德伦理规范的鼎盛阶段；最后，经济发展与道德伦理结合进入一个成熟、完善阶段，在没有新的经济刺激和驱动下，道德伦理的发展呈现出疲惫无力、无法发挥更有效作用的状态，也无法更有效带动经济的发展。

　　"一带一路"倡议实施中，面对的是各国不同的企业经济发展，任何一方有违道德准则的行为，不仅会阻碍双方的经济合作活动，还会带来政治影响，因此，在寻求合作、发掘商机的同时，必须要规范企业自身的经济行为活动和商业运营模式。不论是经济对道德伦理的影响，还是道德伦理对经济的影响，都是相互促进，相互制约的关系，企业快速高效的经济发展和崇高的道德伦理素养有效结合、最高统一是企业整体发展的最大推动力。

经济的增长必然会带来社会的发展和进步，这是一个不可否认的正向命题，那么经济的增长和社会道德进步之间是此消彼长、你强我弱的关系，还是相互统一、共同进步的关系？很多经济学家对这一命题给出了不同的理解和答案。有些经济学家认为两者之间是因果关系，经济的增长会带来精神文明的进步，社会道德的进步也会带来经济的增长；有的经济学家认为两者是独立、相对的关系，一方面的增长，会带来另一方面的削弱。然而，在马克思的研究体系中，两者是相互统一的关系，社会的发展和道德伦理的进步是一个统一发展、荣辱共存的关系，既相互独立，又相互统一的关系。人们任何一种文化意识形态的产生都是在一定物质基础之上，人们只有获得一定物质需求满足，才能有一定级别的道德伦理观，否则只是空谈的理想和理论。社会的经济增长并不会影响社会道德伦理的进步，反而会解放人们的物质欲望，从而进入一个高的精神文明世界，人们只有真正主宰物质需求的欲望，才能实现更高的人生价值。人类所追求的最终社会意识形态，达到人类全面自由地发展，是在物质和精神相互制约却又相互统一的过程中前进和发展的。人们不再通过做违背道德伦理的行为来换取社会的经济发展和进步，社会精神文明建设也不会通过降低经济增长速度来达到要求。

"一带一路"发展中，国与国、企业与企业、个人与个人之间的合作和交流中，都涉及不同层面的道德伦理，由于各国的发展进程不同，受经济、政治和文化的影响，每个国家的经济道德伦理认知程度不同，对其行为标准也没有统一的界定。然而，不论是哪种道德伦理规范，都反映了人们经济活动中的道德观以及人们对这种道德观的认知体系，无外乎是经济活动中关于公平公正、诚实守信、个人与集体利益、企业与自然协调等伦理范畴。其最终目的是发挥道德伦理在经济活动中的积极作用，帮助协调经济与个人、社会和大自然的关系，促进社会经济的高效运转，净化经济市场秩序，实现道德和经济的共同发展。

二、社会经济管理体系

社会经济不断发展，社会道德伦理也不断丰富，人们将适合经济发展的道德伦理融入经济管理体系，对其经济主体和客体思想和行为进行一定的道德约束。在我国物质水平发展落后的时候，人们的经济和伦理意识形态都非常弱，没有正确的认知和系统化的管理，不能有效地处理好人与社会、经济与伦理、物质和精神的关系。开始阶段，人们制定的经济管理规范主要是针对经济客体而言的，处理好人们的个体利益与集体利益、生活与工作协调发展，对经济客体的一系列经济行为进行有效的管理和约束。不同社会阶段的管理伦理是自然而然产生的，为了和谐处理和解决经济活动引发的一系列关系，相关的制度和法则也就自然产生了，当时的经济发展水平、人们的道德伦理素养、社会生活水平以及社会和谐稳定程度都影响着经济管理制度的建立。

"一带一路"建设中，经济活动的主体和客体必须遵循一定的道德伦理规范，在有效的管理机制中寻找到经济最大化发展的方式，如跨国商业贸易行为规范、金融货币管理机制、跨国物流运输条例、债务债权的合理分配等经济活动行为准则，促进双方高效、频繁的经济往来活动，增进彼此的互动和友好关系。

古希腊哲学家亚里士多德认为，国家政府是组织和管理社会经济生活的一种精神结合，其目的就在于达到公平正义和最高最广泛的善行。因此，社会经济活动的组织者理想城邦的官吏就必须通过对他人和国家有利的善行，献身社会事业，过理性的生活，造福社会。应当坚决抵制身居高官的执政者从管理公共事务中争权夺禄、沽名钓誉、贪图钱财的"尚富暗流"和过骄奢淫逸生活的"病态"风气。这一阶段经济管理的视点已从原来的侧重管理客体转向注重管理主体的伦理素质要求。

"一带一路"所倡导的互惠共赢，是一种和谐稳定的发展状态，强调了合作双方必须站在以公平、自由为基础的相处模式上达成一定默契的和谐观。社会不断进步，高新技术日益发展，人们的社会需求也各式各样，经济发展模式也各不相同，为了满足双方的利益，不得不寻找一个平衡点，打造一个全新的合作模式，协调双方的管理模式，尽量调节人们的经济关系，尽可能满足更多人们的需求。企业之间也应该建立良好的沟通渠道，保证信息传递的及时性和有效性，调整和完善自身的经济结构和管理模式，使双方经济来往行为更加顺畅和高效，建立健全经济行为规范，制定有效的经济秩序，更好地服务于"一带一路"建设。

过去传统的管理理论认为生产效率单纯受工作方法和工作条件的制约，因而在管理上只强调以"事"为中心的工作方法的科学化、劳动组织的专业化、作业程序的标准化。而人群关系理论认为生产效率主要取决于职工的工作情绪、"士气"和从事物质生产的工作伦理，所以更应当从企业内部的人群关系、关心职工的物质和精神生活方面去改善。新人群关系论认为，对经济活动的任何一种组织管理，都是依据有关人性与其行为的假设。"经济人"的假设起源于享乐主义哲学和亚当·斯密的劳动交换理论，认为人的行为在于追求自身的最大经济利益。而管理新学派的"社会人""道德人"的假设，认为人的最大动机是社会需求和追求道德理想。所以必须贯彻以关心人、满足人的需要为中心的人道主义伦理观作为经济活动中的伦理原则。由此可见，现代社会的经济管理已从原来的只注重管理客体、管理主体发展转移到注重主客体的相互关系、主客体的内部关系和外部关系等广泛的、多重的、复杂的、动态的层面上来，这一变化拓展了经济管理与伦理的内在联系，促进了两者的相互渗透、交融和发展。

写作组考察"一带一路"倡议下伊斯库尔克跨地域文化传播

写作组考察"一带一路"倡议下伊斯库尔克跨地域文化传播（续）

三、经济高质量发展与企业价值观排序

（一）企业价值选择

价值排序及其相关的道德选择、文化冲突和伦理困境等是企业伦理建设过程中的主要组成部分和重要影响因素。商品生产发展带来的物质水平的提高是毋庸置疑的，人们忧虑的是它是否会导致道德的滑坡、人际关系的恶化和价值导向的混乱，于是出现了"经济—伦理""历史—道德"等困惑。"经济伦理"协调论则认为，社会主义商品生产不但不会引起道德滑坡，反而有助于道德进步；"经济—伦理"冲突论者认为，道德的进步并不直接是社会物质生产发展的函数，经济与伦理的冲突是不可避免的，在特定时期为了发展商品生产，不得不在道德上做出某种妥协，在道德价值导向上也应做出适当的调整。

要解决"经济—伦理""历史—道德"的困惑，必须首先分析"事实"与"价值"的关系问题。"经济"和"历史"是物质性的事实领域，道德从属于精神性的价值领域，只有当我们考察了"事实"与"价值"的内在关系、本质特征、内在结构和自身规律之后，才能确定能否从事实中推演出价值，才能确定能否把道德评价和价值导向的选择标准归结为历史的尺度，从理论和实践的层面上找到价值选择的依据，才能最终解决"经济—伦理""历史—道德"的矛盾。

任何社会阶段，不论是国家、企业还是个人都会面临各种选择问题，如何进行最有效的选择是根据自身的价值观来抉择的，不同的核心价值观引领下，最终产生的行为模式是不同的，其中道德伦理的参考价值显得尤为重要，因为它关系到个人、企业和国家的长久发展。社会经济基础决定了社会的精神文明建设，任何社会形态的发展都是建立在物质基础之上的，离开了物质条件，根本就谈不上精神文明建设。社会上层的意识形态是人们有关社会关系的体现，它是受社会物质的制约和影响的，道德伦理是意识形态的一种，是人们对社会关系形成的一种自我思想观，人们根据这种思想观来选择和判断事情的走向，如果没有这个衡量标准，人们将会变得困惑，甚至做出错误的决定。

应当指出，根据道德来做出生活中的各种选择，必须考虑其行为的可行性，理论与实践相结合，才能做出最合理的判断。关于"一带一路"经济活动如何选择，必须考虑我国真实的发展状况和道德伦理建设水平，不能好高骛远。基于道德伦理建设的经济行为选择，必须遵从集体利益大于个体利益的原则，在面对国家利益和企业利益两难的时候，毫不犹豫地选择维护国家利益，没有国家哪来企业，没有集体哪来个体。在维护自己正当利益的时候，应该使用正确的手段来获取利益，遵纪守法，不能做损人利己的事情。并且消除掉任何极端自私的思想，为了赶超竞争者，任何有违市场规则的行为都不应该被允许，否则会恶性循环，给整个社会的道德伦理建设带来恶劣的影响。

人们在制定道德伦理要求的时候，必须从实际出发，不能超越自己的承受范围，否则就是一种无形的压力，反而不利于经济的发展。我们应该积极打造一个良性的道德环境，人们在这种环境下自然形成一种道德行为标准，从而促进经济的发展。"一带一路"建设中，面对更有挑战的合作、投资和竞争，我们应该选择道德环境好的企业进行合作，避免僵化的合作模式，遵循双方不同的经济、政治和文化环境，选择合理的经济行为准则。企业自身也应该不断提升企业成员的道德意识，增强企业员工的道德责任，改善企业自身的道德环境，为企业的经济合作发展创造有利的条件。然而，良好道德环境的建立和改善不是一蹴而就的，需要在长期的自我管理下形成。

（二）道德规范

伦理学是以哲学的方式研究道德的一门学问。它的主题并非事实，而是价值和价值判断。我们日常生活中最常见的价值判断，就是人们日常生活中经常说的"应该"，如中秋节应该要吃月饼；穿越马路的时候应该走行人通道；做人要诚实，不应该说谎；这三种应该是不同的意思，分别对应着习俗、法律和道德三种不同层次的应该。我们在讲到道德上的应该或道德规范时会用很多不同的评价方式进行表达，其中就会涉及善恶、好坏和对错的判断。这些概念听起来好像很抽象、不好理解，但是了解其本质意义后，就会发现它们之间的联系和区别。

人生的善恶、好坏和对错是三组不同的概念，善恶是用来评判人的动机与性格倾向的，如我们会说善意或恶意、大善人或大恶人、面恶心善等；而好坏通常是在评价事物的价值或行为结果，如我们会说这是一个好的工作、今天天气很好、环境真的很不好；对错是用来评价行为本身的，如我们会说闯红灯是一个错误的行为、帮助别人是正确的行为。通常我们会认为善恶、好坏和对错有一一对应的关系，譬如说对的或正确的行为，通常是出于善意的动机，而最后结果也会是好的。像这种想法对应的就是好人有好报或对等的说法。相对地，我们也很容易因为看到行为产生不好的结果时，就认为这样的行为不该做，是不正确的。当我们看到好的结果和善意的动机时，可能会倾向说这个行为是对的、应该做的。如果一些行为是错的，但是因为它有善意的动机，而且还有一个对的结果，人们就会原谅这种错误的行为，认为这个行为不见得是错误的。一般人会因为混用了善恶、好坏和对错这些不同的评价概念，从而得出结论说，事情并没有绝对的对和错，一切取决于自己怎么看而已。这样的讲法，乍听起来似乎很有道理，不过并不符合一般的生活实践。

动机的善恶与行为对错之间的关系，当一个人出于善意对其他人说谎，后来谎言被揭穿了，我们一般都会先承认说谎这个错误的行为，因为出于好的动机，希望获得他人的原谅，由此看来，我们会基于行为动机的良善，去原谅或谅解一个错误的行为，但并不代表说谎这件事会自动变成正确的，恰恰相反，我们都知道说谎是一个错误的行为，才会诉诸其他的理由请求他人的原谅。动机的善恶和行为的对错之间有落差，结果的好坏和行为的对错也有这样的落差。如果善意的行为导致了很不好的后果，那么这件事就是错误的吗？出于善意，帮助他人，结果发生意外，自己和他人都受了伤，那么帮助需要帮助的人这样的行为会因为造成糟糕的结果而变成是不正确的行为吗？面对这种情况，我们会说，帮助他人并不是错的，只是很遗憾发生这样的意外。

写作组考察"一带一路"倡议下伊斯库尔克跨地域文化传播

行为的对错和结果的好坏并非同一件事，一般人都希望通过做正确的事情，来获得好结果，但不会因为无法如愿以偿或更倒霉地得到坏的结果，就说原本的行为是错误的。了解了善恶、好坏和对错之间没有对应的关系后，我们就不应该在生活中说，很多事情本来就没有一定的好坏对错，这种说法和我们的生活实践根本就不一致。了解、厘清我们在直觉背后的理由，不仅能锻炼是非对错的判断能力，也可以让我们面对社会生活中更困难的一些价值选择时做出正确选择。

社会主义条件下企业经营生产的性质，决定了集体主义是我们社会唯一可以选择的价值目标，集体主义是对个人与社会关系的一种认识和抉择，但是在以往的宣传中存在着一些背离这一基本思想的倾向，使一些同志对集体主义原则产生了某种误解，认为它抹杀了个人利益，集体主义从来不抹杀或压抑个人利益的获得。我们不能离开具体的社会历史条件和人类的经济活动去谈论集体主义和个人主义。道德价值的选择常常表现为一种思想斗争，这种选择对于人的品质形成是极为重要的，但它还没有表现为行动，所以选择的责任尚不明显，道德价值选择只有结合实际行动，通过有效的工具和手段进行体现，才能表明它的道德责任。目前，在商品生产、交换、流通、分配过程中生产者与消费者之间，都是通过商品交换取得的，通过商品交换使生产和消费周而复始地循环。因此，商品生产基础上的自由竞争等价交换、价值规律都在不同程度上影响着人们道德价值选择。

写作组考察广州地域文化与经济发展

（三）目的手段

如何解决社会生活中面对的不同道德伦理选择问题？如何在社会经济活动中处理好集体与个人的关系？我们必须要讨论行为活动过程和结果的关系。有人认为，能否发展社会主义商品生产并取得卓越的经济效益是唯一的评价标准，只有效益上去了，手段无可非议，这在实践中产生了极大的危害。

"只要目的正当，可以不择手段。"这个命题必然导向道德虚无主义。当前社会上的一些丑恶现象，为了金钱而不择手段的行为，与在一些人思想中存在的道德虚无主义不无关系。早在 1821 年，黑格尔就指出，正当的目的使手段正当，不正当的目的就不会使手段正当，这无异于把罪行当作某种善良的目的，仅意欲为善以及在行动中有善良意图，这应该说是恶。

目的的正当性，必须在实现目的的过程之中，由使用手段来证明和证实。即使目的很宏伟，如果手段与目的相悖，目的本身将成欺骗的口号。目的不能使手段正当化，目的和手段在理论上必须有一贯性。马克思主义伦理学认为，在目的与手段的选择上，必须贯彻这种一贯性。在现实生活中，不能因为"不走后门办不成事""这也是为了开展工作"等理由而去开后门、拉关系。虽然通过一些违背社会道德伦理的行为获得了短暂的好处和利益，但是从长远看，这种行为助长了"不正之风"的蔓延。

应该说，手段的价值取决于用以达到目的的道德性质，但目的只是决定手段，而不是证明手段的正当。手段的有效性绝对不能违反目的的道德性，而必须为实现这个目的。所以道德性和有效性这两个要求的联系是分不开的：伦理监督不限于目的，没有手段的目的是空洞的。从这个意义上说，资产阶级功利主义是道德虚无主义的根源，因为他们在进行道德价值导向选择时，是把它"将会产生最大好处"作为判断的第一标准，在特定情况下，如果不遵守道德规范能产生更多好处的话，功利主义的终极原则就会将这个违反道德规则的行为视为正当。罗素在批评边沁的功利主义时指出，边沁的学说体系有一处明显的疏漏——例如，人人总是追求自己的快乐，我怎么能保证立法者要求一般人的快乐呢？边沁自己的本能的仁慈心使他看不见这个问题。形形色色的资产阶级功利主义并不能为我们的道德价值导向的选择提供正确的途径。

写作组考察浙江淳安县（现属杭州市）新安江地域文化

目的必须通过手段来实现，手段是实现目的的方法、途径，它是由目的本身的性质规定的。目标任务是主导人们行为的根本动力，人们可以选择不同的行为方式来实现目的，这些行为方式必须积极、充满正能量，有效地传达人们的思想，将思想转化成实际行为，最终实现目标。同时，在这个转化过程中，不同的行为方式也会对主体人的价值有所影响，可能会带来目的改变。因而，行为方式（手段）的选择同样也是道德价值选择的重要环节。

企业经济活动中的道德价值选择理论，是为道德实践服务的。"理论在一个国家的实现程度，决定于理论满足这个国家的需要程度。"不同的道德观念、道德价值导向选择的讨论必将有利于我们的道德实践，它将有力地推动和指导我国的商品生产沿着健康的方向发展。

四、经济高质量发展与生态和谐融合

人类生活在这个社会上，是有社会属性的，同理，企业既是经济发展的产物，也具有社会属性，既然人们和企业都属于这个社会的一部分，那么我们对社会的关系应该是紧紧依赖的，脱离开大自然和社会，人们和企业是无法存活的，我们必须保护好自己生存的环境，才能拥有更好的发展。我们在创造一切物质产品的时候，都是在消耗大自然和社会的资源，然而，大自然的资源并不是无限的，我们必须研发新型资源，减少对大自然的破坏和过度消耗。还有一个至关重要的因素就是人们的环保意识太差，总是把社会上的一切矛盾都归结于经济发展水平，认为只要大力发展经济就能解决所有的问题，事实上，并不是这样的，任何经济财富的获得都是以牺牲大自然为代价的。正是由于人们精神文明素养较低，存在这种价值观，才导致大自然环境的恶化。①

---

① 刘光明．生态伦理与社会发展［J］．未来与发展，1992（6）：12.

起初，我国在大力发展生产力的时候，还没有环保生态意识，只顾创造物质满足，过度消耗大自然。现如今，我国乃至全球都面临严重的生态危机，人类必须严肃地看待这一问题，探讨社会发展如何与大自然和谐共处，改善生态环境。国学经典中的智慧，很多都是前人以血泪换来的感悟和总结，代代传承，长盛不衰，是无数前人累积下来的宝贵精神财富。企业的经营管理需要它，它一直是中华民族不朽的血脉，也是企业能够长期依赖的精神源泉。企业如同一个"国家"，需要治理，需要深刻领悟"人""事""道"相互之间的关系。企业只有坚持自己的文化，让文化焕发出勃勃生机，体现在企业经营管理之中，才能在当今血腥的市场竞争中立于不败之地。

写作组考察浙江淳安地域文化

生态问题不仅上升为我国面临的主要问题，而且它已经是全球人类都正在面临的问题，人们的物质需求已经得到基本满足，有的人们甚至获得充分的满足。不同的社会经济发展模式影响着人们做出生态环保方式的选择，对整个地球的生态系统有着大的影响。"一带一路"倡议实施中，已经将生态环保作为一个大的道德伦理准则，国与国之间、企业与企业之间必须站在这一理念基础上寻求商机，促进绿色低碳技术交流和合作，打造绿色生态链，企业还要积极承担社会责任，投资绿色环保产业，为保护环境多做贡献。

人与自然是通过建立一种社会活动来搭建彼此的关系，因此，社会经济活动作为中间的桥梁和纽带作用，也必然会发挥出它的影响作用。在"人类—社会—大自然"这个系统中，三个主体拥有平等的地位，每一个主体都对其他主体有着制约，我们不能忽视任何一方带来的积极一面或消极一面，因为它们是一个整体，任何一方的兴盛或衰落，都会给其他两个主体带来相应的影响。我们必须兼顾人类、社会和大自然的发展需求，寻求一种最和谐的发展模式，尽量维护三方的利益，打造循环经济，形成一个可持续发展的系统。我们不仅是利己主义的"经济人"，也是社会主义的"道德人"，遵循道德伦理规范，使人类、社会和自然和谐相处。在过去的发展模式中，企业倡导的循环经济发展滞后，没有真正纳入企业运营过程中，过分依赖能源资源，大量浪费资源，尤其工业"三废"直接导致环境污染。企业应该改善自身的发展模式，将生态管理纳入企业文化体系中，严格执行相应的法则和规范，提高企业成员的生态环保意识，结合当代高新技术，处理好人类、社会和自然的关系，维护生命的利益，拓宽生命的宽度，延长生命的长度。

五、经济高质量发展与人才发展

地域文化经营理念系统包含了地域精神和宗旨，也造就了地域文化质量体系的种类和形态。地域文化质量体系的形成基于环境，地域环境包括内部环境和外部环境。内部环境是一个地域的生活环境；外部环境是一个地域在社会中的地位、形象和信誉。在地域共同的理念系统中，先要设计好地域的未来，即地域朝什么方向发展，从而确定地域的发展方向，并决定一个地域人们的成长和发展的目标。什么样的地域目标决定了地域塑造何种形式的地域文化。价值观的正确与否是地域能立足于社会并不断取得发展壮大的根基。地域不同，经营理念也会不一样，有的强调当地的特色；有的注重时代感，有的注重技术创新。现在许多地域单纯以短期利润为核心，这是一种追求眼前利益的不明智做法。地域只有对社会、对人民有益，追求利益最大化，才能被社会所承认，地域才有生命力，才能长期存在，才能促进地域文化质量体系发展，不断使地域价值观得到实现。从尊重人、理解人和关心人出发，把人们摆在平等的地位，始终灌注温情和爱心，以此激发职工的积极性和创造力。以"诚、信、诺"为根本信条，运用一切手段积极营造浓厚的家庭氛围，形成一种平等相处的和蔼关系。

写作组考察黑龙江嘉荫地域文化

一个地域的领导是地域文化质量体系建设的主体，肩负着重新构建地域文化质量体系的重任。在地域文化质量体系的建设中，地域领导者起着创造者、培育者、倡导者、组织者、指导者、示范者和激励者的作用。地域各级领导者应先成为规范化管理的榜样。领导者的行为直接影响质量体系能否规范化运行。如果领导者在决策、制定政策和管理行为方面的言行不一和超越程序办事；或由于人情观念而对违背程序的事与人处理不平等，就会使质量体系遭到破坏。地域各级管理者在贯彻标准过程中，要努力革除自身的不良习惯，尊重程序、身先士卒，并在规范化管理上做出榜样。地域领导者的文化素质，往往决定地域文化质量体系的类型，特别是在转换地域经营机制过程中，必然会遇到现有体制下形成的与现代市场经济相抵触的观念和行为方式。这些旧的观念和行为方式如果得不到及时克服和修正，经营机制的转换就难以顺利进行，文化的障碍只能用文化的武器去克服。一个地域的领导应该靠自身的影响、知识专长、经营能力、崇高的风尚、优良的作风、高超的领导艺术以及对新的地域文化质量体系身先力行、躬身垂范去持久地影响和带动人们。当然，文化是多元的，评价地域文化质量体系也没有唯一的尺度，尤其不可能简单地用"好"与"坏"来衡量。在这种情况下，地域领导的个人信仰往往与地域文化质量体系的定位有着密切关系，优秀的地域领导往往在地域文化建设中走在前列。

写作组考察黑龙江伊春汤旺河地域文化

大公司之所以腾飞，一个关键因素就在于以各种谋略开发人、利用人。"得其人则存，失其人则亡"，建国兴邦如此，企业发展亦然。微软闻名世界、海尔享誉中外、北大方正立足国内，莫不得益于人才。地域素质指的是地域各要素的质量及其相互结合的本质特征，它是决定地域经营发展所必须具备的基本要素的有机结合所产生的整体功能。从这个定义可以看出，地域素质是一个质的概念，而不是量的概念，因此看地域不能只看其规模，而要注重其内在质量。同时地域素质也是一个整体概念，在分析地域素质时，不仅要分析地域各个部分的质量，更要注重各个要素之间的内在联系和相互整合。

地域素质从内容上看主要包括三个方面的内容：地域的技术素质、地域的管理素质和地域的人员素质。地域的技术素质是地域素质的基础，它主要包括：劳动对象的素质，即原材料、半成品和产成品的质量及水平；劳动手段素质，即地域的设备、工具装备及工艺水平。地域管理素质是地域素质的主导，是技术素质得以发挥的保证，它包括：地域的领导体制，组织结构，地域基础管理水平及管理方法，管理手段、管理制度的水平，经营决策能力，地域文化及经营战略。地域的人员素质是地域素质的关键，它包括地域干部素质和地域普通人员素质。干部素质包括地域领导人员、高新科技人员的文化素质，技术素质及身体素质，以及与各种工作结构的配套状况；普通人员素质包括人们的基本文化技术素质及身体素质等。一个地域的发展永远是在逆水行舟，不进则退，同样的举措，迟缓就意味着落伍与被淘汰；地域要领先一步，先要强身壮体，要在内部机制建设上下功夫，建立规范、科学的现代人力资源管理机制，是一个地域走向成功的必由之路。人的管理是一门艺术，因为面对的是人——具有鲜明个体旅异性的群体，而人的需求既具有层次与阶段性，又具有多样性（如既渴望物质方面的满足，又要追求个人成功与成就感），如何根据个体需求采取与之相适宜的开发与激励手段，是人才管理与管理研究的长期课题。

写作组考察黑龙江伊美地域文化

本章案例：缙云产业的高质量发展

缙云县，浙江省丽水市辖县，位于浙南腹地、中南部丘陵山区，丽水东北部，地势自东向西倾斜，山脉大致以好溪为界，属中亚热带季风气候区，总体上热量充足，降水充沛，温暖湿润，冬夏略长，春秋略短，四季分明，总面积1503.52平方千米，辖7个镇、8个乡、3个街道，2018年户籍人口47.00万人。缙云县县长王正飞强调缙云县是一个重视文化的县城，把文化作为品牌来打造，充分发挥黄帝文化、民间剧团、仙都影视等本地的特色文化资源，提升区域软实力，促进文化与经济的良性互动，努力建设实力、活力、大气、和谐缙云。黄帝文化源远流长，缙云抓住这一点，将仙都旅游从普通意义上的奇山异石脱离出来，融入中华民族文化传统的人文历史，这是一大亮点，每届"仙都旅游文化节"，缙云都将公祭黄帝典礼作为主要内容，以丰富仙都旅游的文化内涵，大力促进港、澳、台同胞及东南亚华人来缙云仙都寻根祭祖；为了给天然影视基地打好基础，缙云县以自然景观开发和基础设施项目为抓手，加快接待服务区建设，目前已有"四星"级饭店1家，"三星"级饭店2家。并积极促进各旅游景点和各旅游功能区块连线成网，形成了以仙都景区为中心，黄龙、岩门、大洋三条线路的"一个中心三条线"格局；缙云民间文化活动丰富多彩，其中遍布农村的民间"名牌乡村剧团"显示出城市强劲的竞争力，繁荣了农村文化市场，丰富了农民的文化生活。

写作组考察浙江缙云县地域文化

缙云县深入践行"绿水青山就是金山银山"重要思想，决胜高水平全面建成小康社会，推进高质量发展，始终根植于"绿水青山"的生态优势。高质量发展是绿色成为普遍形态的发展，良好生态环境始终是缙云最大的优势和品牌，也是最宝贵的财富。缙云县始终像保护眼睛一样保护生态环境，像对待生命一样对待生态环境，深层次构建节约资源和保护环境的空间格局、产业结构、生产方式、生活方式，使生态优先、绿

写作组考察缙云地域文化：县委王正飞书记召开调研会

色发展成为时代的最强音。高质量发展是创新成为第一动力的发展，缙云县始终聚力于加快构建有缙云特色的现代化绿色产业体系，坚决转变粗放发展的思想观念、摒弃低成本竞争的路径依赖，坚定不移推进供给侧结构性改革，深入实施创新驱动发展战略，全面打造以生态工业为第一经济、以生态旅游为战略性支柱产业、以现代农业为基础的现代化绿色产业体系。为了推进高质量发展，缙云县还全面推进城乡统筹协调，高质量发展是协调成为内生特点的发展，坚持全县"一盘棋"，抓好"多规合一"，全面推进城乡一体发展，抓好一批牵动全局、事关长远的重点工作，形成全域统筹与重点突破良性互动、协调发展的新格局，全面奏响与全省同步实现"两个高水平"的交响曲。高质量发展是开放成为必由之路的发展，推进高质量发展，始终致力于全面扩大对外开放，在更高的层面上以更大的力度打开开放之门、抢抓融合之机，更好地赢得发展的主动权。以更高的站位、更宽的视野、更大的胸怀，放眼全国、展望世界，主动融入国家和省市大战略，积极参与区域大合作，全面开展大招商，以更加开放的胸怀拥抱新时代、实现新发展。高质量发展是共享成为根本目的的发展，推进高质量发展，始终落脚于全力保障和改善民生，始终坚持以人民为中心的发展思想，把人民群众的满意度、获得感当作衡量一切工作成败得失的标准，既聚焦民生大事，也关注"关键小事"，从人民群众最急最盼的事做起，努力补齐民生短板、促进社会公平正义，让全县人民在高质量发展中拥有更多的获得感、幸福感、安全感。

缙云县市场监管局扎根地域特色，大力挖掘当地特色优势，着力推动梅干菜产业软硬件品质提升，推动梅干菜产业高质量发展，助推"缙云烧饼"品牌发展，提升地方经济。"服务+监管"，保障菜农增产增收。一方面以便民为服务理念，大力引导梅干菜种植户抱团发展，为农民专业合作社的注册登记提供一对一、直通式的"零距离"登记指导便民服务，及时了解农民需求，从市场准入、组织架构、政策法规等方面提供全方位服务和全程帮助。另一方面深入开展农资市场专项整治，严厉打击销售假冒伪

浙江缙云县生态经济高质量发展

劣农资、梅干菜腌制食用盐的违法违章行为，为菜农保驾护航。同时联合当地乡镇政府开展梅干菜制作环境、晒网整治行动，确保梅干菜安全卫生。"指导+规范"，保障梅干菜质量。以质量求发展，制定卫生管理规定、经营秩序监管方案，签订食品安全责任书，规范梅干经营户依法诚信经营。通过召开食品卫生安全培训会与加强日常检查的方式，指导经营户合法经营，明确梅干菜必须按食用农产品进行许可和管理、梅干菜生产企业和销售预包装梅干菜的经营户必须取得《食品生产许可证》和营业执照，预包装梅干菜必须是有《食品生产许可证》企业生产的产品，其标识标签应符合《中华人民共和国食品安全法》有关规定。并建立梅干菜检测、质量追溯、市场准入制度，定期对梅干菜经营户进行产品抽检，目前已检测 10 余批次，检测结果全部符合质量标准。"宣传+推广"，培育梅干菜产业新兴增长爆发点。积极开展食品安全"五进"宣传活动，强化菜农和经营户源头普法教育。对菜农和经营户进行食品安全普法宣传，不得非法添加食品添加剂。对规模较大的经营户推广"互联网+"销售模式。创新营销方式，积极推广"互联网+梅干菜"，深入指导农村专业合作社、梅干菜大户注册并使用农村淘宝、微商开网店，通过 QQ 群、微信、朋友圈做合法宣传，拓宽销售渠道。打造消费多元化宣传模式。在消费端同步发力，开展梅干菜特色小镇"陌上东方"宣传片视频播放、芥菜王现场评比等特色活动，吸引菜农、村民和新媒体广泛参与，并通过图文、视频、漫画讲解等形式，提高消费者选购鉴别能力，提升缙云梅干菜的知名度。

缙云爽面是丽水市非物质文化遗产、浙江名小吃，亦称土索面、索面。舒洪镇姓王村是缙云爽面的发源地、主产地，姓王土爽面加工历史悠久，至今已有 1300 多年。以前，爽面生产完全"靠天"吃饭，严重制约了缙云爽面的产业发展。如今，随意走进一家姓王土爽面加工坊，都可以看到干净、整洁、明亮的加工环境，规范的加工流程，烘箱、电扇、防蝇防雨等设施为面条"吹风挡雨"的同时，也为姓王土爽面做出大市场提供了足够的底气。缙云爽面加工工艺经过了千年演变、发展、改进和提高，无不凝聚着加工者的心血和智慧。姓王村及周边村落有大大小小 600 多户在从事爽面加工，每家每户生产出的面条都是同样的口感——爽滑、麦香醇厚。纯手工制作的面条，通过标准化管理保持了稳定统一的上乘品质。和面、多次发酵、搓条、盘条、上条、拉条、分条、抽细、晾晒、剪裁、包装，好味道一半出自讲究的制面程序，另一半靠的是高品质的原料。为了鼓励更多人加入这一行业，实施标准化操作，2016 年，缙云县政府在电大缙云分校创设了缙云爽面师傅培训基地，聘请专业师傅，编制教材，开展培训考核发证等工作，至今已培训爽面师傅 900 多人次。爽面培训班，不仅要教学员掌握规范的制作工艺流程，更要让他们了解爽面文化内涵，学习品牌意识和市场意识，走产业标准化之路，共同打响缙云爽面品牌。十几道烦琐工序的爽面，村民做起来得心应手，而对于市场销售村民们却并不在行。为了打破这种小作坊的市场困局，村民们开始思考走联合发展之路，建立了缙云县姓王土爽面专业合作社，为社员提供全方位的管理服务。合作社成立后，坚持以品质闯市场，对加入合作社的 240 多户爽面加工户实行原材料收购、生产质量标准把控、品牌化建设、产品销售"四统一"的生产服务管理制度。近年来，合作社又在缙云县市场监督管理局的指导下以名特优的模式进行提升改造，建立了姓王土爽面产品检验室，更新了姓王土爽面的企业生产标准，建立了标准防蝇防雨生产场地，村里世代传承的爽面制作家庭小作坊得以转型升级，爽面的质量和产量获得了提升。

第七章　地域经济潜能与地域特色文化

章首案例：跨国发展下的高质量管理控制

2003 年，杭州西子联合控股公司（以下简称西子联合）董事长王水福在"两会"上提出《吁请政府加大制造业的扶持力度，提升浙江制造业水平》的议案，希望政府能够重视基础制造业，提升浙江工艺水平；2013 年"两会"他建议修改制定浙江省《产品质量条例》，以地方立法的形式强力推进产品质量提升，并且每年由人大专门委员会进行检查评估和考核。王水福的提案就是要呼吁政府转变产业发展理念，重视制造业产品质量，并通过立法的形式对国内企业的产品质量予以约束，进而在全社会形成重视产品品质的意识。王水福对员工讲得很浅显易懂：质量管理就是"从草本到木本"，不是花草一秋。

西子联合空客飞机配套制造

概括起来，西子联合的企业转型升级与质量管理有以下特色：

第一，西子联合把质量管理作为企业管理的重中之重，全力打造"金牌供应商"。西子联合认为品质是和平占领市场的最有力武器。西子联合始终把质量放在衡量一切行为的最前端，制定最严格的管控制度，确保企业的任何产品和服务都能达到最高水准的质量要求。经过多年的努力，西子联合的品质管理科一直处于行业领先水平，达到并超过了包括奥的斯在内的众多国际公司的全球最高采购标准。

西子联合在发展进程中，不断学习和创新，创造出一款适合自身发展特色的质量管理方法——LTS（Lead to Success），在这种方法的指导下，西子联合产业链的每一个环节都严格遵守这一要求，工作效率得到大的提升，除创造出高品质的产品和服务外，还体现了企业文化核心思想，同时实现了企业价值。

笔者与西子联合董事长王水福探讨地域文化

第二，创新是企业的灵魂，技术创新是企业的核心竞争力。创新是任何一个企业长久发展的关键因素，尤其是制造业，如果没有创新技术作后盾，没有新颖的产品，那么企业很快就会被新时代的多样化需求所淘汰。西子联合一直强调创新的重要性，为消费者带来新颖的产品和服务，为消费者创造更多附加值。西子联合与多个优质大学、研究室合作，研发多个领域的高端创新技术，浙江大学西子研究院就是浙江大学与西子联合合作创建的，主要是为了研究和创新高端技术，为企业提供技术和智力支持，自主创新永葆创新活力，增强企业核心竞争力。西子联合创新研发多个先进技术，授权多个专利。同时，西子联合也重视企业与生态的和谐发展，在技术研发上，注重绿色节能技术和产品的研发，尽量降低能源的消耗，减少对环境的破坏，流程工艺和使用材料也尽量符合这一要求，坚持节能减排，研发出多个环保产品。在日益增长的环保意识和自主创新氛围下，西子联合在多个领域创新型发展；在精益求精的理念下，创新能力不断提高，始终追求卓越。

第三，社会责任是义务，履行企业社会承诺。西子联合董事长王水福强调："一个没有社会责任的企业，是没有未来的。"在此理念的指导下，西子联合一直坚持可持续发展和诚信经营，坚持走环境、资源、公司经营三者平衡发展、和谐促进的道路，将健康安全问题作为发展的起点，承诺提供高品质的产品和服务，以确保客户的使用安全和人身健康。

西子联合积极践行社会责任，不仅是对企业自身发展、员工和股东负责，同时也是对生态环境、社会经济和消费者负责，企业目标也不再是追求唯一的利润增长。协调企业与社会的发展环境和关系，能够推进人类全面发展，创造和谐的社会市场环境，塑造健康的企业形象，给国家带来物质和精神财富。

西子联合的"走出去"战略——西子联合旗下的杭锅阿曼萨拉拉二期订单

第四，领导才能是关键，确保企业发展方向。西子联合董事长王水福是一位具有开拓精神和创新意识、与时俱进、奋发有为的民营企业家。自1981年以来，在担任杭州西子电梯厂厂长，西子电梯集团有限公司董事长、总裁，西子联合控股股份有限公司董事长的30余年，通过体制创新、科技创新和管理创新，加速人力资源的开发和培养，积极参与国际分工，走合资合作道路，增强了企业的核心竞争力。从而将一家村办农机小厂发展成为一家涉及多个产业的综合性投资的大型企业集团，业务十分广泛，紧跟时代步伐，涉足高新技术等朝阳产业。作为一个有着强烈责任感和事业心的企业家，王水福30多年来一直把自己和西子联合紧密联系在一起，兢兢业业，劳心劳力，把全部身心都扑在企业发展上。而西子联合走向辉煌的每一个脚印，也凝聚了王水福身上独具的企业家精神和人格魅力。

第五，人才培养是根本，奠定企业百年根基。以人为本是西子联合成功的根本。西子联合积极寻找"志同道合"的伙伴，致力于引进与企业文化相契合的优秀人才。西子联合将团队合作、恪尽职守、主动学习、持续精益作为对人才基本的胜任力要求。

人才选拔方面，西子联合强调以绩效发展为导向，西子联合制定了以结果为导向的绩效管理制度，并根据这一标准对员工进行奖励。在每一个级别设立相应合理的目标和标准，对员工表现给予的奖励做到公平一致。西子联合重视人才发展，为了帮助员工打造更好的职业生涯规划，注重培训和教育，轮流安排员工前往多个国家进行交流和学习，打造学习型组织，同时制定公开透明的晋升机制，大多数提拔都选择内部晋升方式，少部分岗位或人才通过外部引进。为了巩固员工队伍，配合杰出的运营绩效表现，西子联合为员工提供多元化并具有竞争力的薪酬福利，秉持与员工利润共享的理念，提供相应的福利用以保障员工的权益。

第六，合作学习是基础，推动企业飞速发展。西子联合的经营理念是"合作重于竞争"，这既是王水福一直以来带领西子联合不断发展、立足中国民营企业 500 强的理念，也是西子联合 30 多年来蓬勃发展的经验总结。"合作重于竞争"是西子联合企业文化的精髓。合作是一种策略，不是目的。通过合作，弥补自身的不足，引进先进的技术和管理思想，更好地为企业发展服务，同时建设有效的企业文化，增强员工凝聚力，提高整体素质，增强企业实力和核心竞争能力，提升产品市场占有率，这样有利于创立国际品牌，把西子联合打造成世界一流的制造业基地。

在企业界大力学习和推广西子联合的企业转型升级与质量管理的成功经验，以推动中国经济的健康发展。西子联合的经验，对于中国其他探索转型道路，谋求进一步发展的企业有很好的借鉴价值，通过学习和推广西子联合经验，有助于在企业界树立质量为先的经营管理理念，提升中国产品整体质量水平，进一步推动中国制造由"量"的优势向"质"的优势转变，推动中国经济健康发展。

由于和中国社科院专家团队的紧密合作，西子联合取得了卓越成就。

1997 年 3 月，美国奥的斯电梯公司与西子联合成立西奥电梯集团，紧紧围绕企业各项中心工作，以至真至诚之心深入开展建设"职工之家"活动，在民主管理、企业文化建设、职工培训、安全生产、维护职工合法利益等方面发挥着重要的作用，成为了联系公司与广大员工的"桥梁"与"纽带"，为构建和谐企业做出了积极的贡献。

第一节　合作文化重于竞争文化

由于区位、地理环境、接触外来文化时间不同，和文化之间互相接触、冲突、碰撞、交流、融会的程度与影响等不同，出现了不同的特色和差异性。不同地域对外来文化的吸收，主要是看在面对异国文化的挑战时，能否保持本土文化的主体性，以本土文化的立场兼容和吸纳异国文化的优长，创造和丰富自身文化的个性和特色。由于不同地域文化在对待中外文化的开放性与兼容性方面的不同，其开放程度和兼容程度大不相同，更应该站在本土文化立场和本土文化的自觉、自信、自强与自立来开放兼容各种文化，吸纳各种文化的优长，寻找交流、兼容和融会的正确途径和方法。这有助于多元文化的交流与对话作为借鉴。从地域文化之间的开放性与兼容性的内涵、性质、交流对话途径与体现的载体，重塑本土民族文化的自信与自觉，同时又能避免自我封闭。

马来西亚是海上丝绸之路的贸易中心，现在更是"21 世纪海上丝绸之路"沿线最重要以及受益最大的国家。郭氏兄弟集团于 1949 年创立，最初在马来西亚的柔佛马鲁经营大米、食糖和面粉的贸易。1953 年在新加坡设立分公司——郭兄弟（新加坡）有限公司。在 20 世纪 50 年代和 60 年代，郭氏兄弟集团把业务从在马来西亚和新加坡已建立的贸易基地扩展到泰国和印度尼西亚。董事长郭鹤年是马来西亚华人商会的领袖，在东南亚商场叱咤风云，有"亚洲糖王""香格里拉酒店之父"的名号。

写作组考察三亚地域文化与当地经济发展

与西方国家不同，马来西亚华人企业集团的产生与发展，受国内外政治、经济和环境影响，迁移过来的马来西亚华人在创建企业的时候，必须借助马来西亚国家资本或引入外资的方式进行发展，因而具有自己的特点。

首先，企业与政府相辅相成，依靠国家资本和外资合作发展。企业与政府保持良好的友好关系，政府依靠企业来推动当地的经济发展，马来西亚企业的这种现象尤其明显，企业要想进一步发展，必须与国家建立良好、深层次的关系，依靠国家资本，壮大企业规模，促进发展。政府的各种经济政策，是任何企业都想得到的一种捷径通道，政府通过兴建基础设施、提供税收和信贷优惠以及加工订货等，为私人资本的发展提供条件，华人企业集团亦从中得到经济利益。一个企业的产生与发展离不开外资，这是马来西亚企业的一大特色。骆文秀、陈唱家族是靠代销日本汽车致富，他们在资本、技术、机器设备、市场等方面，同外资有着千丝万缕的联系，有的还同外资合营，在资本和人事等方面直接结合。

其次，与著名企业家建交，促进合作发展。香格里拉酒店是郭鹤年在中国香港创立的，在其企业股东结构中可以发现，还有印度尼西亚的林绍良家族、泰国的陈弼臣家族和新加坡巨商何瑶焜（已故）等。当然，互相参股，共同发展，郭氏兄弟集团也会在他们的一些投资项目中参股，郭鹤年就投资了何瑶焜的激成企业、邱继炳的马联工业集团等。相互参股的合作模式，使得两个企业的关系更加稳定，资源共享，利益捆绑，越是规模大的集团或企业越会选择这一发展模式。马来西亚企业家善于与东南亚华人企业家建立友好关系，互相参股合作。

再次，实行家族管理制度。在马来西亚企业集团中，尽管有一些企业集团开始采用西方先进的企业管理方式，聘请专业的职业经理人来打理公司，邀请国内外专家做企业的智囊团，为企业出谋划策，提供智力支持，然而，这些人只是完成自己独立的工作任务，并不会直接参与和影响企业的所有权，企业的管理依然掌握在家族体系中。

马来西亚华人企业考察海尔质量管理项目

与典型西方国家靠殖民掠夺进行资本积累不同的是，马来西亚华人企业资本的积累主要来自当地，不少人是靠长期的经营积累，积累到一定经济和经验后，才开始成立公司，再逐步发展壮大成为集团。并且产业资本与金融资本相结合，不但大力投资金融产业，还投资工业、矿业、农业、建筑业，丰富企业业务。企业内部也深度结合发展，员工可以对企业进行参股，企业定时给员工分红，这种资本和人员互相渗透模式，不仅能带动员工的积极性和潜力开发，还能给企业带来稳定。

最后，马来西亚华人企业受到多方面的条件限制，如经济、技术和经验的阻碍，并不能如西方国家企业那样拥有成熟的管理机制和公司网，也没有完善的经营模式和充实的经济实力。因此，马来西亚华人企业的投资都偏向于亚太地区的发达城市，并且投资的行业也都是技术水平较低、劳动成本较低的产业，而对于那些高新技术、新型能源产业，投资很少。

海尔国际培训中心授课

马来西亚企业所涵盖的八大价值观，即卓越文化、毅力、谦卑、认同、忠诚、绩效管理、教育和诚信，是塑造更强大马来西亚的基石，同时也与马来西亚整体发展愿景同步。卓越文化是确保马来西亚正确走在成功轨道的第一原则，一切工作皆必须以卓越文化的概念为基准。在面对无数的危机挑战，无论是金融危机或面对不稳定的时期，马来西亚企业家都能迎刃而解。所有梦想的实现是因为马来西亚企业家专注一致去面对与解决。谦卑绝不意味着软弱，谦卑或者是一项财富，但与外面的世界交涉时，也适时表现出实力与成功，同时采取不偏不倚的态度。绩效管理并不仅是崇高原则，而是必须的原则，可推动马来西亚迈向更高的里程碑。实施卓越文化及绩效管理，有效地拓展马来西亚的无限潜力。诚信是确保马来西亚企业可坚守个人的承诺及维护原则，当可履行承诺，同时以更透明及公开态度与他人共享，这将有助于马来西亚企业建立一个更稳固的信任基础。

第二节　地域文化引领地域经济发展

人类的经济活动总是依赖于特定的地理因素，在一定的地理环境中进行，如地理位置、地形地貌、自然资源、水文气候、人文历史等。因此，任何经济都不可能离开地域，地域经济始终是一个客观存在，地理缘由是人类经济活动的基本条件。地缘经济，就是依地理缘由形成的经济联系和经济格局，是地理与经济的结合。不同的地理条件产生不同的经济形态，靠山吃山、靠水吃水，说的就是这个道理，当地产业的形成都离不开地理的因素，并由此形成了海洋经济、草原经济、山区经济、平原经济等经济形态。然而，相同的地理因素会形成共同或相同的经济联系，同样的地域因素会形成相似的经济，而人类的分工和交换的生成和发展又会依赖当地地理因素建立起经济联系。因此，市场经济是地域经济形成的基本条件。产业链的最初形成，也是基于相关或相同的地理因素。因此，人们为了更好地发展，开拓荒地，建立公路、铁路，积极发明创新、快速进步、以开发和管理的方式进行革命式的改变原有局限的地理条件，形成新的地理因素，导致地域经济随着历史的演化，呈现规模不同、品质各异的多彩特征，不断出现新的组合、创造新的形态。

写作组考察黑龙江伊美地域文化

写作组考察青岛地域文化与企业质量文化：海尔质量管理项目的合照留影

以俄罗斯为例，俄罗斯在慈善社会责任履行主体上注重区分企业的不同规模和类型，强调大企业对慈善社会责任的履行；在推进主体上将政府推进作为主导模式，引导企业选择慈善社会责任的领域，并通过建立激励机制促进企业对慈善社会责任的履行；在推进方式上推行"社会合作伙伴"关系框架，构建"公私协作"模式等。俄罗斯注重合作机制，不断发掘与各国的合作点，凭借自身的丰富资源，与世界各国建立合作发展，积极实施"走出去"战略，俄罗斯的天然气资源丰富，它承接了世界大多数国家的天然气进口。2013 年，俄罗斯天然气工业股份公司向欧盟出口 1330 亿立方米天然气，其中大约一半经由乌克兰境内管道运输。2015 年，我国与俄罗斯在天然气方面达成了合作协议，打开了中俄两国能源合作的大门。俄罗斯企业很重视人才的开发和培养，有着地域资源优势，而把人作为最大开发资源。俄罗斯天然气工业集团（俄气）是俄罗斯最大的能源公司，据此对员工实施管理，进行有效人才开发。公司不断进行管理创新，实现企业与员工的双赢，提高企业的效益，满足员工的需求，构建良好的留人环境。

哈萨克斯坦是"一带一路"沿线重要国家，它是我国向西延伸的第一站，现在好多国家的货物运输都要经过哈萨克斯坦，使其成为一个物资集散中转国，得益于中国国际化发展的互联互通，哈萨克斯坦在交通行业得到了大力的支持和发展，不仅给人们的生活带来了便利，也为很多国家的运输带来了方便。不仅如此，我国还跟哈萨克斯坦在金融方面达成了深入合作，实现真正意义上的互联互通——经济的直接对接和融合，哈萨克斯坦首都多个公共场所的提款机上标有"银联"标识，表达了两国之间的深度合作和深厚友谊。同时，哈萨克斯坦是中亚地区第一个对人民币进行挂牌交易的国家。哈萨克斯坦在高新技术材料方面需求很大，与我国宁夏进行了深度合作，带动了哈萨克斯坦建筑业的发展。哈萨克斯坦是世界第八大小麦出口国，由于其农业基础水平落后，但拥有大量的土地，希望通过合作国的技术交流，带动农业方面的大力突破和发展。哈萨克斯坦在高新技术材料方面需求很大。哈萨克斯坦投资优惠政策有

"一带一路"倡议下跨地域文化研讨会留影

力地促进了中国企业对哈萨克斯坦的直接投资，其开放的投资环境增加了中国企业对其投资的区位选择和行业选择。但是其多变的政策、法律法规，阻碍了中国有效投资。

第三节 地域经济形成与人缘文化

所谓地域文化，就是借地理因素形成的文化格局，包括受地理因素影响和制约而形成的经济文化、精神文化、物质文化和制度文化，如海洋文化、乡村文化、山水文化、草原文化、城镇文化和小镇文化等都各有特点。文化是社会人之间的交往产物。社会人离不开社会实践，文化存在于不同范围的社会人在与自然界发生物质变换过程中，存在于共同行为所结成的人与人的经济关系和社会关系。人类的经济活动离不开地理因素的影响，其派生出的文化也必然带有地理因素的色彩，或者说，地域文化是依附于地域经济的，始终与地域经济相伴而行。不同的地理因素产生不同的经济形态和文化形态，相同的地理缘由形成共同的经济联系和文化交融。地域经济决定地域文化，同时地域文化又对地域经济产生着巨大的反作用，或巩固强化、或演化变革。当然，也会给地域经济带来隔绝和羁绊等负面影响。

地域经济的形成基础在于由地域而生成的人缘，实现人缘与地域的有机统一，市场是地域经济形成的最基本条件。地域经济的形成取决于两个因素：自主选择的市场和紧密相连的地域利益圈。就市场主体来说，充分的自主选择是经济交换产生的基础，就地域利益圈来说，无论是生产、消费，还是经营收入与供给需求，都是经济联系必不可少的关键环节。这种经济联系，在一定的地域范围内，形成特定的经济结构和经

写作组考察凤凰岛地域文化与经济发展

济平衡。地域经济形成的内在动力是利益联盟或利益共同体带来的超越个别市场主体的更大利益和整体利益，互利共赢。挖掘地域经济的潜能是每一个利益主体最迫切需要的，但这种意识并不是每个主体能意识到的，这关乎经济主体的视野、格局，以及敏锐的市场嗅觉，即使个别企业家以更宽广的眼界认识到这种潜在利益，要取得相关方面的共识，也需要多方面的努力，实现真正的利益共同体、命运共同体，这并不是一件很容易的事情。

新加坡面积小、人口少、资源匮乏，所以无论是城市规划还是商业项目，都强调合理高效、高容积率、高绿化率等特点，又非常注重人文，讲究细节，新加坡投资环境的吸引力主要体现在七个方面：地理位置优越；基础设施完善；政治社会稳定；商业网络广泛；融资渠道多样；法律体系健全；政府廉洁高效。继苏州工业园和天津生态城之后，中国、新加坡第三个政府间合作项目以"现代互联互通和现代服务经济"为主题，面向中国西部地区，项目运营中心落户重庆市，目前项目已启动实施。

LSBF Global 是新加坡领先的私立教育机构之一，LSBF Global 首席执行官 Rathakrishnan Govind 认为，了解经商的文化和文化敏感性对任何一个"一带一路"项目来说都至关重要。我们要与新加坡商人做生意，首先要了解他们的本土文化以及商业文化，其根基是就是传统的历史文化。一个企业的管理模式和管理行为，既反映了此时此地经济的发展阶段，也深深地植根于历史的、此前形成的民族人文精神之中。在开国之初，政府就注重"礼治"，立志要将新加坡建成一个礼仪之邦。政府不但强调"不学礼，无以立"，而且专门编定了《礼貌手册》，对于人们在各种场合所作所为是否符合礼仪，都做出了明确的规定。"人人讲礼貌，生活更美好"，"真诚微笑，处世之道"，在新加坡早已家喻户晓，深入人心。在新加坡，不讲礼貌不仅会让人瞧不起，而且寸步难行。在新加坡，人们普遍讲究社会公德。政府通过采用"法"与"罚"这两大法宝，促使人们提高社会公德意识。在新加坡，讲究社会公德，可以说是有法可依，有法必依，执法必严，违法必究。

写作组考察惠州南昆山地域文化

新加坡是一个移民大国、多元化社会，各国不同的文化背景融合在一起，求同存异形成了新加坡的价值观，新加坡寻求"发达、民主、文明、和谐"的主旋律，这四个核心价值理念引导了新加坡人们的生活需求、企业的发展方向和国家的战略实施。德意志民族有一个古老的信条，那就是："上帝给每个人都指定了一项天职，每个人都有责任尽力做好。"① 每个人都应该尊重自己的工作岗位，尊重职业操守。新加坡企业员工有着强烈的敬业观，对待工作，他们从不敷衍，认真负责，一丝不苟，尽自己最大能力去做到最好，这种敬业的精神正是新加坡企业发展的精髓。新加坡经济快速增长是遵循了"实用"这条价值观，政治稳定局面是遵循了"民主"的价值观，文化进步是遵循了"文明"的价值观，世界统一发展是遵循了"和谐"的价值观。正是这种社会价值观的影响，新加坡企业注重物质和精神的相互统一，认为企业的文化和制度是同等重要的，这也是新加坡综合实力强大的原因。新加坡企业文化是一个多种文化融合并提炼出的一种具有强大包容力的文化，涉及多个层面的价值观，能帮助企业全面发展。

新加坡三泰集团（以下简称三泰集团）是一家在新加坡上市的跨国大型综合性集团公司，主要涉及基础工程服务、矿山资源开发、水处理与环境工程三个板块的内容业务。三泰集团长期致力于大环保、大健康产业，获得了当地政府的高度赞扬和支持。三泰集团拥有良好的企业声誉和名誉，其企业品牌也受到大家的一致认可，集团的快速发展和多方位协作经营都离不开企业优秀的文化系统。三泰集团的文化建设是指导企业正确发展的内在推动力，企业一直遵循"立于地，聚人气，顺天意"的核心理念，以高新技术带动企业发展，自主创新，给广大消费者带来更多新颖的产品和服务，协调好企业与员工、消费者、政府和社会的关系，统一和谐发展，实现企业的全面发展，同时，积极承担社会责任，保护环境，节能减排，建立和谐宜居的生活环境。

---

① 米远超. 德国企业文化的特征 ［J］. 黑龙江科技信息，2012（32）：137.

写作组考察惠州南昆山地域文化

第四节 地域特色与草原文化

挖掘和发挥地域经济的潜能，并且消除地域经济形成的障碍，都需要正确地认识地域文化，并科学地把握和运用，发挥最大价值。挖掘地域经济潜能是其发挥的前提，而对地域经济潜能的认知是地域文化的初始形态。地域文化的形成也离不开文化从认知、认可到认同、共鸣的一般规律。地域文化首先表现在地域经济的认知上。地域文化与地域经济是一对相互促进和制约的关系，受到多方面的因素影响，如制度文化、精神文化、政治文化的影响，区域与区域的不同，跨越式地推进和文化融合，在同一种制度和政治政策的形势下，势必会带来矛盾和问题，这样就会阻碍地域经济的发挥。并且受到不同地域的人文文化和精神文化的影响，作为经济主体的人的思想各不相同，有些地方思想很开放，能快速吸收文化的不同和新颖思想的潮流，但是大多数地域内，思维模式单一，封闭式的经济结构和产业发展格局，地域文化与地域经济发展不匹配，任何一方的超前，都会导致经济发展的脱轨，有的地域是文化跟不上经济发展，有的地域是经济跟不上新进文化的脚步，导致各干各的，严重制约了经济圈的协同发展。地域经济存在着由低级形态向高级形态不断升级演进的规律。初级形态的地域经济只是原始的自然经济联系，随着生产方式和交换方式的演进，地域经济的品质不断向高级形态演进，中心城市和城市群的空间形式是地域经济的现代形态。

草原文化是推动内蒙古企业成长的人文密码。草原文化深远地影响和熏陶着内蒙古的人文环境、经济环境和企业文化。内蒙古企业的成长壮大是草原文化在经济领域的积极体现，是草原文化中的积极因素与现代文明合乎中国国情的、部分实现一次次完美对接。正是因为草原文化多元、开放、包容、发展的特质，才使内蒙古巨型企业在传统产业获得现代性方面成为可能。草原文化崇尚自然、践行自由、崇拜英雄、倡导刚健有为，这些积极因素是巨型企业健康成长的催化剂。随着内蒙古现代企业的崛

写作组考察中廖村地域文化

起，草原文化必将以其独特的风格，为我国现代文明建设提供一种重要形式。而伊利、蒙牛、永业等企业深受开放包容的草原文化影响，最终创造了品牌效应，实现了与国际接轨，完成了与现代工业文明的对接。在市场化、国际化进程中，作为内蒙古企业的杰出代表，伊利开放，实现了与现代企业制度的对接；蒙牛进取，实现了与现代企业文化的对接；永业创造，实现了与科技、管理和组织创新的对接。

在中国，草原是"最大的自然生态系统"，因此，在以自然环境和生态系统为主要特征的文化中，草原文化是比长江文化、黄河文化地域分布更广阔、生态功能更全面的文化。草原文化天然去雕饰，没有中原文化的繁文缛节、粉饰雕琢、清规戒律的礼法约束，因而能够更真实、贴切地反映人们的本质特性。蒙古草原地处亚洲北部腹心地带，气候干旱，春季多风，冬季漫长、严寒，气候条件要比黄河流域、长江流域严峻得多。在这种自然环境中世世代代生息繁衍的草原民族，形成了刻苦耐劳、坚忍不拔的性格特征和文化传统。在草原民族历史演替的过程中，往往形成弱小的、落后的民族历经艰难、发展壮大、追赶先进文明的进程。草原文化作为一种博大精深的文化体系，不仅具有独特的内涵和特征，而且具有独特的精神禀赋。它是草原民族维系的纽带，生存发展的动力，自立于民族之林的支柱。草原之路与国际化战略规划对接，其内蒙古极富蒙古族特色的长调、马头琴、舞蹈、文学等，在国际上产生了巨大影响力。2015 年 10 月 20 日，蒙古国外长普日布苏伦在记者会上表示，蒙古国成为"永久中立国"。蒙古国围绕"多支点外交"和"第三邻国外交"的对外战略，在保证同中国、俄罗斯两国关系平稳发展的同时，积极引入第三方力量。蒙古国近年来同美国、日本、欧盟、韩国等国家和国际组织的关系逐步提升。

对于草原民族来说，逐水草而居的生活方式，为他们提供了相对宽阔的生活天地和自由开放的环境，因而在民族性格和文化形成过程中，自由开放的因子已经成为他们生活的重要组成部分，深深熔铸于其民族性格之中，体现在民族文化的各个方面；对于他们来说，自由开放早已不再是纯粹的精神王国的至上原则，而是人们在现实生活中践行的对象。由于草原民族把践行自由开放的精神融入其民族性格和气质之中，因而在他们那里，自由是很自然的事情，是生活中的一部分，完全熔铸于其民族性格之中。这是草原文化同其他文化相比最具个性的地方之一。蒙古人的伦理道德生活中，务实的态度同样是其所固有的。蒙古商人同样也具有这些文化特征，然而，蒙古国受地理、经济和政治方面的影响，资源不够丰富，企业缺乏人才，也没有完善的管理体制，整体商业发展并不乐观。成吉思汗是一个"重商主义"者，铸就了他们与草原、牲畜和谐共处的生态意识，民族精神展示着蒙古族"勇武好胜，崇尚英雄"的特征，这种民族精神始终贯穿在蒙古族的生活和商业中，有强烈的竞技理念。有经济专家认为，蒙古国实行市场经济近 20 年，商业环境尚不成熟，在许多方面还需进一步改进和完善。

一个地域的文化常常投射在本地区商业文化上，并随着商业的扩展和延伸，影响到更大的范围。而企业，作为商业延伸的载体，其文化已然深受本地区文化影响。地域文化越发达、越浓厚，其影响力就越深厚，影响的程度也就越广。认识一个企业的历史文化基因，从地域文化去进行剖析，也往往会更直观、更快捷。比如，提到安徽人，人们不约而同地会想到诚信务实；说到浙江人，人们会不约而同地想到勤奋和精明。这种对地域文化的认同逐渐成为外界判断一个企业历史文化基因的依据，同时从企业的产品层面来讲也影响着客户对企业产品的选择。一个企业的产品所附加的品质信息，往往会受到企业所在地区特征的影响，会大大影响客户对该企业产品的选择。例如，人们普遍认为德国的汽车更可靠、更耐用，而英国、法国车则有精巧和华而不实的感觉。这种感觉经过时间的沉淀，会转移到对企业的看法上。很多没到过德国和英国、法国的人，会主观地认为德国人踏实可信，德国的产品可靠。因此，对于某些国际性或者全国性的大企业来说，它们对于不同地区的分支机构的政策及产品支持力度往往也不同。很多主流银行给沿海地区分行的支持力度往往大过东北、西北内陆地区。当然，东北、西北地区经营业绩不良是一个主要因素，但是我们不能否定在问题背后，粗放的地域文化所造就的根基不牢靠也是不可忽视的因素之一。

第五节　地域文化的吸附性和包容力

由于中国封建文化的高度发达，有很大的吸附力和包容性，国力强盛，所以古代中国与其他国家之间的交流基本上是在和平的环境里，以和平的方式进行的。通过交流，古代中国文化因素与外来文化因素融合，使得中国文化不断创新、发展。近代中西方文化的交流过程，是伴随着鸦片战争的炮声开始的。历史上文化的交流以和平时期的友好往来为主要方式，但也有战争和征服的强力输入。鸦片战争之后，中国文化的各个层面开始了近代中西方文化的冲突与整合过程。在这一过程中，传统文化与西方文化接触发生了文化的变异，中西方文化在接触的过程中由冲突而融合，形成了新的近代中国资产阶级新文化。中国近代文化的交流、融合与开放就是在这种特殊的历史背景下进行的。这个过程中，大多数地域都经历了相同的道路，开始了与西方文化长达一个世纪的冲突、碰撞、整合、交融的过程。这一时期的文化交流、文化选择和融合都面临着众多的考验，比历史上任何一次文化冲突都来得激烈，也比历史上任何一次文化融合来得更加彻底。人类聚居地的环境、土壤、气候的差异，是影响民族差异和文化差异的重要因素。环境、土壤、气候，统称为物质环境，是最先作用于人并形成人类环境感知的基本因素。作为一种基础且行之有效的认知模式，环境感知不仅支配着人们适应环境、改造环境的方式，而且影响着人们对世界、自我的认知和判断，并进而影响人们对社会结构、社会习俗等一系列精神世界的建构。因此，地有南北，人分东西，地域环境的复杂性，形成了人类对世界、社会认识建构的复杂性和差异性。

从文化史的角度来界定，西学是指西方近代资产阶级新文化。包括西方的科学技术、社会制度、思想理论、价值观念、思维方式等一系列与资产主义相联系的文化范畴。相对于中国封建文化来说，它是一种进步的文化。近代中国人对西方文化的认识，经历了漫长的认识过程。这个认识是一个由浅入深、由器物到制度、由制度到心理的发展过程。而中西方文化冲突的程度，也伴随着这一认识过程而逐步减弱，最后趋向融合。在中外文化交流史上，这两种方式都存在过。企业是一个由个体为节点构成的广大的面。而人，抛开先天基因的因素不讲，后天的素养往往受到生存发展环境的影响。由此可见，地域文化不同也形成了各地商家行事风格、经商内容等差异。如何把握好其中差异与区别，对于研究我国近代商业文化演变是极其重要的。

跨国并购中的文化差异也是一个不容忽视的问题。跨国并购业务需要雄厚的资金作为物质保障，还有专业的管理团队进行文化整合。要吸收国际化人才形成专业收购团队，了解当地的竞争市场、成功跨越文化差异，以期更顺利地完成并购。洛钼多次海外并购既促进了企业经营管理的短期目标，又有利于长远发展以及资金筹集。洛钼此次并购，与中国银行签订了有效期为 1 年的合作协议，致力于战略发展与金融服务需求。通过与中国银行形成良好的合作关系，洛钼发行了第一期超短期融资债券，获得了流动资金的支持，有效拓展了业务范围。金属贸易是该集团重要业务，集团多次进行海外并购的动因是拓展业务范围，有利于进一步销售。洛钼跨国并购 IXM 对行业内其他企业的发展具有启示作用。

IXM 于 2005 年成立，主业经营铜、铅、锌等精矿及粗铜、精炼基本金属采购、混合、出口、运输和贸易，产品主要销往亚洲和欧洲。这家有色金属企业在 15 个国家和地区拥有业务，其业务范围包含秘鲁、墨西哥、中国和中国台湾的物流体系、运营仓库，持有纳米比亚物流体系中的少数股东权益。此外，IXM 也是行业内知名的有严格风控体系的矿业生产商。洛阳钼业发布 2018 年第三季度报告显示，IXM 资产总额达到 30.79 亿美元，净资产为 4.5 亿美元，负债总额为 26.29 亿美元。洛钼并购 IXM 属于相同行业的并购案例。

写作组考察栾川地域文化：洛钼集团 4000 万助力栾川脱贫

一、长期战略方面

从洛阳钼业的近期收购策略不难发现，该集团对外投资是有计划、有目的地进行的。全资并购 IXM 使长期专注于矿业上游业务的洛钼开始向下游进行业务拓展，有利于稳固企业持续盈利能力、夯实企业现有产业链、强化核心竞争力、增加公司发展新引擎。拥有信息资源优势，增强企业对整个有色金属行业的判断力，助力其业务销售能力并提升持续并购能力。

二、财务状况方面

2019 年 7 月 24 日，洛阳钼业和 NSCR 完成 IXM 股权交割事宜，洛钼集团总股本 216 亿股（每股面值为人民币 0.2 元），是整个行业股本体量最大的矿业企业。

由趋势来看，洛钼并购 IXM 之前的三个年度盈利能力较强，除市盈率和市净率之外，其他指标逐年上升。这充分说明在投资并购之前洛阳钼业较强的盈利能力，有利于企业提高并购能力和增加资源积累。但市盈率表现下降，一方面，该企业价值被低估，市盈率下降，投资者对该公司持稳健的投资态度但对企业的前景表现出不充分信任的状态。另一方面，上市公司的市盈率会随着公司获利能力上升而下降，从侧面反映出洛钼强势的盈利能力。

受会计期间限制，写稿时不到 2019 年资产负债表日，为保证可比性，本部分采用分析师预测数据对本年业绩进行估计。数据来源于国泰安金融经济数据库，数据是对中国国际金融股份有限公司、中信证券、光大证券、广生证券、招商证券、国泰君安六家分析机构预测数据的平均值。从预测看，洛钼在整个 2019 年表现出更加强势的盈利能力，该企业跨国并购的协同效应使得企业盈利能力不是简单的机械相加，产业链的不断完善中也为企业带来其他隐形收入。但企业体量的逐渐加大和现金形式的交割使得 2019 年的每股经营现金流较往期下降。2018 年 6 月以来，各类金属成交价格均呈现不同程度的下降趋势。洛钼的主要产品又是铜、钨、钴，市场价格 2019 年下降明显，但分析师认为洛钼在 2019 年成长能力变现会更好。高的市盈率预测表明投资者更加看好该公司发展前景。

但从资本市场上来看，洛钼此次并购并没有对股价造成直接的影响。它凭借自身实力，在"一带一路"背景下呈现出海外业务扩张之势。股价一直都处于波动中较为平稳的低价格阶段，收购 IXM 之后并没有上升，但是企业长期内涵增长率呈上升趋势，这与投资者短时期内分得好处的期望不完全匹配。跨国并购本身是出于企业长远发展的战略考量，短期内能否给股东带来收益却表现不明朗。

随着国际化战略的深入推进，从经济的相互合作到文化的互融互通，增加了各国文化在世界上的传播和影响，作为中国与中亚国连接的枢纽国，哈萨克斯坦有着极其重要的中心位置，能够大力推进中亚成为一个真正的经济体。由于哈萨克斯坦是一个相对自由的国家，人们可以选择自己的信仰，深受游牧民族习俗的影响，哈萨克斯坦保有草原文化的特征，崇尚自由、重视道义、英雄主义情结。哈萨克斯坦人还遵循多种道德伦理，重视和谐的相处关系，尤其注重人类与大自然的和平共处，强调环保生态的重要，在企业运营过程中，对环保的要求特别严格，企业环境保护所付出的成本较高，针对不同类别的企业资源进行分类制订保护计划，做好企业废弃物的循环利用和有效处理。

文化的开放性在内涵上可以分为两个层次，浅层次是指民众心态和社会观念上的开放意识，深层次是指开放意识在文化兼容自觉、自信上的升华。兼容性是文化开放性的内在心理，开放性是兼容性的外在表现。只有两个层次都做到，这个社会才真正开放，才能做到开放与兼容兼具，文明才会进步。主动对外开放，容纳各种先进的文化，不断改造自己，创新思想，才是明智之举。由于地理位置的因素，与外界接触环境的不同，不同地域在思想和传统上对外来的西方文化的接受和认同需要的时间不同，对西方文明的包容和接纳不一致，其开放和兼容程度也不相同。

任何一个国家的文化发展都不可能是孤立的，总是要和别的国家的文化进行交流，互相影响，渗透，不断融合、吸收。文化的交流对于社会的进步起着重大的推动作用。中国自古就不是封闭的自我繁殖，而是不断开放容纳的文化，我国的地域文化不仅与周边地域文化有密切交流，而且与海外国家也有交流。这种交流更体现了我国地域文化的开放性与兼容性特色。

第六节 高质量经济发展与企业文化

经济运行中产生的伦理精神，反过来又指导和推动着从事物质生产的人们，"一带一路"大环境下，为企业创造具有自身特点的物质文明和精神文化提供了前提条件。社会文明和市场经济的发展必然要求整体的统一性，没有规划一致的目标和价值观，市场经济的快速发展是不可能达到的。企业必须生产出符合顾客需求的高质量的产品和服务，占领市场，提升企业的竞争力，归根结底，是科学技术和质量，科学技术是第一生产力，而质量管理也是生产力，质量是企业进步和生产力发展的一个标志，其中产品质量是衡量一个国家生产力发展水平和科学技术水平的重要标志，保证和提高产品质量既是人民生活水平不断提高的要求，也是现代化社会发展的客观要求，所以质量不仅是经济技术，同时还关系到一个国家在国际社会上的声誉。有眼光的企业家将用户奉为上帝，总是试图以高质量的产品和优质的服务来争取顾客，占领市场，但是我国产品质量总体水平不高，产品和服务的市场竞争能力差，造成目前质量问题的原因很多，但是自身管理落后是一个重要因素，所以企业必须运用质量管理手段来提高自身的竞争力。

总之，质量管理对现代企业乃至行业的发展至关重要，质量管理水平的高低直接决定了企业在市场中的竞争能力，与企业的经济利益紧密联系，也影响了一个行业的兴衰成败。无论是个人、企业还是整个国家，其文化说到底就是受一定道德伦理的约束和规范下形成的一种自我的价值观。人们以这种价值观为核心标准，来选择和判断行为的好坏，事物的发展方向等。遵循一定的道德伦理原则指引，不仅能完善个体的积极发展，还能促进整个社会的经济发展，从而推动整个人类社会文明的前进。社会市场经济融合一定道德伦理下的文化底蕴，能规范市场活动中任何一个经济行为，稳定市场秩序，实现国家和企业的价值转换，促进全社会经济的发展。

美国著名质量管理专家朱兰（Joseph M. Juran）有句名言："生活处于质量堤坝后面"（Life behind the Quality Dikes）。质量正像大堤一样，给人们带来的是幸福，是灾难，取决于企业是否尽责地把好质量关，维护质量大堤的安全。从宏观上来说，当今国家间的商业竞争，很大程度上取决于一个国家的产品和服务质量。质量水平的高低是一个国家经济、科技、教育和管理水平的综合反映。Rene T. Domingo 曾经说过：全球竞争力始于质量竞争力又终于质量竞争力。在努力寻求人力资源竞争力、成本竞争力和技术竞争力之前，必须先获得质量竞争力。

如何有效平衡社会物质文明和精神文明的发展？如何满足个人物质需求的同时也兼顾精神的需求？如何保证企业生产力的发展遵循道德伦理原则？这些都是我们人类社会发展过程中必须要面对和解决的问题，我们不能停留在以往简单的、非此即彼、非善即恶的线性思维模式上。起初，我们大力发展社会生产力，是通过各种手段和方法去实现物质的满足，把道德伦理放在一旁，这是一种普遍现象，也是一种社会必然现象。在马斯洛的需求理论中阐述道，人们只有在满足了低层次的需求后，才会去设法满足更高层次的需求，在一个吃不饱、穿不暖的社会环境下，人们怎么去谈自己的理想、自己的道德、自己的价值。然而，在物质需求满足达到一定程度的时候，我们就要将行为观念转向更高层次的精神需求。

我们揭示当前存在的严重的个人主义、拜金主义、享乐主义等道德滑坡现象，并不是用来证明转型期道德滑坡的必然性，而是希望通过揭示这些客观事实提醒人们：若不在发展生产力的同时狠抓道德建设，其后果是不堪设想的。道德被破坏，将付出几代人的代价，它绝不是物质财富可以弥补的。在当前及时地发出预警，旨在把负效应降到最低点。

一、地域文化与物质文明高质量发展

任何以营利为目的公司和企业，在其从事独立的经营活动中必然会产生企业物质文化。企业在大力发展生产力的同时，必然就会产生一系列的行为准则和价值理念，这些就形成了企业的物质文化，同时也凝聚着该企业的伦理精神。

人们从事生产和创造，是在一定的思想、精神指导下进行的，企业的物质文化形成实际上经历了由企业精神转化为企业物质生产，再体现为企业物质生产的物化形态的过程。企业的物质生产过程将企业家、企业职工的创业精神、聪明才智物化为产品。人的全部精神都最终以一定的物质文化形式出现，技术的发明、财富的创造、对企业人员的观念形态、价值观、道德观、思维观等方面必定产生深刻影响，反过来也是如此，企业的价值观念、行为准则、道德范畴等观念形态又会渗透到企业的物质文化之中。

企业物化成果指的是企业在生产过程中所凝聚提炼得到的一种文化，既然是物化成果，也必然是一种凸显物质为表现形式的企业文化，它通常是企业文化最表层的一种文化体现。大致上，企业的物质文化主要包含两个层面的内容，一个是企业在生产产品时，赋予产品自身的附属价值；另一个则是生产产品的那些物质设施、器物等的存在价值和意义。企业在赋予产品各种文化价值时，应当先运用技术美学的原理。技术美学原理不仅要贯彻于产品——企业物质文化发展过程的终端，而且要贯彻于企业物质文化生产的全过程。

对于企业来说，质量也是企业赖以生存和发展的基础。当今市场环境的特点之一是用户对产品质量的要求越来越高。在这种情况下，就更要求企业将提高产品质量作为重要的经营战略和生产运作战略之一。因为，低质量会给企业带来相当大的负面影响：它会降低公司在市场中的竞争力，增加生产产品或提供服务的成本，损害企业在公众心目中的形象等。以前，价格被认为是争取更多市场份额的关键因素，现在情况已有了很大变化。很多用户现在更看重的是产品质量，并且宁愿花更多的钱获得更好的产品质量。在如今的商品市场上，质量稳定的高质量产品会比质量不稳定的低质量产品拥有更多的市场份额，这个是被无数实践证明了的。较好的质量也会给生产厂商带来较高的利润回报，因为高质量产品的定价可以比相对质量较低的产品定价高一些，相比社会平均成本，自然是质量高的产品利润率更高。另外，高质量也可以降低总质量成本，而成本降低也就意味着公司利润的增加。

美国环球航空公司前质量总裁约翰·格鲁柯克博士（J. M. Groocock）在《质量链》（*The Chain of Quality*）一书中，应用"市场战略影响利润"的思想，对环球航空公司的经营数据进行分析发现：该航空公司各事业部按照顾客质量评价顺序排列后，前三名和末三名的利润比为3∶1；前三名的单位资产收益率为26.6%，而末三名为8.9%；前三名的销售利润率为7.2%，末三名为2.9%。服务质量对于利润的差别影响如此之

大，制造业的产品也是同样道理。现代产品是一个多层次的复合体，它既体现企业理念、企业精神，又具有使用价值和文化价值。具体分析，可分为实质层、形式层和扩展层。任何一个企业文化都凝聚了企业成员汗水和泪水，也都得到了员工们的认可和同意，换句话说，企业的每个产品都体现了员工们的精神和企业的文化。从经济运行的客观规律上看，现代企业是以取得经济利益为目标的社会组织，企业产品必须在市场上迅速脱手才能取得产品的价值，再生产才能得以实现，生产和流通才能进入良性循环之中。

二、地域文化与精神文明

迄今为止，后进国家产业升级的空间十分狭小，因为在现有的全球化格局下，由贸易规模和结构决定的品牌空间，已经基本上被发达国家的先进企业占满。虽然品牌空间的变化不是静态的，而是有一定的动态性，某些处于竞争弱势的品牌会被更强势的后起品牌所挤出，但是我们应该看到品牌问题的刚性特征，即一个世界著名品牌的诞生和发展，都与其市场容量和特殊的社会经济文化结构有关，尤其是与品牌所内含的文化性、包容性和流行性有密切的关系。一般来说，只要这种品牌所代表的文化属于流行的强势文化，它被更强势的后起品牌所"挤出"的可能性就十分的微小。当今欧美先进国家的文化伴随着经济全球化渗透到世界各个角落，从快餐、饮料、化妆品等一般性消费品，到内涵复杂科学技术的电子产品和大型机械设备，都是其所在国的跨国企业一马当先。

"一带一路"下企业在经济运行中必然会形成企业价值观念、企业精神和企业伦理，是企业在进行一系列经济活动过程中自然而然形成的，不仅帮助企业更好地开展工作，还帮助企业规范经济活动行为。相对于企业的物质文化，企业受到社会文化的影响，必然会形成一套适合企业发展的思想体系，这就是所谓的企业精神文化，是企业一切行为活动的精神向导，即企业在发展过程中形成的适合企业自身发展的特色文化理念，包括企业的经营理念、企业价值观、企业使命、企业道德伦理等，它是企业文化最顶层的指导思想。

企业经营管理哲学实际上是从更高层次——宏观上把握经济竞争的一种策略。西方一些经济学家指出，在传统观念中，企业要想卓越发展，超越一切竞争者，重点就在于资源的占有上，只有有了资源的优势，如自然资源、物质资源、人力资源、技术资源等，企业才能创造出其他企业创造不了的产品，赢得核心竞争力，才能屹立在发展的前端。

按照马克思的研究理论，从管理二重性的理论视角来分析，经营管理伦理所涉及两个板块的内容，第一个板块是属于企业最高级别的精神文化需求，第二个板块是企业最基本的组织生产力需求，其中这两个板块又可以细分为多个子板块。

第一个板块主要包括企业职工的思想、行为准则、领导制度、领导班子、组织结构的确立，职工队伍的建设，职工工资、奖金、津贴、福利等分配制度的确定和实施企业生产经营长远方向、目标，以及达到目标的方针、政策、策略的制定和实施中所涉及的伦理问题；第二个板块主要包括围绕创造和应用新技术的管理新产品、标准化、定额、计量、信息、情报和以责任制为核心的规章制度的管理，以及计划、生产、技术、劳动、成本、财务等项管理中涉及的伦理问题。

写作组考察跨地域文化：VI视觉系统设计创新

上文描述的任何板块内容都是相互联系、纵横交错的。每个内容都是企业正常运行必不可少的一部分，都会给企业带来直接或间接的影响，虽然彼此相互联系，但它们又是彼此独立的。第一个板块主要涉及企业中人的思想、意志及人与人的相互关系等要素，一般被称为精神文化；第二个板块主要体现企业物的文化，是企业在经营运作中具体、实体存在的，围绕"物"进行分析的文化理念，一般被称为物质文化。企业的精神文化和物质文化同等重要，就像鸟的两只翅膀一样，任何一方的失衡，都会影响其飞翔的速度和方向。当企业忽略精神文化的管理，就会如行尸走肉一般，只是一个赚钱的工具，缺乏活力和激情；当企业忽略物质文化的时候，就如同一辆没有油的豪华轿车，无法正常前进。只有两只翅膀同等有力，才能在太空自由地翱翔。当今社会人本管理的思想已经深入人心，只有从人本出发，关心人、爱护人、尊重人的价值，人们才能感觉到自己被认可和被尊重，体会到自我价值，自然地调动身体的愉快细胞，激发自己的潜力，给企业带来更多的创新和开发潜力。

每个生活在集体的个体，都必须遵循以集体的利益为主，以个人利益为辅的原则。企业中每个成员的价值观不能偏离企业的发展目标方向，凝聚一切力量朝着共同的方向使劲，才能实现企业利益的最大化。企业文化管理就是在经过企业每个成员的一致认可下，高效地统一成员的思想，朝着正确方向奋斗。

企业文化包括很多方面，其中企业精神就是企业经营活动中一支强有力的振奋剂，它能有效鞭策企业成员的高效活动，帮助员工树立正确的价值观，凝聚员工的思想意识，鼓励和催促员工的行为活动等，是企业发展过程中的一种工具和手段。社会的发展离不开精神文明的发展，同样的道理，企业也需要一种精神现象和一些精神活动。在物质需求满足上，人们现在更多地追求一种精神上的满足，也会要求一个企业呈现出更有内涵的精神文化，不仅要求产品要附属一些内涵价值，同时也要求企业的精神状态是饱满、积极、充满正能量的。每个企业都是不同的个体，并且在企业的发展过程中也会遇到不同的困难，这也就决定了不同企业有着不同于其他企业的精神文化，然而不论企业文化如何不同，其文化的体现都是统一了企业所有员工的思想理念，得到大家的一致认可。有些企业在发展过程中，发觉企业提炼出来的精神文化与其他企业很相似，他们觉得很困惑，于是就在表面的文字上下功夫，不停修改。然而这一现象只是说明这些企业并没有深入向内分析，真正了解企业的发展目标和方向。

正是由于每个企业的历史背景、行业发展需求以及经营模式的不同，为了符合企业的自身发展，其所提炼出来的精神文化也必然是不同的，这也就决定了企业文化的不同特性。不同的发展要求下，企业与企业之间就形成了不同的发展方式、竞争模式、价值观念等意识形态，最终塑造出来的企业精神也各不相同。它是自然而然地产生的，并不是刻意用语言文学塑造的，语言文学只起到归纳和提炼的作用。企业精神文化的个性体现了企业的独特性，也是企业打造企业核心竞争力的手段和方式，坚守企业的核心价值观，是有别于其他企业的有效途径。

三亚康年酒店与海南电建大力弘扬康养文化

企业文化精神与企业精神风貌是相辅相成的，企业精神风貌正是企业文化精神的外化表现，企业文化精神强调内在的真实需求，是企业正常运行的精神支柱，它能指引企业朝着正确方向前进，坚定职工的信念，并为职工的全面发展服务。企业只有真实了解自身的需求和发展，才能提炼出正确的文化精神，并发挥这种精神的推动作用，团结统一企业员工的思想、价值观和潜在的动力，形成共同一致的思想意志和内心态度，外化这种精神力量，形成企业统一的精神风貌。

写作组考察三亚地域文化与康年公司文化

三、质量管理对企业的重要意义

企业是国民经济的重要增长点，是推动国民经济持续发展的重要力量，各种类型的企业，不论成分、规模，都在我国的国民经济发展中，是一支重要力量，是我国国民经济的重要组成部分。企业作为市场竞争机制的真正参与者和体现者，在很大程度上可以说是经济发展的基本动力。中华人民共和国成立70余年来，企业始终担负着经济增长的重要任务。企业量大面广，各种不同类型的企业分而在国民经济的各个领域，日益成为经济增长的主要因素，对国民经济的增长起到了有效的推动作用。世界各国都十分重视企业的发展，一个重要原因就是企业在解决就业方面更有作用。就业问题始终都是经济发展和社会稳定的一大制约因素。企业的发展壮大可以吸收大量的劳动力，能创造更多的就业机会。我国作为一个工业化水平较低、人口众多的发展中国家，妥善解决劳动力的出路问题是国家长治久安、社会稳定的根本保障。企业的蓬勃发展和壮大，能够为人们提供安居乐业的就业环境，进而起到稳定社会基础的重要作用。我国企业中有相当一部分是中小企业，这些中小企业尤其是乡镇企业把分散的农户集中起来实现大规模、集约化生产，吸纳了大量农村剩余劳动力。从西方发达国家和我国沿海发达地区城市化进程来看，工业化和城镇化过程都离不开中小企业发展的促进。

质量是品牌的生命。从宏观上来说，当今世界的经济竞争，很大程度上取决于一个国家的产品质量。质量水平的高低可以说是一个国家经济、科技、教育和管理水平的综合反映。对于企业来说，质量也是企业赖以生存和发展的保证，是开拓市场的生命线，正可谓"百年大计，质量第一"。用户对产品质量的要求越来越高，提高质量能增强企业在市场中的竞争力；产品质量是顾客满意的必要因素，较好的质量会给企业带来较高的利润回报；质量是公司品牌的保护盾，严抓产品质量管理可以提高品牌美誉度；加强质量管理也是维护人们的生活以及身心健康的必要措施。当今市场环境的

写作组考察河北南皮地域文化

注：1912 年 4 月孙中山访察武汉后说："以南皮（张之洞）造成楚材，颠覆满祚，可谓为不言革命之大革命家。"

特点之一是用户对产品质量的要求越来越高。在这种情况下，就更要求企业将提高产品质量作为重要的经营战略和生产运作战略之一。因为，低质量会给企业带来相当大的负面影响：降低公司在市场中的竞争力，增加生产产品或提供服务的成本，损害企业在公众心目中的形象等。另外，价格曾被认为是争取更多市场份额的关键因素，现在情况已有了很大变化。很多用户现在更看重的是产品质量，并且愿意花更多的钱获得更好的产品质量。如今，质量稳定的高质量产品会比质量不稳定的低质量产品拥有更多的市场份额。较好的质量也会给生产厂商带来较高的利润回报。高质量产品的定价可以比相对来说质量较低产品的定价高一些。另外，高质量也可以降低成本，而成本降低也就意味着公司利润的增加。

在社会主义市场经济条件下，市场竞争是质优者胜，质劣者汰。企业要寻求发展，必须树立"质量是生命，质量是市场竞争力的法宝"的观念，要使自己的"生命"得以延续，并充满活力，首先要认识质量在企业中的重要性，明确质量目标，进一步加强质量意识，并把质量管理放在首位作为中心工作来抓，充分发挥质量职能的作用。在质量运行体系中，以选料、投产，到出厂销售的全过程中，层层把关，坚持自检、互检、专检制度，以最科学、最经济的方法来稳定地生产出用户满意的产品，只有明确了这个目的，企业才能向社会提供符合需要的质优产品。

写作组考察河北南皮地域文化

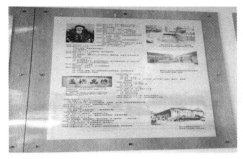

写作组考察河北南皮地域文化（续）

写作组考察河北南皮地域文化与中国工业先驱张之洞故乡

　　质量是品牌的生命之根。品牌的质量不是权威部门评出来的"金牌""银牌"，而是顾客用他们的"货币选票"和他们的信任塑造出来的，优良的品牌质量是品牌赢得顾客忠诚取之不尽的源泉。品牌质量包括品牌本身的质量和体现的质量，是二者的综合体现，品牌本身的质量是由品牌质量所代表的，而品牌体现的质量则是由顾客消费品牌产品所获得的感受或体验来表示的。这两个方面是不可分割的，二者的有机结合直接决定了品牌质量的高低。提高品牌质量也就是把提高产品质量和提高顾客感知质量有机结合起来的过程。但必须指出的是，产品质量是建立品牌声誉、不断提高顾客感知质量的基础和前提，一旦产品质量出现问题，必将深刻影响顾客感知质量。因此，企业必须先保证产品质量，在这个前提下，才能不断提高品牌的顾客感知质量。质量与竞争力有着密切的关系，质量是企业竞争力的核心要素。在对企业竞争力、核心竞争力的定义进行分析研究的过程中，我们发现：各种竞争力定义普遍关注四个要素：竞争主体、竞争优势、竞争能力、竞争要素。结合质量管理理论的发展和关注的重点，质量竞争力是竞争主体以卓越质量赢得优势的能力。对于竞争主体而言，赢得竞争优势是追求质量竞争力的目的。创造卓越质量是实现质量竞争力的途径，创造卓越质量的能力则是表达或评价质量竞争力的基本标志。

写作组考察南皮地域文化：笔者收藏的四幅中的两幅捐给河北南皮张之洞纪念馆的墨宝

写作组考察苗家寨地域文化

四、高质量管理与企业价值观

企业的质量方针（又称质量政策）是企业各部门和全体人员执行质量职能以及从事质量管理活动所必须遵守和依从的行动纲领。不同的企业可以有不同的质量方针，但都必须具有明确的号召力。"以质量求生存，以产品求发展""质量第一，服务第一""赶超世界或同行业先进水平"等质量方针（服务企业称之为服务宗旨）适于对外的宣传，因为它是对企业质量方针的一种高度概括而且具有强烈的号召力。但是，就对企业内部指导活动而言，这样的描述、概括就显得过于笼统，因此需要加以明确，使之具体化。企业质量目标是企业在质量方面追求的目的。企业质量目标的建立为企业全体员工提供了其在质量方面关注的焦点，同时，质量目标可以帮助企业有目的地、合理地分配和利用资源，以达到预期的结果。一个好的质量目标可以激发员工的工作热情，引导员工自发地努力为实现企业的总体目标做出贡献，对提高产品质量、改进作业效果有其他激励方式不可替代的作用。

价值观是企业文化的核心，是把所有员工联系到一起的精神纽带，是企业生存、发展的内在动力；是企业行为规范制度的基础。企业价值观是企业精神的灵魂，保证员工向统一目标前进。企业价值观的发展与完善永无止境，企业的各级管理人员要认真考虑究竟什么是企业最实际、最有效的价值观，然后不断地检讨和讨论，使这些价值观永葆活力。无数例子证明，企业价值观建设的成败，决定着企业的生死存亡。因而，成功的企业都很注重企业价值观的建设，并要求员工自觉推崇与传播本企业的价值观。例如，海尔公司把价值观表示为"真诚到永远"，IBM 提出"最佳服务精神"，把为顾客提供世界上第一流的服务作为最高的价值信念等。企业价值观为企业的生存与发展确立了精神支柱。企业价值观是企业领导者与员工据以判断事物的标准，一经确立并成为全体成员的共识，就会产生长期的稳定性，甚至成为几代人共同信奉的信念，对企业具有持久的精神支撑力。当个体的价值观与企业价值观一致时，员工就会把为企业工作作为自己的理想去奋斗。企业的发展过程中，总要遭遇顺境和坎坷，一个企业如果能使其价值观为全体员工接受，并以之为自豪，那么企业就具有了克服各种困难的强大的精神支柱。

企业价值观决定了企业的基本特性。在不同的社会条件或时期，存在一种被人们认为是最根本、最重要的价值，并以此作为价值判断的基础，其他价值可以通过一定的标准和方法"折算"成这种价值。这种价值被称为"本位价值"。企业作为独立的经济实体和文化共同体，内部必然形成具有本企业特点的本位价值观。这种本位价值观决定企业的个性，规定着企业的发展方向。例如，一个把利润作为本位价值观的企业，当利润和创新、信誉发生矛盾和冲突时，它会很自然地选择前者，使创新和信誉服从利润的需要。企业价值观对企业及员工行为起到导向和规范作用。企业价值观是企业中占主导地位的管理意识，能够规范企业领导者及员工的行为，使企业员工很容易在具体问题上达成共识。从而大大节省了企业运营成本，提高了企业的经营效率。企业价值观对企业和员工行为的导向和规范作用，不是通过制度、规章等硬性管理手段实现的，而是通过群体氛围和共同意识引导来实现的。企业价值观能产生凝聚力，激励员工释放潜能。企业的活力是企业整体力（合力）作用的结果。企业合力越强，所引发的活力越强。质量价值观是指人们对质量及其积极作用总的根本的看法。质量价值观，也可以说是在质量上的经营理念。具有质量价值观的企业家，以追求高质量、取得用户满意作为企业经营管理和经营的奋斗目标，以最大限度地满足用户质量需求作为企业的宗旨和使命，并动员全体员工为实现这一宗旨而共同奋斗。

质量价值观的基础是价值观。价值观是人们判断事物重要性的标准，它决定着人们的行为。因此，质量价值观对个人和组织的质量思维与行为具有导向作用，对企业的质量管理实践具有重大影响。企业员工与顾客都有自己的质量价值观。个人质量价值观直接指导并决定个体的质量行为和相关选择。对企业来说，无论是市场研究人员的调查与反馈建议、产品设计和开发人员的构思、管理者与生产者的质量行为，还是销售人员的市场营销行为、售后服务人员的表现等，都受到企业员工个人质量价值观的影响。因此，所谓企业质量价值观，是企业全体成员的质量价值观的综合表现，是企业质量文化的核心内容。对顾客来说，质量价值观是顾客对质量价值的认识，它决定着顾客的思维与行为，影响着顾客的购买决策和对质量满意与否的评价。企业要想取得长期成功，就要树立质量为本的意识，培育质量价值观，树立质量文化，开展质量经营。从质量价值观的角度看，关键在于企业是否发自内心地去重视质量问题，是否真正认识到顾客关注的产品高品质高质量问题。如果对顾客对产品的品质需求有充分的认识，并真心希望让顾客满意的话，那么顾客满意也就是企业满意，也就实现了企业价值。

中国社科院专家帮助中集集团在青岛即墨进行高层干部培训

中国社科院专家帮助中石油塔里木油田公司实施品牌文化设计

本章案例：豫商的核心竞争力

——诚信文化

在古代，孔子、孟子、老子、庄子等都讲究诚信、道德，诚信是维护社会秩序的道德工具。孔孟推崇的仁义礼智信被称为五常，而信是五常之本。周敦颐在解读五常时提到，诚为五常之本，百行之元矣。企业只有实实在在履行诚实守信的原则，才能打造出一个真正具有实力的核心竞争力，这是企业最有力的品牌影响力。培根说过"知识就是力量"，在真善美这个体系中，它揭示了认识论中的知识（真理性）认知规律，而在人类道德认知和美感认知方面，"诚信就是力量"更至高无上。

"金"，即一诺千金，"誉"，即良好的声誉，都离不开诚信。河南洛钼集团和河南金誉包装科技股份有限公司（以下简称金誉公司）都是豫商的典范，它们坚持科学发展观，坚持"以德铸誉、科技领先"的企业宗旨，强调以优秀的道德品质来铸造企业的良好的声誉和名誉，反过来，再用良好的声誉辅助员工道德伦理的实施，从内心塑造和培养自己的道德素养和优秀品质，在外严格要求企业或个人遵循商业道德伦理原则。拥有高尚道德的企业，必将会拥有多而长久的财富，两者相辅相成，共同发挥作用于企业的发展。

笔者与金誉公司董事长探讨地域文化与经济发展的关系

金誉公司在自身的发展过程中总结出一套合适的文化价值观——"敬天，爱人，天人合一，追求卓越"。金誉公司强调要有敬畏意识，敬畏天地、敬畏大自然，注重企业自身与大自然的和谐发展，同时要有一颗爱心，不光要保护消费者的利益、股东的利益，还要有爱护跟企业没有直接关系的人们，一颗善的心是做人的基本原则，平衡大自然与企业的发展，不能过度开发和吸取大自然的资源，积极维护大自然的生态环境，要做就做最好的，这是一条鞭策金誉公司勇往直前的价值观，追求质量和服务的高标准，是金誉公司一直追求的目的。金誉公司以企业伦理、企业社会责任为企业发展的基本纲领，提升企业自主创新能力，不断推进企业产业升级，经过近年的拼搏努力，金誉公司已逐步进入一个"科学发展、绿色发展、创新发展、和谐发展"的良性发展轨道。

写作组考察金誉公司地域文化与经济发展的关系

金誉公司践行"一诺千金、誉满天下"的道德行为标准，不论是对外合作，还是对内凝聚、向心力上，都将信誉作为最高衡量标准，使得企业拥有强大的竞争力和战斗力。胡雪岩是清朝时期有名的商人，他在人生传记中说："为人不能贪，为商不要奸，要想做善事，还得先有钱"，他很好地分析了作为商人在利和善之间的取舍关系，商人看重利是必然的，因为企业需要生存和发展，同时，商人也应该注重回馈，积极做善的行为，取之于民用之于民，承担社会责任。金誉公司董事长李中灵一直效仿胡雪岩的思想，欲成事先做人，不论是企业发展还是个人发展，他都将诚信看得比生命还重要。这句话语是金誉董事长李中灵下海创业的动力，他有着善良诚信的本质和高度负责的社会责任感。长期以来，李中灵先生一直信奉做事先做人，言必行，行必果的原则。他说自己身上最值钱的东西就是诚信，他始终把诚信看得比自己的生命还重要。

写作组考察新郑开发区地域文化与经济发展的关系

　　金誉公司把企业信用、企业声誉看得比黄金更重要。至善——金誉公司董事长李中灵提出企业家应当追求终极目标这一概念，只有做到至善，才能做到真正的企业诚信。《大学》开宗明义讲道："大学之道，在明明德，在亲民，在止于至善。"人们为什么要学习？学习是为了让自己做一个道德高尚的人，再将自己学到的善知识回馈给社会，传授给其他人，一个个地传授善知识，用"善"来规范人们的行为活动，维护社会的发展秩序，最终达到一个接近完美的效果。做企业也如同做学问，要做到"至善"，最根本的要求还是在于做企业的人——企业家道德水平和思想意识的提高。金誉公司董事长李中灵先生也是虔诚的佛学弟子，他倡导企业至善、企业行为至善、企业家至善。

　　通过塑造企业价值观，实现企业员工的凝聚力和向心力最大化，金誉公司还特别注重员工素质的提高和职业的规划，为了调动企业员工的积极性，对员工进行针对性的个体教育培训和思想塑造工作。金誉公司将"人"作为最大的开发资源，我们人类的大脑只被开发了一小部分，人的能力是无限大的，只有积极开发潜在的能力，人的创造能力是非常大的，帮助员工实现自我职业规划的同时，更好地完成企业交给他们的任务。

　　金誉公司始终坚守至善的道德标准，把"善"知识运用到对内的管理中，起到凝聚人心、激发员工积极性的作用，同时保证企业产品优质的质量和服务，对外的管理中，就是优化企业与社会的每一层关系，保证企业生产、销售链的每一步恰到好处。金誉公司还有着崇高的敬畏精神，善待社会、善待环境，积极承担社会责任，不仅优化自身生产流程中的节能程序，还研发新型能源取代老式资源，从内到外打造一套节能减排、资源循环的生产流程。金誉公司一直认为要以"人"为最伟大的资源来看待，做到善待企业员工、善待供应商、善待销售商、善待消费者，一直相信"帮助他人，就是帮助自己"。有很多机会可以大力开发企业的生产力，但是站在长远的发展和考虑下，金誉公司稳定了自己的"军心"，依旧稳打稳扎地向前迈步，不为短期利益所诱惑，始终坚持"安全卫生，节能环保"的战略方针，高标准、高要求地严格规范自己的思想和行为。金誉公司不仅在本土进行大量的学习和研发，还前往一些发达国家学习先进的技术和理论，再结合当地的地域文化和文化背景，找出一条适合自身企业发展的道理，是一个不停学习充实自己的学习型组织。

　　金誉公司从上到下，从老板到员工都一直强调"诚信"的重要性，在社会市场经济发展，离开诚信这一伦理要求，企业无法强大，也无法长远。金誉公司遵循诚信这一道德伦理原则，主要体现在三个方面，一是讲究企业信誉和声誉，这是企业发展的根本原则；二是凸显质量，不论是企业的产品还是服务，都必须达到最优的状态，力争"优招天下客，誉盈客自来"；三是诚信待人，不论是企业员工、领导，还是经销商、零售商，抑或消费者，都必须真诚对待，不能欺瞒、谎骗。

附录 1　CCTV 美丽中华行《发现之旅》：
《浙江地域文化与沙孟海》

　　中央新影《发现之旅》频道是隶属于中央广播电视总台中央新影集团的专业电视频道，简称《发现之旅》频道。《发现之旅》频道以"发现世界、发现自我"为核心定位，以人文地理节目为核心内容，以中青年高知群体为主要受众群体，紧扣"发现"视角，主张通过历史、文化和自然的对话达到个人内在的新发现。2019 年，作者受《发现之旅》邀请，担任人文旅游纪录片节目《美丽中华行》特别策划企业类总顾问，作者带课题组前往国内外多个城市和地区，进行企业文化的融合和学术交流，探讨不同地域文化与企业发展、人文素养的紧密联系，发现和展示中国各地的新面貌，关注神州大地的历史文化旅游信息，展现波澜壮阔的城市与乡村巨变，让更多的人领略地域中华的自然之美、和谐之美、人文之美。

《美丽中华行》给笔者的聘书

　　书法艺术作为一门最能反映中华民族文化精神的艺术，是与书写的载体——汉字一起在实用的基础上发展起来的。它随着社会的实用需要和物质条件的不断发展而逐步登上艺术舞台，成为汉文化中特有的一种艺术表现形式。作为一种书写载体的文字，世界各民族都有着自己的表现方式和书写技巧，因而也有可能以其为基础发展成为一门艺术。但是，直到今天，除了直接接受汉文化影响的民族如日本、韩国外，文字并没有成为其他民族的艺术表现形式。许多现代西文艺术家对中国书法表现出了极大的兴趣，也不断地从中汲取营养，但创造出来的却是与书法艺术截然不同的艺术表现形式,中国的文字由于其独特的地域环境,在其创立和定型的过程中,没有受到外界的影响,大体是在与东亚文明圈以外诸文化相隔离的情况下独自完成的。

当我们把中华民族的栖息生养地置于世界地理的大背景下加以考察时,就会发现它有一个很明显的特征:外围基本上与其他文化源地隔绝,北方有戈壁、亚寒带原始森林围护;西北有沙漠、盐原、雪山横亘;西南高原壁立;东部是无边无际的海洋。而内部领域广大,腹里纵深,回旋天地开阔,地形、地貌、气候条件繁复多样,这是其他的文明发祥地所无法比拟的。以中原与江浙两地书风为例,两者在书法艺术及风格表现上具有较大的差异性,中原——书风雄厚,江浙——书风淡稚,前者重"势",后者尚"韵",同时,书法与书法者自身的主观性格,客观的地域自然、环境、文化、民俗等因素也有关。书法是传统文化哲学观、美学观、艺术创作等相互渗透的一项传统艺术。受不同地域文化生态的影响,我国的书法艺术在形式表达上又存在较强的地域性风格。不同地区对书法艺术的理解与表现,既承载了书法者对汉字文化的理解,又呈现了其精神诉求的满足。所谓书法艺术的地域性,既与其地域自然环境、文化及民俗等客观因素有关,在书法者的文化气质、代表书法作品的形式表达中,又融入了书法者的主观情感。事实上,一个地域的文化生态是综合性的、长期性的,地域性文化生态必然影响书法者的性格、情感、思想与艺术观念,从而在书风上存在迥异的外在表现。

沙孟海生平

沙孟海(1900~1992 年)原名文若,字孟海,号石荒、沙村、兰沙、决明,鄞县大咸乡沙村(今属唐溪乡)人,著名书法家、书法理论家、印学家。

1900 年 6 月 11 日出生于浙江省鄞县沙村。1914 年入省立宁波第四师范学校读书。1925 年赴上海进修能学社教书,后任教商务印书馆图书文函授社。1928 年至 1929 年上半年任职浙江省政府,1929 年任广州中山大学预科国文教授。1931 年春起历任南京中央大学、教育部、交通部秘书。1941 年 6 月在重庆经陈布雷推荐,在蒋介石侍从室二处任职,从事应酬笔墨文字,业余仍坚持书学研究。1946~1948 年应蒋介石邀请参与编纂《武岭蒋氏宗谱》。1949 年春躲开蒋介石等纠缠,拒去台湾,新中国成立后任浙江大学中文系教授。1952 年任浙江省文物管理委员常务委员会兼调查组组长,1954 年兼任省博物馆历史部主任,1963 年任浙江美术学院国画系书法科教授。1979 年任浙江美术学院书法篆刻专业硕士研究生班导师,当选为西泠印社社长。1980 年任西泠书画院院长。1981 年任浙江省博物馆名誉馆长,当选为中国书法家协会副主席。1982 年当选为中国书法家协会浙江分会主席。1989 年受浙江美术学院聘为终身教授。曾任中国书法家协会副主席、浙江省书法家协会主席、浙江博物馆名誉馆长、省考古学会名誉会长、省历史学会顾问、民主同盟浙江省委顾问和省政协、省文联委员等职。1992 年

10 月 10 日逝于杭州，享年 93 岁。

沙孟海的艺术思想

20 世纪是一个波澜壮阔的时代，也是一个中西方文化剧烈碰撞的时代。沙孟海就是在这样的时代氛围中与时代同行的。对于一位生活在这个时代的、承接传统文化正脉的知识分子，沙孟海的一生包含了求学、教书、从政和治学的丰富内容。他的各个方面虽有安身立命的最初愿望，但在时代风云的感召上，特别是从他日后所取得的成就来看，积极入世的观念导致了他的书学思想必然带上了时代的色彩。这里既包括了他所师法的传统，反过来，与他同行的 20 世纪也就格外地造就了他，从而使他毫无愧色地登上了 20 世纪的书法泰斗的宝座。可能在相当一段时间内还没有人能取代他的地位。

沙孟海的取法，特别钟情于明末。300 多年前的明清易祚，给当时的知识分子带来了天崩地裂般的亡国之痛，与清末民初的政体性质虽然不同，但是生于忧患、感时伤事的心境却有相同之处。因此，明末黄道周、倪元璐等人在书风中表现出来的风云沧桑之感自然会打动沙孟海的心。于是，他将目光全面地投向了从明末到清末这段特殊的时期。《近三百年的书学》就写在他血气方刚的 30 来岁时，从今天的眼光来看，这篇文笔轻松、篇幅不长的文章，不仅是他与这些古人对话后的感想的评述，更是他早熟的书学思想的宣示。若以他人书俱老后的作品去对照这篇文章，可以毫不夸张地说，他最终完成的书法大厦与这幅绘于半个多世纪之前的设计蓝图，是何等的相符。早熟的思想和大器晚成，就是沙孟海在我们面前树立的光辉形象。

沙孟海作品的风格

沙孟海用功于碑，以碑入帖。自包世臣、康有为尊碑抑帖以来，碑帖之争成为清末书坛的主要话题。民国之后，人们逐步认清了碑和帖各自所具有的艺术价值，大多数书家往往走碑帖结合的道路。他既不否认碑，又不排斥帖，从碑和帖当中汲取营养，只是不同的书家对碑和帖的取舍有所不同而已。沙孟海是这种类型的代表人物。沙孟海精研榜书，风格豪迈。提到沙孟海，给人们感受和印象最为深刻的是笔走龙蛇、盘旋飞舞的草书和浓墨重笔、气宇轩昂的榜书。然而，这些感受和认识，还只停留在表面，对真正把握沙先生的艺术内涵还相去甚远。众所周知，近世以来，擅长草书和大字者不乏其人，为什么只是沙先生显得尤为突出？答案就在于他在风格和意境的创造上，达到了一般人所难以企及的高度，故为世人称道不已。

沙孟海的学术风格

　　沙孟海先生是学者型艺术家，作为新旧书法交替更换时的一位至关重要的承启人物，沙孟海身上集中了旧一代书法家中最优秀的精粹，同时，他的努力在许多方面又为我们提供了一些崭新的现代意识。沙孟海先生善书、擅印、工文字学、考古学、鉴定学，研究书法篆刻理论并有很高造诣，在艺术上有如此广泛的涉猎范围并在各方面都足称大家，这样的博学之才在近现代书坛上是极为罕见的。在乘清代学术风气之后的近代书坛上，他的特殊知识结构最能引起那些老书法家们的赞赏。而反过来，他的许多研究成果中的卓见绝识和努力提拔后进、甘为孺子牛的精神，又使得新进的也许较为"前卫"的青年书法家对他推崇备至，并乐于引为师长。能集两端于一身，是沙孟海先生作为一个研究对象最令人诧异的所在，他的这种奇特的凝聚力和调和力究竟缘何而成？有人归之于他的为人诚正坦率、高风跨俗、淡于名利；有人归之于他的书风大气磅礴、老笔纷披、雄健不可一世，但是，更深一层的原因，还应该把沙老的书风放在一个历史环境下进行考察：这是一种现代意义上的研究与比较。

　　沙老的雄强不只是一种孤立的自我意识，他的贡献也不只是为后人提供了一种风格类型。我们固然应该承认风格的价值，但却应该认清这一价值确认的前提。早年与康有为、吴昌硕等大师们的交往，使沙孟海的趣味有明显的上承性，承清代碑学之遗风，仅此看来，他的开拓应该不会有太大余地，前辈们已经把大部分的成果攫走了。但是，他所处的，却又是一个书坛上崇尚帖学成风的环境。遑论沈尹默在上海一地刮起的"二王"至上的风气曾经笼罩大半个中国，北方如溥心畬、吴玉如等人的身体力行，也使得潇洒俊逸的魏晋风度成为一代所尚，从而使清代碑学风在一定程度上出现了承传的断裂现象。应该承认，这是近现代书法史上一个发人深思的转变。面对时流，独出己见，正是沙老雄强书风的真正含义。他没有趋奉"二王"正宗，对于沈尹默和白蕉等"二王"派书法家，他仍然尊重但却一意自寻新徒。雄强是北碑风的根基，着意强调气势的开张磅礴，正是沙老对书风的理想追求。但他并不满足于清人的碑学风，为了反叛"二王"而不惜丢弃基本的技巧法则以求新奇，在清代书家中屡有出现，沙老则清醒地认识到，笔法原是书法之本，应该在风格上抓住根基，但在技法上广存博取。他能在致力于雄强的同时，不忘向"二王"、钟繇、颜真卿、苏轼、黄庭坚乃至黄道周、王铎等非北碑系书家学习，正体现了上述艺术思考。沙老的书法笔下根柢之精湛是超群绝伦的。《沙孟海写书谱》代表他对笔法的深刻认识，为我们提供了一个极有研究价值的参考典型，如众所睹，这是一种真正的笔法传统。作为风格的支撑，当然还是他的雄强之气。沙老善擘窠大字，国内外题匾置额颇多，像灵隐寺"大雄宝殿"之额、岳坟所悬"碧血丹心"大匾，确实有气吞六合、纵横八极之概，最易见出他那手绝妙的碑书功夫。至于他的一般尺寸的书幅，则努力从方笔侧锋中求连贯，比黄道周、沈寐叟等前辈又开一重新境，这主要是得力于点画的节奏意蕴，不求碑书家的点画过于刻板，而求势迅气疾，一力而成；其间的顿挫提按、松散紧凑，无不是一种自然的韵趣，沙老广存博取的基本功占了很大便利。强调行笔节奏的意蕴，正是书法日趋现代感的一大特征。

沙老对黑白对比有着极其深刻的认识。墨色涨晕成块在纸上如黑团团，一般书家避之唯恐不及，沙老却乐于此道，并善于进行对比调节，使墨块不成钝墨痴墨，反而增强了强烈的视觉效果——请注意，这是完全不同于温和、文雅、含蓄的中庸精神的另一种黑白观：强烈、沉重、厚实、刺激、现代感。

此外，沙老极讲究用笔的自然性格，"臣书刷字"印章是他一直乐于钤用的，这句米芾的现成语确实很能概括沙老对笔法的看法。他反对将笔法神秘化、玄理化，更反对将用笔的一些既定规律当作不变的金科玉律，如对中锋用笔的绝对化理解，而以自己的实践经验告诉人们：笔法应该也只能为效果服务，不存在什么脱离书法的孤立的笔法原则。因此，对于沙老的刷字之说，倘若以僵滞的中锋—运腕说为比对的话，当然是一种解放的、灵活的现代意义上的技巧意识。一个老一辈书法家能如此，其意义之可贵不言而喻。从书法学的角度研究沙孟海的学术思想可发现，他在研究中从不沿袭陈说，都有新的见解并对书学界、印学界产生影响。孔夫子主张"述而不作"，这是做学问的正宗，清代乾嘉学者主张复古和求来历，考据定伪，也是中国学术思想的一大渊薮。沙老从事学术多年，贡献却不在这一些。《近三百年书学》《印学概述》等文章均以系统、宏观的研究成果问世。在近代书法研究中，这是较早的有体系的研究，与实证主义式的考订绝然有异，见出沙老卓绝的史识。《谈秦印》对当时在秦印方面的混乱认识进行了澄清并有扎实的根据，对于印学史的认识有功匪浅。《书法史上的若干问题》，对历来被奉为圭臬的"笔笔中锋"提出历史的看法，并指出古人执笔与今人不同。这完全是一种拥有历史立场的技巧研究，对书坛冲击极大。《碑与帖》集中谈到了对北碑效果应有分析，特别是写与刻两部分效果不宜混淆。这当然是对盲目崇拜北碑者的当头棒喝，考虑到沙老本身继承北碑书风，又曾从康有为等学，他提出此论点更需要勇气，因为这是与老师之见相左的新的研究结论。

西泠印社八十周年大会上，沙老又对历来被混淆的"金石"与"篆刻"这两个概念阐述了自己的看法并作了演讲，这当然又引起了学术界的震动，长期以来金石篆刻不分的研究状况完全不利于篆刻艺术的发展，对此提出异议是很有学术价值的。无独有偶，在差不多的时间里，台湾的篆刻家们也提出篆刻应区别于金石的观点，足证两岸的学者在学术上是殊途同归的，也从一个侧面看出沙老的先见之明。我们从上述这些论文中发现一个共同规律：①这些文章都有一个明确的针对性，这就保证了它的现实意义；②几乎所有被批评的结论都是沿袭已久、遂成定论的权威观点，沙老的反对或推翻当然并非轻而易举；③沙老的新结论完全受到公众的推许，成为代表时代的学术成果。在我看来，这就是一种理论上的发现或发明，它需要的不是"述而不作"式的平庸精神，而是敢于怀疑古人并有扎实学问根底的研究勇气。单以这一点而言，沙老堪称一位最地道的学者。《印学史》《沙孟海论书丛稿》《中国书法史图录》等成果，足以确立他的地位，无论质还是量，当代书家都是很少有人能企及的。

沙孟海书法作品特色

沙孟海的书法艺术是当今振拔衰靡的不朽典范，沙先生书法之精深，之全面，也不是浅学如我之辈者所能窥测。他作为一代宗师，其书法艺术体现了中国近代书法发展史上大的脉络与趋势。因此，深入研究他的艺术，让有志于艺术的人们得到滋养，更富有历史与现实的意义。

沙先生的作品特色鲜明：其一，书法结构取斜势，斜画紧结，功力极深。这是沙孟海书法的一大特点，沙孟海在笔法上以侧锋取势，迅捷爽利，锋棱跃然，线条浑厚朴实，又极尽变化。其二，书法富于内涵，善于开拓，尤以气胜。所作吐气如虹，横绝太空，朴秀兼全，风神盖世。其落笔千钧，如纵斤斧。或重若崩云，或轻如蝉翼，畅涩相映，巧拙互见。腕底如涛冲电击，纵横扫荡，驰骋自如，妙不可言。先生将雄强与虚和做了含蓄有机的结合，化静为动，涵奇于凡，险绝后的平淡更是深不可测。其三，沙先生各体均工。其小字于径寸之内有挥斥八极、凌厉九霄之势，奇古矫健，飘扬丽落；大字榜书更是英惊雄浑，沉着痛快，神全气旺。其精力之弥满，笔力之惊绝，察看实践，似乎世鲜其匹，旷代罕有。

沙孟海先生在书法艺术创作中所取得的卓越成就，与其他艺术大师的成功既有相同之处，亦有不同之处。相同处如同是注重学问修养、讲究传统法度、从师从友交游、请业问教等。而沙先生的幼秉庭训、少年得志以及转益多师等方面则是有些同辈或先辈大师所不具备的。沙先生时近一个世纪的人生经历，时代的沧桑巨变、人间的悲欢离合等都在先生的内心深处烙上了深深的印记。沙先生一生的书法创作实践活动，蕴含着无数次心灵的裂变与观念的重塑。因此，对沙先生书法创作实践活动各个阶段不同的探索与努力，风格的走向、特征进行划分和把握，对我们更进一步认识与评价沙先生在当代书坛的地位及其对中国书坛所做出的巨大贡献是很有必要的。

沙孟海先生书法的创作可以分为三个阶段：

第一阶段：但求平正。30 岁以前，沙孟海先生临写的碑帖有《集王圣教序》《郑文公碑》《张猛龙》等。这一阶段，可称为但求平正阶段。综观沙先生这一时期的书法作品，在为数不多的作品中，楷书作为先生书作的主要书体占据着首要地位，而其精工小楷尤甚多。这可能与先生当时所处的社会环境与文化环境有着重要关系。

第二阶段：务追险绝。进入中年以后，随着学养的日渐丰厚和阅历险渐次拓展。沙孟海先生多用功地关注字的"体势"和章法的"气势"，当然，原有精耕细作的楷书不是全然放弃，偶作楷书，仍极为精妙。譬如 48 岁所作《修能图书馆记》和 50 岁所作《叶君墓志铭》既是他中年时期楷书的优秀作品，也是沙先生的得意之作。但以楷书为主的创作转向以行草为主的创作是沙孟海先生"既知平正，务追险绝"的艺术观念的转换之始，从以往的以"尚韵"为主的追求到对北碑一派"尚势"为主的追慕，沙先生将自己的艺术观念融入帖学与碑派的熔炉里，燃烧着、冶炼着，企及艺术个性化的涅槃与再生。沙先生也深知，帖学与碑派是书法艺术不同类型的两种风格，尽管它们之间有着不可分割的关系和相同的艺术内在规律，然而毕竟尚韵崇势，各领风骚，既非互相对立，也不能相互替代。要在帖学与碑派中融化自我，走出一条属于自己的艺术之路，实非容易之事。但撷取意态挥洒的帖学和雄浑朴拙的碑派之长是完全可以做得到的。古代崇碑尚帖的书法艺术家都从此中领悟到艺术的无限玄机，使自己的艺术个性得到了淋漓尽致的宣泄。这一时期沙先生的作品可谓是"既知平正，务追险绝"时期，横跨时近四十年，概可分为前后两个阶段。

第三阶段：堂堂大人相。进入 20 世纪 80 年代以后，随着"新时期"文艺事业的复苏，沙孟海先生迎来了他书法艺术蓬勃向上的春天。沙先生精神勃发，满怀激情地投入书法艺术创作之中。先生说："自从林彪、'四人帮'被粉碎以来，全国形势大好，文艺得到了春天。我虽 80 之年，还是壮心未已，正想与中年人一道来继续上进，昌硕先生讲'谓我何求颡有眦，八十翁犹求不已'。"这一时期，沙先生的创作进入一个鼎盛时期："既能险绝，复归平正。"陈振濂先生在《沙孟海书法篆刻论》中分析沙先生 80 年代书风特征时说："有意为之强调气势和刻意求全的强调技巧，逐渐地为炉火纯青地信手拈来所代替。一切犹豫、彷徨和偶有小获的喜悦，被一种更为大气的风度所淹没。"先生这个时期的作品，行草书和擘窠大字占据了先生鼎盛时期的主导地位。也正是行草书和擘窠大字使人们看到了有希望的当代书坛。

这一时期的作品，是先生千折百磨后的峰回路转，归于平正，一派玄机。先生的书法风格由秀逸儒雅到浑厚华滋最终归于古拙朴茂，一如草木之由春之绚丽多姿到夏之煊赫灿烂而入于深秋的豪迈深远最终归于冬之空旷无际。先生结字的斜画紧结，不主故常；用笔的侧锋取势，迅捷爽利，锋棱跃然；线条的浑厚朴拙，于纵横之间任其自然，令人羡叹不已。董其昌云："渐老渐熟，渐熟渐离，渐近于平、淡自然，而浮华利落矣。姿态横生矣，堂堂大人相独露矣。"此语可为沙孟海先生独特书法艺术风格写照。

沙孟海书、印作品个案赏析

沙孟海书、印、文俱佳。沙孟海以其精湛的艺术创造和丰硕的研究成果，将自己塑造成一个形象丰满的立体型书家形象，书画界名家对他的作品也给予高度评价。启功先生评道："我初次拜观沙孟海先生的字，是在北京荣宝斋。他的下笔，是直抒胸臆地直去直来。看他的行草，可算是随心所往而不逾矩。笔与笔、字与字之间，都是那么亲密而无隔阂……沙先生的字，往深里看，确实有多方面的根底修养，而使我最敬佩处则是无论笔的利钝、纸的精粗、人的高低，好像他都没看见，拿起便写，给人以浩浩落落之感……这只能归于功夫、性格、学问、素养综合的效果吧!"

早在 1924 年,吴昌硕在好友况蕙风处看见青年时期的沙孟海所刻印谱后,大加赞赏随即挥笔写道:"虚和整秀,饶有书郑清气。"后来,沙孟海去吴昌硕处请益,吴老十分高兴,提笔为之题诗:"浙人不学赵叔,偏师独出殊英雄。文何陋习一荡涤,不似之似传环翁。我思投笔一鏖战,筘鼓不竞还藏峰。"

王蘧常先生在褒奖沙孟海书法之后,认为他的文章"皆淖极理窟,度人金针"。马国权先生也说:"沙老的文章,具有内容精辟、创见纷陈和言简意赅的特点。"总之,沙孟海的书、印、文构成他作为一个书法大家的显著特征。

沙孟海行书、草书

之一:行书毛泽东诗词《浪淘沙·北戴河》

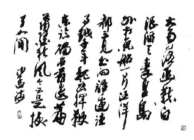

沙孟海行书

释文:大雨落幽燕,白浪滔天,秦皇岛外打鱼船。一片汪洋都不见,知向谁边?往时越千年,魏武挥鞭,东临碣石有遗篇。萧瑟秋风今又是,换了人间。毛主席这首词在沙老笔下更显豪迈之气,毛主席的诗意与沙老的笔力浑然一体,气势逼人。

之二:草书白居易《湖亭晚归》

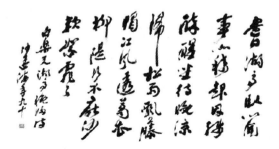

沙孟海草书

　　释文：尽日湖亭卧，心闲事亦稀。起因残醉醒，坐待晚凉归。松雨飘藤帽，江风透葛衣。柳堤行不厌，沙软絮霏霏。作于1989年，90岁的沙孟海在这一年被聘为浙江美术学院终身教授，《湖亭晚归》体现了沙老闲适、恬淡的心情。以上两幅作品系2005年荣宝拍卖会上展出的沙孟海的作品，都为沙老晚年作品。沙孟海博览群书，酷爱古典诗文，又通晓历史，常以之作为自己的书法题材。这两幅作品为那次拍卖展会上十幅作品中之二。

　　这是去过杭州灵隐古刹的人都见过的"大雄宝殿"四个大字匾额。其字磅礴敦厚，气度非凡，这就是出自沙孟海之手。1955年，正是沙孟海书法风格渐趋稳健的时期，当时他为古刹颢书的四个大字，每字三尺半见方，铺地以原大尺寸而书，自谓"写此匾如牛耕田"，下面垫着的数张宣纸都被渗透。真可谓行神如空、行气如虹、气酣势畅、精力弥漫，这也体现了当时他写榜书时的精力和气概。

杭州灵隐寺的"大雄宝殿"匾额

　　沙孟海在篆刻艺术方面有自己的特色，他把秦权量诏版的瘦硬与明清印人的清穆健结合起来，如同他的书法一样，龙蟠尾踞，波澜壮阔，形成淳厚奇崛的特点，开创了印史上未曾相似的风格。

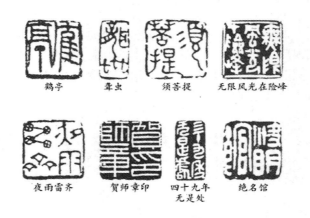

沙孟海印作鉴赏

沙孟海其他代表作品鉴赏

附录2 《今日头条》载：《中美地域文化与文化包容性：中美美术技术交流》

2021年10月20~23日，一场别开生面的中美美术技术交流会在杭州刘庄举行，中方中国书画家协会动游创造分会特别邀请了美国的两位主讲嘉宾。两位嘉宾都在EA有过很长一段时间的工作经历，在游戏美术方面有着独特的见解和丰富的经验。

中国人民大学艺术学院院长丁方

徐悲鸿之子徐悲鸿纪念馆馆长徐庆平发言

中国书画家协会常务理事刘光明总结发言

美国艺电公司（Electronic Arts，NASDAQ：ERTS，EA），是全球著名的互动娱乐软件公司，主要经营各种电子游戏的开发、出版以及销售业务。美国艺电创建于 1982年，总部位于美国加利福尼亚州红木城。截至 2009 年，美国艺电在美国其他城市及加拿大、英国、澳大利亚、中国等多个国家和地区均设有分公司或子公司，世界各地的雇员总数达 7320 人。

EA Games 是美国艺电最主要的品牌。该品牌旗下主要有动作类、角色扮演类、赛车类、格斗类游戏。除了传统盒装零售的单机游戏，EA Games 还出品了一些大型多人在线网络游戏（MMO）。该品牌负责人是弗兰克·吉伯（Frank Gibeau）。

美国艺电公司的创始人特里普·霍金斯（Trip Hawkins）是到会的第一位主旨发言人，他们天生对电子游戏有着浓厚的兴趣。他指出，人们可以通过游戏建立宝贵的社会联系，并使头脑变得更加活跃。霍金斯从哈佛大学毕业后，到斯坦福大学攻读工商管理学硕士。1978 年毕业时，进入苹果公司工作，其间亲眼见证苹果在四年内，由 50雇员的小公司发展成为近 4000 员工、年收入 10 亿美元的 500 强企业。

霍金斯在苹果积攒了足够的资本之后，于 1982 年 4 月离开苹果，着手规划自己的"游戏帝国"。同年 5 月 28 日，霍金斯建立了自己的公司，在前六个月内霍金斯个人投入资金维持公司运转。起初霍金斯一个人工作，同年 8 月霍金斯在加利福尼亚州的圣马特奥得到了一间办公室，此后霍金斯招募进了第一批员工。

公司名称最初叫作 Amazin' Software，但霍金斯出于把软件看作艺术形式的愿望，希望改名为 SoftArt，但被 Software Arts 公司以涉嫌侵权为由干预。1982 年 10 月，霍金斯召集公司最初的 12 个员工以及市场人员开会，但员工的提议均不合霍金斯之意。熬至晚 23 时多，突然一个人冒出"Electronic Arts"的英文单词，终于被霍金斯采纳，定为公司名称。

1983 年春天，美国艺电发布了第一批游戏：*Hard Hat Mack*、*Pinball Construction Set*、*Archon*、*M. U. L. E.*、*Worms* 以及 *Murder on the Zinderneuf*。游戏使用特制的折卡式的包装，将设计者的名字写在了封面上，而精美的图画设计给了这些游戏如唱片般的外观。首批 6 个游戏中，有三个最终进入了电子游戏世纪名誉榜，其中一个成为当时最畅销的游戏之一。

同年，美国艺电出品了一款篮球游戏 *One on One：Dr. J vs. Larry Bird*。有了体育明星朱利叶斯·欧文和拉里·伯德的参与，游戏销量不俗。该游戏的成功促使 EA Sports

品牌的诞生，并开了用体育明星造势为游戏宣传的先河。随后，一系列的授权体育游戏接踵而来，包括 One on One：Jordan vs. Bird、Ferrari Formula One、Richard Petty's Talladega、Earl Weaver Baseball 等。《麦登的橄榄球》（Madden NFL）于 1988 年发售后，逐渐成长为美国艺电坚持时间最长、最成功的游戏系列之一。

到会的第二位主旨发言人是拉里·普罗布斯特（Larry Probst）。他以自己的从业经历介绍了美国艺电的发展，早在 20 世纪 80 年代，他以销售副总裁的身份加入美国艺电。普罗布斯特为公司带来了一个全新的经营策略：绕过出版商的中间渠道，直接联系零售商销售游戏。自此，美国艺电成为一家兼具游戏制作和游戏发行业务的公司，也为公司本来就不错的市场份额带来更大增长。随着与日俱增的销售潜力，美国艺电也开始为 Lucasfilm Games、SSI 以及 Interplay 等其他公司发行游戏。他是活跃于手游产业的意见领袖，足迹遍及中国、美国以及欧洲，对于产业形势预判、前沿技术研究、创业团队指导具有独到的见解和丰富的经验。他专注于全球游戏运营，在海内外寻找战略合作伙伴和合作投资项目，经常给位于美国、中国、法国、东欧、意大利等国家及地区的多个创业公司提供顾问、做导师。

中方代表徐悲鸿纪念馆馆长徐庆平在交流互动环节作了重要讲话，他指出："在游戏开发初期，美术团队会和策划团队进行讨论，根据游戏的玩法机制，设计出多种美术风格方案。当然，你得看这款游戏的定位，是 3D 游戏还是 2D 游戏？毕竟 3D 耗时比较多。美术团队需要找素材，之后可以用原画来表现，要结合背景，简单初步做出来，之后还要以用户调研来验证方案。接下来的游戏制作过程中，美术资源需要反复迭代，最终达到团队最初制定的美术品质标准。"

中国人民大学艺术学院院长丁方指出："在游戏的美术设计中，不管是皮肤还是服饰，一定要融入文化，要有故事性。东方游戏这边，习惯于快速植入付费模式，西方游戏会先让玩家感受游戏，沉浸于游戏，接下来再展开付费，所以西方玩家的付费习惯特别好。文化的差异，需要慢慢去理解，不是短时间就能融入进去的。设计游戏之前，要先定位好，游戏是谁来玩？所服务的市场、玩家认可什么样的文化？一定要先去了解主流玩家的想法和他们的文化。"

中国书画家协会常务理事、中国企业形象策划委员会企业文化中心主任刘光明作总结发言指出："美术是文化的延伸，很难具体说是喜欢哪种元素，因为这更多的是偏主观的感受，如在欧美，有一部分喜欢二次元。我们之前围绕迪士尼这种大 IP 设计过游戏，迪士尼的卡通形象已经非常经典了。我们在制作《星球大战》这款游戏的时候，在制作前要经过迪士尼及总部的审核和认可。一些大 IP 游戏，会制作很多新的皮肤，我觉得，不能影响到 IP 品牌，要尊重他们的文化，不能做偏离了。在培养人才方面，首先一定要有基本功，关于素描、色彩、绘画这方面的基本功要扎实。我认识的一个人，建模能力很强，但配色能力不行。另外，人才要多元化，不能只看重技能，也要注重一下文化来源，还要和企业文化相契合。"

交流会本着"交流促发展、分享启智慧"的精神，始终在热烈友好的气氛中进行。

附录 2 《今日头条》载:《中美地域文化与文化包容性:中美美术技术交流》◇

中美地域文化与文化包容性:中美美术技术交流会留影

(中国社会科学院工经所刘光明教授口述　中科院心理所刘圆圆博士执笔)

附录3 《美中时报》载：《盛中国与地域文化：万里江山奏华章》

2018年9月7日，我失去了一个亦师亦友的老朋友——著名小提琴家盛中国。就在他去世的前两个月，我们俩就他策划担任浙江音乐学院弦乐系主任的细节进行了深入的探讨，此前也商量了多次。他把培养中国优秀的音乐人才作为自己一生的使命。往事历历在目，给河南洛钼集团做公司司歌是非常难忘的一段回忆。

企业听觉效应实验：小提琴家盛中国与中科院心理所聘刘光明研究员合作开发企业 AI 系统

2014年12月，洛钼集团一面积极筹备上市，一面委托中国社科院专家组、中国企业形象策划委员会企业文化中心做第二次整体企业形象设计，包括要创作公司歌曲，当我们课题组完成了所有全新的 MI、BI、VI 系统之后发现，还缺一个环节，就是第二版企业歌曲的再创作。我们都知道盛中国演出任务很重，我拿着写好的第二版的《洛钼之歌》第一稿，到北京罗马花园他的住处，请他修改和指正。他很谦虚地说道："你是上海音乐学院理论作曲系著名作曲家靳卯君的关门弟子，又有小提琴作曲的经验，你写的曲子不会有问题。"见我再次恳请之后，他很热情地帮我修改《洛钼之歌》的曲谱，修改好之后，一定要我拉一曲自选的小提琴曲给他听，我硬着头皮拉了一首萨拉萨蒂的《流浪者之歌》，真正第一次感受到"班门弄斧"的滋味，拉得满头大汗，但盛中国却边打节奏边点头称赞。

他说："音乐美学思想赋予音乐使命和价值，音乐不仅是一个作品，而且还应该承载其应有的使命，帮助和改变更多的人。例如，你带来的这首《洛钼之歌》的歌词中所写的：'洛钼是我们凝聚力的源泉。'"他说："企业歌曲的作用，不仅能使员工获得一定的音乐知识，培养一定的音乐审美的能力，引导员工发现和感受美，还能提升人们欣赏美、判断美、创造美的能力，从而完善自我的人格。"

他的这段话，使我回忆起 2006 年 4 月洛阳市西工体育场"同一首歌"相约洛阳，走进栾川大型音乐会的那次演出，主办方洛钼集团邀请了大牌明星任贤齐、孙悦、田震、甘萍、杨洪基、郑绪岚、佟铁鑫、邰正宵、著名电视节目主持人梁永斌、柯蓝等人参加。

由于盛中国小提琴协奏曲《梁山伯与祝英台》的影响力，洛钼集团从董事长到员工非常希望盛中国到洛阳参加《同一首歌》的演出，我把这一愿望告诉盛中国，当时盛中国已经答应了中央电视台"发现之旅"之邀参加《美丽中华行》节目的录音，因为时间冲突而未能成行，但盛中国一再表示一定找机会弥补这一遗憾，并答应担任《美丽中华行》电视专栏企业类的音乐总策划和总顾问，在这个栏目中添加与洛钼员工的同台互动。

《同一首歌》在洛阳演出的数年后，盛中国仍然念念不忘地对我说："我欠了洛钼全体员工一个情，当前实施制造强国战略，工业文化建设已成为推动我国成为世界制造业强国和实现中华民族伟大复兴的精神力量和内在动力，音乐作为一种调动精神力量的武器，也要为这一任务添砖加瓦，为文化强国贡献一份力量。"

当谈到音乐艺术的功能和管理的功能时，盛中国说："你们管理科学中有一位著名的管理学家说过，管理不仅是科学，更是一门艺术，科学和艺术是相通的，同样也表现在管理学的微观层面——把一大批中国艺术家的成就，他们在视觉识别系统（Visual Identity，VI）和听觉识别（Audio Identity）中的创造性智慧应用到企业中去，是你们作为管理学家和管理工作者的责任。"

我非常认同盛中国将艺术包括音乐、美术运用于服务企业的观点，我进入工经所博士后流动站后，把研究方向定为 CI 企业形象的运用性研究，其中听觉识别（Audio Identity）的创新研究是重要的一环，盛中国建议与中国科学院心理所共同开展这一研究课题。十多年来，我给中科院心理所博士班讲企业文化课程时，坚持做问卷调查，播放 AI 听觉识别系统后都要收集反馈意见。盛中国也是不遗余力地身体力行，每次他到日本、澳大利亚等国家演出回来时，带回大量英文版、日文版的 CI 书籍、资料，全部送给了我。

为了答谢他的盛情，我把尹瘦石创作的一幅书画作品送给他，以表达我对他的谢意。可以说，盛中国开创了听觉识别系统（Audio Identity）在企业应用中的先河。

他还将亲手签名的光盘通过我送给未能如愿到洛阳演出的洛阳洛钼集团的朋友，从那次后，我每次到中石油塔里木油田、荣事达、雅戈尔、江苏电力、东方通信、西子控股、万向集团等企业讲课，都要先买一些盛中国小提琴协奏曲《梁祝》光盘让盛中国签名，讲到企业视觉系统、听觉系统时把它送给盛中国的粉丝朋友，请他们参与我和盛中国听觉识别系统（Audio Identity）创新效果的问卷调查。

盛中国赠送笔者的《日本型 CI 战略》等 CI 企业形象书籍

　　中央电视台、《经济日报》、中国社会科学出版社、社会科学文献出版社、经济管理出版社等 200 多家媒体、出版机构纷纷报道、编著了中石油塔里木油田、洛钼、青岛港、海尔、荣事达等公司通过实施创新的 VI 系统工程 AI 创新工程导入后实现了经济效益和社会效益双丰收。这项 CI 创新是盛中国和中科院心理所、中国社会科学院世界经济与政治研究所、亚太所、情报所、文学所的十几位老教授共同合作推动的。

媒体报道及书籍书版

在盛中国与中央电视台《发现之旅》合作中,中国社科院工经所、世界经济与政治所、情报所、亚太所、文学所、盛中国组成的专家团队不仅出版了《新商业伦理学》《企业文化理论的新发展》等颇具影响力的著作,而且还推出了《工业旅游》——《中国工业文化的先驱张之洞》《中国工业文化的先驱张謇》《美丽乡村》和《特色小镇》系列节目,通过 CCTV《发现之旅》和香港卫视在 150 多个国家和地区同时播出。

盛中国被日本早稻田大学、韩国成均馆大学、英国曼彻斯特大学设计系、中国科学院心理所深圳博士班聘为工业设计 VI、AI 创新课程的客座教授。由中央电视台二套摄制、中国科学文化音像出版社出版的 8 小时光盘《如何创建自己的企业文化和 VI 创新》追加了听觉系统 AI 创新的新成果,近年来再版了五版。

盛中国对 VI、AI 的创新贡献,不仅顺应了我国作为世界工厂,企业转型升级、绿色管理的国际潮流,填补了工业文化、工业设计的一项空白,而且进一步推动了中国制造由“量”的优势向“质”的优势的转变。

中国社科院工经所、世界经济与政治所、情报所、文学所和盛中国组成的专家团队,对国内外特别是中国的工业文化、企业管理、企业文化的发展进行了长期跟踪,发现了一些极其重要的规律性现象:国内外大多数企业经营者都逐步认识到工业文化、工业设计、企业理念(MI)、企业行为(BI)、企业视觉系统(VI)、企业听觉系统(AI)对企业管理、企业品牌、企业创新和企业转型升级的重要价值。

CI 创新——全新的企业视觉系统、企业听觉系统与工业设计、企业管理、工业文化的融合,作为一种崭新的信息传递系统,业已成为新时代工业文化、企业管理、工业设计的重要标志。

中国社科院工经所、世界经济与政治所、情报所、文学所和盛中国组成的专家团队采用的创新 CI 信息传递系统,不仅使企业得到信息增值,而且大大提升了该企业的品牌影响力。他与中央乐团、中央美院、徐悲鸿纪念馆、中国人民大学艺术学院的合作,在企业视觉系统、视觉效应(VI)、听觉系统、听觉效应(AI)等方面进行了深入的探索和实验,并与中石油塔里木油田董事长龙德、荣事达集团董事长荣珍及总经理洪峰、青岛港董事长德传、东方通信前董事长继兴、卧龙集团董事长建成、洛钼前董事长玉贤、雅戈尔董事长李如成、解百前董事长胡崇信、江苏电力董事长助理俞建新、金誉董事长李中灵、鸿雁前董事长桂福及总经理王米成、瑞福董事长崔瑞福、黑松林董事长刘鹏凯、杨村煤矿前董事长李庆良、杭州西子联合控股公司王水福等企业家联手,开展全新的企业视觉系统(VI)和企业听觉系统(AI)的成功实验。

在这个过程中,得到了全国各地各级领导龙永枢、黄京飞、华长慧、史及伟,特别是现为浙江省缙云县委书记王正飞等的大力支持。通过 CI、VI 和 AI 的创新实践活动,为这些企业的转型升级、企业品牌提升做出了积极的贡献,得到参加多伦多国际企业品牌设计委员会评审专家的高度评价。

盛中国与中国社科院工经所、世界经济与政治所、情报所、文学所专家团队合作,把听觉艺术系统、管理心理学、工业设计、企业美学、企业 VI 及 AI 研发相结合,并把这些科研成果运用到上述公司的 CI 导入工程之中。2012 年 2 月出版的《企业社会责任报告的编制、发布与实施》，2015 年 1 月出版的《新企业伦理学》，分别获得了联合国企业社会责任委员会（UCCS）和欧洲企业伦理学会（EBEM）授予的优秀著作一等奖，在 2016 年 10 月 22 日举行的多伦多第 19 届国际企业文化与企业品牌年会上获 CI 创新一等奖。

盛中国强调音乐的社会价值和功能属性，让听众能够感知音乐中的感情，理解舞台和乐器表达的意向，不仅要"会听"或是"听懂"音乐，还要从情感和节奏中去领悟和了解作品的主题和演奏者的思想，不断带动人们的认知水平从感性向理性的延伸。在布拉格举办的第 16 届欧洲企业伦理学会上，盛中国和中国社科院工经所、世界经济与政治所、情报所、文学所组成的专家团队共同开发的企业听觉识别系统（Audio Identity）于 2017 年 9 月在布拉格举行的企业品牌创新年会上获得了国际企业形象设计创新一等奖。

盛中国强调，音乐美育在培养人格完整性，促进审美、思维和创新的协调性发展，强化积极的心理素质方面都有着重要作用。强化这种心理素质，对于当今处于竞争日益激烈社会的企业和企业员工来说，确实是非常必要的。

盛中国是"健康中国"的忠实践行者。在一次给企业的讲课中他说："音乐对身体机能的治疗与医学上的药物治疗相类似，将音乐美学融入医学治理中，通过音乐来调节身体机理的平衡，能减轻生理上的疼痛感，改善听众的心理状态，从而达到阴阳协调，使之健康长寿。当然，不同音乐表达的方式和传递的情感不同，选择与病症相契合的音乐，对其治疗效果有着显著的作用。"这对企业员工来说，是非常实用的心理辅导课。

盛中国虽然离开了我们，但是他的音乐、他美妙的小提琴旋律却永远在我们耳边回响。

附录4 《美中时报》载:《洛阳地域文化与洛钼集团》

2007年9月,我应北师大之聘,担任北师大博士生导师,洛钼集团董事长段玉贤就成为我的博士生之一,与他一起入学的有复地集团的房地产CEO程新华、江苏电力CEO俞建新、徐水连、金誉集公司董事长李中灵、杭州社会科学院院长史及伟等。

此前,洛阳钼业集团公司办公室主任刘万思到四川成都听我讲授企业管理、企业文化的课,课后,学习劲头有增无减的他找各种机会与我聊天,使得他在全班中脱颖而出,在游览九寨沟的旅途中,他与我聊起洛钼股份有限公司在美国"9·11"事件后钼价翻番的事。

在我指导洛钼董事长段玉贤攻读博士学位的几年中,每次他从栾川到北京,都是入住亚运村的北辰五洲皇冠国际大酒店。段董是个比较低调而实干的人,1954年3月出生,河南洛阳栾川人,中共党员,北师大师从我获博士学位,洛钼集团党委书记、董事长,高级经济师,第十一届全国人大代表。

洛钼集团董事长段玉贤出席香港挂牌上市的仪式

2000年以来,曾荣获全国"五一"劳动奖章、全国优秀创业企业家、中国有色金属行业最有影响力人物、第二届中国十大时代新闻人物、中国当代杰出企业家等称号。

2000 年起他临危受命，凭借传奇般的诸葛亮式的智慧，将数家濒临破产的国有和集体企业产值由几个亿发展到 2008 年底的上百亿元，成为享誉海内外的大型海外上市矿业集团，从单纯的钼产业发展到钼、钨、金、铅、银等有色、贵金属多领域产业链，实现了飞跃，创造了奇迹。

洛钼集团董事长段玉贤接受媒体采访

这些年，特别是近十年来，他在管理创新方面的经验、能力及业绩主要体现在以下几个方面：

在中国社科院专家组的指导下，把发展的观念成功转化为以做大做强为主要特色的跨越式发展；把市场的观念成功转化为从管理层到一线职工的市场经营意识、市场风险责任机制管理和市场绩效管理的有机结合，企业充满了发展活力。

中国社科院专家组和洛钼集团董事长段玉贤出席洛钼集团日产 5000 吨选矿投产庆典仪式

把企业的责任意识成功转化为企业的生产和经营行为；把企业文化的理念成功转化为企业精神，务实创新、比学赶超、敢为人先、做就做好、永不满足的企业精神成为激励员工的不竭源泉，被河南省委领导誉为"洛钼精神"；把抢抓机遇的意识转化为一次次对机遇的成功把握、一次次化危为机的科学决策。

记得有一次在老君山山麓露天搭台就地晚餐，段玉贤董事长指着背后的那座山说："这山背后就是南阳。"我与河南是天生有缘，我考入中国人民大学后师从河南籍名人罗国杰校长，得知他新中国成立前是中共同济大学上海地下党骨干，在迎接陈毅部队解放上海时成为核心团队成员，后来，陈毅担任上海市长时，成为陈毅的秘书。罗国杰是河南南阳内乡人，1939～1945 年中学时期，就读于河南开封市；1946～1949 年大学时期，就读于上海同济大学法学院，其间加入中国共产党，投身革命开展地下工作。

笔者参加恩师罗国杰伦理思想研讨会暨新书发布会

1949～1956 年，在上海虹口区委、上海市委从事党务工作；1956～1959 年，以调干生身份到中国人民大学哲学系读本科，毕业后留校从事伦理学教学与科研工作。罗国杰教授追求真理，六十年如一日，俯而读，仰而思，留下了丰硕的原创性科研成果和宝贵的思想财富。

曾任中国人民大学校长的袁宝华也是河南南阳人，我的硕士学位证书上盖的就是袁宝华的章。从罗国杰到袁宝华，再到段玉贤，从我的导师，再到我的学生，这种缘分似乎是冥冥之中自有定数。袁宝华是我国管理科学的开山鼻祖，是中国企业联合会、中国企业家协会、中国企业管理科学基金会的创始人和奠基人，他指出，"人的研究是一切管理的核心问题"，"企业家的首要任务是学习"，并提出企业家要坚持进行"十大修养"。

鲁冠球获袁宝华企业管理金奖，袁宝华同志亲自颁奖给鲁冠球

　　从罗国杰、袁宝华再到段玉贤、李中灵，他们与栾川老君山有着某种哲学思辨和伦理教化上的内在联系。说来也巧，与我文字相交数十载的《中国企业报》原总编张来民也是河南人。2021 年又因《建党百年大典：中国企业文化典型案例百篇》一书的编写出版多有交集。

　　栾川老君山有很多有关老子的传说，老君山名字由三部分组成，"老"即老子李耳，为古代思想家、哲学家、道家学派创始人；"君"即太上老君；"山"即昆仑余脉，伏牛山主峰。老子，原名李耳，春秋时期人，后人称老君爷，相传他和祖师爷是同门弟子，师出于混天老祖门下。两人在混天老祖的教导下，学识同样渊博，可以说是天文地理，无所不晓。

栾川老君山道家学派创始人老子铜像

　　据说在他们学成出山时，师傅混天老祖曾给他们留下这样几句劝言："师出同门，应该相互扶持，必须用自己所学，救管一方百姓。"言后，师傅便将两个得意门生"放山"（学业有成，允许出山）。俗话说："自古侍才者，多傲物忌才"，师兄二人，出山之后便为自己所居何处、管辖范围多大，争执开来。

　　伏牛山是世界地质公园、国家 AAAAA 级旅游景区、国家级自然保护区、老君山古号"景室山"，因东周道家始祖老子归隐修炼于此而得名。老君山形成于 19 亿年前的大陆造山运动，造就了其千姿百态、群峰竞秀、拔地通天、气势磅礴的景观；塑造了"华夏绿色心脏，世界地质奇观"的主题形象。

　　据说全国共有 56 个老君山，比较著名的有四川新津、云南丽江、陕西洛南、河北怀来、甘肃武山、湖北红安等，但有历史记载的只有洛阳的老君山。依史为证，有书为凭。山以人名，人以山灵。老君山人，生在老君山下。

老君山主峰——伏牛山

　　有人认为是老君山孕育了南阳"五圣"。"五圣"展现的是各自领域的智慧——"谋圣"姜子牙，他的先祖伯夷辅佐大禹治水有功，被赐姓姜，封于吕地为侯，在现在的南阳市卧龙区王村乡董营村建立了吕国，姜子牙就出生在如今的董营村。到了商朝末年，姜子牙辅佐周武王姬发建立西周，并成为齐国的开国之君；"商圣"范蠡，楚宛三户（今南阳市淅川县人）人。在春秋末期，范蠡辅佐越王勾践击败吴国。此后，范蠡改姓名鸱夷子皮，开荒种田，引海水煮盐，治产数千万，后人尊为"商圣"。

　　"科圣"张衡，张衡字平子，东汉南阳西鄂（今南阳市石桥镇夏村）人，中国古代伟大的科学家、文学家、发明家。他一生"敏而好学，如川之逝，不舍昼夜"，为世界的科学文化做出了巨大的贡献。

　　"医圣"张仲景，东汉南阳（今河南南阳）人，中国古代伟大的医学家、世界医史伟人。他一生勤求古训，博采众方，集前人之大成，揽四代之精华，写出了不朽的医学名著《伤寒杂病论》。这部医书熔理法方药于一炉，形成了独特的中国医学思想体系。

"科圣"张衡，河南南阳郡西（今石桥镇）人

"医圣"张仲景，东汉南阳（今河南南阳）人

"智圣"诸葛亮，躬耕南阳（今河南省南阳市）

"智圣"诸葛亮，相对于以上四位圣人，诸葛亮虽然不是出生于南阳地区，但是，诸葛玄死后，诸葛亮躬耕南阳（今河南省南阳市），自比管仲、乐毅。诸葛亮是琅邪阳都（今山东临沂）人，南阳是其第二故乡。

在三国时期，诸葛亮辅佐刘备建立蜀汉，被誉为杰出的政治家、军事家、发明家。由此，对于南阳这座历史悠久的城市，人杰地灵，拥有姜子牙、范蠡、张衡、张仲景、诸葛亮这五位圣人，即南阳"五圣"。

老子修炼地——景石山

或许是这"五圣"和老君山地域文化的神秘力量影响了罗国杰、袁宝华、段玉贤的奋斗人生，为他们各自开辟的领域增添了华丽的色彩！

段玉贤是绿色经济的带头人。"企业的责任，不仅是为社会提供就业机会，为政府提供财政来源，还要为环境保护做出贡献。"他在全国人大第五次会议上说："绿色管理、生态伦理是中国社科院专家团队进驻我们集团公司提出的核心理念，我们一定要贯彻落实始终。"他进一步强调："作为钼业企业，我们坚定不移地贯彻中国社科院专家团队给我们制定的企业发展战略——'创宏伟钼业、建绿色矿山'，努力把洛钼集团建设成为'经济效益好，资源消耗低，安全有保障，生态环境美'的现代企业集团。"

洛钼集团董事长段玉贤出席第十一届全国人民代表大会第五次会议的场景

　　洛钼集团在段玉贤董事长的带领下，经过不懈努力，公司的冶炼废气排放已接近于零，昔日乱石堆集、尘土飞扬的排渣场，已变成绿树成荫、春有鲜花、秋有果实的高山花园。

洛钼集团董事长段玉贤出席第二届全国生态小康论坛的场景

　　段玉贤认为，保护生态越来越成为社会的共识，也越来越成为企业必须承担的责任，这是科学发展观的要求，企业应当以清洁生产为主线，以科技进步为动力，努力实现企业发展与社会责任的统一，实现企业与自然的和谐发展，也是以我的博士生导师刘光明为首的中国社科院专家团队给我们集团公司指明的前进方向。

附录5 《美中时报》载：《山东地域文化与青岛港集团公司：文化先行的典范》

2008 年 4 月 2 日第 11 届国际企业伦理与企业社会责任论坛在英国伦敦国际船级社举行，中国企业家青岛港董事局主席常德传和西子联合控股公司董事长王水福获"中国企业成功企业家履行企业社会责任终身荣誉奖"提名。与他们同时获得"企业社会责任终身成就奖"提名的是联合国前秘书长安南等。时任《中国企业报》总编张来民第一时间刊发了特约记者从英国伦敦发来的新闻：

《中国企业报》刊登青岛港董事长常德传和西子控股董事长王水福获社会责任终身成就奖

2007 年春，青岛港集团公司董事长常德传代表集团公司与中国社会科学院国情调研组签署了战略合作协议书，聘请中国社会科学院专家帮助青岛港集团实施企业发展战略和 CI 工程。中国社会科学院专家和国情调研课题组由工业经济所、世界经济与政治所、情报所、文学所、亚太所的十几位老教授组成，他们进入青岛港集团公司，反复走访青岛港高层，并到各车间班组进行深入仔细的调研，经过两个多月的访谈，制定了实施 CI 的总体方案，帮助青岛港从企业理念 MI、企业行为 BI 到企业视觉系统进行了全方位的再造。2007 年 8 月 23 日，时任中国企业家联合会会长的袁宝华为笔者所著的《常德传与青岛港》一书作序，该书于同年 9 月在中国社会科学出版社出版。

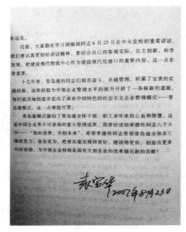

时任中国企业家联合会会长的袁宝华为《常德传与青岛港》一书作序

青岛港"开创国企科学发展之路"的案例被写进了《集团公司文化》《企业文化案例（第一版、第二版、第三版）》及国家人事部、中国企业联合会现代管理专修教材《企业文化塑造——理论·实务·案例》等书中。

企业文化著作相关著作

2008 年，中国社会科学院国情调研组将青岛港实施企业发展战略、企业文化和 CI 的情况汇报给了上级，引起了国家高层的重视。

中国社会科学院国情调研课题组总结了以常德传董事长为首的青岛港集团领导班子的管理思想 12 论，即核心价值论、人才强港论、持续创新论、超前决策论、市场导向论、咬定发展论、强基固本论、信息提速论、务实高效论、模样带动论、内涵增长论、永无止境论，并以笔者领衔，联手中国社会科学院世经政所郗润昌、情报所莫作钦、亚太所陆建人等老教授，把青岛港经典案例及其企业管理12论写进了《中国社会科学院要报》，呈送给中央政治局人手一份。

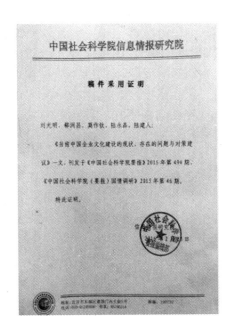

中国社科院稿件采用证明

青岛港作为国家特大型港口、世界第六大港、中国第二大外贸口岸，位于环渤海地区港口群、长江三角洲港口群和日韩港口群的中心地带，港阔水深、不冻不淤，是天然深水良港，主要从事集装箱、原油、铁矿石、煤炭、粮食等各类进出口货物的装卸、储存、代理、保税、分拨、加工、运输等综合物流服务和国际客运服务，与世界上180多个国家和地区的700多个港口有贸易往来。2014年6月6日，青岛港成功在香港联合交易所主板挂牌上市，2019年1月21日，青岛港（证券代码：601298）在上交所成功上市，实现了集团业务新的飞跃。目前，青岛港集团现有员工23000多人。根据华经产业研究院数据，2019年青岛港总资产达到527.85亿元，同比增长8.24%；净资产303.57亿元，同比增长12.52%。这与中国社会科学院国情调研课题组帮助青岛港集团实施企业发展战略、企业形象（CI）导入工程和品牌战略密不可分，在工经所、世界经济与政治所、亚太所、情报所、文学所等研究机构的数十位专家教授的通力协作下，在常德传董事长的密切配合下，青岛港集团取得了骄人的业绩。青岛港口货物吞吐量从20世纪80年代末的2000多万吨增至2005年的1.87亿吨。2019年突破6亿吨，2020年跃居世界大港前六强，保持世界最大矿石进口中转港地位。原油进口量居全国沿海港口第 1 位，外贸吞吐量居全国港口第 2 位，入选"亚洲品牌 500 强"，近十年累计上缴国家各种税费几百亿元。目前，已吸引多家世界 500 强企业落户青岛港。作为中国北方最大的外贸口岸，青岛港被世界港口大会誉为"二十一世纪的希望之港"，自成立以来，青岛港始终贯彻落实"三个更加""三个满意"。"三个更加"是：与地方党委政府的关系更加密切、融入地方经济社会发展的程度更加深入、对地方经济增长的贡献更加突出；"三个满意"是：让各级党委政府满意、让合作伙伴满意、让员工满意。青岛港集团立足于承担国家综合运输的枢纽和进出口货物的集散地功能，持续吸引产业聚集，促进港口资源、功能与城市深度对接、融合，共同做大产业蛋糕，以高质量发展助推国家经济发展，实现港口与城市相互支撑、共同繁荣。在国家提出高质量发展的当下，青岛港集团先后荣获首届全国质量管理奖、首届袁宝华企业管理奖、首批国家环境友好企业、中国十大最具影响力品牌、中国企业诚信经营示范单位、全国文明单位、山东省诚信纳税企业，山东省、青岛市企业信誉 AAA 级企业等一系列国家和省市荣誉。青岛港集团的上述荣誉和傲人业绩，都作为经典案例被写入了《21 世纪企业文化丛书·企业文化世界名著导读》《企业文化案例》《品牌文化》《工业文化》等书中，并被翻译成英文、法文、日文、韩文作为国外著名大学管理学教材。

企业文化相关著作

2020 年，面对突如其来的疫情，青岛港不畏挑战，攻坚克难，越是艰难越向前，一手打好疫情防控阻击战，一手打好生产经营攻坚战，推动港口增量增效，逆势发展，为服务国家"稳外资""稳外贸"做出积极贡献。充分发挥"一带一路"交汇点、内部资源协同等优势，抢抓建设国内大循环北方枢纽、港口型国家物流枢纽和打造"一带一路"合作新平台等战略机遇，畅通物流通道，促进国际国内双循环。青岛港（集团）有限公司大力实施港区融合、产城融合，加快与上合组织和央企的合作，开展双招双引云签约等系列活动，大力推进十四项工程落地见效。2021 年 3 月 2 日，山东省青岛港口集团青岛港产城融合项目集中开工，总投资 141 亿元，带来港口发展"虹吸效应"，为青岛港集成发展带来新机遇。青岛港积极探索区块链等智能化技术应用，以提高港口物流效率。目前区块链技术已用于集团集装箱进口单证无纸化作业。在中国社科院专家团队制定的 MI 框架下，青岛港组织了全自动化码头建设创新攻关小组，破解技术难题、构建技术标准，建成了全球领先的自动化集装箱码头，成功打破西方垄断，实现了从"跟跑欧美"到"领跑世界"的蝶变，被称为中国智慧港口的"拓荒人"。这是全球首个破解投资成本高、建设周期长、作业效率低、盈利能力差等行业难题的自动化集装箱码头。青岛港不断打破世界纪录的"底气"，得以在全球、行业内保持先进性，源自扎实的企业文化，来自强大的科技创新能力。青岛港在全球首次研制成功机器人自动拆装集装箱扭锁；全球首次研制成功轨道吊防风"一键锚定"装置；全球首创自动导引车循环充电技术；全球首个氢+5G 智慧码……面对国外成熟经验在青岛港的"水土不服"，"连钢创新团队"敢于挑战国外权威，大胆地走自主攻关、自主创新的路，凭着一股不畏艰难、不怕难的劲头，咬紧牙关自主创新，把核心技术牢牢掌握在自己手中。目前，青岛港自动化码头已受理和授权专利 124 项，取得软件著作权 14 项，发表论文 70 余篇。"连钢创新团队"也先后受邀参加全球自动化码头峰会、世界港口大会等国际盛会，分享自动化码头建设经验；接待来自全球 60 个国家和地区的领导、专家及社会各界人士 42000 余人次，成为展现中国智慧的亮丽名片。2020年，青岛港"连钢创新团队"被中宣部授予"时代楷模"称号。

附录6 《书法艺术》载：《地域文化与文化名人启功》

　　1993 年 5 月 19 日下午，我们走进了中国书法家协会主席启功先生的居室，虽说他刚从北大医院高干病房出院不久，但看上去精神很好。他非常热情地引我们进入他的书房，一进书房，就看到他书桌上摊着一张大红纸，上面书写着一行行整齐端庄的楷书。启老介绍说，这是应东北师大校友会之嘱，书寄台湾张学良将军的祝寿信，接着就请我们坐下。我见他没有写完，就说等他书写完后再谈，于是他拿起笔，将最后一行写完，书上落款，然后与我们攀谈起来。

　　启老十分健谈，他得知我们为出版《沙孟海书学研究》一书请他题写书名之事后，满口答应，并认真地用毛笔记下书名和作者名字。他回忆道："沙老生前曾多次指教书法技艺，为人谦虚，诲人不倦。沙老比我大 12 岁，每次在北京相见，总是指教我许多书法知识。我到杭州沙老府上多次，每次也受到沙老热情接待……杭州有不少著名的书画家，在全国享有很高的威望，已故的张宗祥（前浙江图书馆馆长）、陆维钊，还有陆抑非、陆俨少，其书画在国内外都是享有盛誉的。"此时我也插话说：张宗祥的小楷非常秀美，功夫很深，山水画也是独树一帜的。启老说："对！张老的画有些像丰子恺的笔法。"他指着墙上挂着的一个镜框说："这就是丰子恺先生当年亲笔画赠给我的。"此时我发现在镜框旁边还挂着一幅有些发黄的旧的工笔画，就问启老："这是谁的作品？"启老回答说："这是我早年画的。"他走上前去，看了看落款上写着的年月，是 1947 年，他算了一下，是 42 岁那年画的。他非常感慨地说："时间过得真快啊，现在不觉已是 80 多岁的老人了。"

　　启老特别喜欢陆维钊先生的篆隶书法，陆老书法的特点，左右上下拉开，有时甚至难以分辨字行，字中间好像有一个空出的十字街口，但综而观之并不失其和谐，且更显其力度，字的四角向四方拉开去，又有一种向心力牵住，欲离不离，欲坠不坠。启老认为，陆维钊先生的篆书参法《大三公山》《三阙》《禅国山》中的《大三公山》碑，字体在篆隶之间，笔画由秦的圆转变为汉隶之方折，书风古劲而茂密；《三阙》之一的太室石阙，圆润古朴，兼有篆意；《天发神谶》碑非篆非隶，下笔处呈方棱，收笔多作尖形，转斩方圆并用，形象奇异瑰伟。陆老能研其结字和用笔，参古人用笔精华，反复推敲，不断吸收，融会贯通，逐渐创造出一种非篆非隶、亦篆亦隶的"陆体"来。这个成就与他多年来注意研究历史文物有很大关系，陆老特别注重对新中国成立后出土的彝鼎碑石、帛书竹简的研究，每有问世，必以全神贯注读之，如对《长沙马王堆帛书》《居延汉简》《云梦睡虎地秦简》《武威出土铭旌》等均悉心研究。陆老的真行草书，从容挥洒，不沾染张裕钊、赵之谦等人之习气。他临的《爨宝子》《爨龙颜》《张猛龙》《石门铭》屏条，不求形似，自用我法，可说是传神之佳作。行草挂轴，无不精刻，披览其书，大有使人感到纯乎学人手笔，饶有书卷清气之风，无论大小条幅，不随便分行布白，有时"真力弥漫""吐气如虹"，有时则"碧山人来""脱巾独步"。他借鉴名迹，熔铸古今，推陈出新，自成风格，终于形成一种雄厚浑穆、生辣朴茂的"陆体"。

启老喜欢"陆体"的原因不仅是因为陆维钊具有追摹前人入神的本领，更在于陆老的创新精神。启老体察陆维钊的隶书着重汉代早期各题刻，倾向高简浑朴，笔力沉鸷，不名一体，但似乎不喜欢桓灵以后规范化的作品。启老说，陆先生十分重视书法的创新，主张从变化中求创新。陆先生同时又是一位才华横溢的画家，他生平对黄公望钻研甚深，有些作品笔墨灵动，与李流芳有默契之处。昔人言："山川气象，以浑为宗；林峦交割，以清为法。"陆先生可说兼有清浑两字之妙，非深于学问胸有丘壑者，未易办到。但他谦不自有，加之平日工作紧张，自认为对绘画方面功夫下得不多，故不常出手，知道者甚少，逝后才发现不少精品。启老认为，陆先生在书法上最大的功绩在于能从竹木简牍隶书和浓重的篆书中清楚地观察出其中流变的脉络，洞悉其用笔方法，吸收其营养。陆老创造了扁形隶书，长形篆隶书和带有竹简意味的篆隶书，进入70年代后所作篆体都是扁形的，于大开合参差错落之中气势磅礴，人称为"蜾扁体"。接着启老兴致勃勃地说，浙江人杰地灵，是文人墨客辈出的地方，不说远的二王（羲之、献之），就是近现代也出了不少杰出的书画家，如吴昌硕、章太炎、马一浮等文坛耆宿和书坛泰斗。今年正值马一浮先生诞辰110周年，马老的书法有一股超俗清明的山林气，处处体现出宁静、和谐的意境。他的篆书直接取法李斯，画如铁石，字若飞动，小篆入神，大篆入妙。隶八分取法汉碑，尤为挺秀，出时流之上。真行书植根于秦、汉、魏，致力于钟王褚（遂良）诸帖，兼用唐贤骨法，旁参各家，沉厚道劲，气度天骄。草书神韵高野飘逸，参有佛法之气，是历代书家中不可多得的一代大家。说到此，不觉已是晚餐时分了，我们示意谢辞。启老起身说，另约时间咱们一起合个影，边说边把我们送到楼梯口。启老有关书画的一席话，给我们增长了不少书画知识，并为他虚怀若谷和诲人不倦的精神所感动。

——原载《书法艺术》，1993年第4期。

附录7 《江汉论坛》载：《地域文化与启功书学》

爱新觉罗·启功，生于1912年，历任中国书法家协会主席、名誉主席。现为北京师范大学教授、博士生导师。启功是中国著名书法家和书法理论家、书画鉴定家和评论家。他认为中国书法艺术主要有以下几个方面的美学特征：实用性与审美愉悦性的统一；审美实践与敬业精神的统一；时代审美情趣与社会历史性的统一。

一、实用性与审美愉悦性的统一

启功认为，书法的实用性与审美愉悦性的统一，是书法艺术的最大特点。启功在讲课和著书中多次强调，书法是最普及的艺术，几乎每个人从识字起就从事了这门艺术的学习。它与人的日常生活紧密相连，每天大量的工作事务都离不开它。书法是集实用性、鉴赏性、审美性于一体的艺术。启功曾说过，"书"比金、石、画的作用和用途大得多、广得多。生活中的各个地方，无不与书法有关。也可以说，书法无处不在，并发挥着极大的效用。从书法作品、实用的装饰品到书信往来和作为交际语言的记录工具，两人以至两国的信用证明和签字，都要用到书法。书法活动既可以陶冶人的艺术情操，又可以调养精神，达到健身怡心、陶冶性情的效果。总而言之，书法艺术在今天有这么多的爱好者，原因很简单，就是它和人们的生活关系十分密切，这种密切的关系又非常长久。北朝人曾经说过"尺牍素书，千里面目"。现在可以寄照片，甚至传真，这是"千里面目"。但古代没有，古代靠看信来传达感情，一看到信中字的笔迹，就使人感到很亲切，如见其人。书法被人作为人格、形象的代表，自古以来就是这样。

今天被视为书法珍品的许多古代的书家墨迹，原来也只不过是日常用于交际、通讯的手书手迹。欧阳修云："所谓法帖者，率皆吊哀、候病、叙睽离、通讯问，施于家人朋友之间，不过数行而已。盖其初非用意，而逸笔余兴，淋漓挥洒，或妍或丑，百态横生，使人骤见惊绝，守而视之，其意态愈无穷尽。"西晋文学家陆机草书《平复帖》就是一封信札，此书体介于章草与今草之间，结体茂朴，笔意苍劲，现存于故宫博物院内，可算是最古的名人纸上墨迹了。唐代书法家颜真卿的《争座位帖》，是写给仆射郭英义的书信，故又称《与郭仆射书》。此书笔意如长江大河，一泻千里，奇古豪宕，元气浑然，可与王羲之《兰亭序》并峙。如今这些墨宝都成了稀世珍宝。

在启功看来，文字在书写过程中逐渐产生出审美愉悦性的功能，人们又有意识地将这种功能加以扩大，力求其美。这样对书法的美的追求就逐渐发展起来了。为了不断提高书法的审美效果和使用上的便利，人们从两个方面进行了艰苦而长期的探索：一是从书法技艺上，二是从书法工具上，从这两方面进行了改革与创新。因为书法的美不仅与书写主体、书法家的技法有关，而且还与书写的客体、书法工具（笔、墨、纸、砚文房四宝）的质量有关。我国早在殷商时代就有了毛笔，《尚书》和《诗经》中就有用毛笔的记载。最初的毛笔是用兽毛束成，蘸以松烟调成的墨汁，即可在陶器、甲骨、竹简上写字了。兽毛具有弹性和毛细的特点，可以摄住墨汁。晋唐以后笔的制作技术越来越发达，柔软而富有弹性的毛笔在书家手中可得心应手地写出肥瘦、方圆、疾涩、藏露、浓淡、枯湿等多种效果的书法作品。这大大提高了书法作品的观赏效果和审美价值。启功在谈到书法的实用性和审美愉悦性的统一时指出，练习书法既可以起到调心养气、健身怡心和陶冶人的艺术情操的作用，还可以提高人的审美情趣。因为人在全神贯注作书的过程中，他的大脑完全处于一种"入静"的状态。它不像长时间读书那样损伤目力，不像长时间下棋打牌那样绞尽脑汁，也不同于写作和翻译，提起欲罢不能，受苦苦思索之煎熬。书法是兴来则书，兴尽则止，使身心得到调节。在作书时排除一切杂念，犹如进入气功状态一般，是非常理想的修炼身心的方法。周星莲曾说："作书能养气，亦能助气。静坐作楷法数十字或数百字，便觉矜躁俱平。"作书可以抹去愁苦忧悲，排遣思绪。从书法的发展史来看，书法艺术越来越着眼于人生、性情，并进一步升华为一种身心的、道德情操的修养。书法之所以能达到这种效果和境界，还有更深刻的文化的、社会历史的原因。汉字与中国书法都是取法于自然的，汉民族龙凤艺术自诞生之日起就集中反映了"天人合一"的哲学观。在古代艺术思想中，作为图腾艺术的自然物与氏族、民族的人是同一的，人被赋予了自然物的某些能力和特征。孔子的"仁者乐山，智者乐水"更是把自然审美伦理化，把自然界的山之美、水之美融进了伦理的内涵，乐山乐水是仁人智者的禀赋，这正是"天人合一"的艺术内涵。书品的最高境界是取法自然，是将自然美的因素表现在书法之中，由此达到与自然的统一。人品的最高境界也应当是追求人与自然的和谐统一。从自然原形中发现美，按照美的尺度塑造理想的人格、对人生加以伦理的影响与提升，这就是中国儒家文化的艺术特征。这种艺术特征同样表现在书法影响人生、书品影响人品的过程之中。如果说日常功用性是实用性的浅层次的内涵的话，那么审美伦理化所引发的书法影响人生、书品影响人品的中国传统审美倾向则是书法实用性的更深层次的内涵。这种实用性和审美情趣是紧密地结合在一起的。

二、审美实践与敬业精神的统一

启功认为，书法艺术是实践性很强的艺术，自从有写字这个人类活动以来，就伴随着艺术化的要求、审美化的要求。启功说，秦汉以来的墨迹近年来出土很多，这里面字形、字体、笔法、风格变化极多。以前人们只能看到汉简，自湖北睡虎地秦简出土后，人们就可以看到秦代人的"肉迹"①了。秦简有很高的艺术鉴赏价值。这些作品都是出自无名氏之手，他们是不出名的书法家。古代没有"书法家"这个称呼，只有许多抄竹简的，包括以后历代刻碑的工匠。到了唐朝才有文人写碑，唐太宗爱写字，自己写了两个碑（《晋祠铭》和《温泉铭》），还把这两个碑的拓本送给外国使臣。当时的文人和名臣，如虞世南、欧阳询、褚遂良、薛稷、薛曜以及后来的颜真卿、柳公权等都写碑。今天我们所能看到的敦煌、吐鲁番等地出土的文书、经文，其书法水平真有远远超过写碑版的。唐朝一般人的文书、行书书法也有比《晋祠铭》写得好的，只因为他们不是皇帝和大官所书，不被人重视。其实唐朝有许多无名氏的书法家，甚至工匠，他们的书法水平是很高的，写的字非常精美。这里面蕴含着一个真谛：书法的成就源于实践和孜孜不倦的敬业精神。

　　启功经常用齐白石早年刻苦学习的事迹来教导青年和从事书画学习的学生，以启发他们一丝不苟的精业、敬业精神。他常提起齐白石亲手描的两本书：一本是《介子园画谱》，另一本是《二金蝶堂印谱》。那本画谱没有画上颜色，可见当时根据的底本并不是套版设色的善本。齐白石描得一丝不苟，连那些枯笔破锋都不走样。这本子可惜已经残缺不全了。尤其令人惊叹的是《二金蝶堂印谱》，启功那时虽没有见过许多印谱，但常看蘸印泥打印泥出来的印章，它们与用笔描成的有明显的差异。而宋元人用的墨印，却完全没有见过。当时启功打开齐白石手描的那本印谱时，惊奇地、脱口而出地问了一句："怎么？还有墨色印泥呀？"及至启功得知是用笔描成的，再仔细去看，仍然看不出笔描的痕迹。后来启功经常告诫青年："艺术的成就，绝不是单靠照猫画虎的描摹，我也不是在这里提倡描摹，我只是要说明齐老先生在青年时得到参考书的困难，偶然借到了，又是如何仔细地复制下来，以备随时翻阅借鉴。要说明齐老先生在艰难的条件下是如何刻苦用功的，他那种看上去横涂竖抹的笔画，又是怎样走过精雕细琢的道路的。"那时候启功经常到跨车胡同齐白石居室看齐老作画。一次启功看到齐白石正在画一个渔翁，手提竹篮，肩荷钓竿，身披蓑衣，头戴箬笠，赤着脚，站在那里，原是齐先生常画的一幅稿本。那天齐白石铺开纸，拿起炭条，向纸上仔细端详，然后一一画去，令启功惊讶的是，齐白石画笔那样毫无拘束，造型又那么不求形似，满以为临纸都是信手一挥，没想到起草时却是如此精心！一次启功请教齐白石画山水画学哪一家的好，齐白石回答说："山水只有大涤子（即石涛）画得好。"启功问好在哪里，齐白石说："大涤子画的树最直，我画不到他那样。"齐白石还说到一个名叫瑞光的和尚，另一个叫吴熙曾（吴镜汀）的画家临摹石涛很出名。齐白石很欣赏他俩的作品。但齐白石最佩服的是吴昌硕。一次启功看到齐白石屋内挂着一张吴昌硕的紫藤花图，正在仔细揣摩时，齐白石插话说："你看，哪里是他画得像葡萄藤，分明是葡萄藤像它呀！"因为齐白石院内有一架紫藤正在开花，言下之意是吴昌硕的紫藤花图与他院中的葡萄藤没有什么区别，赞吴老功底之深。启功从齐白石所说的师法自法、师法

---

　　① 日本人把墨迹叫"肉迹"，即有血有肉、痛痒相关。启功喜欢借用这个词。

古人中得到很大启示，并为齐白石一丝不苟的精业、敬业精神所折服。

三、时代审美情趣与社会历史性的统一

启功认为，书法审美有着强烈的时代性和社会历史性，书法是随着时代的变迁而发展变化的，人们的审美情趣也带有鲜明的时代特征。但书法又是各个历史时期书法技艺的历史积淀，各个时代的书家为推动和发展书法艺术都做出了各自的贡献。启功在《书法与中国文化》一书序言中说：无论是秦隶还是汉隶，都是从篆体演变过来的，写起来单调而且费事。到了晋朝以后，真书（楷书、正书）开始定形。虽然各家写法不同，风格各异，但字形的结构形式是一致的。各种字体所运用的时间都不如真书时间长，真书至今仍在运用。为什么真书能运用这么久？因为这种字形在组织上有它的优越性。字形准确，写起来方便，转折自然，不可连写。真书写得萦连一点就是行书了。千姿百态的真书、行书作品不断出现，风格多种多样，出现了各种字体，如颜体、柳体、欧体、褚体等。

唯物史观认为，艺术源于生产劳动与社会实践，是劳动人民创造了艺术。但是，客观地说，历史上的杰出人物和帝王在传播、推崇某种艺术中曾经产生过巨大的作用。有时他们的审美观和审美导向甚至影响或左右着某一个时代的审美倾向。晋武帝、唐太宗、唐明皇、唐肃宗、唐代宗、唐德宗、唐宣宗、唐昭宗、武则天、梁太祖、梁末帝、周世宗及五代的李后主、宋代的宋太祖、宋太宗、宋仁守、宋徽宗、宋高宗都是历代帝王中酷爱书法的书法家。他们的书法活动、艺术成就以及他们以自己特殊的地位对书法发展的影响，都是值得引起重视的。启功说，武则天为其父母所造《法华经》字体精严，雅近欧书皇甫诞、温大雅诸碑，而且脉脉润，故非石刻所能及。其识语、文词巧丽，与书相称，俱当时之首选。唐太宗酷爱王书是出了名的，启功在《兰亭帖》考一文中指出，东晋永和九年（公元353年）三月三日，大书家王羲之和他的朋友、子弟们在山阴（今绍兴）的兰亭地方举行"修禊"盛会，大家当场赋诗，王羲之作序《兰亭》，所书堪称书法名篇，原迹后被唐太宗殉葬于昭陵之中。在唐前梁武帝曾经收集过王羲之书迹，后经侯景之乱多有损失，隋炀帝经江都，船载二王书帖在内的图书又大半沉入河底。隋末又经一次战乱，至唐初已是所存无几。唐太宗即位后动用国力以高价购求王书，在贞观十三年（公元639年）颁布敕令，命起居郎褚遂良对真伪混杂的王书二千二百九十纸进行审定甄别，装为一百二十八卷。此举对保存王羲之书迹起了重大作用。唐太宗偏爱王书，使当时朝廷上下乃至文人学士纷纷仿效，蔚然成风。相传唐太宗藏有王书真迹三千六百张，通常把一丈二尺装成一轴，尤其以《兰亭》为最宝贵和珍惜，把它放在座位旁边，早晚观赏。有一天贴近其子高宗的耳边说："我死以后，给我把《兰亭》带去。"等到居丧之日，用玉匣盛着《兰亭》埋葬在昭陵之中。唐太宗生前命供奉拓书人赵模、冯承素等各摹拓数本，以赐皇太子、诸王、近臣。这样，虽然真迹被埋于泥土，摹本却流布人间，客观上扩大了这一无价珍品的影响。直到今天仍有冯承素、褚遂良、虞世南三种摹本在世。启功认为，在所有《兰亭》摹拓

或石刻本中，"神龙本"最为优异，不但间架结构精美，而且行笔的过程、墨彩的浓淡也都非常清楚，是不失神气、有血有肉的精品，有很高的观赏价值。

在中国长达几千年的书法史中，佛门僧侣中擅长书法者人才辈出，他们在推动中国书法艺术的发展方面也有着重要地位。《佩文斋书画谱》卷三十就收有近百名僧人书家的作品，不但人数众多，而且书法艺术水平很高。隋僧智永、唐代怀素、怀仁、辨才、高闲、贯休、齐已等都是书法史上的显赫名家。启功称隋僧智永的书法是"其笔锋墨彩，纤毫可见"。智永书写《千字文》后，各代书家相继以各种书体重写，既普及了文化，又推动了书法的发展。这也是智永的首创之功。在书法技艺上，"永字八法"是智永所创。连被誉为"天下第一行书"的《兰亭》据郭沫若考证系智永所作。郭老指出，《兰亭》字体不像晋代字体，文章情调与王羲之不符，系隋僧智永伪托。宋代就有人对《兰亭》提出过种种揣测，对于定武本的真伪也纷纷辩论。到了清末，有人索性认为文和字都不是王羲之的。启功认为这是一种误解。

写作组考察绍兴地域文化和兰亭

启功对唐代僧人怀仁及其集字《圣教序》碑给予过很高的评价。他说，怀仁集王羲之《圣教序》是近 2000 年来书法史、美术史、手工艺史上的一件著名杰作。看每个字笔画的顿挫、流动、字形、字势的精密优美，上下字、前后行的呼应连贯，真是使人惊讶叹赏。而全部字数又是那么繁多，也绝不是短时间所能完工的。这块碑文不仅是古代书法的一件名作，也不仅是王羲之字迹的一个宝库，实际是几个方面综合而成的古代工艺美术的一件绝品。唐代僧人推动书法的发展，其功业千古，精神永垂。相传怀素家境贫寒，连买纸的钱也没有，因此广种芭蕉，以蕉叶代纸。少年时出家做了和尚，诵经坐禅完毕后就专攻书法。他练习书法的毅力是惊人的，常用漆涂在木板和木盘上反复书写，天长日久把盘板都磨穿了。他精意翰墨、临池不辍，当自己感到没有纵览当代书家墨迹、见识浅薄时就挑书箱、执锡杖，向西出游国都长安，拜见当代知名人士，多方面地综合分析他人的艺技之长，认真学习前人遗留下来的名著和稀有的书简，从中汲取营养，"豁然心胸，略无疑滞"。启功说，怀素的书法成就与他的勤学不舍、执着的追求是分不开的,他的书法就像历史和社会的一面镜子,不仅反映了唐代书法的时代特征和审美趣味,而且能使后人体悟到中华民族文化精神中那股一往无前、刻苦献身的精神。

——原载《江汉论坛》,1994 年第 8 期。

附录 8 《书法艺术》载:《地域文化与尹瘦石书学》

1993 年 6 月 9 日下午,我们到中国文联执行副主席、北京画院院长尹瘦石先生家采访。一进尹老的会客厅,我们立即被室内琳琅满目的艺术作品所吸引——墙上挂着徐悲鸿先生赠尹老的奔马,著名画家齐白石赠尹老的书法作品,还有何香凝的墨梅,吴昌硕、丰子恺的画,康有为、章太炎的书法。尹老请我们坐下,他自己也点起香烟在我们对面的沙发上坐下,尹老沙发右侧的架子上放满了各种文物,有出土陶瓷、青灰釉缸等。尹老是我国著名的书画家,早在 20 世纪 40 年代,柳亚子的诗、尹老的画就被称为"柳诗尹画",毛主席曾为他俩的联合展出题写过展名。我们的采访自然从书画开始。我们首先谈到当前中国书画艺术的发展状况,感到书画艺术受到越来越多的人喜爱,有着广泛的群众基础。在全国各地,特别是大城市,经常有书画展和书画比赛。全国的书法、美术杂志和理论刊物也有不少,总的来说发展是健康的。尹老是江苏人,我们也很自然地提到江苏有一家很受书画爱好者欢迎的杂志——《书法艺术》杂志。尹老此时插话说,最近他应家乡之邀去参观以他的名字命名的艺术馆,去无锡至宜兴周铁镇就是由《书法艺术》杂志副总编吴柏军同志陪同去的。

在谈到当前书画艺术中存在的一些问题时,尹老说,现在有的人不是在书画上下功夫,而是搞投机取巧,一些出版部门也投其所好,一个出钱,一个给名,进行钱和名的交易。这些人其实并没有什么水平,却冠以"师从某某大师,作品在某国展出,在某国际大赛上荣获某奖,被某展馆或美术馆收藏,被收入某当代国际名人录"云云,这些人不是在学问和书画技法上下功夫,而是玩弄所谓的"公共关系"等雕虫小技,这样是不可能有成就的。古人评诗和书,总是说"功夫在诗外""功夫在字外",就是说要广涉诗和字外的功夫。拿书法来说,历史上的哪一位书法家不是大学问家,可是现在有的人把这个"字外功夫"用到自吹自擂上去了,实在要不得。真正的艺术家是要靠自身的努力、自我的奋斗才能出成果的,真正有生命力的艺术作品是要靠天才加勤奋的汗水浇灌出来的。尹老的这番话正是他所走过的艺术道路的总结。

青少年时代的尹瘦石师从无锡人物画家贾角,年复一年地临摹费晓楼、任伯年的作品,从中体悟他们的人物画技法。后来考入武昌艺专,在学习传统人物素描写生的同时，学习西洋技法、临石膏像和模特儿。20 世纪 40 年代初期，尹老避难到桂林，结识了柳亚子、熊佛西、欧阳予倩、田汉等文化名人。其中与柳亚子感情最深，他先后为柳亚子多次造像，还以他为模特儿塑造《屈原》。1942 年为了祝贺柳亚子的生日，他曾绘制了《百寿图》长卷，此图后又改为《漓江祝嘏图》，卷中画了避居桂林的 48 位与柳亚子常相往来的文化人头像，寿翁柳亚子居中，象征着他是文化名城中的核心人物。这卷《漓江祝嘏图》可以说是集尹瘦石青年时代人物肖像画之大成。中年以后的尹瘦石，十分注重从学问、人生阅历、文化品位等方面来提高自己的书画品位，使他的作品显得更为娴熟精到。李苦禅先生说过，书画有精品、有神品，精品可以功力得之，神品则功力不逮者固必不可得，而功力即具者亦不可必得，会须意兴所至、信手挥洒、心纸无间、笔墨契合、才情风发、妙造自然。要达到这种境界就需在学问、诗、书、画、音乐、美学、哲学等方面下功夫。"中国文明最高者尚不在画。画之上有书法，书法之上有诗词，诗词之上有音乐，音乐之上有中国先圣的哲理，那是老庄、禅、《易》、儒。故倘欲画高，当有以上四重之修养才能高"。尹老正是从这诸多方面来提高自己的书画品位的。

尹老画马是出名的，在肖像人物画方面更是功力非凡。尹老在 1989 年仲夏夜作过一幅"七十自画像"。半个世纪以前在桂林相识的老友端木蕻良，曾对门而居，20 世纪 80 年代他俩又同住一里，对楼灯影可以相招。他看了尹老的"七十自画像"浮想联翩，题下了一首情真意切的五言律诗："窗对一石瘦，心怀天下寒。平生惟耿介，名利吾何干。共饮桂林水，日醺阳羡箪。挥笔驰骏马，曹霸质刀看。"道出了尹老的人品和为人。尹老的这幅七十自画像笔墨酣畅，老而弥精，不但有西画扎实的造型技法之功底，而且深得中国画的用笔之意，是一幅形神兼备的肖像杰作。尹老是以秀逸的行书而著称的书法家，癸酉年冬所作《浣溪沙·和柳亚子先生》一行书，其笔法飘逸且沉着，婀娜且刚健。落笔之处飘洒出恢宏流转之气势；从字的笔画、结构看，落笔精绝、道劲妍逸、骨力清劲、气度端雅；从章法、布局看，大气淋漓、跌宕有致，缜密且匀稳，秀媚而多姿，实为行书之精品。

尹老出生于江苏宜兴市周铁镇，镇党委为了表达家乡人对艺术家的敬爱，鼓励后辈成才，征得上级有关部门的批准，在周铁镇建造了尹瘦石艺术馆。馆内陈列有尹老创作于 1942 年的历史人物画《屈原》，这幅传神的人物画佳作曾得到郭沫若先生的高度评价。当时尹老将这幅画赠给了一位好友，时隔多年，好友去世，这幅画就流失于民间，一个偶然的机会，尹老在一家文物商店里发现了它，他如获至宝，不惜花重金将它买回。馆里还有一幅《重庆谈判》，是 1945 年为毛主席参加重庆谈判画的肖像，毛主席气势轩昂、神态自若的大无畏气概在画面上表现得淋漓尽致。当时在重庆展出，引起了极大的轰动，尹老在那狼虎横行的年代和地方画这样的画，需要何等的勇气是可想而知的。馆内除了展出 96 件尹老自己创作的书画作品外，还陈列有尹老收藏的名家书画作品 96 幅。其中有林则徐的书法真迹，这幅墨宝曾流落到法国巴黎，尹老去巴黎访问时发现才把它买回来的。此外，还有康有为、章太炎的书法，何香凝、吴昌硕、丰子恺等人的画。尹老还捐献了他收藏的从新石器时代到清代的各历史时期的文物共142 件，这些文物凝结着他酷爱祖国文化和长年收藏的心血。

——原载《书法艺术》，1993 年第 3 期。

附录9　鲁迅美术学院学报《美苑》载：《地域文化与吴冠中美学思想》

　　我国著名画家吴冠中，1919 年 8 月 29 日出生于江苏宜兴县闸口乡一个农民家庭，15 岁考取浙江大学代办的工业学校电机科，一年后进杭州艺专（浙江美院前身），自此踏上了漫长的艺术道路，50 余年历经坎坷，奋笔挥洒，足迹遍及海内外，终于成为中国绘画界一代名流。他的画多次在新加坡、日本、美国、法国、中国香港等国家和地区展出，其美术成就举世瞩目。他的《高昌遗址》于 1989 年在香港"苏富比"春季拍卖中，以 187 万港币售出，开创中国在世界画家国际竞价中的最高纪录。1991 年 7 月，法国文化部授予吴老文艺勋位这一最高荣誉奖。

一

　　吴老认为，在艺术创作中，最重要的是抓住自己的感受——对事物的新鲜感。研究大师们的作品，最重要的也是研究他们究竟怎样抓住自己的感受，研究他们怎样找到创作的出发点以及审美方式和绘画语言。艺术家进行艺术创作，是一种痛苦与欢乐并存的精神活动，这种活动有着与其他物质创造和精神创造不同的规律，它要求艺术家在创作过程中应特别注意资禀特异、自由想象和无意识这三种因素的交互作用。

　　第一，所谓资禀特异，就是说艺术作品不是尽人皆有的、随手可得的精神活动产品，而是艺术家在天赋禀性的基础上，经过长期艺术实践培养和造就了一种有异于他人的，具有独特个性的创作手法和创作思想的精神显现。换言之，就是要发挥艺术家特有的天资和创作灵感。黑格尔说，这种灵感只有听任它的特殊天赋力量的特质，不但完全无须服从普遍规律，不需要让有意识的思考渗入它的本能的创作过程，而且还应该防备这些，因为这种意识对它的创作只能发生污染和歪曲的作用。在绘画创作中也是如此，吴老认为，"应该把头脑里的、曾经学过的、别人的东西统统忘掉"，就是指必须防备各种其他情绪的干扰和破坏，尽可能自由地、本能地去创造，想象自由的程度越大，被激发的创作状态也就越佳。从创作规律上说，艺术家遵循的是情感逻辑，所以必须让情感自由地驰骋，它可以不受经验事实的限制。米开朗基罗想象中的圣母玛利亚是年轻的，甚至比她的儿子还要显得年轻，这与其说是艺术家崇敬圣母的宗教观念，毋宁说是他对理想女性的情感评价。艺术创造不仅指事造物，也指情爱蜜意，大千世界、万事万物激荡了艺术家的心灵，才理于事物，借以抒其情、明其志。从现实向艺术的转化，必须以天资、禀赋、灵感、勤奋为中介，就是说艺术家必须以开阔的视野观察现实，对现实进行高度的艺术概括，借助于想象力，使现象从个别上升到一般，从有限上升到无限。所以，艺术家区别于其他人的特殊素质也在于能找出两件最平凡的事物，在对比中引出令人惊奇的效果。这就要求他不能浮光掠影地观看世界，必须对世界进行深入细致的观察和思考，从此获得巨大、深邃的透视，从而在触及那些被人们认为是毫无意义的庸俗琐事时能立即发现其中的意义，看出别人所看不到的东西。吴老在创作《老墙》时，在普通人看来这堵老墙和几棵仙人掌没有多大意义，墙上的泥灰早已剥落，无观赏价值和美感，但经吴老仔细入微的观察，在那"灰白相间的砖石墙上，有几个坚硬带刺的绿色仙人掌，在老墙的衬托下，奋力地生长着，给人以一种挺拔坚韧之感"。艺术洞察力不能不说与资禀特异有关。

第二，所谓自由想象，在吴老看来它根源于艺术家长期的艺术实践和在此基础上产生的飞跃。经过艺术实践的积累、提高，并遵从创作心理规律（而非物理规律的支配）进行创造。他面向外在世界，但并不满足于他所看到的现象事实，而是力图发现生活的内在逻辑，透视生活的内在事理，表达他对生活的独特感受，做出与众不同的评价。由此便完成了艺术家的从精神自由出发，去改造现象世界、把握现象世界、反映现象世界、最终超越现象世界的冲动过程。想象自由依赖于生活基础，吴老为了深入生活，跋涉于天南海北、高山大川，肩负沉重的油画工具往返写生，拿他自己的话说，就如挑了个货郎担，从 20 世纪 50 年代初到 80 年代后期，在祖国大地上从事了 30 余载的"货郎担"式的创作方式。有了深厚的生活积累，才有想象自由和用笔自如。吴老曾在一次授课中说，艺术哲学经常探讨艺术创作的普遍规律，讲得更通俗一些，东方人说"过了这村就没这店"，西方哲人说，"人们永远不可能第二次跨入同一条河流"。真正的创作历程正如人生历程，永不可能有重复。吴老当年在巴黎创作的人体作品，在"文化大革命"中都被毁于一旦，晚年时思念前半生在人体中的钻研，就重画了一批人体，虽似曾相识，但并非当年面目了。1989 年重返巴黎写生，以东方人之眼和手，回头来画青年时代陶醉其间的事与物，作品中流露出思绪万千。吴老深有感慨地说，人渐老，常多回顾之情，每翻看 20 世纪 70 年代的旧作，感到表达的语言有时太啰唆，于是又用油彩改画了一批旧作，赋旧作以新脸，现在只好让公众来评判了。

对艺术法则的把握，在很大程度上影响着艺术家自由想象力和创造性才能的发挥。吴老认为，一个成功的艺术家，必须既懂得艺术法则，又不死守法则。艺术创造之所以不能受法则的束缚，是因为艺术家在创造的过程中时时都在寻求与探索更能表现个性的艺术手法和思想内容。在完成作品之前，他并不完全知道他创造的结果，艺术家不会按照事先制订的详尽计划和程序进行创作。当他进入创作时，心灵基本上处于一种自由的、流通的、变化的状态，随时可能冒出新的灵感，获得新的发现。而且这种灵感完全是毫无准备的、突发的、不可抑制的。吴老每当进入这种创作状态，就隐隐感到情感不可自制，伴随着一种心血来潮般的创作冲动——并不十分具体，绝非像文学故事那样有头有尾。常常的情况是，绘画的感觉、触觉在大自然中受到某种启发，比如对一片风景突然产生一种总体的把握，分明催促作者、提示作者——有可能产生一幅画了。但画出来也可能完全不是原来那片风景，因为作者在绘画过程中加入了一些别的审美因素，感觉也就变了。吴老后来描述这种感觉时说，这就像一个猎人嗅到了猎物的气味一样，紧紧地追踪它，追踪的过程往往很苦、很紧张，最后追到时，作品出来了，激动得一夜不能入睡，但也可能追了半天一无所获，失败了。总之，创作灵感涌来时，仿佛是神使鬼差，画家对它从何而来不得其解，犹如"自然灵气，恍惚而来，不思而至，怪怪奇奇，莫可名状"。绘画高手就能尽快地捕捉和把握这种冲动，一刻不间断地、自由飘逸地去创作。

艺术创作是没有定式的。在吴老看来，在创作过程中随灵感冲击完全离开原先意图而去是经常发生的。米开朗基罗为什么没有完成他的作品？是因为他在苦苦追求作品完美的同时，不断审度和发现已完成部分按事先设计的路子工作下去并不能体现他心中新涌现出来的思绪，于是只好半途而废。可是他的这些未完成的作品仍然被艺术理论家认为是很完整和卓越的，无碍于完美的艺术品，绘画创作与文学创作也有相似之处，阿·托尔斯泰在《论文学》中写道："在写作达到紧要关头的时候，连我也不晓得再过五分钟主人翁会说些什么，我往往就惊奇地注视着他。"这些都说明艺术创作受着一种无意识的支配。

第三，所谓无意识，就是创作思绪完全进入自由状态，要表达的东西完全是一种自在的、内心的流露。用吴老的话来说，就是"永无一定渠道"，绘画与诗歌创作有惊人的相似之处，在创作冲动形成的那一刻尤其如此。诗人席勒早就指出，诗人常常在无意识之中获得创作的契机，无意识是"唯一的出发点"。歌德也说过，"只有进入无意识，天才方成为天才"。换言之，无意识、非自觉的创作是艺术天才的根本特质。古希腊哲学家柏拉图用神性来解释这种无意识和非自觉的精神现象。他认为艺术的创造力不是一种技艺，而是一种灵感，灵感不是别的什么东西，而是"神力凭附"。艺术创造力来自人无法控制的外力，当诗神凭附于诗人时，诗人便陷入迷狂，失去平常的理智。无论是谁，没有诗神的迷狂，是敲不开诗之门的。叔本华认为艺术是直观的认识，与理性是根本对立的，艺术是天才的任务，"天才每每屈服于剧烈的感受和不合理的情欲之下"。指导他创作活动的不是概念而是印象。吴老说，书画家常常在创作时进入疯癫的状态，如张旭创作草书，要酒后颠而作之，尽情抒发。

说到张旭，吴老又提出抽象与写意的关系问题，张旭的狂草、园林的太湖石，中国人早就发现了艺术的抽象之美。吴老将作品比作风筝，他说，缺乏抽象性的作品是放不上天的，但风筝是不能断线的。那线是作品与启发作品灵感的母体之间的线，也是联系作品意境与人民感情的线，"千里姻缘一线牵"，如果"抽象"到观众无法接受的程度，就是断了线。人民群众不能欣赏你的作品，你的作品就没有了根基，所以绘画艺术一定要提倡雅俗共赏。有人认为这不可能，但吴老坚持这一观点，坚信专家和群众之间也永远联系着不断之线。

二

吴老认为，艺术家的才能和天赋确实有自然的因素，但这种才能和天赋与其说是生而俱来的，不如说是在后天的艺术实践中生长成的。因为艺术作品有一个纯然是技巧方面的问题，绘画、雕塑、音乐、诗歌、建筑等领域，都存在这个问题，而技巧及其熟练程度并不是从单纯的灵感而来的（即使是思想内容、创作形式上的灵感，也要借助于实践的经验）。它要靠思索、勤勉和刻苦的练习，一个艺术家必须具有熟练的技巧才能驾驭外在的材料。要使艺术创作真正进入"虚静"的境界，就要超越一切外在的条件的束缚和制约，艺术家在自己的创作生活中，特别要强调超越自我、献身精神和自发显露这三种因素的交互作用。

第一，吴老从自己的艺术实践中悟出：要走向艺术成功之道，就必须不断地探索和选择新的、适合表现新内容的艺术形式，不断地超越自我。他说，从烦琐走向整体，是艺术进程中的一般规律，也显示着从西方的写实到东方的写意的轨迹。同样，从彩色斑斓进入黑白概括，也往往是创作历程中的自然现象。倾向写意，发挥黑白，于是接近了水墨画的前哨。又因不断发现许多对象与情趣不易用黏稠的油彩来表达，就索性用墨彩来抒发，墨彩的表达方式与早年跟潘天寿先生学习时的技法是大相径庭了。从20世纪70年代中期开始，吴老同时作墨彩画。油彩与墨彩，工具之异，却似一把剪刀的两面锋刃，宜于剪裁任意设计的新装。油画民族化与中国画的现代化就有了新的发展路子。20世纪80年代后，墨彩画的数量逐渐超过了油彩，有一时期吴老几乎中断了油画的创作，专攻墨彩，竭力想将油画在体面和色彩造型方面的表现力融进墨彩中去，与水墨的点、线之优融合起来。吴老常常在同一题材的创作中既用油彩表现也用墨彩表现，反复比较，找出最适合的艺术表现手段，经过不断的摸索、尝试，吴老终于得出了经验，将油彩与墨彩交替运用，油彩解决不了的难题由墨彩来攻关，墨彩感薄弱的时候又回头求助于油彩。在线的奔放与面的塑造、在空灵的表现与厚实的呈现方面，墨彩与油彩确是各有千秋，吴老做到了使二者互相吸取，使自己的作品更具风姿。

吴老认为，中国哲学所强调的天人合一的境界表现在艺术创作中的艺术哲学思想就是，要求创作主体忘却自我、超越自我，寻找和选择各种适合的、自在的、不扭曲的表现手段进行创作，使主体以自己"自然"的意向去同客体融合。他说，中国的油画是有希望的，东方的艺术矿藏是丰富的，要用西方的开采方法来开采东方艺术矿藏，将来艺术的重点是在东方。东方的巨人必须在东方，任何文艺巨人必须扎根于它的土壤。虽自己无安泰之大力，但与安泰共有大地母亲，这样在创作道路上就会永远感到踏实，有取之不尽的艺术源泉。超越和继承并不矛盾，中国古代艺术领域高树成林，祖先的光环不仅是子孙的骄傲，而且应成为后人学习的典范，不仅要向古人学，还要向外国人学，要引进新的品系，让梧桐树招凤凰来，这才是真正的超越。

第二，艺术家不懈的追求、思索、勤勉和苦练，其动力来自何处？吴老认为，它来自对于艺术的献身精神。也就是说，必须把艺术作为目的，而不是手段。只有确立了艺术活动的坚定志向，才能果断地选择走这条路，把它作为终身的奋斗目标，才能永葆创作的活力，它是一种持久的、孜孜不倦的、内在的人格力量。艺术家一旦把艺术作为自己的宗教，他就会自发地或自觉地施展自己的才能，成为发展自己的原动力。吴老早年师从宜兴县闸口乡吴氏小学缪祖尧先生学习绘画，由于对艺术的痴迷，16岁那年违抗父命，毅然舍弃一年工校的学历，重新改考国立杭州艺专，他凭着"要艺术不要命"的顽强毅力，历尽艰难，终于成为一代大师。吴老用自己的画笔，完成了拿破仑用剑未能完成的事业，法国文化部长在授予吴老"法国文艺最高勋位"的信中说，"此项荣誉授予对文化做出创造性贡献，对法国及世界文艺有光辉贡献的您"。回顾自己所走过的道路，吴老说："人生对于每一个人只有一次，我年轻时在学工程与艺术的矛盾中走上了艺术路。从法国留学回国，也经历过各种矛盾，'性格决定命运'，这句话很有道理。我这个人很固执，走出去的路不肯拐弯。当年我在国外如果不回国，只能看人家的玫瑰花，不能看祖国的腊梅花，我回祖国是为了寻找民族意识，一个人千万不能错过人生的时机，就像植物嫁接晚了，就永远也接不好了。艺术人才不能老是留在本地，只有走出去才会成才，永远留在本地就会萎缩。"

在谈到艺术家如何体现出各自不同的创作风格和特点时，吴老指出，放大"量感"因素十分重要，西方的鲁本斯和马约尔的作品就体现了一种量感美。中国画家张萱、周昉画的人物，也是富于量感的丰腴的美。审美的因素有很多种，量感美是其中的一种。上述几位画家，都把"量感"这个因素提出来，放大它，而把节奏、韵律、意境、色彩等其他各种因素放到了次要地位。正是他所强调了这一审美因素，并立足于这一因素，其作品才能体现出各自不同的特点来。对于表现量感美这一点上，中西画家有一种不谋而合的东西——一种在审美层次上可以相互结合的东西。如中国的米芾，用点子皴法来表现对大自然的感受，而西方印象派画家则用点彩法造成的视觉效果表现自然，与米芾的感受有相通之处，只是他们各自用的工具、材料不同而已。在构图上，八大山人画荷花，一枝荷茎，几朵荷花，大面积的荷叶，他首先是在一张白纸上占有一个空间，然后在这个空间里找到他对形状、色彩等方面的感觉，思考这些形状和色彩在空间上的分布是否和谐。潘天寿也是这样，一块大的山石，先占有很大的空间，给人一种险峻感，然后点缀花草，加进去一些平稳感，画面很耐人寻味。如果将他们与西方现代派时期的米罗和康丁斯基的作品来比较，后者是先运用各种不同的线、点、色块来表现这些因素在空间上占有的位置，然后再考虑这些点、线、色块在延伸或后退、扩张感收缩时所象征的感情色彩，以构成整幅作品。

由此看来，东西方画家在构图的审美设计上，在对点、线、面、色块等因素的运用上，也具有惊人的相似之处。林风眠正是找到了东西方审美认识的共同性和结合点，因而对中国绘画传统有了一大突破。要创造出具有个性的杰作，就要深入地在审美层面上探索，仅在技巧上牵强结合是进不了这个境界的，郎世宁用西方的技巧来表现中国的题材之失败就是一例。

第三，艺术家不仅需要超越自我的意识和大无畏的献身精神，而且还要具备不受传统、权威的束缚，敢于"自发显露"的特质。吴老认为，对传统、权威、舆论的一味依赖和依附，只能使创作才思萎缩、泯灭，难以创造出富于个性的作品。艺术家自然地流露自己的思想、情感，选择合适的表现手法，不去人为地控制和压抑自己，真实地表达自己的生活哲学，是艺术家人格精神的体现。既然艺术创造是发自内心的，艺术家就不应当谨小慎微，过分顾忌、害怕自己内心真实世界的流露和情感冲动的表达。艺术创造并不完全受成规、逻辑、理智、严密思维的束缚，它有冲动、灵感、直觉、想象和无意识的参与。吴老说，一旦有了感觉，就要尽一切办法来表现这种感觉，不管用什么方法。比如大面积厚重的东西，水墨很难表现它，就可用油画来表现，但长长的线、空灵的境界，只有国画才能胜任，这时就应用水墨。吴老在创作《乡村酒店》时，一开始是用国画来画的，后来发现油画更能表现这一主题，就改为油画来完成。可是在创作《竹林》时，只有宣纸和水墨才能表达出竹子湿润透明的效果，就选择了国画。

第四，在技法上，吴老也是十分强调独创性和自发显露。在创作《竹林》时，吴老用重墨先画上树干，再将纸反过来，在纸背后用墨加白色调出的灰来画远处山坡和田野流畅的线条。用墨加白色调成为灰色，再加进不同颜色，使这种灰具有不同的冷暖效果。传统中国画忌用墨调白粉，但用白色调出的灰色比较亮，又具有一定厚度，仅用墨加水比较单薄、单一。吴老摸索出，用这种灰色多次画上去以后，画面既有层次，又不遮挡前面的重墨和重色。自我显露，不仅是指表现个体自我真实的思想和创作情感，王国的创作技法，更是指从"小我"到"大我"——整个人类美的自我显露。一些艺术评论家认为吴老的大部分灵感来自对人体美的崇尚和追求，吴老自己也不回避这一点。他说，对自然的感受常常会受到人体美的暗示，而在画人体时，也会感觉到大自然的韵律蕴含其中。吴老在教学中曾跟学生讲过，让他们面对一个人体模特就像面对一座起伏的山脉一样，女人的头颈、乳房……这些起伏线条是她的韵律和姿态。反过来讲也是一样的，在面对大自然作画时，应当把山山水水、石头树木看成是有生命的存在，应当把人体美的启示表现到大自然的景色中去，把人的感觉融进大自然、融进画面，这里所说的"自我显露"就是整个人类之美的显露，把人类之美、人体之美映照于大自然，这就进入了更高境界的"自然显露"。

——原载鲁迅美术学院学报《美苑》，1994年第4期。

附录 10　鲁迅美术学院学报《美苑》载：
《地域文化与叶浅予美学思想》

叶浅予、黄晓宇作品

叶浅予，浙江桐庐人，桐庐的地域文化滋养了叶浅予的绘画人生。在许多绘画评论家看来，叶浅予先生的艺术成就主要表现在人物画、漫画、速写以及传统中国画等方面，对叶老深邃而精彩的绘画美学思想很少有人涉猎，对他的许多创作理论至今还鲜为人知。深入研究和挖掘叶老在画论中阐发的"画、诗、灵之通""气韵、形神、意象之通""人物、山水、自然之通"的审美理论，不仅是对他个人创作风格和绘画美学思想的总结，而且对发展中国画的创作理论和实践都有重要的现实意义。

一、画、诗、灵之通

叶老认为，在中国画的美学特征中，"通"是一个重要的美学范畴。中国画不仅通诗，而且通灵（心灵、情感），在画、诗、灵三者中，创作主体的心灵情感是中介，画与诗是载体。古往今来，中国的山水画家都非常注重"趋灵""含道""应物""澄怀""味象"等审美环节，并把这些内容作为创作手段运用到绘画中去，借以"畅神"，进而深化中国画的表现力。中国画的创作过程可以归结为：观察、体悟、观照、物我共鸣、含道应物、澄怀味象，从畅神的轨迹展开。叶老在《画余论画》中指出，浪漫主义是中国山水画的创作传统，画中有诗，画中有情，画本身就是诗与情的载体，是透露艺术家心灵和情感的窗口。唐代画家兼诗人王维写过一首五绝诗："蓝田白石山，玉川红叶稀。山路原无雨，空翠湿人衣。"苏轼联系王维这首诗评曰："味摩诘之诗，诗中有画；观摩诘之画，画中有诗。"诗诉诸听觉，画诉诸视觉，而王维的诗从听觉引向视觉，他的画则从视觉引向听觉，诗与画体现了听觉和视觉的相互沟通，苏轼在这里已经揭示了画与诗之间的统一性——通过创作主体的心灵情感作纽带进行两者的沟通。他在诗中写道："诗画本一体，天工与清新。"叶老认为，画与诗的沟通不仅揭示了"通"这一美学范畴的功能和意义，而且还揭示了艺术的普遍规律，追其源流，是相吻合的。老子说，"善为道者，微妙玄通"。庄子则直接称"道"为"大通"。成玄英疏："大通，犹大道也。道能通生万物，故谓大通也。"中国艺术历来讲究作品的传神，而神与通又有着不可分割的联系，二者都是宇宙生命的表现。如果说"神"是指宇宙万物的生化和运作的主宰，那么"通"则是这一主宰所外化出来的功能和结果。周敦颐说："物则不通，神妙万物。……感而遂通者，神也。"画和诗之所以能成为传世之作也在于它们都达到了"神品"的境界，故曰："神通万物""神使物通""通使神显"。王维的诗从听觉引向视觉，苏轼说画从视觉引向听觉，就是指这种审美效应达到了通神畅心的程度。

17世纪法国画家弗列斯诺埃说过，一首诗像一幅画，那么一幅画就应该力求似一首诗，绘画时常被称为无声诗，诗时常被称为能言的画，故曰：诗是无形的画，画是有形的诗。中国绘画更是强调"以形写神""形神统一"。叶老举例说，张大千教学生画山水的方法之一就是替学生改画，学生把自己创作的画稿交给老师看，大千看后，一面指点，一面动手改画。改画并非在布局或造型上大加改动，落墨后的宣纸是不能大改动的，大千蘸墨挥毫，这里皴几笔，那里染一片，或以淡墨分层次，或以浓墨主象，这一皴一染，往往使一幅平铺直叙、缺少生气的画变得脉络贯通、神采焕发。经大千这么一改，整个画就活了起来，此时学生如从梦中醒来，顿开茅塞，经过几次小手术，逐渐体会到如何炼形提神，对"六法论"的"气韵生动"有了比较具体的领悟和感受。

二、气韵、形神、意象之通

20 世纪 80 年代初，叶老花了大量时间从事读书、研究和写作，写了大量笔记，在笔记中对中国画传统进行了分析和探讨，他强调指出，中国画的艺术境界就是追求气韵、形神、意象之通。其中神是依附于形的，做不到形似，便达不到神似。形神又与气韵有内在联系，在绘画创作中要达到传神的效果，归根结底要以艺术手段显示气的流动，并通过气的通畅表现审美对象的本质与个性。正如杨维桢的："传神者，气韵生动是也。"顾恺之说，"传神写照，正在阿堵中"，阿堵指的是眼睛。人的神气贯注在眼睛，现代人说"眼睛是心灵的窗户"，人物画传神之处也在于眼睛，宋代邓椿说："曲尽其态，而所以能曲尽者，止一法耳。一者何也？曰：传神而已矣。"强调传神是意象的最高原则，这是古往今来一脉相承的理论。

传神之作必须以"通"为前提，"通"可以促进和提高"神"的功用。"通"还借助于"气"。但是对"气"和"韵"的解释，各家互有出入，甚至出现对立的矛盾现象，所以较难把握。这和各个历史时期社会文化思潮的变迁有关。叶老强调，要解决"气韵"和"形神"的关系问题，一则必须和当时的社会文艺思潮和审美情趣相联系；二则还要把它们与中国画审美原则中的重要范畴——"意象"相联系。这里所说的"意"是指审美主体的情思神意；"象"是指审美客体——画所要表现的景和物的形象。刘勰在《文心雕龙·神思》中把"意"和"象"连在一起："神用象通，情变所孕。"他强调是象以通神、情蕴象中。在中国绘画传统中，都把意象作为艺术创作的中心问题。一幅绘画作品之所以能与读者观众相沟通，之所以能打动人、传于世，在于它不仅通"气韵"，通"形神"，还在于通"意象"，即做到意与象的融合。

"意象"和"形神"两者又是相互交叉的，从相互交叉的层面上看，"象"与"形"通，"意"与"神"通。叶老认为，传神意象者或传意意象者常常以苏东坡论画诗作为自己的论据，诗云："论画以形似，见与儿童邻；赋诗必此诗，定非知诗人。"他指出，以形取画、以象取画都是幼稚的，仅仅着眼于形似或象似的人，一定是不懂得画或者说至少是对画的审美修养不高的人。故曰："作画必此画，定非知画人。"苏东坡的朋友晁补之发觉东坡此诗有片面性，就和了一首："画写物外形，要物形不改；诗传画外意，贵有画中态。"金朝人王若虚出来为东坡辩解："论妙于形似之外，而非遗其形似，不窘其题，而要不失其题，如是而已耳。世之人不幸其实，无得于心，而借此以为高。"批评那些不求形似和象似的人借东坡的诗来为自己无法达到形似而找托词。在叶老看来，中国画的笔墨技法在为造型写景服务的过程中，尽管它自身具有形式美的特征，但不能脱离内容而独立存在。山水画的各种皴法、花鸟画的各种点染法、人物画的各种描法，如果离开了它们表现的具体形象，就不能表情达意。如果一味强调笔墨技法的独立性和形式美，追求笔墨情趣和自我表现，不考虑观众的感受，那么别人就理解不了，观众就不可能对您的画产生情绪共鸣。这也就是唯我主义的自我表现倾向的危险之所在。高明的画家之高明之处也就在于善于把握"气韵""形神""意象"三者的互通，既看到它们之间的对立，又看到它们之间的统一，做到灵活自如地驾驭它们。

三、人物、山水、自然之通

在叶老的绘画创作生涯中，人物画占有重要的地位。在他看来，画人物，尤其是画舞台人物，首先要生动传神，说得更具体一些，就是要在静中取动，动中取静。动与静的结合因为受到画面的制约，当然是以静为主，但是这个静不能那么死板，而是要努力地表现出动感，要达到动中之静，静中之动。这是画动态人物的关键点。演员亮相是一个静的姿态，但这个静是经过一系列的舞蹈动作之后的一个短暂的停顿，接下去又是继续动作。画家在表现动态时用笔要特别注意虚实关系，叶老以自己亲身的实践为例：当画到一个地方时有意地断掉，留一段空白，再接下去。同一条线中间的虚实关系，或是线与线之间的虚实关系可以增强动感。叶老有时也画运动中的瞬间姿态，有一张《快乐的罗索》，人身体是倾斜的，重心悬在体外，似乎要倒，却又觉得她不会倒下去。因为接下去的动作可以使她保持平衡，取这舞蹈过程的一个瞬间，可增强动感，这个重心不稳的姿势并不使人感到她将要倒下去，而正好达到动中见静的效果，因此也使整个画面活起来。在谈到山水画的创作时叶老指出，人物、山水、自然之相通，一是指绘画技法上的相通，二是指画家在创作过程中投向客体——人物、山水、自然的思想情感、心灵体验、创作激情也应当相通。在描绘山水和自然美时可以融进人体美，在描绘人体美时可以融进自然美。东晋顾恺之是著名的人物画家，但也画山水，对自然美很有感受并有过人的表现手法。他到过江陵、荆州等地，又去过会稽，回来后，人问山川之美，顾云："千岩竞秀，万壑争流，草木蒙笼其上，若云兴霞蔚。"

他画的《雪霁望五老峰》《云台山图》恰好把自然美、人体美熔于一炉。叶老认为，历史上山水画家对山水的态度大致上可分为两类：一类认为凡天下佳山秀水都是造物主为文人雅士所设，不能为凡夫俗子所欣赏，山水画家必须具有羽人仙骨，脱尽人间烟火气，他们的作品愈是逸笔草草，其品类愈高；另一类认为山水虽为造物主所设，但离不开与人间之联系，要可观、可游、可居。当然，这里涉及画家对自然、对生活的根本看法，同时也是画家内心世界真实思想情感的自然流露。叶老结合创作《富春山居新图》谈了这种体会。富春江是叶老的故乡，那里的景色很美，山里的飞禽走兽、山兔野猪很多，可以打猎。童年的生活给叶老留下了深刻的印象。富春江的一山一水、一草一木都唤起作者的无限思乡之情和强烈的创作冲动，这种思绪和激情孕育了《富春山居新图》这一山水长卷。当时叶老沿着江边漫步，一边走，一边让胸中的激情自由地驰骋，当灵感袭来之时，立即抓住并表现于画面，他一边构思，一边挥毫，画中倾注了他对故乡的无限深情，也表达了他对祖国大好河山的眷恋和神往。他十分感慨地说，画家作山水画，要追求形式美的超越，不应把自己限制在固定的思维模式和观察点之中，要以大观小，有时要居高临下，将山前山后、屋前屋后的景色尽收眼底。有时要用散点透视的方法来描绘自然，在对自然的观察、记忆的基础上还要充分发挥艺术想象，通过艺术想象，艺术家可以把时间缩短或拉长，把空间缩小或者放大，画家可以把自己的视点置于运动之中，自由地延伸视野。陆机说的"观古今于须臾，抚四海于一瞬""笼天地于形内，挫万物于笔端"就是这个道理。这些方法可以极大地丰富艺术表现力。叶老结合自己创作《富春山居新图》说，运用"以体观面""以时观空"可以把江面、山区从画面引进引出，把远景拉近，把近景推远。画山的左面，又画山的右面，把眼睛看不到的一侧拉了出来，以扩大和丰富空间感。又将春夏秋冬四季、阴晴雨雪天气的变化连贯一气，使之浑然一体。叶老运用这些方法，历时三年完成了这一巨作。说人物、山水、自然之通，一是指创作思想、审美意象、意境的相通；二是指创作技法、观察、记忆和发挥艺术想象的相通和相互借鉴。在叶老看来，人物、山水、自然在意境上的相通，是说作为审美主体在创作过程中的一种自我表现，是由内向外的发放、倾诉、宣泄，是主体（画家）流向客体（山水、自然），表达审美主体对世界和真善美的理解、体验和感受，希冀在主体所创造的有限艺术空间内容纳整个宇宙和人生，从而在精神上实现人与天（山水、自然）的融合。人物、山水、花鸟的分科由来已久，各门的技法又都有独特之处。人物画里有各种描法，山水画里有各种皴法，花鸟画里有各种勾法、点法、染法，这些方法相互之间都可以借鉴，用彼之长，补己之短。上述是技法上的相通，还有画理上的相通，即通古今、通中外，融会贯通观察、记忆、构思、透视、色彩、经营位置、发挥艺术想象等。中国画理论中常常用"迁想妙得"来概括上述过程的有机统一和内在沟通。"迁想"就是在观察、记忆的基础上发挥艺术想象的魅力，"妙得"就是综合运用各种绘画技法和画理，创作出有丰富内涵、丰富个性并耐人寻味的艺术杰作。在这里，没有"迁想"就不会有"妙得"，没有丰富的艺术想象力，就创作不出引人入胜的艺术作品。

叶老从"画、诗、灵之通""气韵、形神、意象之通""人物、山水、自然之通"，来揭示中国传统绘画艺术的审美追求和内在规律，并结合自己的创作和教学实践，从艺术哲学的高度对中国画"以通为美"的理论概括是颇具匠心的，也是对中国绘画理论的重要总结。

——原载鲁迅美术学院学报《美苑》，1995 年第 6 期。

附录 11 《科学 24 小时》载：
《地域文化与黄胄美学思想》

一走进黄胄先生的画室，就可以看到他画案上的两方镇尺，分别刻着"必攻"和"不守"字样。黄胄先生说，学画也是逆水行舟，不进则退，守是守不住的，一定要攻。黄胄先生是个多产的、卓有成就的中国画画家。在五十多岁进入创作黄金时代的时候，因身患骨质增生，四肢丧失了活动能力，连画也不能画了。如果不是意志超常的人，早就会从画坛上退下来，但长期的部队生活，练就了他坚忍不拔的意志，他不畏病魔，坚持医疗和锻炼，强迫自己运用骨节疼痛的手指握笔画画。住院期间，在医生的悉心治疗和自己的刻苦锻炼下，身体一天一天康复，逐渐战胜了病魔。从外表看，黄胄是个粗犷的汉子，性格豪爽，可是他有细致而缜密的艺术洞察力和思考能力，特别是对绘画创作和深入生活的关系，学习传统和创新的关系等方面的精到论述，充满了深刻的哲理。黄胄先生说，据我几十年的绘画经验，在室内画一个人物，呆呆板板地让他（她）坐在椅子上画，我总是画不好的，我和我的对象都还很陌生，他（她）没有足以感动我的动作和表情，但如果在工地上、田野里，我看到他（她）在机器或田垄上欢蹦乱跳地干活，我看到他（她）的活生生的动作，并由此拨动我的心弦，这个时候我自己感到我心中有一股主宰着我的力量在命令我去画，或者说，我在带着激情画，我的内心命令我非画好不可，我全心全意地在这个命令的指挥下画着，我那时画的画就比较能感染人。

除了课室里的练习或锻炼笔墨技法的习作，画画一定要带着感情画，冷冰冰地对待自己的创作，还怎么能指望它去点燃起别人的情感呢？黄胄认为，绘画艺术必须重视创新，从传统的基础上推陈出新，独标风格，形成一个人、一个时代的特殊流派，在不违背绘画的规矩法度之中，取精用宏，批判地接受并继承和发扬各民族遗留下来的宝贵经验。经过这样的过程，创造出新的绘画风格，而不同于印板文章的陈陈相因。绘画也同书法一样，临摹古人是为了接受优良传统，从临摹当中去钻研各种用笔、结构的技巧，探讨古人成功的经验作为我们追求艺术发展的门径。所以临摹画是学习的过程，创造才是最后的目的。黄胄先生自己也是这样做的。1984 年他到江苏治病，临摹了大量的古画精品，北京炎黄艺术馆举办了《任伯年画展》，黄胄先生在闭馆之后，用了数夜临了一批任伯年的作品，几十年来他遍寻公私藏画细心揣摩。他认为，绘画史上流派和风格各异，但有一条铁的规律就是造诣越高、越深、越大的画家，必然是博采众长的大家，所以这些画家及其作品赞成和欣赏的人也就越多、越久远。反之，纵被称赏于一时，等到日子久了，慢慢就被人遗忘了。黄胄强调，画家在接受传统的时候当然是无所不学，到了创作的阶段，必须有所弃，有所取，取其精华，弃其糟粕，以形成自己的格调。明代著名书画家祝枝山所说的："情之喜怒哀乐，各有分数：喜则气和而字舒，怒则气粗而字险，哀则气郁而字敛，乐则气平而字丽。情有轻重，则字之敛舒险丽，亦有浅深，变化无穷。"从这个意义上说，"学画者，心之迹"是有道理的。

黄胄先生说，对于一个画家来说，风格、技巧、笔墨都从生活中来。长期不断的生活实践，形成了某个画家在这些方面的特点。抄袭和模仿可以使人成为一个画匠，但绝不能使人成为画家。艺术家对于生活绝不能全面地、毫无遗漏地重现它，人所生活的自然界有无限性，生活也有无限性，但是，即使是最伟大的艺术家，他的表现能力也是有限的。拿画家来说，他画一棵树，只能画出这棵树的一个静止的侧面，绝不能像自然界中的真树那样，是始终运动着的，是有生命的、立体的东西。再高明的画家也不能把每一棵树的每一片树叶都描绘到纸上，他只能画出大致。因此最伟大的画家在生活的大海面前，都只能汲取一勺，只能从无限的生活中探索出自己的表现方法。如果一个画家离开生活，不打算在接触生活中汲取创作源泉，那就和人离开空气一样，无法生存。几十年来，黄胄先生以西北新疆一带为主要生活地，曾与边疆牧民同吃一盆手抓饭，同睡一个毡房，结下了深厚的友谊。1979 年夏，黄胄的病情略有好转就第五次去新疆，走遍天山南北，甚至冒着生命危险登上帕米尔高原。一次，他为了画两个牧民，赶了 200 多里路，气不及喘，又连续作画几个小时，实在站不住了，竟跪在地上继续作画，直到完成。黄胄先生的毅力是惊人的，他每年都要画几千幅画，平均每个月画两刀盒纸，但他非常自谦，常以"废画三千"来否定自己，目的是使自己的绘画技艺不断精益求精。长期的刻苦挥笔磨炼，他的右手大拇指与食指、中指都磨起了厚厚的一层老茧。抓住一点进行突破，是黄胄先生一以贯之的创作思路。他说，一门精就可以把水平提上去。许多大艺术家都有这样的经验，齐白石画虾，徐悲鸿画马，梅兰芳一生最有代表性的也是几出戏，我画驴也是一块试验田。这也像打仗准备尖刀班，像科研攻关。通过反复练习，掌握规律，集中精力，从这点上突破。

画驴是黄胄先生的绝活，20 世纪 50 年代到 60 年代中期，他笔下的毛驴基本上是写实的，略有写意的趣味，显得稚拙可爱，但笔画结构上有些不足，在十年动乱中，他被迫去喂驴，这种惩罚对他是不幸中的大幸，他得以更多地了解毛驴的习性和特点。在饲养过程中，对它们有了感情。他发现毛驴既有骏马的矫健，又有老黄牛的忠实、敦厚、吃苦耐劳的秉性，从此他画驴就进入寄情写意的境界。他爱在《驴图》上题道："其形偃蹇，其反戆憨，不耍笑脸奴颜，哪能长舌呢喃，引吭啸傲人间，粗粝不厌，高栖不攀，坎坷其途，任重道远。"到 70 年代后期和 80 年代，黄胄画毛驴已是十分洗练、概括，富有神韵，达到了笔墨与形神完美的统一。黄胄说："突破一点是一种手段，目的在于全面占领、全面提高。"黄胄先生在速写上下的功夫是惊人的，可以说是画坛之最。他速写的数量不是以本计算的，而是以麻袋计算的。他认为画速写还应与中国画笔墨创新结合起来，"中国画画家应该多用毛笔画速写，把铅笔画的技巧用在画毛笔画上，又是一回事，用毛笔画速写，受对象感染而画，所以下笔比较肯定、准确"。先生戏墨的几幅速写就是用毛笔画的，画中处处表现了奔放、流畅、道劲之美。

黄胄先生早年师从赵望云，20世纪50年代后期结识邓拓，经常一起探讨切磋绘画艺术。他每获学习古今绘画的机缘，便认真欣赏揣摩，流连忘返。唐宋画家的严谨法度和生活情趣，元人画的深邃意境和笔墨趣味，明清诸家大写意画极其鲜明的个性，都给黄胄先生以启迪，对他影响最大的是李唐、唐寅、石涛、八大山人、虚谷和任伯年。几十年来心摹手追历代名家作品，博采众长，熔于一炉，终于形成自己随意挥洒、行笔飘逸、苍劲挺拔、踔厉风发的画风。

——原载《科学24小时》，1992年第10期。

附录12 《青海师范大学学报》载：
《地域文化与马一浮书品评述》

马一浮先生，名浮，字一浮，号湛翁，别署蠲叟，或蠲戏老人，浙江绍兴人，生于1883年，卒于1967年。马先生学识渊博，学贯中西，青年时代留学美、日诸国，通习英、法、德、日、拉丁文，于西方学术、文艺颇多造诣。中年后潜心经学、子学、理学，继又专研佛学，五十余年间蔚为一代宗师。马先生对古代哲学、佛学、文学深有研究，对宋儒理学造诣尤深，素有"儒释哲一代宗师""国学大师"之称。关于马先生的哲学思想、诗词成就，不少学者都给予他很高评价，这里不一一赘述，本文就马先生的书品、书论及学术生涯作一管窥。

一

马先生的书法与他的学问一样，不名一体，博学众家之长。篆书直接取法李斯，画如铁石，字若飞动，小篆入神，大篆入妙。隶八岔取法汉碑，尤为挺秀。其行书植根于秦、汉、魏，致力于钟王褚（遂良）诸帖，兼用唐贤骨法，旁参各家，沉厚遒劲，气度夭矫。草书神韵高野，飘逸出山林气。先生提倡尚古而泥古，注重创新，是历代书家中不可多得的一代大家。

"文化大革命"时期，我对马先生的书法产生了浓厚的兴趣，常常带先生的墨迹去沙孟海家请教，当时沙老正受冲击，见有人前来研讨书法，甚是高兴。在论及马先生书法之余，沙老回忆起与蠲戏老人相处的日子。马老1928年应黄岩、周子叙请撰《皇汉医学序》，应月臂法师请，为丰子恺撰《护生画集序》（马老不仅与画家丰子恺交往很深，而且与书法家沈尹默、学者梁漱溟、马叙伦、陈独秀、汤用彤、朱光潜、李叔同、夏承涛等先后都有过来往）。此间，沙氏由童藻孤陪同去拜谒马先生，以后常去延定巷马寓居。据沙氏回忆，马老十分注重书法的创新，他常对学生说，书法艺术是讲究创造的，从传统的基础上推陈出新，独标风格，形成一个人、一个时代的特殊流派。在不违背书法的规矩法度之中，取精用宏，方能入雅。马先生本人的书法也深刻表现出这种精神和悟性。在马老看来，书法的创新包括用笔和结构两方面，他拿钟王书法为例，说明在笔法和结构中不落俗、重创新的重要性。钟繇为了要得到蔡邕的笔法，韦诞不肯给他，以至推胸呕血。古人研究书法，最要紧的是在"得笔"，得笔之意，即得到了用笔的方法，笔可以听我使唤，就能得心应手了。"结构"也就是指字的结体和章法布局，它对书法史的演变影响很大。结字的方法是随时代而变化的，用笔的技巧则基本不变，因为笔法不外两种，或是方或是圆。圆笔是从篆书中来的，方笔是从隶书中来的，虽说仅此两法，但其中的巧妙依然是千变万化、层出不穷的，必须从各种碑帖中细心体会和揣摩。为了学习传统技法，就不能不临摹前人碑帖，但又必须防止成为"奴书"，跳不出碑帖的圈子。因此，当学习临摹时，既要能深入其中，又要超出乎其外，不深入不能学得前人之技法，不超出不能自立其风格。相传王羲之初学卫夫人，其后又改学钟繇，结果自成一家。献之曾向其父羲之建议："章草未能宏逸，大人宜变体"，羲之采纳了儿子的意见，后来终于超钟（繇）迈张（芝），形成了独具一格的书风。

马先生常告诫学生，做文章、学古文和习字是相通的，都有个先学前人，后再创新的问题。当时沙氏与藻孤都致力于词章之学，沙氏带《大咸乡赈灾碑记》拓本求教马先生。马对沙说：青年人学古文很好。学古文需要读书，包括古今名篇，读书才会明理，并且要广泛地求学，学书法的道理亦然，不要停留在文字上、停留在古人的笔法上。古人云，书法的功夫在字外，就是说不仅要练字，而且要博学识，取众长。单就书而言，不学众人之长是难以创新的，没有广泛的学识，也是很难成为一个书家的。马老说过："学书须是无一笔无来历，方能入雅，大抵多识古法，取精用宏，自具变化。非定依仿古人，自然与古人合辙，当其得意亦在笔墨之外，非资神悟亦难语法。"他还指出，唐朝的书家中虽然因李世民的提倡，受王羲之的影响极大，但专门写王的只有虞世南一人，而欧阳询、褚遂良都兼有隶法，李邕是融合南北两派而独创风格的，颜真卿更是变更二王旧法而独出新意的，柳公权则学欧学颜而自成风气，沈传师学欧、虞、柳又另辟蹊径。若是因帝王提倡而都学二王一路，唐朝的书法就不能成为中兴时期了。书法艺术的广阔天地并非二王所能全部覆盖的。"但恨二王无我法"正是具有创新精神的历代书家的心声。有作为的书家，尽可自立门户、别寻出路，不必一味寄人篱下。唐代的书法是重法度的，后人将唐代各大书家的技巧都参悟透了，自然就可以从他们的经验中找出门径。书法艺术的创造，原有深浅高下、大小不同，全凭各自的造诣来表现，赞成欣赏的人多了，这种书风派别就成熟了。康德的审美判断力的重要原则之一——"普遍赞同"，在书法审美上也同样适用。书法史上派别纷纭，风格各异，但总的看来，造诣越高、越深、越大者，欣赏的人越多者，其影响就越是久远，就越显其审美价值。反之，纵然是被欣赏一时，待天长日久，慢慢就会被遗忘。所以，能得到"普遍赞同"的总是在学习前人的基础上有所创新的，而不是永远拘泥于古人的作品。

马先生的隶书作品流传于民间的不少，多数墨宝留有汉碑风采。汉碑书风种类繁多，有雄伟的、方整的、秀丽的、飘逸的，各具其美。但一般来说，隶书是有了定型的字体，既有定型，笔法又都是方的居多。因此马先生认为，隶书的创造性难度就更大。清代邓石如从用笔和结字两方面对隶书的创造性发展作了一些尝试。他的笔法苍劲浑厚,结体紧密坚实,集汉碑之大成,开创出自家的面貌。清末何绍基临《张迁碑》数百遍,然终未能有大的突破,仅仅是用"回腕"法,把篆书笔意熔铸于行楷隶之中,增加了行楷隶的骨力和风趣。而马先生取邓、何两人之长,对隶书进行了创新,在《隶书赞鉴真法师》等墨迹中展现了他别具一格的风貌。

马先生的书法,处处体现出宁静、和谐、超俗的山林气。他常说,汉字的基础是象形,这种象形记事的图画文字是取法于天地、日月、山水、草木、兽蹄、鸟迹等物象,加以去繁存精、提炼概括而成的。它不是单纯的记事,还包含着自然美的众多特征和造型夸张。中国书法与绘画同是以点画线条为基本表现技法的,因此便获得了作为一种独立的艺术形式而存在的价值。历代大书家都是很注意字的造型的,讲究"每为一字,各像其形"。马老强调,在书法布局上,应注意首尾相应、上下衔接、前后呼应,运笔的轻重疾徐、虚实隐显,施墨的嬗变善化、浓淡枯湿,往来的参差错落、疏密相间等,注意到这些手法,并融会贯通,才能产生美的效果。看历代名家的书法,有的像行军布阵,旌旗猎猎、士马精妍;有的像尺幅丹青,疏林远阜、错落有致;有的像长江大河,奔腾跳荡、一泻千里;有的像回溪曲治,青水繁花、移步换形。古人云:"夫兵无常势,字无常体;若坐、若行、若飞、若动、若往、若来、若卧、若起、若日月垂象、若小火成形,偿悟其机,则纵横皆成意象。"先生指出,书法要达到如此境界,就必须在观临、养悟上下功夫。

所谓观临,就是要认真读历代名家之帖,把读帖和临摹结合起来;所谓养悟,不仅要刻苦习字,还要开动脑筋,深入思考,要有悟性。马先生经常引《书指》中"取古人之书而熟观之,闭目而索之,心中若有成字,然后举而追之,字成而以相较,始得二三,既得其四五,然后多书以极其量,自将去古人为不远"来说明观临之重要。在观与临之间的关系上,马老认为"观"入于眼,"临"出于手,这里眼和手的一致性十分重要。接下来就是要在"养悟"上下功夫,在马老看来,所谓"善取物象""奔蛇走虺势入座,骤雨旋风声满堂""笔下惟看激电流,字成只畏盘龙走"的造型美,都是在吸收前人笔法、结构、气势,结合对千变万化物象的体察、顿悟基础上的创造。"元祐间书,笔忘痴钝,用笔多不到,晚入峡见长年荡桨,乃悟笔法",把荡桨融于书法之中,取自然之美运用于书法之中,是历代书家十分重视的创作手法,相传张旭"始吾见公主担夫争路,而得笔法之意"就是观看担夫与公主争道中得到的启示。孙过庭所描述的"观夫悬针、垂露之异,奔雷、坠石之奇,鸿飞、兽骇之姿,鸾舞、蛇惊之态,绝岸、颓蜂之势,临危据槁之形;或垂若崩云,或轻如蝉翼,导之则泉注,顿之则山安,纤纤乎似月之出天崖,落落乎犹众星之列河汉"正是道出了书法中取法自然创艺术美的绝妙境界。马老强调,书法与画、诗具有共同的特质,三者合成一个灵魂,都具简约之美、气韵之美、中和之美的特征。正是这些审美因素一代一代地影响着书法艺术,推动着书法艺术的发展。书法的线条可算是最简洁、朴素的艺术手法了。书法求美之道在于不拘泥于抽象,色彩的雕饰又大胆地运用抽象思维的手法,着力于对线条整体上的把握，做到点画有情、治一分万，情在意中、意在形外。力图用含蓄、暗示、象征的艺术手法创作出千姿百态的风流佳作。书法把具象事物抽象化，一是借助于中国文字本身是象形文字，二是借助于书法发展过程中由篆隶走向真草的演变，使草书更易于表现自然美。书法也是中国古代哲学家所说的气和韵。气韵之美表现手法讲求形势、风骨。从形和神的关系看，气强调的是书法的形——它的动的态势和生动活泼精神的外现；韵强调的是书法的神——它的静的风度和丰富的精神内涵。气体现作者的创造力和才华，韵显示作者审美心灵的深度和广度，两者的结合，即所谓"穷变态于毫端，合情调于纸上"。

书法与篆刻是姐妹艺术，过去将其看作两门学科，古称篆刻是"铁书"，已纳入"书"的范围之内。先生的篆刻作风严谨，观蠡戏齐印存，章法排列匀整，字画光洁呈笔意，曲笔中求展势，刚劲中存婉转，使人有字挟风霜之感。分朱布白，疏密有致，疏能跑马，密难插针。马法刚健有力，朱文白文，善以双刀、单刀兼而用之，线条和力度或以弛张取胜，或以屈曲优姿见长，或以张刀四射，势如扛鼎胜。外溢阳刚之美，内含阴柔之秀，结体缠绕，古朴典雅，耐人百观而不落俗。读马先生金石之声，余音袅袅，力能追古。沙老评蠡戏治印是："朴茂高雅，纯用汉法，罔涉元明一笔，有所琢画……古意新姿，韵味无穷。"先生的"铁书"浑厚淳朴，道劲刚健，和他的书法一样，既有抑扬顿挫，又有行止疾徐，他的治印作品，印从书出，书从印入，既可以以印章来欣赏，又可以从书法来品味。

二

马先生不仅书品高，人品也极高。按乌以风的话来说，马先生是"通音律、爱书画、尝优游于名山、息迹于泉林，陶然自得，每绝尘扰。道容俨然而平易近人，与人言，从无疾声厉色，语和意长，言近旨远，使人闻之，如坐春风，潜易其恶而不自知，乐教也"。回顾先生的学术生涯和淡泊的一生，有以下几个方面常常为后学所称颂：

1. 天资颖悟，生性好学

先生自幼天资聪敏，记忆力过人，乡有神童之誉。其父曾延聘过一位有名望的举人来家教读，授以经书，不久辞馆，起先父亲以为其子不受训诲，再三追问，才知学生的才智大大超过了老师，自愧不能胜任，不愿耽误人家子弟，所以请辞。后由父自教，也暗自惊异，从此先生开始自学。16 岁，赴绍兴县城参加县试，同考生中有周树人、周作人、昆仲等，考后先生名列第一。时浙江社会贤达汤寿潜先生在闱卷流传中看到先生文章，大加赞赏。

"戊戌变法"开始时，先生为研读西方原著，与汤寿潜受业弟子谢无量一起到上海学习英语、法语，为从学术上唤醒民族、振兴中华，三人共同创办《20 世纪翻译世界》，翻译和介绍了斯宾塞等西方哲学、文学名著，21 岁时赴美留学，居圣路易，学习西欧文史哲。在异国他乡举目无亲的困窘日子里，几乎跑遍了圣路易的所有书店并得到当时留学生钟濮云、稽洛如和留学日本的好友马君武、沈瓞民等人的帮助，借阅了大量哲学著作，并翻译了《日耳曼之社会主义史》《法国革命史》等著作。22岁时自美回国，不久去日本研究西方哲学和马克思的《资本论》。23岁从日本回国，次年寄居杭州外西湖广化寺，以清静之地广阅文渊阁《四库全书》，并致力于著述。马一浮的少年时代和青年时代，都是在奋力求学中度过的，这为他以后从事学术研究打下了坚实的基础。

2. 清静淡泊，不慕名利

先生视仕途官吏为粪土，清静淡泊，不慕名利，绝念仕进。虽士林界推重先生的学识，多次邀其出山，但他屡屡以"不善于官场应酬""不会做官，只会读书，不如回西湖"之词而谢绝。进入而立之年后，先生目击当时国事，既不惬于居高位者之所为，又自度力不足以拨乱匡俗，自此发愤杜门远谢时缘专研国学。先后著述《老子道德经注》《庄子笺》《法数钩玄》等佛学著作。先生居陋室、服布衣，一心为学，不求人知。海内外学人因仰慕先生的学术成就，常来杭州与先生切磋探讨问题，国内知名学者梁漱溟、朱光潜、汤用彤、熊十力、李叔同、丰子恺、沈尹默等人亦常与先生有至深的往来。先生移居杭州宝极观巷期间，常与挚友李叔同共同研讨佛学，还广交四方高僧，为缅甸的万慧、湖墅香绩寺的肇安、杭州灵隐寺的慧明、常熟永福寺的月霞、永福寺的净慈、昭庆寺的惠宗、虎跑定慧寺的了悟、厦门的广洽和尚，以及迦陵音和尚、智慧等法师均是先生佛教寺院方外之友。

3. 勤苦著述，广泛讲学

先生认为，儒家六艺该摄涵一切学术，其学术尤重道德修养和心性体验，体现了宋明理学的精神。1938年，先生避日寇来到江西泰和，应浙江大学校长竺可桢聘为教授，给浙大学生讲阳明心学，论治国学先须辨明的问题及六艺统摄一切学术，统摄于一心之道理，论六艺不仅统摄中国学术，而且亦统摄西方学术，此期间著有《泰和会语》。在《泰和会语》中，先生强调治国学必须先明四点：第一，国学不是零碎断片的知识，而是有体系的，明于此就应知"道本一贯，故当见其全体，不可守于一曲"。第二，国学不是陈旧呆板的事物，是活泼的有生命力的学术，明于此就应知"妙用无方，故当温故知新，不可食古不化"。第三，国学不是勉强安排出来的道理，是自然流露的，不可泥于机械。明于此就应知"法象木然，当如量而说，不可私忘造作，穿凿附会"。第四，国学不是凭借外缘的东西，是自心本具的，不可视为分外，明于此就应知"性德具足，故当向内体究，不可徇物忘己，向外驰求"。继江西泰和讲学后，同年10月，又随浙大内迁至广西宜山，一边著述《宜山会语》，一边继续给学生讲学。他念念不忘处于水深火热之中的劳苦大众，心系民族危亡和振兴国家之大业。"今日尚得到此边地，重复相聚，心里觉得是悲喜交集，所悲者吾国家民族被夷狄侵凌到此地步，吾侪身受痛苦心怀危亡，当思匹夫有责将何以振此垂绝之绪……"

1939年春，先生应国人以学者聘，讲学于四川乐山复性书院，凡六年，著有《复性书院讲录》，即《学规、读书法、通治群经书目举要》《论语大义》《孝经大义》《诗教绪论》《礼教绪论》《洪范约义》《观象卮言》，还著有《尔雅台答问》等。先生在复性书院讲学的六年中，一边著述，一边刻书。六年来培养了一大批热爱中国文化有志弘扬儒家精神的弟子。先生还和梁漱溟、熊十力、张君劢等国内知名学人联手，为振兴中华教育事业默默耕耘。当时梁漱溟在重庆北碚金刚碑创办勉仁中学和勉仁书院，培养继起之研究人才，先生和梁漱溟共邀熊十力来复性书院和勉仁书院讲学。张君劢在云南大理创办民族文化书院，以张横渠"为天地立心，为生民立命，为往圣继绝学，为万世开太平"的名言为书院过旨，沟通中西学术，致力身心存养，以期担负中国民族文化复兴之大任。此举深受先生赞赏。在先生看来，"为天地立心"，即"天地以生物为心，人心以恻隐为本，孟子言四端，首举恻隐，若无恻隐，便是麻木不仁……以下羞恶辞让是非，俱无从发生来。故天地之大德曰生，人心之全德曰仁。学者之事，莫要于识仁求仁好仁恶不仁"。"为生民立命"，拿先生的话来说就是"凡天下的疲癃残疾都是我的兄弟，圣人吉凶与民同患"，未有众人皆忧而己能独乐，众人皆危而己能独安者，万物一体。即万物同一生命。若人自扼其喉、自残其肢、自剜其腕，而曰吾将以求生，决无是理。先生在解释横渠"为往圣继绝学"时指出：其实人皆可以为尧舜，"学者之志，必当确信圣人可学而至，吾人所禀之性，与圣人元无两般"。所谓"为万世开太平"中的太平，不是幻想的乌托邦，"乃是实有是理，非是姑为鼓舞之言，然孔孟有德无位，其道不行于当时，而其言则可垂于万世。故横渠不曰致而曰开者，致是实现之称，开则期待之谓。苟非其人，道不虚行，果能率由斯道，亦必有实现之一日也"。复性、勉仁、民族文化之大书院继承宋明儒学自由讲学之风，既仿照中国古代书院的办学形式，也吸收了现代西方大学、研究院办学的优点，强调知识学问与道德人格并进，为当时中国的教育事业、人才培养，开创了一个新途径。先生的一生是治学的一生、讲学的一生、著述的一生。在旧社会，先生对官场深恶痛绝，不意仕途。新中国成立后，党和政府十分器重他，先后聘他为上海文管会委员、浙江文史馆馆长，并任历届政协全国委员会特邀委员，今值先生诞辰 112 周年之际，特撰此稿，以寄怀念。

——原载《青海师范大学学报》，1995 年第 2 期。

附录13 《西北师大学报》载：《地域文化与吴昌硕书法美学》

　　吴昌硕（1844~1927年），初名俊，又名俊卿，字昌硕，别号缶庐、苦铁等，浙江安吉人。他以诗、书、画、印四绝雄视一世，但他所致力的主要方面是书法，他的印、画之成就也主要得力于书法。吴昌硕的书法艺术生涯可分三个阶段：早年师从钟体，中年师从黄山谷楷法，晚年转攻行草，但篆书、石鼓文是他数十年追摹的目标，贯穿于他早年、中年、晚年各个时期，也是他书法上的最大成就，他的石鼓文篆书堪称名世绝品。

一

　　众所周知，钟繇的正楷幼从刘德升，而后开创由隶从楷的笔法，楷字较扁，近似隶书，笔画清劲道媚，结构茂密。而吴昌硕追钟繇之楷，既有钟繇之点如山颓、滴如雨骤、纤如丝毫、轻如云雾、去若鸣凤之游汉、来若游女之入花林、灿灿分明、遥遥远暖之韵，又有刘德升风流婉约、文而不朴、纵任奔逸、出规入矩、飞舞自得之感。他早年自写诗稿长卷常以小真笔法而书，其书势巧形密，磊落厚重，正而不拘窘，压而不板滞，雄秀独出。

　　中年以后，吴昌硕深研黄山谷之书法个性与特点，逐渐形成自己的书法审美情趣。他十分赞同黄山谷书法要达到脱尘超俗根本出路在力夺"韵胜"的主张。要达到"韵胜"的境界，就要"胸中有道义，又广之以圣哲之学"。吴昌硕十分重视用笔用量，并强调"锋在笔中，意在笔先""心能转腕，手能转笔"。用笔要知擒纵，要字中有笔，而达到"落笔奇伟，丰劲多力"的功夫。他认为用墨不宜过浓，也不宜过淡，只有恰到好处才能表现出"韵胜"的精神。吴昌硕的行草书纯任自然，一无做作，下笔迅疾，痛快淋漓。虽尺幅小品，便自有排山倒海之势。吴昌硕晚年的行草，转多藏锋，坚挺凝练，不涩不疾，亦涩亦疾，更得"锥划沙""屋漏痕"之妙趣。他作书正如沙孟海先生所说，常常是正锋运转，八面周到，势疾而意徐，笔致如万岁枯藤，古朴拙见。这与他早年的作风迥然相殊。

　　虽说吴昌硕中年的行书受黄山谷影响很深，但到晚年的行草并没有完全脱离黄山谷的神韵，颇有《忆旧游诗》中笔力恍惚、出神入鬼之意。吴昌硕的石鼓文篆书之所以被后人称为绝世之作，是因为他以邓法变横为纵，其法体以左右上下参差取势，一举突破前人之风，别出新意，用笔遒劲，气息深厚。细观之，下笔圆劲流转，气度恢宏浑灏，并有微微拔高其右肩，使之造成一种参差之审美效果。相对于邓石如的篆书，尽管邓篆稍参隶意，杀锋以取劲折，反复观摩，总觉邓篆不及吴篆之活力。当然，由于每个人的审美观各异，难取一致，有的认为邓篆茂密浑劲、苍古奇伟、雅健妙丽、纵横捭阖、端严工整，在这些方面看吴篆似乎又不及邓篆。《白氏草堂记》是邓石如的代表作，其笔法雄劲苍古，力足锋中，雄健如千年古松，构体恢宏奇伟，整饬中不乏变态，大得书法的擒纵三昧。吴昌硕把这些特点融入自己的篆法之中。吴昌硕临写《石鼓文》数十年，早年、中年、晚年各有意态，自成体势，与时推迁。中年以后结体渐趋稳健，60岁后自成一家。七八十岁已达恣肆烂漫、炉火纯青、独步一时。这时他已完全进入了自由的境界，所以又被一些人说成似《石鼓文》又不似《石鼓文》，却又胜似《石鼓文》。用他自己的话说，他是"临气不临形"的。自《石鼓文》被发现以来，可以说其临本没有一个人可以超过吴昌硕的。吴昌硕65岁自记的《石鼓文》临本，曾有如下一段话："余学篆好临《石鼓文》，数十载从事于此，一日有一日之境界。"

　　"一日有一日之境界"不仅表现了吴昌硕执着的追求和顽强的毅力，同时也表现出他在书法审美趣味上不断探索的过程。他四五十岁所临《石鼓文》基本上还是循守绳墨，点画毕肖，后来功夫渐深，指腕间自然流露出新的意境来。这种创新意识是"渐近"的结果，并不是突发而来的，而是"不自知"的。吴昌硕主张意不在形，追摹前人的笔法，形似并不很难，难在神似，贵在神似，更贵在超越。这种超越和创新不仅体现在篆书中，同样也体现在隶、真、行、草之中。汉隶的种类很多，有雄健的、方整的、秀丽的、飘逸的，各有不同，而同归于美。但一般说来，隶书笔法方的居多，要想怎样加以变革创新是相当困难的。因为行书和草书可以"挪移位置"（移动字的偏旁来变易字形，行草是常有的）来分布，隶书同楷书一样是不可能。但邓石如和吴昌硕对隶书有创造性的发展。《石鼓》的发现始于唐代，苏勖认为，"世咸言笔迹存者，李斯最古，不知史籀之迹，近在关中"。而李嗣真认为"史籀湮灭，陈仓藉甚"。张怀瓘《书断》中写道："籀文者周太史籀之所作也，与古文小异，后人以名称书，谓之籀文。其迹有《石鼓文》存焉。病盖叙（周）宣王畋猎之所作，今在陈仓县。"《石鼓文》的名字始于张怀瓘笔下。唐大历十年（公元775年），已有《石鼓文》拓本问世。徐浩《古迹记》亦称"史籀《石鼓文》"。而后杜甫、韦应物、韩愈等都有诗歌记述《石鼓文》。唐以后记述《石鼓文》的人更多了，如欧阳修、赵明诚、苏东坡都就《石鼓文》的时代、地点开展过争论，或疑之、或辩之、或歌之。温彦威、马定国认为，《石鼓文》是后周文帝大统十一年（公元545年）猎于岐阳所作。这种看法显然有误。郑樵《石鼓音·序》中说："石鼓不见称于前代，至唐始出于岐阳，先时散弃于野，郑余庆取置于凤翔之夫子庙，经五代之乱，又散失。宋司马池复辇置于府学之门庑下。而亡其一。北宋皇祐四年（公元1052年）向传师求于民间而获之，十鼓于是乎足。大观中置之辟雍，后复取入保和殿。经靖康之变，未知其迁徙否？"元代虞集《石鼓序略》中记载："大都国子监，文庙，石鼓十枚，其一已无字，其一但存数字，今渐漫灭。其一不知何人凿为臼，而字却稍完。"《石鼓文》的书法优美，古朴雄浑，早已脍炙人口。论其风格特点：其一是横竖行格基本整齐，与金文有显著不同。而字数之多与字体之大，金文中从未见过。其二是书法结体已接近小篆，有些字的笔法已与泰山秦刻石相似。

二

　　吴昌硕认为，从以上这些笔法特点来看，《石鼓文》这个"石刻之祖"，是从金文发展演进而来的。金文的制作手段是范铸，先制作泥范，在范上用青铜刀具刻字。这说明当时的铁书篆刻的技艺高超，同时也说明当时的制铁工艺与铁器应用已日趋成熟。有了坚韧的铁器工具，就便于凿刻较大的字型与整治平滑的石面。它不仅比范铸铜器简便得多，更避免了钟鼎器型多面弧度、行格参差不齐、字型大小不一等局限性。在平整的石面上书写不受拘束，与在纸帛上书写一样，故行格整齐、字型大小也统一。形成整齐一律的审美视觉效果。由于石刻比范铸更真实地保存书写笔意，故《石鼓文》的书法更显得笔法圆劲，结体谨严，分布潇洒，气韵淳厚。为历代书法家所珍爱，吴昌硕更是把《石鼓文》作为终生追摹的目标。

　　从书体结构上看，《石鼓文》的书刻时代是在大篆已臻成熟，进入小篆又尚未定型的这一过渡时期，因此它的造型兼有大、小篆的特点和风貌。有些人认为书法技艺的提高与书法史、书法演进等方面的知识无多大关系，但吴昌硕并不这样看，他深研了《石鼓文》的来龙去脉，《石鼓文》与金文、大篆、小篆的承接关系，其主旨在于深入了解其书法笔画构架的合理布局和借此带来的审美效果。在书学史上，唐代书法家虞世南、褚遂良、欧阳询等人都十分推崇石鼓，认为无论是在书法艺术史还是文字学发展史上它都占有十分重要的地位。欧阳修的《集古录》中把它列为刻石中最重要的遗物。宋徽宗爱收集古物，把它取到汴京，先由蔡京放在辟雍，后来取入禁中，放在宫中保和殿旁边的稽古阁，据说曾用金来填字以示珍贵。金人破汴京后把它劫掠北运，元朝初年把金朝的枢密院改为国子学，王楫把石鼓放在庑下，后来迁都北城，另立国子学于城东，经虞集建议把它迁到新国子学大成门内左右壁下。现藏故宫博物院。《石鼓文》从唐代有了拓本，唐高宗时的《碧落碑》上引用过石鼓上的文字，苏勖在石鼓拓本上题过叙记。由于石鼓的盛名，历代书家都十分重视对石鼓的临池。明代杨慎曾假造过一本《唐拓石鼓文》，一个字也不少，当时迷惑过许多人，但一般学者都没有看见过北宋拓本。一直到清乾隆末张燕昌用明范钦天一阁所藏的元赵松雪旧藏的北宋拓本重模上石，于是盛传，阮元等又把它翻刻了约十次。一直到 20 世纪 50 年代，明安国藏的三个北宋拓本中权、前茅、后劲才先后发现。这些北宋拓本对后人研究《石鼓文》、临习《石鼓文》有很大的帮助。吴老认为，篆书之所以称篆，跟钟带的称"篆"和圭璧上的"兆球"有关。钟带是钟上所作方格，是隆起的线条，《说文》中说，"球、圭璧上起兆璇也"，是玉器上的隆起线条；郑玄注《周礼·典瑞》说，"渠眉玉饰之沟璇"，是玉器上阴刻线条。玉器坚硬，难以用刀，一般用金刚砂砣成，"璇"就是现在玉工所称的"砣"。玉器上的线条，由于是砣出来的，正好体现圆浑光润、不见锋芒的特征，而这种特征更加强化了篆书的审美效果。唐代和尚诗人齐已把李斯到李阳冰的小篆称为"玉箸篆"，这种篆书的特点其实从石鼓已开始了，吴昌硕认为，临石鼓若不研习石鼓的这些特征及其发展，是很难"继往开来"的，也正是他对石鼓数十年的深研和追摹，一日复一日之追求，才达到入神的境界。

三

吴昌硕的篆书之所以能得"如锥划沙之笔，渴骥奔泉之势"，与他在楷书、行草上面的功夫、造诣是分不开的。吴老自忆"学钟太傅二十余年"，故在 80 岁高龄时尚能写出一手古茂逸秀的小楷书。著名画家潘天寿说吴昌硕的小楷扇面题字"笔力精毅，一丝不苟，使吾辈年轻人望而生畏，是以知道他楷书的来路与功力的深至"。吴昌硕的行草字若飞动、苍劲挺拔，老蔓盘纡，如枯藤，如斗蛇，一气相连，不能遏止。与他的画风配合，用以题写绘画，更有锦上添花之妙。吴昌硕作书，强调须凭一股气，不仅书法如此，绘画、诗、印等都是如此，均以气势取胜，在作《为诸上人画荷赋长句》时题书："墨荷点破秋冥冥，苦铁画气不画形。"在作《沈公周书来索域梅》时题书："梦痕诗人养浩气，道我笔气齐幽燕。"在作《得苔纸醉后画梅》时题书："三年学画梅，颇具吃墨量。醉来气益粗，吐向苔纸上。浪贻观者笑，酒与花同酿。法拟观者笑，酒与花同酿。法拟草圣传，气夺天池放。"吴昌硕作书作画都特别强调"气"的运用。在吴老看来，这个"气"并不是玄之又玄的东西，它是可以凭自己的感觉、体悟得到的实实在在的东西，没有它，作书作画就没有灵气，没有活力；有了它，就可以天马行空，放任不羁。这个"气"虽有来自先天的"气禀"，而更重要的是来自后天的修养和体悟，要"以天为徒""以古为徒"。"以天为徒"就是向大自然学习，从中吸收营养和灵气。他不但细心观察自然界的山川、花草、树木，而且带着深厚的感情去捕捉即兴而发的灵感，把它融入自己的书画创作中。

以书入画，又以画入书，是吴昌硕最受益的创作方法。正如他自己在诗句中所云："画与篆法可合并，深思力索，一意唯孤行。"又如题画梅所云："山妻在傍忽赞叹，墨气脱手推碑同，蝌蚪志苔隶枝干，能识者谁斯与邕。"在中年时，吴昌硕已是著名的书法家和篆刻家，但在绘画方面还是个新手，他请当时著名的大画家任伯年教画，任伯年叫他画几笔试试，吴昌硕颇为难地拿起大笔蘸墨在纸上涂了几笔，自己并不满意，而任伯年惊讶地断定吴昌硕的绘画成就将来必定会超过自己。正如任伯年所预言的，吴昌硕后来终于成为一代大画家。吴昌硕的梅兰、竹菊、荷花、牡丹、紫藤、瓜果总是画得活生生饱满丰润，风致洒脱，冬势非凡。他一生最爱梅花，"冰肌铁骨绝世姿，世间桃李安得知"。他把自己的性格、思想和人品都融合在梅的品性之中，又将画中的气势融合到他的书法之中。"以古为徒"就是向古人学习。吴昌硕幼年家境贫寒，刻苦好学，自学刻印，没有刀就用圆钉自己磨制，没有石章就用砖瓦代替，后来他拜名师学诗文经史古籍，学问渐深，他每天磨墨练字习画，一生磨穿过两只石砚。尤其是研习《石鼓文》，其成就举世瞩目。郑太夷评："缶道人，以篆刻名天下，于石鼓最精熟，其笔情理意，自成宗派，何谓独树一帜者矣。"吴昌硕"以天为徒"得天地之灵气，"以古为徒"得古人之灵气，使自己的书画技艺与日俱增。他在作《勘仲熊》题书："我画非所长，而颇知画理，使笔撑槎卡牙，饮墨吐畏垒，山是古时山，水是古时水，山水饶精神，画岂在貌似。读书最上乘，养气亦有以，气充可意造，学力久柏依，荆头董巨统，其气乃不死。"观吴昌硕书与画，总给人以"一气贯之"之感，故在布局方面，与前海派大师胡公寿、任伯年等完全不同。与石涛、八大山人、青藤也完全异样。如画梅花、牡丹、玉兰等，不论横幅直幅，往往从左下面向右面斜上，中间也有从右向左面斜上的，它的枝叶也作斜势，左右互相穿插，紧密而得对角倾斜之势。尤其喜欢戏墨藤本、花草，或从上左角而至下右角，或从上右角而至下左角，奔腾飞舞。其题款多作长行，以增布局之势，可谓独开大写意花卉的新生面。如他在壬寅仲春所作《梅》左款是长条行书，左下角压以古茂篆体石鼓配之，意趣横生，沉稳古朴，苍劲淳厚，实为行、篆合璧之神品和诗、书、画、印之珍宝。

吴昌硕早年专攻书法和金石篆刻，在书与印领域中成就最高，他善于将书与印的质朴古厚的意趣引入绘画，不落于清新平薄，更显骨力雄秀。吴昌硕"以天为徒""以古为徒"的创作思想并不是照搬自然，也不是原封不动地蹈袭古人，而是化天地古今为己作鉴，为己所用。他在刻印长古中说："今人但侈慕古昔，古昔以上谁所宗。诗文书画有真意，贵能深造求其通。"他主张不照抄前人，独开新境，贵在"存我"，在题画梅中说："画之所贵贵存我，若风遇萧鱼脱筌。"在画葡萄时题书："吾本不善画，学画思换酒，学之四十年，愈老愈怪丑，莫书作葡萄，笔动蛟蚪走。或拟温日观，应之日否否，画当出己意，模仿坠尘垢，即使能似之，已落古人后，所以自涂抹，但逞笔如帚，世界隘大千，云梦吞八九。只愁风雨来，化龙逐天狗，呕呕卷付人，春醪酌大斗。"据大画家齐白石回忆，吴昌硕常与友人谈论书画的创新问题，他对齐白石说："小技拾人者贝惕，创造者则难。欲自立成家，至少辛苦半年，拾者至多半年，可得皮毛也。"故齐白石极力推崇吴昌硕并得力于他，白石作论画诗云："青藤雪个远凡胎，老缶衰年别有才，我欲九原为走狗，三家门下转轮来。"这也是对吴昌硕的极高评价。

——原载《西北师大学报》，1995 年第 1 期。

附录14 《家政报》载：《地域文化与华君武教育思想》

　　我国著名漫画家、中国美术家协会副主席华君武先生历来重视家教问题，在他的漫画创作中，涉及家教问题的题材不少，如《唐老鸭望子成天鹅》，画的是唐老鸭赶着小鸭子上钢琴架，其实这个小鸭子根本不喜欢学钢琴。这幅漫画揭示了当前一些儿童家长望子成龙，不顾孩子的性格爱好以及他们有没有这方面的天赋，一律强求地赶他们上架的心态。记得去年有一次，华老到杭州浙江美院讲学，我和一些朋友有机会参加听课，大家一开始就被华老风趣的开场白逗得满堂大笑："今天来了这么多听众，还有学院的领导，我坐在这里真感到有点像坐在古罗马的斗兽场上的感觉，真有点'吓丝丝'（杭州话）。"接着华老说："我虽然从小生长在被称为'上有天堂、下有苏杭'的杭州，但是我的童年没有太多的欢乐和幸福，不像现在的小孩子、青年人无忧无虑……我喜欢漫画，用漫画来表现一些事物可以比其他形式更自由，没有拘束，可以自由地表达自己的内心感受。"华老从自己开头喜爱漫画艺术，后来完全投身于漫画事业这个过程体悟到，学习一种艺术，首先要对这门艺术有发自内心的喜爱，爱好是最好的老师，它会促使你忘我地、勤奋地学习，那种硬是在家长强制下的学习是违背艺术规律的。艺术既有相似于其他学科的地方，也有自身的规律。学习艺术特别需要天性中的灵气、爱好以及坚持不懈的努力。有了爱好和灵性，加上韧性，才能收到事半功倍的效果。每个人都应该了解自己，要认识到自己的长处和短处，家长帮助孩子选择爱好、培养兴趣以及确定孩子学习哪一种艺术，要注意扬长避短、发挥自己的优势。华老从自己的亲身经历中感到，孩提时的自由自在的想象，心之所想、笔之所及，自然有它的好处，有时太多的来自外在的管束和太繁杂的"章法"，反而限制了孩子灵性的发展，当然，完全离开必要的指导，否认正规训练和循序渐进的学习方法是不对的，但过于刻板、循规蹈矩、"不越雷池一步"，以及人云亦云的思维模式就会影响孩子的创造力的培养。所以发自内心的爱好很重要，但仅有这点还不够，还得有韧性、有坚持不懈的精神。华老回顾自己在杭州上中小学时，经常投稿，但总是不被采用，前前后后投去200多张，一张都没有发表，可是"你不理你的，我画我的"，功夫不负有心人，15岁那年，一幅《江南可彩莲》上了报纸，虽说只有一元钱的稿费，但增强了他创作的欲望和信心，从此走上了漫画创作的道路。到上海后在《时代漫画》《上海漫画》经常发表作品，成了上海书画界的新星。所以他后来经常告诫青年家长，初学漫画的少年儿童，不要因为人家不理睬就灰心丧气。

另外，在具体的学习方法上也有不少学问，华老回忆说："我在年轻时就在上海看了许多人的漫画，看完便动脑筋分析，看哪些地方好，喜欢的就学，另一种方法是要多看具有幽默感的文学作品，比如看一些契诃夫的小说，他的绝大多数短篇小说是具有幽默特点的，中国古典文学《儒林外史》《笑林广记》，现代中国作家老舍、赵树理、钱钟书的作品都有幽默感。现在我们不少漫画作品就缺乏这种幽默感。"华老还说，有一种漫画富于哲理性。对于社会上的种种现象，运用哲学观点去思索，会使作品更有深度，哲理性常常同含蓄联系在一起。不能说凡是含蓄的作品就一定有哲理性，但有哲理的漫画多数是含蓄的。大家应该多读一些哲学书籍，漫画现在作为一种批评武器有两种作用：一种是批评人的思想意识，如个人主义、自由主义等；另一种是批评人的思维方法，如主观主义、形而上学等，要发挥这两种作用，如果有一定的哲学修养就更能得心应手。华老认为，目前反映儿童题材的漫画和连环漫画很不兴旺，20世纪30年代叶浅予的《王先生和小陈》、张乐平的《三毛流浪记》都是很出名的连环漫画。新中国成立后中国少年报的连环漫画《小虎子》（沈培等人作）也在少年儿童中产生了很大影响。华老呼吁：应该有更多反映今天社会生活的、儿童喜爱的连环漫画，也可以画一些带有讽刺性的漫画，表现一些人和事。华老曾有一个想法，就是画马可·波罗重游中国。

马可·波罗是元朝来中国的意大利人，如果他游历现代中国，就可能出现多种对比，过去中国和现代中国，中国和外国，社会的进步和落后，古代思想与当代思想，不同的地域文化的比较研究、不同东西方哲学观点等强烈对比。

华君武提供不同的地域文化比较研究的资料

这些对比能使广大青少年和儿童了解中国的过去和现在，不仅对青少年而且对成年人也有教育意义，也一定很有趣。

——原载《家政报》，1993 年 6 月 25 日。

附录15 《光明日报》载：《地域文化与工业文化的灵魂工程》

工业制造业是国民经济的主体，是立国之本、兴国之器、强国之基。18世纪中叶开启工业文明以来，世界强国的兴衰史和中华民族的奋斗史一再证明，没有强大的工业制造业，就没有国家和民族的强盛。打造具有国际竞争力的制造业，是提升综合国力、保障国家安全、建设世界强国的必由之路。新中国成立尤其是改革开放以来，我国工业制造业持续快速发展，建成了门类齐全、独立完整的工业产业体系，有力地推动了工业化和现代化进程，显著增强了综合国力，支撑我国的世界大国地位。然而，与世界先进水平相比，我国的工业制造业仍然大而不强，在自主创新能力、资源利用效率、产业结构水平、信息化程度、质量效益等方面差距明显，转型升级和跨越发展的任务紧迫而艰巨，而工业文化正是实现这一任务的灵魂工程。

当前，新一轮科技革命和产业变革与我国加快转变经济发展方式形成历史性交汇，国际产业分工格局正在重塑。必须紧紧抓住这一重大历史机遇，按照"四个全面"战略布局要求，实施制造强国战略，加强统筹规划和前瞻部署，力争通过三个十年的努力，到新中国成立一百年时，把我国建设成为引领世界制造业发展的强国，为实现中华民族伟大复兴的中国梦打下坚实基础。

中国社会科学院工业经济研究所研究员刘光明在撰写《工业文化》一书的过程中，先后考察了几十个国家和地区，调研了近百家国内外工业企业和工业设计协会，收集了大量第一手资料，丰富了本书的内容。本书顺应了我国作为世界工厂企业转型升级、绿色管理的国际潮流，进一步推动中国制造由"量"的优势向"质"的优势转变。中国社科院的有关专家对中国工业文化的发展进行了30多年的系统跟踪，发现了一些极其重要的规律性现象，国内外大多数企业经营者都已经认识到工业文化建设对工业发展的重要性。工业文化作为一种新的社会现象，已经被人们所认识和重视，同时也成为21世纪工业发展和社会进步的重要标志。大力加强工业文化建设已成为我国企业界落实"十三五"规划，弘扬创新、协调、绿色、开放、共享五大发展理念及国家繁荣强盛的基础工程之一。

核心价值观是文化软实力的灵魂、文化软实力建设的重点。这是决定文化性质和方向的最深层次要素。一个国家的文化软实力，从根本上说，取决于核心价值观的生命力、凝聚力、感召力。这一论述，以"灵魂"的重要定位，凸显了核心价值观的思想导向和引领作用。

　　作为工业制造大国,我国正面临内外双重挑战:内部,经济发展进入新常态阶段,文化的引领至关重要;外部,我国主要竞争力依托低成本劳动力,但这一优势已经丧失。在此背景下,加速推进经济结构升级是唯一出路。作为工业制造大国,转型的核心还是工业制造业,其中有三个关键点:技术、体制机制和文化引领。可喜可贺,眼下正在掀起以信息技术为代表的新一轮技术革命,其对产业的渗透程度前所未有。如若运用得当,通过新技术改造提升传统产业,适时引导新常态经济,便可在新经济产业形态下实现弯道超车,进而推动国际竞争力的提升。

　　一个国家工业制造业的发展推动其创新除了需要依靠新的体制机制,更不能忽视的是工业文化的创新。过去多年来,我国作为一个追赶型经济体,通过产业政策的扶持,借鉴日韩经济体的成功经验,摸索出了自己的模式。但面对新技术革命,我国和那些走在技术前沿的国家一样,面临着未来发展的不确定性,市场的试错成了寻找正确道路的重要探索方式。

　　我国工业企业的管理思想和文化理念需要创新,而这对于我国产业升级转型尤为重要。现在大部分工业企业只注重生产技术硬件上的学习和引进,忽略了企业管理者自身理念的学习。虽然技术是企业生产能力的硬件指标,但我国现阶段产业转型所需要的是管理者在管理思想上的变革及相应的自我学习能力,这是企业管理者的必备基本素质,也是企业在转型过程中的必备"软件"。在互联网不断发展的现阶段,企业不能过于封闭,应当抱有主动开放交流、学习的态度。同时,产业转型不能操之过急,在相对复杂的环境中保持冷静,切勿盲目跟风。产业转型以及企业自身的变革发展都需要一定的时间,不能受外界影响频繁变动而难以持之以恒。

　　中国经济发展到当前阶段,实体经济部门,特别是制造业部门需探索如何在新常态下实现更好发展,提升国际竞争力。在新一轮产业革命和新一轮技术革命浪潮中,如何更好地抓住机遇,实现中国转型升级,尤其是利用信息技术和互联网技术,更好地提升中国制造业的质量、水平和竞争力?工业 4.0,最核心的还是落在工业制造业部门怎么转型升级上。而这个转型升级需要工业文化的引领,工业制造业转型升级将会影响未来中国的前途和命运,因为中国经济转型的根本不单单是提高服务业的比重,核心还是要把制造业从价值链的中低端提升到中高端,因为只有制造业实现了中高端的发展,服务业才有可能更好地发展,最终国家经济转型才可能成功。

附录16 欧洲伦理协会出版社学术期刊
ENEM 载:《地域文化:哈耶克与凯恩斯》

  笔者于1998年10月先后在布拉格和华沙参加了由欧洲伦理协会举行的经济伦理年会,在会议上发表了上述论文。

  哈耶克是奥地利出生的英国知名经济学家、政治哲学家,1974年诺贝尔经济学奖得主,被广泛誉为20世纪最具影响力的经济学家及社会思想家之一。

  哈耶克的学术生涯主要任教于英国伦敦政治经济学院、美国芝加哥大学以及德国弗莱堡大学,他被广泛视为奥地利经济学派最重要的成员之一,但与芝加哥经济学派关系密切。他坚持自由市场资本主义、自由主义,主要代表作包括《通往奴役之路》《致命的自负》《自由秩序原理》等。

  哈耶克生于奥地利维也纳一个杰出知识分子家庭。他的父亲在政府的社会福利系统里担任医生,还发表过植物学论文。此外,他还是哲学家路德维希·维特根斯坦的表弟。他分别在1921年和1923年于维也纳大学取得了法律和政治学的博士学位,同时也对学习心理学和经济学有极大兴趣。最初哈耶克相当同情社会主义,但在他参加了路德维希·冯·米塞斯的授课之后,经济思想开始逐渐转变。

  1923~1924年,哈耶克担任纽约大学教授耶利米·精其的研究助理。接着他回到奥地利,协助政府处理在第一次世界大战后留下的国际条约上有关法律和经济的问题。接着哈耶克创办了奥地利商业周期研究中心并担任所长,并在1931年应邀前往伦敦政治经济学院任教。在奥地利被纳粹德国侵吞后,哈耶克不愿意再返回母国。他在1938年成为英国公民,并终身使用这个公民籍。

  在20世纪30年代,哈耶克被广泛认为是最主要的奥地利学派经济学家之一,但他的经济理论却和当时新崛起的凯恩斯学派格格不入。两个经济学派之间的争论一直持续至今日。在20世纪70年代后期,哈耶克的理论开始在美国和英国获得重视,支持哈耶克的政治家们开始在这些国家浮上台面,如美国前总统里根和英国撒切尔夫人。

  之后,哈耶克离开了伦敦政治经济学院,前往美国的芝加哥大学担任社会思想委员会(Committee on Social Thought)的教授(由于他的奥地利经济学派观点,他被当时经济学系里的某个人所阻挠而无法加入)。他在芝加哥也认识了其他突出的经济学家,如米尔顿·佛利民。不过,从那时开始,哈耶克的兴趣逐渐转向政治哲学和心理学——虽然他也持续撰写经济学有关的著作,而且即使到这时,他主要的经济学理论也尚未完全发表。

　　哈耶克和芝加哥经济学派的亚伦·戴雷科特来往甚密，后者曾说服芝加哥大学出版社在美国出版了哈耶克的著作《通往奴役之路》。此后，芝加哥大学出版社还出版了大量哈耶克的著作，包括《致命的自负》《自由秩序原理》等。

　　哈耶克在 1962 年前往德国担任弗莱堡大学（University of Freiburg）的教授，直到他在 1968 年退休为止。

　　1974 年他取得了诺贝尔经济学奖，这成为奥地利经济学派的理论开始获得重视的主因之一。1984 年，在英国首相玛格利特·撒切尔的推荐下，他获得伊丽莎白二世授予名誉勋位（Order of the Companions of Honour），以表扬他对于经济学研究的贡献。之后哈耶克又担任了萨尔斯堡大学（University of Salzburg）的客座教授。1992 年哈耶克在德国的弗莱堡去世，享年 93 岁。

　　以上，在原文基础上有所删改。

附录 17 地域文化与地域书画摄影参展记录

1958~1971 年

由杭州南山路小学选送《地域文化：乡村秋收忙之画》，获中国少年儿童美术大赛一等奖：

杭州柳浪闻莺少年宫《杭州地域文化：柳浪闻莺少年书画摄影展》：

建德朱家埠《地域文化：新安江与朱家埠书画摄影展》：

浙江省群艺馆《杭嘉湖地域文化暨沙孟海、陆抑非、陆俨少师生作品展》：

嘉兴文化局群艺馆《嘉兴地域文化：词曲创作与书画摄影展》：

五区六县联合展《海河地域文化与官厅水库书画展》：

北京官厅水库《沙孟海、陆抑非、陆俨少师生书画摄影作品展暨学术研讨会》：

南京国际展览中心《江苏电力与解放军 0201 部队军民地域文化南京书画展》：

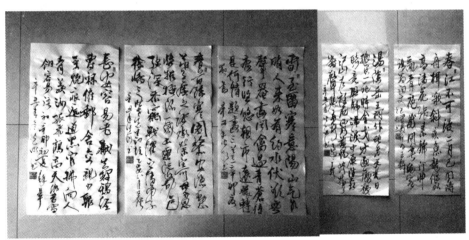

新安江暨瑞典斯德哥尔摩大学《新安江朱家埠地域文化国际巡展》：

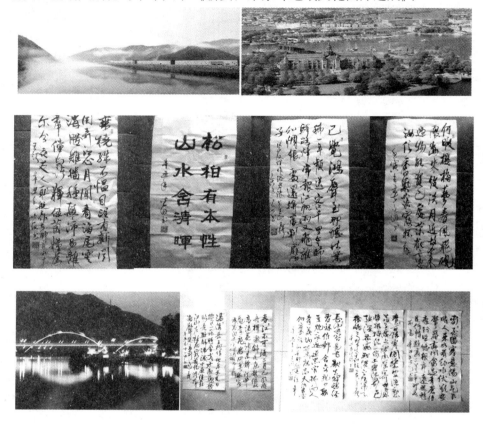

中央美术学院、浙江大学《地域文化：美图光明书画摄影邀请展》：

杭州西泠印社《王铎书法国际艺术研究展》：

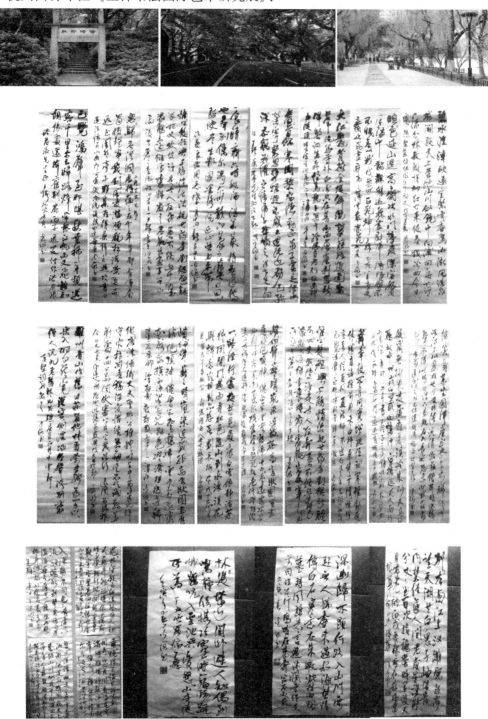

北京石景山《美图光明双人王铎书法临摹作品展》：

浙江大学图书馆展厅《地域文化师生书画摄影作品展》：

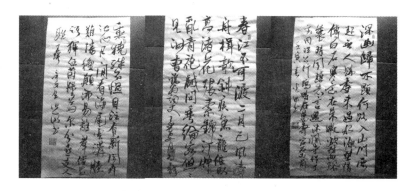

　　温哥华英属哥伦比亚大学亚洲中心《加拿大·中国文化周"新安江地域文化"书画摄影展》：

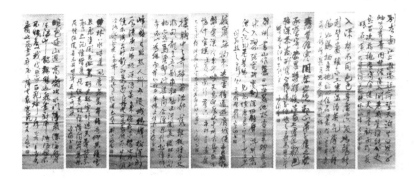

浙江图书馆中心展览厅《地域文化：老和山、浙大附中与北高峰书画摄影展》：

捷克布拉格中捷当代美术馆《布拉格地域文化与情境当代艺术邀请展》：

华沙中央火车站与华沙音乐学院《华沙地域文化与情境书画摄影邀请展》：

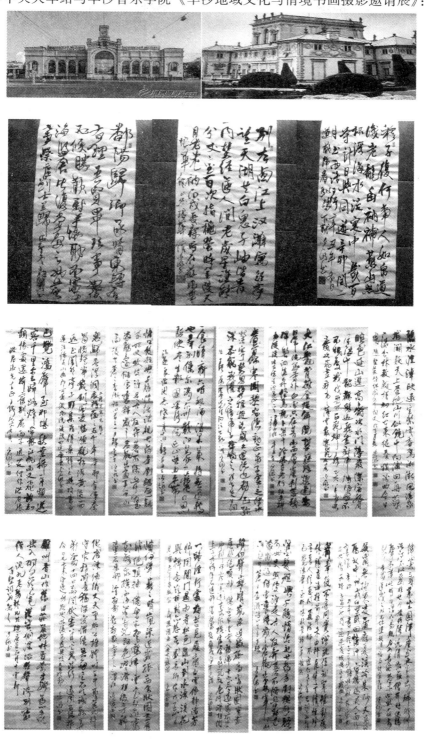

新疆塔里木博斯腾文博中心《美图光明双人当代书画摄影展》：

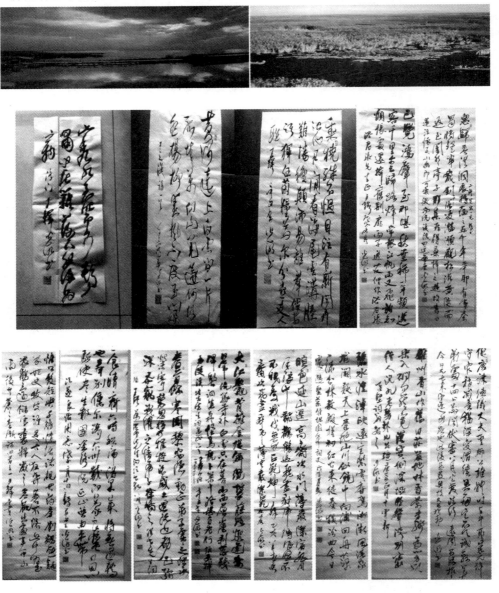

新疆塔里木国际会展中心《丝绸之路美图光明书画摄影双人——国际艺术双年展》：

塔里木美术馆《多彩地域文化：塔里木——中国书画摄影作品展》：

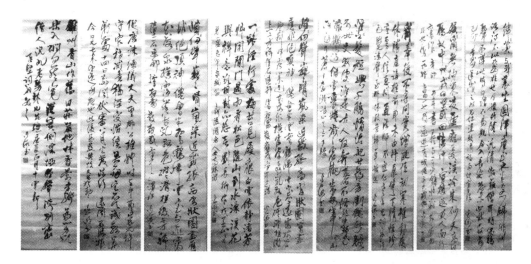

香港集古斋《从南京出发·乌镇延伸》南京江苏电力《中国当代艺术美图光明书画摄影展》：

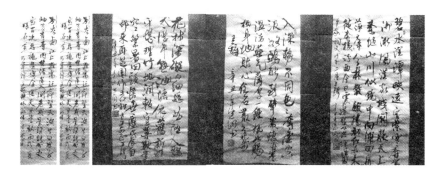

北京·石景山《沙孟海美图光明三人作品展》：

《求是杯"五一劳动节纪念"国际书画大展；（伦敦）奥林匹克美术大会·中国区巡展》获艺术金奖：

1972～1977 年

浙江省群艺馆与嘉兴文化局群艺馆两地展《嘉兴地域文化与音乐创作》：

法国·巴黎《中国书画摄影三人法国巴黎特展》：

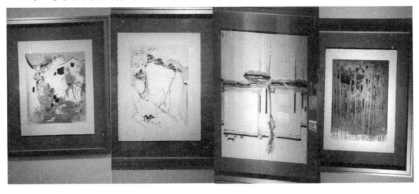

1973 年英国伦敦艺术中心《地域文化创意石：嘴山（伦敦）奥林匹克美术大会》：

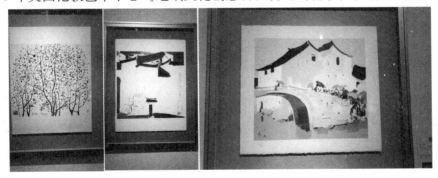

文化部举办、文化部招待所协办《美图光明双人音美交融书画摄影展》：

1978 年

浙江美院、杭州商学院《杭州大学生书画摄影大赛》：

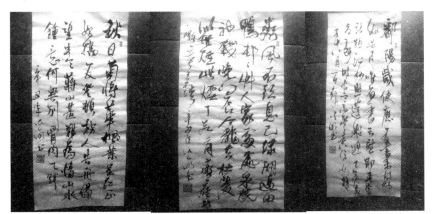

1979~1985 年

杭州海军疗养院《玉皇山麓地域文化与书画摄影展》：

1986～1992 年

《光明日报》、皇姑区文化局、辽宁大学、市委党校合办《沈阳地域文化书画展》：

郑州名人传记出版社《鄞县地域文化：先器识而后文艺书画摄影展》：

1993～1995 年

鲁迅美术学院《江苏地域文化与刘海粟、吴冠中师生书画摄影展》：

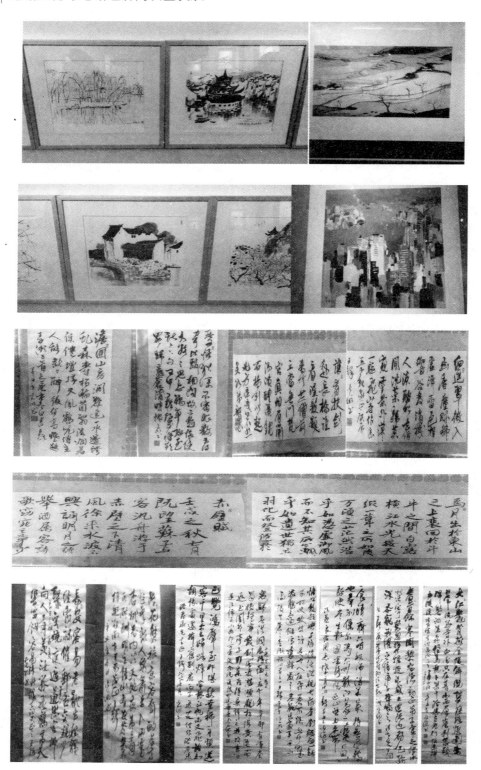

中国鲁迅美术学院《苏州地域文化与吴作人师生书画摄影作品展》：

光明日报《民族生活》与中国鲁迅美术学院《桐庐地域文化与叶浅予师生书画摄影展》：

无锡叙康里《无锡地域文化、东风汽车与书法艺术展》:

武汉江汉论坛杂志《江汉地域文化与书画摄影展》:

中国鲁迅美术学院《浙江地域文化：华君武师生与书画摄影展》：

《光明日报》《宁波地域文化与书坛泰斗沙孟海书画摄影展》：

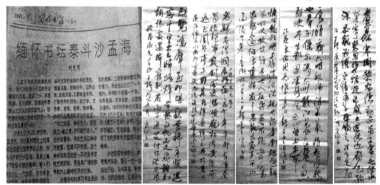

杭州市商业局《杭州地域文化与商业文化书画摄影展》：

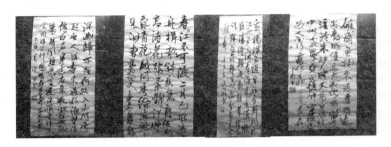

青海西宁师范大学《绍兴地域文化与马一浮书画展》：

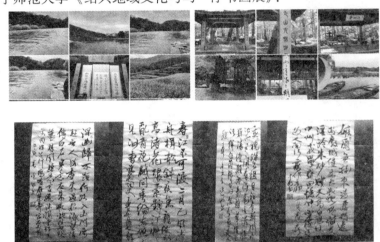

1996~1997 年

北京太和永利《杭州蒋村地域文化与东方通信书画摄影展》：

杭州万向集团《杭州地域文化与吴冠中美术作品展》：

雅戈尔集团《宁波地域文化与雅戈尔公司书画展》：

荣事达集团《安徽合肥地域文化"和商"书画展》：

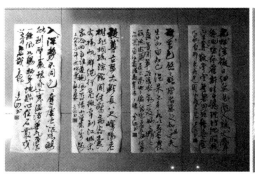

1998 年

卧龙集团《上虞地域文化书画摄影展》：

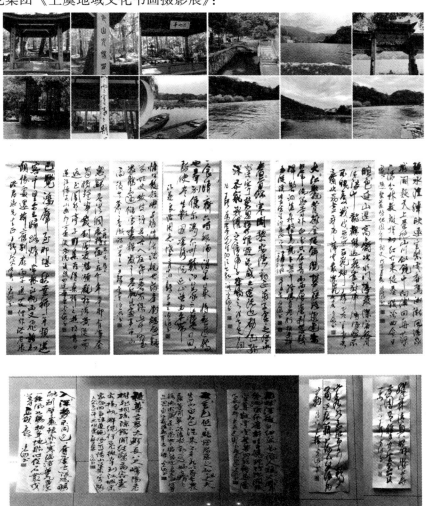

2000 年

广东恒星集团有限公司《广东地域文化与恒星公司书画展》：

江南大学《无锡地域文化与三国历史文化书画展》（2001 年 11 月 6 日）：

北京人保公司《北京地域文化与人保文化书画展》（2002 年）：

成都市企工委《成都地域文化：青城山与都江堰书画展》：

安阳电视机玻壳厂《安阳殷墟地域文化与安彩书画展》：

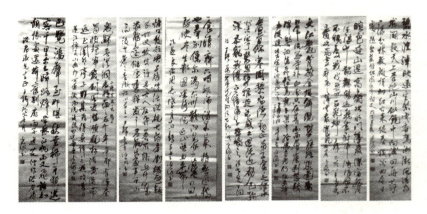

欧洲企业伦理协会《勃兰登堡及欧洲地域文化与书画摄影展》:

北京住总《北京地域文化与建筑文化书画摄影展》：

青岛海尔质量检测有限公司《青岛地域文化与青岛海尔公司质量文化书画展》：

邵武市委宣传部《邵武地域文化：大红袍书画摄影展》：

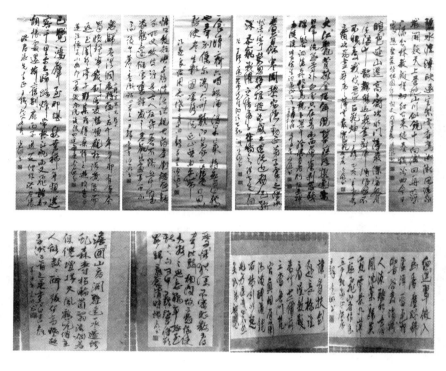

攀枝花钢铁厂《三星堆地域文化与攀枝花书画展》（2004 年 10 月 28 日）：

2005 年

《中国质量》杂志《九寨沟地域文化与中国山水书画摄影展》：

洛钼集团《洛阳栾川地域文化与矿山工业书画摄影展》：

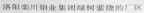

洛阳栾川钼业集团绿树萦绕的厂区　　　　洛阳栾川钼业集团绿树萦绕的厂区

中石油塔里木油田《新疆塔里木地域文化与石油公司书画展》：

北京九州纪实影视文化有限公司《山东青岛地域文化与青啤书画展》：

2006 年

苏源集团有限公司《江苏地域文化与江苏电力公司书画摄影展》：

2007 年

西子联合控股公司《浙江萧山地域文化与西子联合控股书画展》：

青岛港（集团）有限公司《青岛港地域文化与青岛港（集团）有限公司书画展》：

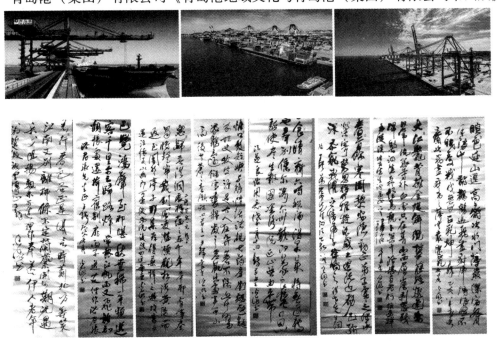

杭州市发展中心、杭州市社科院、杭州书画社《杭州地域文化与城市发展书画展》：

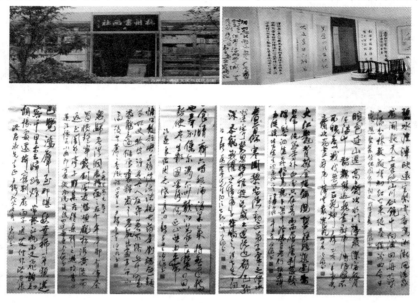

2008 年

韩国成均馆大学《首尔地域文化：国家地域文化书画摄影展》：

宋岳武王庙《河南汤阴县地域文化与金誉书画展》：

对外经贸大学《惠新地域文化：开放与责任书画展》：

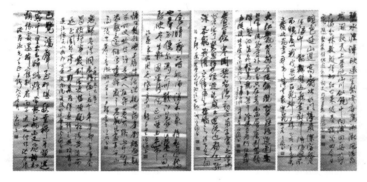

2009 年

辽阳聚进科技有限公司《辽阳地域文化与聚进书画展》：

兰州与甘南夏河县拉卜楞寺《兰州与拉卜楞寺地域文化与中国农业发展银行书画展》：

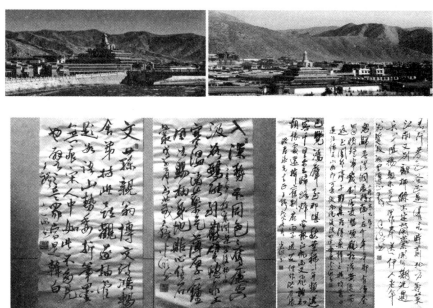

广西柳工广西工业博物馆《柳州地域文化：科学与艺术书画摄影展》：

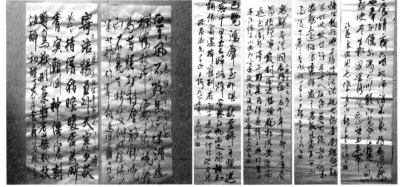

2011 年

欧洲之星地域文化与书画摄影巡展：

新西兰地域文化与书画摄影展：

2012 年

2012 年 12 月 13 日埃及开罗地域文化与书画摄影展：

2013 年

俄罗斯《地域文化与书画摄影展》：

维托伊曼妞二世拱廊及热那亚《地域文化与书画摄影巡展》：

2014 年

2014 年 9 月 8 日庞贝古城《地域文化与书画摄影巡展》：

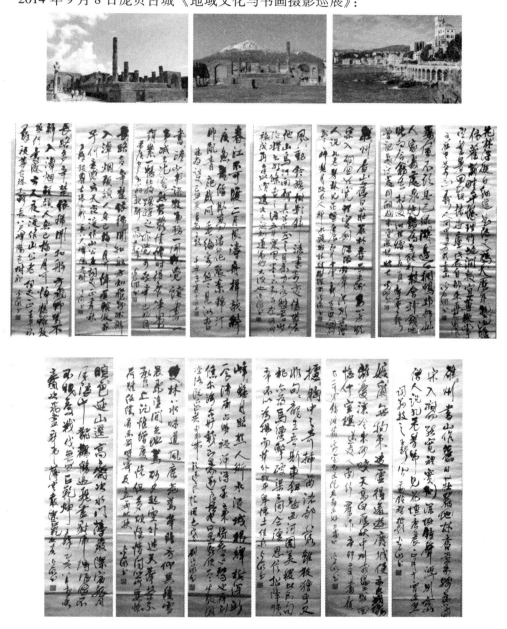

梅西纳西西里岛《地域文化与书画摄影展》：

卢塞恩《地域文化与书画摄影巡展》：

2018 年

哥伦比亚、艾伯塔、安大略、魁北克《地域文化与书画摄影展》：

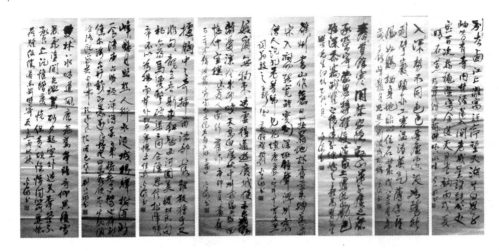

2019 年

维也纳《地域文化与书画摄影展》：

斯皮茨《地域文化与书画摄影展》：

帕绍《地域文化与书画摄影展》：

布拉迪斯拉法《地域文化与书画摄影展》：

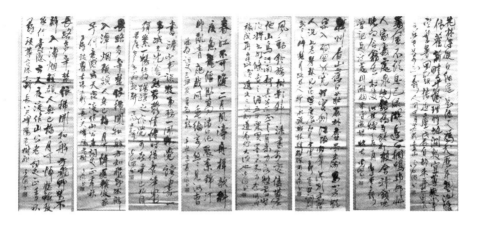

上饶市婺源县《地域文化与书画摄影展》：

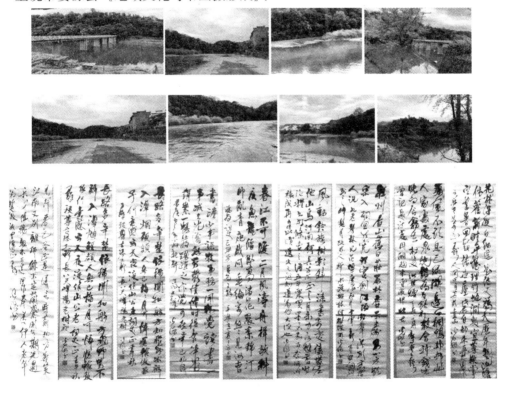

遵义《地域文化与书画摄影展》：

2020 年

北京现代物权产权研究院《京沪地域文化与书画摄影展》：

中国驻伦敦船级社《伦敦地域文化：世界船级社书画摄影展》：

南非《地域文化与书画摄影展》：

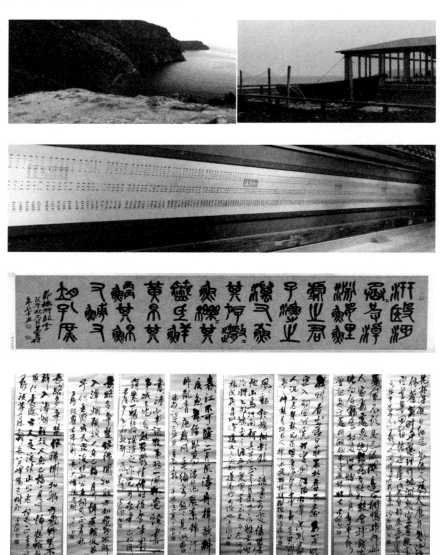

2021 年

2021 年 11 月 11 日中国企业联合会、中国企业家协会企业信用评审会上，举行笔者赠送部分评审专家书画作品的赠送仪式：

2022 年

北京现代物权产权研究院、北京和平寺《地域文化：美图光明刘坚三人书画摄影展》：

参考文献

中文：

[1] 杨涌泉．中国十大商帮探秘［M］．北京：企业管理出版社，2005．

[2] 吴慧．中国商业通史［M］．北京：中国财政经济出版社，2006．

[3] 常璩．华阳国志：卷1，3［M］．成都：巴蜀书社，1984．

[4] 朱艳芳．古豫商精神对新豫商发展的影响［J］．中外企业家，2013（5）：254-255．

[5] 王真．冀商百年辉煌史［N］．燕赵都市报，2006-05-18．

[6] 樊胜岳．中国荒漠化治理的模式与制度创新［J］．中国社会科学，2006（6）．

[7] 杜梓．鄂尔多斯工业化之路［M］．呼和浩特：内蒙古人民出版社，2004．

[8] 代杨，刘锦宏．文化创意产业推动英国转型［J］．经济导刊，2007（11）．

[9] 崔静．美国文化创意产业发展的启示［J］．商情（教育经济研究），2007（3）．

[10] 詹姆斯·A. 道，史迪夫·H. 科．发展经济学的革命［M］．上海：上海人民出版社，2000．

[11] 松下幸之助．经营的本质［M］．海口：南海出版公司，2010．

[12] 松下幸之助．经营沉思录［M］．海口：南海出版公司，2009．

[13] 杰瑞·迈朗．韦尔奇与张瑞敏［M］．北京：中国工人出版社，2002．

[14] 徐浩然．企业文化的"文"与"化"［J］．当代工人精品刊，2012（7）：62-63．

[15] 张磊．企业文化建设的路径——以华为的实践为例［J］．经营与管理，2012（2）：28-29．

[16] 谢梅．对日本的企业文化的借鉴与思考［J］．西南民族学院学报（哲学社会科学版），2003，24（5）．

[17] 万希．中美企业文化建设的比较研究及其启示［J］．广东商学院学报，2002（4）：28-31．

[18] 黄焕山．企业文化的三大文化特征［J］．北京市总工会职工大学学报，

2002，17（3）：33-36.

［19］刘大飞，颜星．论东南亚企业文化的新特点［J］．常德师范学院学报（社会科学版），2000，25（6）：63-65.

［20］李琦．中国企业文化现状分析［J］．北京市计划劳动管理干部学院学报，2002，10（2）：31-33.

［21］魏杰．中国企业文化创新［M］．北京：中国发展出版社，2007.

［22］叶生，陈育辉．破解企业文化［M］．北京：清华大学出版社，2006.

［23］金思宇，张鸿钧．中国特色企业文化建设案例第一卷［M］．北京：中国经济出版社，2005.

［24］张光明，金思宇．中国特色企业文化建设案例第二卷［M］．北京：中国电力出版社，2007.

［25］庞朴．文化的民族性与时代性［M］．北京：中国和平出版社，1988.

［26］牟薇．论欧洲一体化中的欧盟文化政策［J］．中国社会科学院研究生院学报，2001（6）：80.

［27］朱马杰．当代网际关系中的文化博弈［J］．国际问题研究，2001（2）：14.

［28］王孝通．中国商业史［M］．北京：团结出版社，2007.

［29］刘德龙．关于地域文化研究的几个问题［J］．山东理工大学学报，2010，26（1）：5-9.

［30］罗先奎．论地域文化与经济社会发展的相互关系［J］．淮海工学院学报，2015（2）：74-77.

［31］曹颂今．地域文化：一种推动区域经济发展的新型生产力［J］．生产力研究，2012（12）：87-88.

［32］田原．贵州文化浅论［C］．2014年贵州社科学术年会学术专场研讨会暨"以区域特色文化推动地方经济发展"研讨会论文集，2014：44-46.

［33］邰海燕．突出特色打造品牌，推动文化旅游业繁荣发展［J］．华章，2012（34）：71.

［34］周晓燕．地域文化与城市特色的传承［D］．合肥：合肥工业大学，2010.

［35］张烨．国内外企业文化研究对比［J］．江苏商论，2008（18）：65-66.

［36］余菲菲，吴柄锐，孟庆军．开放式创新视角下"文化—技术"融合路径探究——国外文化企业的案例启示［J］．企业经济，2013（8）：45-48.

［37］徐俊，丁烈云．依靠科技创新促进文化产业发展［J］．中国科技论坛，2006（3）：17-21.

英文：

［1］John P. Kotter，James L. Heskett. Corporate Culture and Perforrnance［M］. New York：Free Press，1992.

[2] Teece D. J. , Jame S. W. F. Contribution and Impediments of Economic Analysis to the Study of Strategic Management, in Perspectives on Strategic Management [M] . New-York: HarPer, 1998: 39-80.

[3] Penrose E. T. The Theory of the Growth of the Firm [M] . New York: Wiley, 1959: 348-355.

[4] Sorensen J. B. The Strength of Corporate Culture and there Liability of Firm Performance [J] . Administrative Science Quarterly, 2002 (3): 70.

[5] Peng Z. L. , Wang H. H. , Wang X. L. A Comparative Study on Open Innovation and Close Innovation—Based on Resource Sharing Degree [J] . R & D Management, 2011 (4): 35-41.

[6] Jiang-Bin Q. U. , Ce M. A. Regional Development Theory and Its Instructions for Regional Culture Industry Development [C] . 2013: 891-894.

[7] Gertler M. The Invention of Regional Culture [J] . Geographies of Economies, 1997.

[8] De Haan J. , Jansen D. J. Corporate Culture and Behaviour: A Survey [J]. Social Science Electronic Publishing, 2011, 7 (1): 121-148.

[9] Brunnermeier M. K. , Veldkamp L. Leadership, Coordination, and Corporate Culture [J] . Review of Economic Studies, 2013, 80 (2): 512-537.

[10] Van Niekerk J. F. , Von Solms R. Information Security Culture: A Management Perspective [J] . Computers & Amp; Security, 2010, 29 (4): 476-486.

[11] Jernej Belak, Mojca Duh, Matjaz Mulej et al. Requisitely Holistic Ethics Planning as Pre-condition for Enterprise Ethical Behaviour [J] . Kybernetes: The International Journal of Systems & Cybernetics, 2010, 39 (1): 19-36.

[12] Che-Chern Lin, Wen-Shun Chen. A Study on Internet Usages, Academic Achievements, and the Exploring Capability of Regional Culture Knowledge Using Internet-A Case of Primary School Students in Taiwan [J] . WSEAS Transactions on Information Science and Applications, 2008, 5 (10/12): 1362-1371.

[13] Cheng J. , Xi L. , Ye J. , et al. The Research of Regional Culture Characteristics of Tourism Commodities Based on Cross-Cultural Experience [M] . Cross-Cultural Design-Springer International Publishing, 2014: 24-34.

[14] Hao Q. M. , Sung-Kun P. Test on the Different Characteristics of National Culture [J] . Career Horizon, 2013 (12): 118-121.

[15] Wang Na. Enterprise Culture and Drive Restraint Mechanism [C] . Proceedings of 2011 International Symposium-economic Transition and Development of Foreign-funded Enterprises, 2011: 113-119.

[16] He C. M. , Tang Y. M. The Comparisons and Enlightenment for Foreign Investment Enterprise Culture and Campus Culture [J] . Journal of Guangdong Education Institute,

2010, 30（2）：90-97.

　［17］Zhou H. H., Yu X. J. Exploration of Enterprise Culture and Hospital Culture ［J］. Value Engineering, 2011（13）：324-325.

　［18］Liu A. F. Analysis on the Differences between Chinese and American Enterprise Culture ［J］. Sci-Tech Information Development & Economy, 2009（2）：187-188.

　［19］Su W. S., Ding S. G., Suo L., Lu B. Enlightenment of American Enterprise Culture ［J］. Journal of Sinopec Management Institute, 2002（4）：6-8.

后　记

2019~2020 年，笔者应邀担任 CCTV 大型人文旅游纪录片节目《美丽中华行》特别策划之《工业旅游·美丽中华行》系列总策划、总顾问一职，影片系统介绍了地域文化特色——文化遗产、诸多书画家及书画鉴定。文化既是民族的血脉，也是一个地方的灵魂。繁荣地域文化、推动文艺创新，必须有大批德艺双馨的文艺名家。

文化名家、艺术大师是文化软实力的重要标志。一部大作品、一位大作家、一位文化名人就是一个响亮的文化品牌，繁荣文艺、培养大家就是在创造文化品牌。名人是地域文化和精神世界中极其宝贵的财富，而名人留传下来的著作、书画等文物，是地域文化、人文精神的物化形式。它既是地域文化中最闪耀的亮点，也是其他资源无法取代的文化载体。

一方水土养育一方人，一方人民孕育一方文化，由于环境不同，人们的思想观念和文化特征也不同，培育出的人、人才也大不相同。但凡艺术家之成就，都需要环境之支持。优越的地理环境造就繁荣的经济，经济的繁荣会促进文化的发展。

本书附录中发表于《光明日报》《美苑》等报纸杂志上的文章，在原文基础上有所删改。本书成稿，离不开很多人的帮助和支持，在此一并深表谢忱！由衷感谢每一位编委会成员的辛勤付出和热情激励，愿本书能为各级领导干部、企业员工在贯彻落实国家高质量发展战略决策中提供参考借鉴，希望广大读者对本书中存在的有关理论观点提出指正意见。最后要热忱感谢经济管理出版社相关工作人员，特别是责任编辑范美琴，感谢他们为本书的出版付出了辛勤的劳动！

刘光明

2022 年 10 月 11 日